★ 百年民生系列研究报告 ★

回顾百年历程　展望未来趋势

ZHONGGUO MINSHENG YANJIU BAOGAO

中国民生研究报告

民生智库《中国民生研究报告》课题组 编著

中国农业出版社
北京

民生智库《中国民生研究报告》课题组

组　　长：张　磊
副 组 长：包启挺　臧学雨
成　　员（按姓氏笔画排序）：
　　　　王东华　王永平　王　莺　王　群　邢艳杰
　　　　刘丽丽　张洪云　张　娜　苑　云　周红英
　　　　唐艳红

执行主编：潘明麒
执　　笔（按姓氏笔画排序）：
　　　　王文娟　王　珂　方　圆　毕晓佳　朱兰香
　　　　刘玉燕　刘　勇　刘高飞　刘清霞　关凯承
　　　　杜　佳　杜恒源　杨　田　杨　静　李　丽
　　　　李　璐　吴可嘉　陈　颖　栗　萌　钱　宁
　　　　董海娜　韩　朔　谢建彬　雷弯弯

民生智库是中国最早专注于公共事务领域的社会研究智库，也是国内最大、最具影响力的政府合作智库之一，2017—2018 年，连续两年为国务院扶贫开发领导小组办公室全国扶贫退出评估唯一社会智库，国家"十三五"规划中期评估委托单位，也是国内首家根据党的十九大要求，提出人民美好生活满意度评估体系的社会智库，拥有国内唯一一家专注于民生领域大数据的研究院。民生智库秉持"真实社情民意、权威评估咨询"宗旨，以"为社会思考、为国家献策、为人民发声"为己任，以"做中国最具影响力的社会型智库"为目标，深入研究中国社会发展实际，破解社会发展中出现的难点问题，为我国政府提供政策决策依据和咨询建议，建言献策，集中思想智慧为推动社会发展和进步贡献力量。

智库致力于系统研究公共政策问题，开展城市发展战略、政策和规划研究；跟踪研究社情民意热点问题；组织实施民政老龄、生态环境、乡村振兴、文化旅游、市场监管、体育发展、园林绿化、城市治理，以及营商环境、政务服务、绩效管理等社会发展改革研究工作，与国家乡村振兴局、国家发展和改革委员会、民政部、农业农村部、文化和旅游部、科学技术部等政府机构紧密合作。

2021 年，在建党百年的历史节点，民生智库组织专家课题组，编撰《中国民生研究报告》，这是"以史为鉴"的具体实践，也是中国智库讲好中国故事的具体实践。

回顾百年征程，展望未来趋势，谨以此书献礼建党百年！

前 言

2021 年，中国共产党迎来百年华诞。百年波澜壮阔，百年风雨兼程。中国站在"两个一百年"的历史交汇点，全面建设社会主义现代化国家的新征程即将开启。100 年来，中国共产党团结带领全国各族人民浴血奋斗、顽强拼搏，在历史前进的逻辑中前进，在时代发展的潮流中发展，取得举世瞩目的伟大成就。作为中国最早专注公共事务领域的社会研究智库，民生智库以"为社会思考、为国家献策、为人民发声"为己任，组织专家队伍对中国百年民生发展历程开展专题研究，回顾百年征程，梳理发展脉络，总结基本经验，展望未来趋势，写出建党百年民生研究系列报告，《中国民生研究报告》即为该系列的综合报告。

广义上的"民生"指同民众生活有关的事项，包括与民众生活直接相关和间接相关的所有事项。这个概念的优点是充分强调民生问题的高度重要性和高度综合性，其明显的不足在于概念范围太大。狭义上的"民生"概念主要着眼于社会层面。从这个角度看，所谓"民生"，主要指民众的基本生存和生活状态，以及民众的基本发展机会、基本发展能力和基本权益保护的状况等。

狭义的民生概念相对来说比较准确，易于把握和操作，容易同具体层面上的民生政策吻合。比如，《中华人民共和国国民经济和社会发展第十四个五年规划和 2035 年远景目标纲要》设置了"提升国民素质 促进人的全面发展"和"增进民生福祉 提升共建共治共享水平"两个篇章，分别就教育、健康、养老、公共服务、就业、收入、社保等方面的"民生发展"提出了一些重要要求和重大举措。因此，如未作说明，本书采用的是狭义的"民生"概念。

本书是民生智库各部门研究成果的集大成之作，分为"综合篇"和"专题篇"。"综合篇"全面梳理和系统总结了建党百年来我国民生的内涵、发展阶段与发展成就，主要由民政事业发展中心撰写；"专题篇"结合民生智库的研究基础，分别从旅游、养老、企业、体育、农村、营商环境、城市治理等7个领域开展百年发展的专题研究，分别由文化旅游研究中心、老龄研究中心、市场监管研究中心、体育发展研究中心、乡村振兴发展研究中心、发展改革研究中心和城市治理研究中心撰写。全书由民政事业发展中心统稿。

本书在动议到编撰再到最终付梓的过程中，得到社会各界的大力支持和指导。首先，十分感谢中国社区发展协会基层党建工作委员会在出版对接等方面给予的帮助，臧学雨主任作为本书课题组副组长，对本书的编撰工作给予大力支持；其次，十分感谢九三学社北京市委副主委、北京市第十五届人民代表大会社会建设委员会副主任委员、北京大学社会学系陆杰华教授，中国行政体制改革研究会常务副会长、原国务院研究室社会发展司司长邓文奎先生等专家学者在成书过程中提供的专业指导。

本书力求内容全面、数据翔实、结论精准，但囿于学识与水平，难免出现挂一漏万、表达不当等情况，敬请广大读者批评指正。

民生智库《中国民生研究报告》课题组

目 录

第一篇
综合篇

改善民生是历朝历代执政者出于不同的执政目标与需求而需履行的政治职能，历史发展的经验表明，民生建设关系到一个国家的长治久安，也是评价某个统治阶级执政能力的重要标准。改善民生是中国共产党自成立以来就不断努力探索的目标，而民生在不同的历史条件下也呈现出不同的内涵与侧重点。在中国共产党成立初期，国家独立和民族解放是民生建设的重要内容，建立人民民主专政的共和国是改善民生的重要途径；在社会主义建设初期，提高公共集体生活的质量是改善民生的基本内容，在此理念下，加强公有制建设、推进社会主义民主政治发展以及促进社会主义文化大繁荣是民生建设的主要内容；在改革开放后，随着私有意识不断深化和中国人权保障不断发展，改善民生既要关注经济发展，也要抓紧政治、文化和社会的发展，2020 年，在以习近平同志为核心的党中央引领下全面建成小康社会。

第一章　新中国成立前民生在困境中前行

新中国成立前，中国共产党的主要任务是通过革命实现中国人民的独立和富强，中国共产党在该时期的民生思想发展可分为 4 个阶段：第一，建党和大革命时期，逐渐认清国情，重视工人农民运动。第二，土地革命战争时期，打土豪、分田地，保障人民群众权益。第三，抗日战争时期，减轻人民负担，努力改善人民生活。第四，解放战争时期，加大土地改革力度，建立人民政权。

第一节　新中国成立前中国共产党的民生思想

中国共产党自成立之日起，在马克思主义理论的指导下，始终把自身的命运同无产阶级、广大劳动人民群众的命运紧密联系起来，革命战争时期，在坚持阶级和革命斗争的同时，就把全心全意为人民服务作为根本宗旨。稳固的政权是开展民生建设的基础，因此，这一时期中国共产党的民生理论同新民主主义革命联系在一起，在对取得新民主主义革命胜利的构想中蕴含着改善民生的思想。

党的一大确定以实现社会主义、共产主义为党的根本目标，虽然在如何实现、实现的步骤、社会主义的本质、社会主义本土化的研究等方面还没有取得具有实质性的成果，但中国共产党对其所代表的利益而言是最先进的，是中国人民改善民生的依靠。在国共对峙的 10 年期间，中国共产党把改善民生与革命结合起来，开辟了农民革命根据地，在实行工农武装割据的同时，致力于改善苏区人民的生活。

革命是党生存的唯一方式，因此改善民生与革命工作紧密联系，"经济政策的原则，是进行一切可能的和必需的经济方面的建设，集中经济力量供给战争，同时极力改良民众生活，巩固工农在经济方面的联合，保证无产阶级对于农民的领导。"[①] 中国共产党对民生问题的性质也形成了明确的看法。党在城市工人阶级革命实践的基础上，深刻认识到农民对中国革命的突出作用，因而将农民视为

---

① 毛泽东. 毛泽东选集：第 1 卷［M］. 北京：人民出版社，1991.

政权建设和革命建设的重要对象，从这一角度上说，农民问题就是中国民生问题的关键。党的三大通过了中国共产党历史上第一个有关农民问题的议案，即《农民问题决议案》，强调"以保护农民之利益而促进国民革命运动之必要"[①]，农民革命是国民革命的核心问题，党对农民问题在中国革命中的地位有了全新认识。

中国共产党作为工人阶级的先锋队，也十分注重工人运动，"深入到工人中去，了解他们的疾苦，并把他们组织起来，是中国先进知识分子筹备建立无产阶级政党的第一步"[②]。党的二大通过了《关于"工会运动与共产党"的议决案》，强调工会在改善工人生活和劳动条件方面的作用，把工人阶级的长远利益和目前利益结合起来，为今后的大革命奠定了广泛的群众基础。

大革命的失败没有阻挠中国共产党在绝处逢生，失败的经验教训使中国共产党对中国革命的发展道路有了新的认识——领导农民革命、解决土地问题、调动广大农民革命的积极性是改造中国的最佳途径。土地革命是中国共产党领导的意义重大的农民革命，这使长期处于贫困状态的农民群众改善了生活状况，对中国共产党领导的中国革命有了信心。抗日战争时期，中国民生问题的核心有了重大变化，抵御外敌、实现民族独立成为民生建设最基本，也是最紧迫的任务。1937年7月15日，周恩来代表中共中央签订了国共合作宣言，把中华民族的独立与解放置于最重要的位置，其终极目的仍然是实现中国人民的幸福安康，"切实救济灾荒，安定民生，发展国防经济，解除人民痛苦与改善人民生活。"[③]

从中国共产党的建立到最终确立新民主主义制度，其间经历大革命失败、国共两次合作、抗日战争和解放战争等历史事件，党始终与无产阶级和广大农民群众站在一起，改变国家的面貌同改善人民群众生活和建立独立的民主国家紧密联系在一起。在此条件下，革命任务同民生任务具有高度重合性，稳固的政权组织是改善民生的基础，而民生建设是革命建设的力量源泉。

第二节　新中国成立前中国
民生建设的主要成就

在中国共产党成立初期，中国共产党认清国情，强调农民问题，积极开展各

①　李建洪，高德群．新民主主义革命时期中共对农民利益的维护［J］．学理论，2011（13）：143-144.

②　中共中央党史研究室．中国共产党历史：第1卷（1921—1949）（下册）［M］．北京：中共党史出版社，2011：57.

③　中国共产党中央委员会．中共中央为公布国共合作宣言［EB/OL］．（1937-07-15）［2021-11-30］．https://xw.qq.com/cmsid/20211130A0804W00.

种工人运动,党的一大提出取消私有制,党的二大就保护农民利益提出了具体要求,"废除丁漕等重税,规定全国——城市及乡村——土地税则"①,之后,中国共产党多次提出农民革命的重要性,强调工农联盟对中国革命的重要性,"农民问题是国民革命中的一个中心问题,国民革命能否进展和成功,必以农民运动能否进展和成功为转移。"② 党的五大通过了《土地问题议决案》,提出将耕地无条件转给农民,这体现了党对土地问题和农民问题的重视。中国共产党是工人阶级的先锋队,与工人有着紧密联系,"深入到工人中去,了解他们的疾苦,并把他们组织起来,是中国先进分子筹备建立无产阶级政党的第一步"③。党的一大通过了《关于当前实际工作的决议》,就工人运动的宣传和组织工作作出具体规定,并成立"公开做职工运动的总机关"的中国劳动组合书记部,以加强对工人运动的领导。党的二大通过了《关于"工会运动与共产党"的议决案》,要求各地加强工会建设,工会既要改善工人的生活和劳动状况,也要领导工人展开政治斗争,工人革命运动持续高涨。党对农民和工人革命建设的重视使党的队伍得到空前发展,阶级基础和群众基础得到巩固和加强,在党的五大召开时,党员发展到57 967人,其中工人占50.8%,农民占18.7%,两者合计超过了2/3。中国共产党的成立为中国农民和工人阶级带来希望和曙光,为今后中国的民生建设打下了坚实的组织基础、阶级基础和群众基础。虽然之后大革命的失败使中国共产党陷入绝境,但这使党清醒地认识到建立革命根据地和开辟农村包围城市、武装夺取政权道路是改善中国民生状况的必经之路。

"八七会议"纠正了陈独秀右倾机会主义路线的错误,确立了土地革命和武装斗争的总方针,之后各地相继展开武装起义,毛泽东领导的"秋收起义"符合当时的国情,带领部队到敌人控制比较薄弱的山区寻求建设革命根据地,这也成为中国共产党革命道路从城市转向农村的关键,由此拉开了井冈山革命根据地建设的序幕。中国共产党领导人民多次武装起义,在农村建立众多革命根据地,1931年11月7日,中华工农兵苏维埃第一次全国代表大会在江西瑞金开幕,宣告成立中华苏维埃共和国,建立自己的政权、针对无产阶级的民生建设由此展开。

农民问题始终是中国革命与民生建设的根本问题,苏维埃政权建立后,中国共产党就解决农民的土地问题,制定了《井冈山土地法》《兴国土地法》《中华苏维埃共和国土地法令》等一系列相关法律。1929年的《土地问题决议案》提出了"抽多补少"的分田原则,使苏区的封建土地所有制被农民土地所有制代替,

---

① 蒋贤斌,赖红羽.坚持与调适:新民主主义革命时期中国共产党税收理念的演变[J].中国井冈山干部学院学报,2019,12(5):93-98.

② 第一次国内革命战争时期的农民运动资料[M].北京:人民出版社,1983:287.

③ 中共中央党史研究室.中国共产党历史:第1卷(1921—1949)(下册)[M].北京:中共党史出版社,2011:57.

保障了贫农、中农、雇农以土地为主要内容的生产资料，基本上实现了"耕者有其田"，农民的生活得到保障。在此基础上，中华苏维埃政权为了进一步改善人民生活，针对国民党的经济封锁，大力发展经济。农业生产成为经济建设工作的第一位，大力开展农业互助合作，成立耕牛合作社、劳动互助社、信用合作社、粮食合作社等满足人民群众基本需求的农业生产组织形式，工商业也得到一定程度的发展，尤其是制盐运动的开展，"把岭背熬盐的经验开展到全苏区去，保障红军供给，改善工农群众生活来彻底打破敌人的封锁。"① 井冈山革命根据地建设时期也开展了一定程度的政治建设，通过保障人民的政治权利带动民生发展。"在苏维埃政权领域内的工人、农民、红军士兵及一切劳苦群众和他们的家属，不分男女种族（汉、满、蒙、回、藏、苗、黎和在中国台湾的高丽、安南人等）宗教，在苏维埃法律面前一切平等，皆为苏维埃共和国的公民"②，工农大众在政治上彻底翻身，获得了前所未有的政治权利，而《中华苏维埃共和国劳动法》将工农大众置于政权保护下，民生保障得以大幅改善。在此基础上，苏维埃政权开展选举，工农大众行使政治权利，选出了自己信任的代表，苏维埃政权获得了稳固的群众基础。

抗日战争时期，面对错综复杂的国内形势，中国共产党充分认识到改善民生问题对建立抗日民族统一战线的重要意义，在洛川会议上通过的《抗日救国十大纲领》，就民生问题提出要"改良工人、职员、教员和抗日军人的待遇。优待抗日军人的家属。废除苛捐杂税。减租减息。救济失业。调剂粮食。赈济灾荒"③。在此指导下，中国共产党开展一系列民生建设，首先是发展经济，保障陕甘宁边区人民群众的基本生活，"我们一方面取之于民，一方面就要使人民经济有所增长，有所补充。这就是对人民的农业、畜牧业、手工业、盐业和商业，采取帮助其发展的适当步骤和方法，使人民有所失同时又有所得，并且使所得大于所失，才能支持长期的抗日战争。"④ 在土地分配政策方面，坚持统一战线与解决农民问题有机结合的原则，把减租即作为抗日战争时期中国共产党解决农民问题的基本政策。减租即实行"二五减租"，把租金减少25%；减息即最高年利率不得超过15%，且各种形式的高利贷一律取缔。减租减息大大解放了农村生产力，农民生活得到改善，农民的生产积极性显著提高。战争造成严重的灾民、难民问题，中国共产党采取了一系列社会救助措施，"各解放区有许多灾民、难民、失业者和半失业者，亟待救济。此问题解决的好坏，对各方面影响甚大"⑤，并颁布《优待难民办法》等相关法律，各边区政府民政部门设立优待救济委员会，贯

① 周建华．论中央苏区的新闻报刊［J］．新闻爱好者（理论版），2007（2）：36－37．
② 孙肖．政权属于一切劳苦民众［N］．中国档案报，2019－10－15（1）．
③ 毛泽东．毛泽东选集：第2卷［M］．北京：人民出版社，1991：356．
④ 毛泽东．毛泽东选集：第3卷［M］．北京：人民出版社，1991：893－894．
⑤ 毛泽东．毛泽东选集：第4卷［M］．北京：人民出版社，1991：1176．

彻落实各项社会救助。不仅仅是经济方面，在民主政治方面，中国共产党的民生建设也取得了进步，确立了普遍、平等的民主选举制度，建立乡、县、边区3级政府，全部由人民无记名选举产生。1940年，中国共产党在抗日民族政权建立的基础上，采取"三三制"原则，即在人员分配上共产党员占1/3，非党的左派进步分子占1/3，中间派占1/3，体现了抗日统一战线的阶级广泛性，调动了全社会抗日的积极性，总体上保障了各阶级人民的利益。抗战期间，中国共产党进行了较苏维埃政权更为系统、全面、深入、灵活的民生建设，满足了抗日根据地全体人民对生存的基本需求，带领边区人民度过了物资极度匮乏的艰难阶段，同时为党赢得了较为广泛的群众拥护，为日后的全面战争打下了坚实的群众基础。

抗日战争结束后，中国共产党主张建设自由、民主、富强的新国家，但是国民党政府想继续实行一党专政，积极准备内战，中国共产党和平建国的战略方针被迫停滞，导致全面内战爆发。在此背景下，中国共产党仍然把改善民生放在十分重要的位置，"领导的阶级和政党，要实现自己对于被领导的阶级、阶层、政党和人民团体的领导，必须具备两个条件：（甲）率领被领导者（同盟者）向着共同敌人做坚决的斗争，并取得胜利；（乙）对被领导者给予物质福利，至少不损害其利益。"① 为此，中国共产党坚持发展经济，"必须有计划地发展生产和整理财政，遵照发展经济，保障供给，统一领导，分散经营，军民兼顾，公私兼顾等原则，坚决地实施"②。把农村中的一切力量转移到恢复和发展农业方面，通过开展农业互助合作运动，提高农村生产力水平，增加人民群众的物质福利。中国共产党也非常重视工人的生活，提出在发展经济的同时改善工人和市民的生活。就土地改革来看，在推行减租减息政策后，逐步转向耕者有其田的目标，与此相关的文件中，以《关于土地问题的指示》最具代表性，它提出将地主阶级剥削农民而占有的土地转移到农民手中，废除封建剥削制度。之后，中国共产党颁布《中国土地法大纲》，彻底消灭封建剥削制度，土地分配遵循抽多补少、抽肥补瘦的原则，使人民同等获得土地，真正实现耕者有其田。

解放战争时期，中国共产党通过开展土地改革保障民生，最终赢得民心，取得新民主主义革命的伟大胜利，中国从此进入人民当家作主的时代。

（本章由民生智库民政事业发展中心撰写）

---

① 毛泽东．毛泽东选集：第4卷［M］．北京：人民出版社，1991：1273.
② 同①1207－1208.

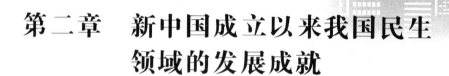

第二章　新中国成立以来我国民生领域的发展成就

新中国成立以来，党的领导集体始终以人民为中心，以人民群众的利益为一切行动的根本宗旨，民生问题是党制定一系列治国方针和政策的重要依据，并围绕经济建设展开民生建设，社会经济和民生领域均取得了巨大成就，包括全面建成小康社会、经济规模跃居世界第二以及建成世界上规模最大的社会保障体系等。

第一节　社会主义建设时期（1949—1978 年）：民生领域的有关方面在社会主义新中国建设中蓬勃发展

新中国成立后，贫穷落后的国情和异常复杂的国际环境，促使中国现代化建设选择实施优先发展重工业战略，以尽快建成比较完整的工业制造业体系，建成以拥有强大国防力量为显著标志的社会主义强国。因此，一方面，党和政府对民生问题予以高度关注；另一方面，发展重工业所需要的高积累也影响了人民生活水平的提高。

一、党和政府的民生关注

新中国成立初期，中国面临着严峻复杂的国际国内局势，中共中央没有忽略为人民群众谋福利。第一个五年计划提出："五年内，工人、职员的平均工资月增长 33%，其中工业部门增长 27.1%，农林水利部门增长 33.5%，基建单位增长 19%，国家机关增长 65.7%，文教卫生系统增长 38.2%。农民的生活也将得到进一步的改善，农村购买力 1957 年将比 1952 年提高一倍。"[①]

1956 年 4 月，毛泽东在《论十大关系》中强调了对民生问题的关心，指出

---

① 人民出版社. 中华人民共和国发展国民经济的第一个五年计划（1953—1957）[M]. 北京：人民出版社，1955.

要兼顾国家、集体和个人的利益。

1956年9月召开的中共八大，在提出建设社会主义强国的同时，凸显了其路线中对民生的关注，提出要安排好重工业、轻工业、农业的比例关系，做到既提高国家的工业化水平，又提高人民群众的生活水平。中共八大报告强调："在发展生产的基础上逐步地改善职工生活，对于提高广大职工群众的积极性，具有重大的作用。"在改善职工生活方面，一要保证职工的工资收入在生产发展的基础上逐步增加，贯彻按劳取酬的原则，改进工资制度和奖励制度；二要完善生产安全措施和加强劳动保护工作；三要保证副食品的供应工作；四要逐步增加职工的福利设施，设法解决职工的住宅问题和其他困难；五要保证职工享有应有的休息时间。

中共八大将发展生产力作为整个经济工作的中心，同时切实重视人民生活水平的提高，使"一五"时期成为新中国历史上人民生活水平增长较快的时期之一。5年中，人均国民收入年均增长8.7%，全国居民平均消费水平由1952年的76元提高至1957年的102元。

周恩来在《关于发展国民经济的第二个五年计划的建议的报告》中专门谈到改善民生的问题，指出：在"二五"期间，职工平均工资将提高25%～30%；应采取实际措施逐步改善职工的福利设施；为了改善农民的生活，应注意调整国家积累、合作社内部的公共积累及社员个人收入之间的比例关系，解决农民负担问题及合作社收益的分配问题，还应把农业税保持在适当比例上。

然而，符合国情的中共八大路线方针并没有得到始终如一的执行。在重工业优先发展战略下，实行的是"先生产、后生活""高积累、低消费"的政策。

二、"高积累、低消费"的政策指向

新中国继承的现代经济资源极少，重工业发展落后。当时除了苏联和东欧社会主义国家的有限援助，后发展国家赶超型经济的特点和帝国主义对新中国的经济封锁，使中国发展工业的资金极其缺乏。在重工业优先发展战略下，为了完成重工业的原始积累，中国在国民收入的分配上，不得不实行"高积累、低消费"政策，经济发展的成果主要用于建设大型重工业项目。

从积累率的比例来看，"一五"时期，国家处于工业化建设基础阶段，积累率平均为24.2%；"大跃进"时的"二五"时期，积累率上升至30.8%；3年经济调整时期，大批工业项目下马，积累率下降至年均22.7%；"三五"时期又上升至26.3%；"四五"时期更上升至33%，其中1971年高达34.1%。而在积累内部，生产性积累和非生产性积累的比例也失调了。

"一五"时期，国家开展大规模建设，生产性积累达59.8%，"大跃进"时期增长至87.1%，3年经济调整时期下降至65.5%，而"三五""四五"时期又上升至75.4%和77.4%，1976年高达83.2%。

为此，毛泽东着重谈了农业合作社的积累和消费的比例问题，并推广湖北省的经验，提出："以一九五七年生产和分配的数字为基础，以后的增产部分四六分（即以四成分配给社员，六成作为合作社积累）、对半分、倒四六分（即以四成作为合作社积累，六成分配给社员）。如果生产和收入已经达到当地富裕中农的水平的，可以在经过鸣放辩论取得群众同意以后，增产的部分三七分（即以三成分配给社员，七成作为合作社积累），或者一两年内暂时不分，以便增加积累，准备生产大跃进。"[①] 在这种积累和消费的比例导向和农民的自留地大量缩减、副业生产受到种种限制的影响下，农民的收入长期不能提高。

在高积累的政策导向下，尽管党和政府一再强调"必须妥善地安排国民收入中积累和消费的比例关系，在保证国家建设规模逐步扩大的同时，使人民生活得到逐步的改善"[②]，但在实际操作中，为了保证重工业优先发展，不得不最大限度地将国内资源投入重工业建设，人民收入水平的提高则处于从属地位。1962年11月27日，国家计划委员会长期局在《十年计划工作经验总结》讨论稿中，分析了重工业优先发展带来的弊端，指出以重工业特别是以钢铁为中心安排计划，导致比例关系严重失调。反映在生产方面，就是重工业挤占了农业和轻工业；反映在国民收入分配上，就是积累挤占了消费。

"高积累、低消费"政策实施的结果是人民收入不能随经济增长同步提高。1957—1978年，中国工业总产值由704亿元增加至4 237亿元，增长了6倍，但同期城镇职工年均工资水平却由624元下降为615元，实际工资下降了13.8%。

"高积累、低消费"政策的实施，固然对推进中国工业化、尽快建立现代工业基础起了重要的作用，但过高的重工业比重和积累，是以牺牲人民生活水平的提高为代价的，且也不利于国民经济在生产与消费之间进行高效益的流转。

第二节 改革开放以来（1978—2012年）：民生领域的各项事业在改革开放中兴起

邓小平指出，社会主义的根本任务是发展生产，使国家富强起来，使人民生活得到改善。

因此，摆脱贫穷、提高人民生活水平，成为改革开放以来中国现代化发展面临的最大问题之一。而改革开放带来的中国经济的巨大发展成就，亦与人民生活

① 曾丽雅.新中国在解决民生问题上的重要决策与实践[J].当代中国史研究，2012，19（1）：33-40，125-126.
② 曹应旺.周恩来的政府管理智慧[J].党史博览，2012（5）：9-14，26.

品质的巨大改善紧密相连。

一、现代化战略中的民生取向

党中央制定和实施的现代化战略凸显了其民生取向的特点。

（一）在现代化"三步走"发展战略中，把逐步提高人民生活水平置于中心位置

1978 年年底通过的中共十一届三中全会公报指出："城乡人民的生活必须在生产发展的基础上逐步改善，必须坚决反对对人民生活中的迫切问题漠不关心的官僚主义态度。同时，我国经济目前还很落后，生活改善的步子一时不可能很大"①。

为此，中国现代化战略目标的提出，充分总结了以往的经验，也充分考虑了中国经济发展的实际水平。在"三步走"的发展战略中，每一项经济增长指标都与人民生活水平的提高相对应，从"温饱"到"小康"，再到"中等发达"水平，始终把人民生活水平的提高当作衡量中国现代化的阶段性标志。1987 年 10 月，中共十三大正式确定了"三步走"的战略规划，并具体描绘了其中的第二步"达到小康水平"，即"人民普遍丰衣足食，安居乐业""过上比较殷实的小康生活"。

（二）把人民的眼前利益和长远利益结合起来，实施从部分先富到共同富裕的发展战略

在 1978 年 11 月召开的中央工作会议上，邓小平提出了"允许一部分地区、一部分企业、一部分工人农民，由于辛勤努力成绩大而收入先多一些，生活先好起来"，影响和带动"全国各族人民都能比较快地富裕起来"的非均衡发展战略。党的十一届三中全会以后，党中央在一系列文献中一再肯定和强调"部分先富"的重要意义。这一发展战略是对中国长期以来在民生问题上实行平均主义分配方式的重大突破，并经过党的历次代表大会不断完善，成为中国发展国民经济、解决民生问题的基本实践的主要内容之一。

二、打破平均主义"大锅饭"，实行"效率优先、兼顾公平"的发展原则

中国的改革以打破平均主义"大锅饭"、追求效率为出发点。1978 年 5 月，国务院发布了《关于实行奖励和计件工资制度的通知》，逐步推行并完善了计件工资和奖金制度。1985 年 1 月，国务院发出了《关于国营企业工资改革问题的通知》，决定在国有大中型企业实行"工效挂钩"的新工资制度，在一定程度上

---

① 中国共产党第十一届中央委员会第三次全体会议公报 [N]. 人民日报，1978 - 12 - 24 (1).

克服了企业吃国家"大锅饭"的弊端。同时也打破了企业内部职工吃企业"大锅饭"的分配机制。"工效挂钩"的实行促进了企业经济效益的提高。

1987年，中共十三大提出了"在继续促进效率提高的前提下体现社会公平"的分配政策，这是"效率优先、兼顾公平"原则的最初文字表达。1993年11月，中共十四届三中全会《关于建立社会主义市场经济体制若干问题的决定》明确了"效率优先、兼顾公平"的原则。

这一原则在党的十四届五中全会及党的十五大精神中继续得到体现。只有不断提高效率，增加社会财富，才有解决民生问题的物质基础。效率优先带来了中国经济的快速发展，国民经济强大了起来。20世纪80—90年代，中国的改革动力或一部分人先富起来的源泉，是国民经济的增量，对增量的分配以激励效率为优先。

三、产业结构的调整，为提高人民生活水平创造了条件

中共十一届三中全会后，从国民经济调整工作开始，中国工业化发展战略从优先发展重工业转变为农轻重并举发展。从产业结构看，1978—1984年农业增长领先，工农业总产值中农业产值的比重从24.79%上升至29.67%。

轻工业在20世纪80—90年代增速一直快于重工业，1997年轻、重工业的比例为49.1∶50.9，重工业产值在工业总产值中的比重比1978年下降了6个百分点。

产业结构的调整使中国经济得到全面发展，为提高人民生活水平创造了良好条件，也使人民消费机制发生了根本变化。1993年，中国城乡人民告别票证经济时代，凭票供应、排队抢购的现象一去不复返，消费品市场由计划经济时代商品短缺、供不应求的卖方市场变为市场经济时代商品丰富的买方市场。

与此同时，在以分配体制改革为先导的经济体制改革的促动下，国民收入的分配格局发生了显著变化。根据国家计划委员会综合司的测算，居民所得在国民生产总值中所占比重由1978年的50.5%上升至1994年的69.6%，其中城镇居民所得比重由1978年的20.1%上升至1994年的38%，上升了18个百分点。另一方面，国家所得占国民生产总值的比重显著下降，由1978年的31.6%下降至1994年的10.9%。国民收入分配呈现向居民个人倾斜的格局。

在"三步走"发展战略下，中国人民的生活水平得到了明显提高。据统计，1978—2000年，中国城镇居民人均可支配收入从316元上升至6 280元；中国农民人均纯收入由133.6元提高至2 253元。1999年，世界银行根据人均收入的增长情况，将中国从"低收入"国家提升到"中低收入"国家行列。进入21世纪，中国基本解决了温饱问题，进入了全面建设小康社会的新阶段。

四、从"效率优先、兼顾公平"到"更加注重社会公平"

中共十六大之后，党中央在提出和实施构建社会主义和谐社会战略任务的过

程中，发展理念实现了从"效率优先、兼顾公平"到"更加注重社会公平"的转变。

2004 年 9 月，中共十六届四中全会首次提出构建社会主义和谐社会，"促进社会公平和正义"。

2005 年 2 月 19 日，胡锦涛指出要"在促进发展的同时，把维护社会公平放到更加突出的位置，综合运用多种手段，依法逐步建立以权利公平、机会公平、规则公平、分配公平为主要内容的社会公平保障体系，使全体人民共享改革发展的成果，使全体人民朝着共同富裕的方向稳步前进"[①]。

2005 年 10 月召开的中共十六届五中全会的一个新亮点，便是强调"更加注重社会公平，使全体人民共享改革发展成果"，而不再提"效率优先、兼顾公平"。

五、从侧重经济立法到注重民生立法

改革开放以来，中国在相当长的一段时间里侧重经济立法，这是建立健全市场经济体制的需要。到 21 世纪初，市场经济体制已基本建立，民生立法的需求随之凸显。近年来，民生方面的立法几乎占了全国人大常委会审议法律的一半。2007 年 8 月通过的《中华人民共和国就业促进法》明确了政府在促进就业中的职责，使促进就业的工作机制及体系法制化。2009 年 2 月，《中华人民共和国食品安全法》历经 4 次审议终获通过。关系民生切身利益的新的《中华人民共和国社会保险法》在 2010 年 10 月 28 日通过及颁布。修订后的《中华人民共和国残疾人保障法》《中华人民共和国侵权责任法》等法律及法律草案得到颁布实施或提请审议。

市场经济不能解决所有的问题，不能解决弱势群体保障等民生方面的问题。从侧重市场经济立法到注重民生立法，反映了中国立法重点的转变，也反映了中国在总体进入小康社会以后的一个强烈的社会需求，更体现了党中央在解决民生问题上的决心和力度。

六、从建设型财政到公共型财政

改革开放后，我国经济发展加速，财政改革也释放出前所未有的活力。到 2008 年，全国财政收入突破 6 万亿元，2010 年达 8.31 万亿元。中共十六大以来，党和政府的财政理念突出以民为本，更加关注人民群众迫切需要解决的问题。如针对"住房难"问题，中央政府在"十一五"期间用于保障性住房建设的拨款达 1 300 亿元，全国有 1 500 万户中低收入及困难家庭受惠。2009 年，中央财政安排就业专项资金 426 亿元，社会保障资金 2 906 亿元，医疗卫生支出 1 277

---

① 方秀兰，焦存贵. 现阶段维护和实现社会公正应努力做好六方面工作［N］. 光明日报，2007 - 01 - 15.

亿元。"十一五"期间，中央财政教育支出累计 4.45 万亿元。党和政府不断健全公共财政体制，中央财政转移支付规模不断扩大，2010 年超过 3 万亿元。随着国家财力的增强、财政支出结构的变化，公共财政从过去的生产建设型财政转变为公共型财政。从理念转变到政策调整，中国正在着力解决过去无力解决的诸多民生问题。

七、加大解决民生问题的决策力度

在科学发展与和谐发展的总体战略布局下，党和国家坚持以人为本，关注社会弱势群体，为解决民生问题采取了若干重大举措，使民生问题得到实质性改善。

（一）提高城乡居民收入，改革分配制度

党和国家采取一系列措施，努力提高城乡居民尤其是低收入群众的收入。一是普遍提高城乡居民收入。2006—2010 年，城镇居民人均可支配收入从 11 759 元增加至 19 109 元，农村居民人均纯收入从 3 587 元增加至 5 919 元。这是新中国成立以来城乡居民收入增长最快的时期。

二是重点改善低收入群体生活。在城市，2005—2011 年连续 7 年提高企业退休人员基本养老金，年均增长 10%；在农村，五保户由集体供养改为国家供养；全面建立城乡居民最低生活保障制度，并逐步提高保障标准。三是推进收入分配制度改革，深化个人所得税改革，调高个人所得税起征点。

（二）关注农民问题，废止农业税

农业税在中国历史上一直是国家财政收入的主要来源。进入 21 世纪以来，随着工业和服务业快速发展，中国的产业结构发生了很大变化，农业增加值已经由 1978 年的 28.1% 下降至 2004 年的 15.2%，与此同时，随着国家财力大大增强，农业税在国家财政收入中的比重越来越小。2005 年 12 月，十届全国人大常委会第十九次会议通过《关于〈废止中华人民共和国农业税条例〉的决定》，一个在中国延续了 2 000 多年的税种宣告终结。

（三）实施积极的就业政策

近年来，党和政府不断深化就业体制改革。2008 年国际金融危机爆发以来，党和政府在采取应对措施时，把保就业放在首位，采取了一系列有针对性的措施，对企业实施"五缓四减三补贴"政策。"十一五"期间，中国就业总量稳步增长，城镇新增就业 5 771 万人。

（四）完善中国特色的社会保障体系

2003 年开始建立新型农村合作医疗制度，同年国务院颁布《工伤保险条例》；城镇职工基本养老保险实现省级统筹；2007 年开始建立农村居民最低生活保障制度和城镇居民基本医疗保险制度；2009 年在全国开展新型农村社会养老保险试点，实施重点针对农民工的养老保险关系转移接续办法。2011 年施行《中华人民共和国社会保险法》，这是中国特色社会保障体系、保障法制建设中的又一个里程碑，可以更好地维护公民参加社会保险和享受社会保险待遇的合法权益，使公民共享发展成果，促进社会主义和谐社会建设。

第三节　党的十八大以来（2012—2021 年）：民生领域量质并进、全面发展

2012 年以来，在以习近平同志为核心的党中央领导下，"以人民为中心"，抓重点、补短板、强弱项，以全面建成小康社会，推动民生领域量质并进、全面发展。

习近平总书记在中央政治局第二十八次集体学习时发表重要讲话，强调社会保障是保障和改善民生、维护社会公平、增进人民福祉的基本制度保障，是促进经济社会发展、实现广大人民群众共享改革发展成果的重要制度安排，是治国安邦的大问题。这一重要讲话系统回答了我国社会保障事业发展的一系列方向性、根本性、战略性重大问题，深刻阐明社会保障工作的丰富内涵、思想方法、工作任务，提出一系列新思想、新论断、新要求，为我们做好社会保障工作指明了前进方向、提供了根本遵循。

一、如期全面建成小康社会并建成世界上规模最大的社会保障体系

党的十八大以来，以习近平同志为核心的党中央把社会保障全民覆盖作为全面建成小康社会的目标，把社会保障体系建设摆到更加突出的位置上，坚持全覆盖、保基本、多层次、可持续，围绕全民覆盖、人人享有社会保障的目标，作出一系列重大决策部署，实施全民参保计划，精准推进重点群体参保，各地区各部门认真贯彻落实，推动我国社会保障体系建设进入快车道。经过不懈努力，2020 年年底，我国国内生产总值突破 100 万亿元，人均国内生产总值突破 1 万美元，形成世界最大规模的中等收入群体，成功建立了世界上覆盖人数最多的、具有鲜明中国特色的社会保障体系。

一是制度改革取得突破。紧扣增强公平性、适应流动性、保证可持续性，加强社会保障制度的顶层设计，改革的系统性、整体性、协同性进一步增强。统一城乡居民养老保险制度，实现机关事业单位和企业养老保险制度并轨，形成职工养老和居民养老两大制度平台，填补了部分群体缺乏保障的制度空白。建立健全企业职工基本养老保险基金中央调剂制度，解决了省际结构性矛盾，缓解了中西部地区和老工业基地省份的基金支付压力。统一养老保险单位费率，全面实现养老保险省级统筹，为在更大范围内互助共济创造了条件，也为实施全国统筹奠定了基础。工伤保险预防、补偿、康复"三位一体"制度体系建设积极推进，失业保险保生活、防失业、促就业的功能进一步凸显。

二是覆盖范围持续扩大。围绕全民覆盖、人人享有社会保障的目标，通过实施全民参保计划，精准推进重点群体参保，建立了世界上覆盖人数最多的社会保障体系。2012年至2021年3月，我国基本养老保险参保人数从7.88亿人增加至10.07亿人，失业保险参保人数从1.52亿人增加至2.18亿人，工伤保险参保人数从1.9亿人增加至2.67亿人。6 098万建档立卡贫困人口参加基本养老保险，参保率稳定在99.99%以上，基本实现应保尽保。

三是数字化发展从根本上改变了传统的生产方式、商业模式和生活方式，社保卡也迎来"变身"。电子社保卡作为社保卡线上应用的有效电子凭证，与实体社保卡一一对应，并实现全国通用，具有身份凭证、信息记录、自助查询、医保结算、缴费及待遇领取等功能。

四是待遇水平稳步提高。坚持社会保障水平与经济发展相适应，稳步提高各项社会保障待遇，有效改善了低收入群体生活。建立健全养老金待遇确定和合理调整机制，连续调整企业和机关事业单位退休人员的基本养老金，企业职工月人均养老金从2012年的1 686元增长至2020年的2 900元左右。失业、工伤保险待遇水平稳步提升，全国月平均失业保险金由686元提高至2020年的1 506元。

五是保障能力持续增强。社会救助等兜底保障网不断健全。截至2021年3月，基本养老、失业、工伤3项社会保险基金累计结存6.4万亿元，基金运行总体平稳。稳步开展基本养老保险基金投资运营，合同规模1.25万亿元，在确保安全的前提下促进基金保值增值。为应对人口老龄化，增加全国社会保障基金战略储备，基金权益约2.4万亿元（2021年2月数据）。有序划转国有资本充实社保基金，截至2020年年末，共划转中央企业和中央金融机构国有资本总额1.68万亿元。健全基金管理监督和风险防控体系，完善政策、经办、信息、监督"四位一体"的运行机制，推进基金监督行政执法与刑事司法衔接，确保基金安全。

六是服务水平显著提升。围绕记录一生、保障一生、服务一生，从中央到省、市、县、乡（镇、街道），统筹城乡的5级社保经办管理服务网络基本形成，管理服务规范化、标准化、信息化建设进一步加强，群众社保事务就近办、线上办、快速办，更加方便、快捷。截至2021年3月，社会保障卡持卡人数达13.4

亿,电子社保卡签发量超过 5.2 亿张。手持一张社保卡,就可以办理就业服务、领取养老金、看病报销等 100 多项业务,并逐步向金融服务和交通、文化、旅游等方面拓展应用。国家社会保险公共服务平台已开通社保查询、失业保险待遇申领、养老金测算、资格认证等全国性、跨地区的 9 类 28 项社保公共服务,累计访问量 20 亿人次,方便群众跨省通办、一网通办。

七是经济运行"减震器"作用凸显。为积极应对经济下行压力,特别是应对新冠肺炎疫情造成的严重冲击,推动社会保障政策与其他领域政策协同联动,紧紧围绕保市场主体、纾困中小企业、稳定和扩大就业发挥作用,先后 6 次降低社保费率,5 项社保总费率从 41% 降到 33.95%,有力促进实体经济和民营企业发展。2020 年实施力度空前的"减免缓降返补"政策,全年养老、失业、工伤 3 项社会保险为企业减负 1.54 万亿元,占减税降费的 2/3,失业保险稳岗返还 1 042 亿元。这些政策含金量高、受益面广、落实及时,企业普遍欢迎并高度认可。

党的十八大以来,我国社会保障事业之所以取得历史性成就,根本原因在于以习近平同志为核心的党中央坚强领导,坚持发挥党的领导和社会主义制度的政治优势,集中力量办大事;在于坚持人民至上,坚持共同富裕,把增进民生福祉、促进社会公平作为发展社会保障事业的根本出发点和落脚点;在于坚持立足国情、实事求是、与时俱进,坚持制度引领,用改革的办法和创新的思维解决发展中的问题,不断将具有鲜明中国特色的社会保障体系建设向前推进。这些都是长期以来行之有效的宝贵经验,需要坚持和发展。

二、坚持以人民为中心,集中力量坚决打赢打好三大攻坚战,让全面建成小康社会惠及全体人民,顺应人民对高品质生活的新期待

习近平总书记强调:"防范化解金融风险,事关国家安全、发展全局、人民财产安全,是实现高质量发展必须跨越的重大关口。精准脱贫攻坚战已取得阶段性进展,只能打赢打好。环境问题是全社会关注的焦点,也是全面建成小康社会能否得到人民认可的一个关键,要坚决打好打胜这场攻坚战。"①

"十三五"期间,我国聚焦全面建成小康社会目标,固根基、补短板、强弱项,脱贫攻坚战取得全面胜利,污染防治攻坚战效果显著,防范化解重大风险攻坚战取得成效,三大攻坚战取得决定性成就。

党的十九届五中全会明确了健全多层次社会保障体系的目标任务。习近平总书记提出健全覆盖全民、统筹城乡、公平统一、可持续的多层次社会保障体系,进一步织密社会保障安全网,为广大人民群众提供更可靠、更充分的保障,不断满足人民群众多层次、多样化需求的总体目标;明确了促进我国社会保障事业高质量发展、可持续发展的主题;强调了坚持系统观念、树立战略眼光、增强风险

---

① 王一彪.深刻认识打好三大攻坚战的重大意义[N].学习时报,2018-04-25 (1).

意识等原则要求。进入新发展阶段，要分析形势任务，把握时代使命，科学谋划和推进今后一个时期的社会保障事业。

一是围绕推进全体人民共享共富，促进社会保障事业高质量发展。共同富裕是社会主义的本质要求，是人民群众的共同期盼。我国发展不平衡、不充分的问题仍然突出，城乡区域发展和收入分配差距仍然较大，促进全体人民共同富裕是一项长期任务。社会保障不仅可以保障人们的基本生存权利，还具有互助共济功能，可以在社会成员之间分散风险，平衡不同利益群体之间的收入分配关系，这是推动全民共享、全面共享、共建共享、渐进共享改革发展成果，实现共同富裕的重要途径。必须始终坚持以人民为中心的发展思想，适应我国社会主要矛盾的变化，充分发挥社会保障再分配功能，充分调动社会各方面广泛参与进来，在发展中不断保障和改善民生，实现从"有没有"到"好不好"的转变，更好地适应人的全面发展和全体人民共同富裕进程。

二是紧扣构建新发展格局，完善覆盖全民的社会保障体系。构建新发展格局，核心是畅通国民经济循环，使生产、分配、流通、消费更多依托国内市场。社会保障可以改善居民消费预期，拉动有效需求，是扩大内需的重要基础。同时，社会保障还具有一定的经济运行逆周期调节功能，可以为劳动力要素顺畅有序流动创造环境条件。要坚持把民生保障作为畅通国内大循环的出发点和落脚点，紧扣扩大内需这个战略基点，健全多层次社会保障体系，免除群众的后顾之忧，提高居民消费能力和意愿，以改善民生为导向扩大消费。

三是积极应对人口老龄化，促进社会保障事业可持续发展。随着经济社会发展和人民健康水平提高，我国进入人口老龄化阶段。第一点是人口预期寿命延长。我国城镇人口平均预期寿命从新中国成立初的40岁左右，提高至2019年的77.3岁，2030年预计达79岁。第二点是人口老龄化加速。预计到2022年和2035年，全国老年人口总量分别达2.6亿人和4.2亿人，分别占总人口的20%、30%，逐步进入中度、高度老龄化阶段。第三点是劳动力资源禀赋变化明显。我国劳动年龄人口数量从2012年开始出现下降，年均减少300万人以上，并且减少幅度在加大，预计"十四五"期间将减少3500万人。第四点是平均工作年限缩短。劳动人口平均受教育年限不断增加，1982年平均受教育年限超过8年，2021年3月已达10.8年，新增劳动力平均受教育年限达13.8年，人们开始工作的年龄不断推后。总的看，我国人口老龄化呈现出"未富先老"、速度加快、规模庞大、农村老人占比高等特征，为经济社会发展带来重大而深远的影响。人口老龄化造成养老保险制度抚养比下降，制度的可持续发展面临新情况、新挑战。通过深入实施、积极应对人口老龄化国家战略，统筹社会保障与人力资源开发，探索有效路径和举措来提高工作预见性和主动性，未雨绸缪，积极应对。

四是顺应数字化发展趋势，提高社会保障治理效能。数字化发展从根本上改变了传统的生产方式、商业模式和生活方式，灵活就业、新就业形态不断涌现。

新就业形态从业人员特别是平台网约劳动者的劳动关系、就业岗位、工作时间、工资收入等呈现许多新的特征，现有社会保障制度还不能很好地适应，部分人群还没有被纳入保障范围或保障不足。要顺应数字化发展趋势，积极探索实践，增强社会保障制度的灵活性、包容性、适应性，创新社保服务方式，不断提高社会保障管理精细化程度和服务水平。

五是坚持系统集成、协同高效，推进社会保障制度改革。社会保障体系建设是一项复杂的系统工程，政策性、关联性都很强，涉及各方面利益关系的深刻调整。经过多年改革，我国社会保障体系的"四梁八柱"已基本确立，但也存在不足。部分人群还没有被纳入社会保障，统筹层次有待提高，区域之间发展不平衡的问题突出，制度之间的转移衔接不够通畅，多层次养老保险发展不充分，经办管理和服务能力有待进一步提高。社会保障制度改革已经进入系统集成、协同高效阶段，要坚持制度的统一性和规范性，坚持问题导向，准确把握社会保障各个方面之间、社会保障领域和其他相关领域之间的改革联系，提高统筹谋划和协调推进能力，推进社会保障法治化建设，确保各项改革形成整体合力。

六是坚持尽力而为、量力而行，促进社会保障事业发展和经济社会发展水平相适应。这是做好社会保障工作的一项重大原则。尽力而为，强调的是党和政府对保障和改善民生的责任担当和主动作为。量力而行，强调的是实事求是和一切从实际出发。我国仍处于并将长期处于社会主义初级阶段的基本国情没有变，我国是世界上最大发展中国家的国际地位没有变，社会保障不能脱离这个最大实际。必须立足基本国情，不做超越发展阶段和财力水平的事情，汲取国外一些国家盲目"福利赶超""泛福利化"的教训，始终立足保基本，从基本权益做起，循序渐进、积少成多，在做大"蛋糕"的同时分好"蛋糕"。

三、扎实推进社会保障体系建设重点工作，不断增强人民群众的获得感、幸福感和安全感

习近平总书记强调，各级党委和政府要深化对社会保障工作重要性的认识，把握规律，统筹协调，抓好党中央决策部署和各项改革方案的贯彻落实，在健全覆盖全民的社会保障体系上不断取得新成效。"十四五"时期，要按照兜底线、织密网、建机制的要求，紧紧围绕健全覆盖全民、统筹城乡、公平统一、可持续的多层次社会保障体系，以更大的改革勇气、更积极的进取精神扎实推进各项重点任务落实。

一是深化改革，构建更加完善的社会保障制度体系。改革创新是推进社会保障制度更加成熟的必然要求。重点是按照养老保险制度改革总体方案，成熟一项推出一项，有步骤地推进改革任务落实。社会保障遵循大数法则，统筹层次越高，制度越安全可靠。在健全养老保险基金中央调剂制度、实现省级统筹的基

础上，加快推进养老保险全国统筹，科学调整、确定中央和地方养老保险事权，做好政策、经办、监管、信息系统等相关工作。按照小步调整、弹性实施、分类推进、统筹兼顾等原则，积极、稳妥实施渐进式延迟法定退休年龄。加快发展多层次、多支柱养老保险体系，在坚持基本养老保险保基本制度定位的同时，提高企业年金参保率，推动职业年金市场化投资运营平稳规范，建立和发展适合我国国情、政策支持、个人自愿、市场化运营的个人养老金制度，实现对基本养老保险的有效补充。加快推动失业保险和工伤保险省级统筹，提高基金互助共济能力。

二是守住底线，确保待遇按时、足额发放。养老金是退休人员的"养命钱"，确保待遇发放是必须坚守的底线。压实各级责任，加大养老保险基金中央调剂力度，按时完成上解下拨，提高调剂基金使用效率，多措并举确保当期发放。建立健全基本养老保险待遇调整机制，推动待遇水平随经济发展逐步提高。继续扩大基本养老保险基金委托投资规模，提升基金"自我造血"能力。调整、完善和落实新一轮失业保险扩围稳岗政策，落实工伤保险待遇调整和确定机制。

三是突出重点，努力实现社会保障全民覆盖。精准实施全民参保计划，健全农民工、灵活就业人员、新业态就业人员参加社会保险制度，推动实现最广泛的覆盖。创新工作思路，研究制定新就业形态从业人员职业伤害保障办法，尽快补齐制度短板。完善并落实城乡居民养老保险和被征地农民社会保障政策。促进中小微企业和重点群体积极参保、持续缴费，引导更多人员长期持续参保。

四是优化服务，完善社会保障管理体系和服务网络。拓展全国统一的社会保险公共服务平台功能，实现各地平台应接尽接、服务应上尽上。持续推动省以下社保公共服务资源整合和综合柜员制服务。加快推进社保卡"一卡通"全民持卡，统筹个人资金发放用卡、公共服务功能用卡，推进第三代社保卡和电子社保卡发行应用，逐步形成居民服务"一卡通"应用新局面。推进社保经办数字化转型，创新服务模式，实现"数据多跑路，群众少跑腿"。持续改进社保公共服务窗口单位作风，完善传统服务保障措施，为老年人、残疾人等群体提供更周全、更贴心、更暖心的社会保障服务。

五是健全法治，推动社会保障事业行稳致远。加强社会保障立法工作，做到推进工作有法可依、深化改革于法有据。坚持从严执法，加强社会保险法律法规实施，提高执法有效性、权威性。依法健全社会保险基金监管体系，研究制定社会保险基金监督条例，研究修订社会保险基金行政监督办法，强化收支管理和运行监测，以零容忍态度打击各类欺诈骗保行为，守护好人民群众的每一分"养老钱""保命钱"。

（本章由民生智库民政事业发展中心撰写）

第二篇
专题篇

第一章 旅 游

第一节 中国旅游业百年发展历程回顾

一、1921—1948 年：近代旅游业的萌芽

1921—1948 年是中国社会一个极其重要的历史转折期，旅游发展也进入承上启下的新阶段。在世界旅游业快速发展、国内各项旅游条件改善而时局一直动荡不安的背景下，我国各阶层人群抱着不同目的投身形形色色的旅游活动，共同推进中国旅游的近代化进程。

（一）发展环境分析

1. 社会的开放与进步

鸦片战争后，帝国主义列强通过《南京条约》《天津条约》《辛丑条约》等一系列不平等条约，迫使中国开放。民国时期的历任政府对入境旅游的管理非常宽松，为大量外国人来华旅游提供了条件。另外，民国政府颁布了一系列有利于发展资本主义的政治、经济、文化法令，承认人们享有言论、出版、集会、结社的自由，西方的科学、民主思想广泛传入中国，解放了人们的思想，这也为人们开展社会交往活动提供了政治条件。

2. 国民经济的发展

20 世纪二三十年代，国民经济增长很快。1912—1948 年，中国国民经济平均每年增长 5.6％，而 1926—1936 年的增长率为 8.3％。1936 年达到这一时期资本主义发展的最高峰[①]。随着民族资本主义经济发展，有产者阶层和有稳定收入的人群迅速扩大，为人们外出旅游提供了经济基础。

3. 思想观念的转变

随着中外交流日益频繁、文教事业持续发展、新事物不断涌现，中国人的思想观念迅速转变，逐步破除了世界以中国为中心的自我封闭思想，开始认识到中国的落后与西方的先进，并主张向西方学习。在学习西方的"器物文明"到"制度文明"的过程中，中国人逐步改变"父母在，不远游"的传统观念，走出家

---

① 孙健. 中国经济史——近代部分（1840—1949 年）［M］. 北京：中国人民大学出版社，1989.

门、面向世界。

（二）发展状况分析

1. 中国旅行社的成立

民国时期，中国国内、国际旅游市场规模迅速扩大，要求有专门机构为人们的外出旅行活动提供便利和服务。在这种有利的客观环境下，中国旅行社应运而生。民国时期乃至整个近代中国，由中国人自己创办的第一家旅行社，也是唯一一家大型旅行社，即1923年陈光甫创办的中国旅行社的前身——上海商业储蓄银行旅行部，它的创立标志着中国近代旅游业的真正形成。1927年，旅行部与银行分立，发展成独立的旅行商业机构——中国旅行社，至抗日战争爆发的1937年，发展壮大为一个拥有66个分支机构、业务范围[①]和影响遍及海内外的中国民族资本旅游企业。此后到新中国成立这一段战乱时期，中国旅行社辛苦经营10余年的成果损失大半，旅游事业无法继续发展。尽管如此，旅行社还是审时度势，及时调整经营方向，在战争中求生存，为中国革命作出了应尽的贡献。中国旅行社是民国时期旅游业发展的代表和魁首，其产生、发展和发达的历程大致代表了这一时期中国旅游业发展的情况，并对推动中国近代旅游事业的发展起了相当大的作用。

2. 专业刊物的增加

近代中国的旅游文献急剧增加。据统计，1912—1948年，出版的知名旅游报刊达9种，包括《旅行月刊》《旅行周报》《旅行杂志》《旅行天地》《旅行便览》《旅行》等。同时，民国时期还出现了一些论述旅游活动的专著，比如平绥铁路管理局1935年编的《游览之倡导》、中国旅行社1944年出版的《游览事业之理论与实际》等。此外，民国时期还出现了大量论述旅游活动的论文，比如佘贵棠的《游览事业之意义》、王焕文的《中国亟应提倡旅行事业》、陈宗祥的《论边疆探险事业》、张其昀的《观光业在现代经济之重要性》，以及美国人安立德原著、秦理齐译的《中国发展游客事业之机会》等旅游译著，此外，还有旅行游记、旅行指南以及名胜介绍等各种旅游图书和旅游小册子[②]。

3. 旅游资源的开发

旅游资源是发展旅游业的基础和前提条件，民国时期，各方针对旅游资源开展了大量保护、整理与开发工作。

一是开放名胜，保护文物，整理古迹。中国是历史悠久的文明古国，可供观赏的文物古迹十分丰富，但是长期以来为封建贵族所独享，与广大人民群众无

---

① 业务范围从1923年旅行部设立之初的代售国内外火车、轮船客票及旅行咨询，逐步扩大到车站、码头接送和转送、行李提取和代运、发行旅行支票、为国人办理出国及留学事宜，以及观光游览等。
② 蒋湘妮.《旅行杂志》与中国旅行社［J］.沧桑，2005（Z1）：83-84.

缘。民国成立以后，北平、杭州、西安、洛阳等地的文物古迹逐渐向社会开放，平民百姓得以游览昔日为皇室、贵族、官僚独享的名胜，这是时代潮流推动的结果。在文物古迹逐渐向社会开放的同时，保护古物愈显重要。为保护游览资源，民国政府于 1931 年 7 月 3 日颁布古物保存法施行细则，内政部也颁布《名胜古迹古物保存条例》，并曾汇集各地统计数据，列成专表。

二是旅游避暑胜地的开发建设。近代以来，外国人利用特权修建庐山、北戴河和莫干山等游览避暑胜地，并在其内建造别墅、风景区，这些地方俨然成为侵略者享乐的家园。这激起爱国人士的愤怒，于是朱启钤先生在 1920 年前后成立公益会并创办北戴河滨海度假区。1921—1934 年，乡绅储南强整修、开发了江苏宜兴的善卷洞、张公洞[①]。

三是旅游城市的兴起与发展。民国时期，中国城市的面貌、结构和功能发生了根本变化，成为中国当时工业、商业、金融、政治、文化的中心，吸引着大批旅游者前往旅游、观瞻城市风貌。青岛、杭州、上海、天津、大连等城市逐渐成为国内、国际旅游的客源地和目的地，出现了中外游客川流不息的局面，从而形成了近代旅游的基本旅游线路。

4. 旅游的促销宣传

在民国时期中国动荡不安，中国近代旅游业的发展举步维艰，承受着来自内部压迫和外来竞争的挑战。为更好地发展旅游事业，近代中国采取了一系列促销宣传的措施。

一是中国旅行社为扩大影响投入大量资金、人力、物力进行国内外的旅游宣传活动。比如 1927 年创办《旅游杂志》，1931 年在美国西雅图设立通讯处，出版大量导游丛书等。

二是近代时期的中国除积极参加芝加哥、伦敦博览会外，还于 20 世纪 30 年代分别在上海、杭州举办过相当规模的国货博览会和西湖博览会，扩大了当地的影响并增强了旅游吸引力，吸引了更多国内外旅游者来游览观光。

5. 旅馆行业的发展

铁路、公路、轮船乃至飞机等新式交通工具的出现，大大方便了旅行和旅游。与此相适应，新式旅馆等新的旅游服务设施也相继在中国出现。20 世纪二三十年代，上海、北平、天津、广州、汉口等大城市，宁波、汕头、青岛、大连等港口商业城市，长沙、郑州、南京、张家口等交通枢纽城市，都成为近代旅馆业发展的热点城市，并出现了老式客栈与新式旅馆并存以及旅馆业中国民族资本与外国资本竞争的局面。新式旅馆、交通旅馆和公寓构成了这一时期中国旅馆业的基础和框架，从而在很大程度上改善了中国旅游住宿设施的条件

---

① 杨建：浅析国民政府时期中国旅游业发展的原因与条件 [J]. 芜湖职业技术学院学报.2006 (2)：103－105.

并提升了接待能力。

（三）发展特点分析

民国时期在中国内部经济结构变更和西方外来因素的共同作用下，国内旅游和国际旅游的需求快速增长，近代旅游业应运而生。在民国时期中国动荡不安，中国近代旅游业的发展举步维艰，承受着来自内部压迫和外来竞争的挑战而未能全面发展，但仍形成了自身发展的时代特点。

1. 旅游活动较以往更加普及

民国期间旅游活动较之以往最显著的变化之一是更加普及。中国的旅游活动虽然起源很早，但在漫长的岁月中，旅游者无外乎帝王将相、文人学士、商人、僧侣等少数人群，难与广大平民大众结缘。进入民国，旧的阶级、等级观念被打破，特别是团体旅游的兴起，使得参与旅游活动的人群大大拓展，一般的公务员、教师、学生等平民阶层成为旅游的新主体，以消遣为目的的旅游渐成风习。

2. 旅游方式和内容更加丰富

伴随着旅游活动的普及和平民阶层的加入，旅游的方式和内容日趋丰富，各种新的方式和内容层出不穷。其中国内旅游的类型主要包括观光旅游、宗教旅游、科考旅游、会议旅游、徒步旅游、救亡旅游等；出境旅游的类型主要包括团体旅游、会议旅游、徒步旅游、文化旅游、游学旅游等；入境旅游的类型主要包括团体旅游、考察旅游、考古旅游、宗教旅游、文化旅游等。

3. 形成一定的行业规模

在民国时期这一特定的社会历史条件下，中国近代旅游业的发展并非一蹴而就，其成长发育也并不平衡和完善。尽管这样，旅游业食、宿、行、游、购、娱等各种机制还是相继建立并逐步完善起来。在许多地区特别是一些国际化、近代化的大城市中，旅游服务设施和专门化的旅游组织得到较为迅速的发展，出现了西方近代旅游业的某些特征，形成了以旅行社、旅馆业、交通业为主体的行业规模，具有了一定的旅游接待能力。

4. 国际旅游相对繁荣

民国时期，旅游业的规模越来越大，旅游的空间范围也越来越广，这一时期中国的旅游业是由境内旅游转向境外旅游的。随着国际交往的日渐频繁，旅游逐渐成为中国认识世界和让世界了解中国的重要途径，国际旅游因而空前繁荣。这一时期客源市场的主体主要由两部分人组成，一部分是来华外国人，另一部分是走出国门的中国人。

5. 集团旅游的兴起

集团旅游的兴起是民国时期旅游近代化的又一重要特征。集团旅游可以增进友谊，交换知识，表现合作精神，而且省钱、舒适、优点多多，因此很快被人们接纳。集团旅游的主要形式包括：用人单位组织的集团旅游、旅游团体组织的集团旅游、旅行社组织的集团旅游及学生组织的集团旅游等。

二、1949—1977 年：政治接待阶段

（一）发展环境分析

1. 宏观环境

新中国成立初期及其后很长时间内，我国生产力水平、综合国力较为落后，国家发展百废待兴。出于对国情背景下政治、经济、社会等各方面现实状况的综合权衡和考虑，我国实行"一边倒"的外交政策，外交上主要是与苏联、东欧及亚太地区的一些社会主义国家交往，带有浓厚的政治色彩，该阶段旅游业主要以外事接待为使命，目的是增进友谊，扩大新中国的国际影响力。

2. 政策环境

通过分析发现，这一阶段核心圈层政策高频特征词汇主要集中于"管理""申请""居留""过境"等；外围圈层高频词主要集中于"外交部""办理""签证""证件""规定""接待"等词汇。可以看出，这一阶段国家虽然开始接待来华旅游的外国人，但是大多必须通过外交部办理相关的手续，很注重对外国人出入境和在国内旅行行为的约束。例如 1955 年外交部的《关于改进外交人员"旅行证"的意见》明确指出，外国驻华的外交公务人员只能在开放的地区旅行，并且需要本人的外交官证、公务人员证或者外交部给予登记签证的护照[①]。

（二）发展状况分析

1. 中国旅行社的创建

旅行社的兴起及发展过程反映出旅游业从新中国成立到改革开放前的探索式演变轨迹。1949 年 10 月成立的华侨服务社是新中国的第一家旅行社，主要为回国探亲访友的海外侨胞开展接待工作。随着我国与其他国家正式及民间外交关系的发展，我国的国际地位不断提升，同时吸引了越来越多的外国人来到中国。1954 年 4 月，我国在北京、上海等多个地区成立的中国国际旅行社，其成立背景及初衷是做好外国自费访华者的接待工作。出于对散落在全国各地的华侨服务分社进行统一管理的考虑，中国华侨旅行服务总社在 1957 年 4 月成立，并在 1974 年更名为中国旅行社。

2. 旅游行政管理机构

国务院为加强对我国旅游事业的管理和领导，于 1964 年 6 月成立新中国最

---

① 胡北明，黄俊．中国旅游发展 70 年的政策演进与展望——基于 1949—2018 年政策文本的量化分析［J］．四川师范大学学报（社会科学版）．2019（6）：63－72．

早的旅游行政管理机构——中国旅行游览事业管理局，作为国务院的直属机构，负责管理全国的旅游事业。自此，中国旅游业具备了专门职能的旅游行政管理机构，我国旅游事业及旅游经营活动开始步入规范导向的发展轨道①。秉持"扩大对外政治影响"和"为国家吸取自由外汇"的政策方针，中国旅行游览事业管理局与中国国际旅行社在机构设置上表现为"两块牌子、一套班子"，即"局社一体"，旅游行政管理体制政企不分。

3. 旅游市场基本情况

经过一定程度的发展，我国旅游业在 1965 年达到了新中国成立以来的最大外国旅游者接待规模，达 12 877 人次②。此后，新中国旅游业在国际"冷战"和国内"文革"的影响下，接待人数逐渐减少，外国游客几乎断绝，每年接待量只有 300~400 人③。一直到周恩来总理召开全国旅游工作会议之后，我国旅游事业开始恢复，到 1976 年，接待外国旅游者近 5 万人次④。到 1977 年，全国旅游涉外饭店仅 137 座，客房 1.5 万间，床位数仅 3 万张，旅游发展底子较薄；全年来华旅游入境人数为 57 万人次，旅游创汇收入 2.62 亿美元⑤。

（三）发展状况分析

从新中国成立至改革开放前，在外事接待的使命履行过程中，我国旅游业发展具有以下特点：一是产业规模较小，尚不具备现代产业特征；二是不以营利为目的，主要扮演着外交角色，为国家的外交关系服务，"宣传自己，了解别人"；三是发展类型主要为有选择的入境旅游；四是发展方式主要为政府干预的方式，即通过国有企业直接介入，不计成本，国家补贴。

三、1978—1991 年：旅游创汇阶段

（一）发展环境分析

1. 宏观环境

1978 年，党的十一届三中全会确立了对内改革、对外开放的政策，中国开始了改革开放和社会主义现代化建设的新时期，这给旅游业的发展提供了有利的宏观环境。1979 年，邓小平同志就我国旅游业的发展战略发表了多次重要讲话，指出"旅游业要变成综合性的行业""旅游事业大有文章可做"等⑥，中国旅游业开始从"政治接待型"事业转变为以旅游创汇为主的"经济经营型"产业。随着改革开放政策的实施，我国旅游业也开启了市场化改革与发展之路：一方面，

---

①③ 邵金萍. 新中国 60 年旅游产业发展的回顾与总结 [J]. 经济纵横，2009 (12)：30-34.

②④ 何光暐. 中国旅游业 50 年 [M]. 北京：中国旅游出版社，1999：1-10.

⑤⑥ 魏小安，曾博伟. 中国旅游风云四十年对话录 [M]. 北京：中国旅游出版社，2018：5.

我国旅游业继续围绕外交工作开展接待任务；另一方面，旅游的经济作用受到重视，尤其表现在赚取外汇收入、缓解外汇短缺上。

2. 政策环境

1978 年党的十一届三中全会后，党中央逐步确立了计划经济为主、市场调节为辅的经济体制改革模式[①]。为适应经济体制的改革和旅游业发展的需要，旅游管理体制也进行了重大的改革。

1978 年 3 月，中共中央批转的《关于发展旅游事业的请示报告》指出，将中国旅行游览事业管理局由服务于外交的行政管理机构转变为经济管理部门；1981 年 10 月，国务院作出《关于加强旅游工作的决定》；1982 年 7 月，中国旅游局与中国国际旅行社总社拆分，独立办公；1984 年 7 月，国务院批转国家旅游局《关于开创旅游工作新局面几个问题的报告》，要求国家旅游局和各级旅游行政管理部门都要简政放权；1985 年 1 月，国务院批转了《关于当前旅游体制改革几个问题的报告》，将国内旅游从我国“旅游舞台”的边缘推向中心[②]；1985 年 5 月 11 日，国务院发布了《旅行社管理暂行条例》；1986 年 4 月，在六届全国人大四次会议上，旅游业首次被列入国民经济和社会发展计划，是创汇的三大支柱之一；1988 年，旅游管理体制改革按照党的十三大确定的“国家调控市场，市场引导企业”的原则，深化了改革；1991 年 2 月，国务院批转国家旅游局《关于加强旅游行业管理若干问题请求的通知》[③]；1991 年 4 月，《中华人民共和国国民经济和社会发展十年规划和第八个五年计划纲要》正式确立了旅游业的产业地位。

（二）发展状况分析

1. 旅游行政管理机构

随着我国旅游业的发展，旅游行政管理机构的名称和职能也有所变化，逐步由政府主管的行政职能向政府主导的事业化、企业化职能转变。1981 年成立的国务院旅游工作领导小组于 1986 年改为旅游协调小组。1988 年，国务院将旅游协调小组撤销，成立了国家旅游事业委员会。此外，中国旅行游览事业管理局于 1982 年变更为国家旅游局。随后，国家旅游局和中国国际旅行社总社不再一同办公，即国家旅游局不再直接进行接待或者负责组建旅行团，中国国际旅行社总社实行企业化管理，真正实现了政企分离。

① 中共中央文献研究室综合研究组．三中全会以来的重大决策［M］．北京：中央文献出版社，1994：128．

② 王诚庆，戴学锋，金准．中国旅游业发展中的体制改革与创新［M］//何德旭．中国服务业发展报告 No.5 中国服务业体制改革与创新．北京：社会科学文献出版社，2007．

③ 李平．新中国旅游管理体制的演变与启示［J］．中国经济史研究，2003（3）：35-41．

2. 旅游市场基本情况

改革开放初期，我国接待的入境旅游者较少，旅游创汇收入规模也较小。随着旅游发展政策和措施的实施，该阶段我国入境旅游人次和入境旅游收入都有较大幅度的增长（图1）。1991年是"八五"计划的第一年，我国入境旅游人数达3 334.98万人次，全国旅游外汇收入为28.45亿美元，分别是1978年的18.4倍和10.8倍；同时3亿人次的国内旅游人数及200亿元的国内旅游收入显示出国内旅游市场良好的发育态势和较大的发展潜力[①]。此外，旅游基础设施也得到较大改善，到1991年，旅游涉外饭店有2 130座，拥有客房32.11万间，床位61.95万张，分别是1977年的15.5倍、1.4倍和20.6倍[②]。

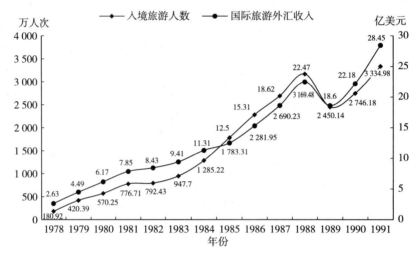

图1　1978—1991年我国历年入境旅游人次和国际旅游外汇收入

资料来源：《中国旅游统计年鉴》（1978—1992年）。

（三）发展状况分析

中国现代旅游业从无到有，初步形成以创汇为主的经济产业特征，逐步由计划经济单一接待行业转变为市场经济多元服务行业。一是旅游产业的"双轨制"发展阶段（1978年12月至1984年9月），中国入境旅游业一方面按计划完成了国家的旅游接待任务，另一方面适应市场与对外开放的发展，为国家的经济建设赚取了大量外汇，也为中国旅游产业的大发展奠定了基础。二是旅游产业的市场化发展阶段（1984年10月至1991年年底），旅游产业开始实现4个转变：旅游业务从接待向经营转变；从只抓入境游向入境游与国内游并重转变；从国家投资为主向国家、地方、集体和个人多方投资转变；经营主体由事业性质

---

① 石建国.1991年中国旅游业发展综述［J］.旅游学刊，1992（4）：10-12.

② 《中国旅游年鉴》编辑委员会.中国旅游年鉴1992［M］.北京：中国旅游出版社，1992：29-32.

向企业性质转变。

四、1992—2011 年：大众旅游阶段

（一）发展环境分析

1. 宏观环境

1992 年，中共十四大关于我国市场经济体制改革目标的建立及社会主义经济制度的变化为旅游业的发展塑造了利好的制度环境和政策空间。同年，邓小平发表南方谈话，标志着我国进入加速改革开放的新阶段，由此带来了经济加速发展、国际地位不断提高、国内政治稳定的大好局面，为国内旅游业的发展创造了良好的条件。人民生活水平的提高，使得普通大众都能享受经济发展带来的福祉，旅游成为普通居民都能参与的休闲生活方式，大部分居民都能参加国内旅游，部分居民出境旅游也成了可能。

2. 政策环境

随着人们对旅游需求的不断增加，政府及相关部门出台了一系列促进出入境游、国内游、出境游以及规范和完善旅游市场的相关产业政策。一是在入境旅游方面，产业政策由以扩大入境规模增加外汇收入为主逐步转变为重视营销、国家形象提升和文化软实力。2001 年，国务院出台《关于进一步加快旅游业发展的通知》，提出要积极采取各种各样的措施，吸引外国游客到中国旅游，进一步促进入境旅游市场发展。2007 年，我国出台政策，将入境旅游作为旅游产业发展的基本方针，大力发展入境旅游对提升中国旅游水平、宣传国家形象和传播中华文化具有重要意义。二是在国内旅游方面，1993 年，国务院办公厅转发国家旅游局《关于积极发展国内旅游业的意见》，就发展国内旅游业提出 5 条意见，其中明确提出"国内旅游要纳入国民经济和社会发展计划，并要努力发展大众旅游产品"[①]；1999 年，国务院发布《全国年节及纪念日放假办法》，旅游黄金周的出现，极大地刺激了国内旅游的发展；2009 年，《国务院关于加快发展旅游业的意见》明确提出"把旅游业培育成国民经济战略支柱性产业和人民群众更加满意的现代服务业"的战略目标[②]，这对国内旅游业的快速发展起到了重要的引领作用。三是在出境旅游方面主要加强出境市场规范。1997 年《中国公民自费出国旅游管理暂行办法》出台，标志中国出境旅游市场开始正式放开，形成并纳入国家规范管理行列。2002 年，我国先后出台了一系列出境管理政策来规范中国居民出境旅游活动，加强对旅行社、领队人员等的管理，同时保障出国旅游者及经营者的合法权益。2007 年，《"中国公民出境旅游合同"示范文本》对出境旅游

---

① 魏小安，曾博伟 . 中国旅游风云四十年对话录［M］. 北京：中国旅游出版社，2018：23.
② 同①39.

市场起到了进一步的规范作用,同时该文件也起到了维护出境旅游者合法权益的作用。2011 年,《关于进一步加强出境旅游团队管理有关事项的通知》进一步规范了出境旅游市场。

(二)发展状况分析

1. 旅游行政管理机构

1994 年 3 月,国务院办公厅批准印发了《国家旅游局职能配置、内设机构和人员编制方案》,对政府的旅游管理体制进行了重大改革。1998 年,国务院办公厅印发《国家旅游局机构改革"三定"方案》,规定国家旅游局为国务院直属机构,主管旅游业,对其机构设置、人员编制和管理职能都进行了大幅度精简[①]。基本奠定了我国旅游业政府管理体制的现有格局;1998 年,中国国际旅行社总社、国际饭店等国家旅游局直属企业与国家旅游局实施政企脱钩。

2. 旅游市场基本情况

1992 年 1 月,邓小平南方谈话,推动了中国市场化的进程,加快了中国与国际接轨的步伐,大大促进了旅游产业的发展。我国基本形成了入境旅游、国内旅游和出境旅游"三足鼎立"的市场格局。

从入境旅游看,1992—2011 年我国入境旅游市场整体呈增长趋势(图 2),除受到 2003 年"非典"疫情及 2008 年全球经济危机的影响,其他年份的入境旅游人数及旅游外汇收入均保持增长态势。1992 年入境旅游者人数 3 811.49 万人次,同比增长 14.3%;随着"非典"疫情的结束,2004 年入境旅游者人数快速增加,为 10 903.82 万人次,首次突破 1 亿人次;2011 年入境旅游者人数达 13 542.35 万人次,是 1992 年的 3.6 倍。1992 年旅游外汇收入 39.47 亿美元,比上年增长 38.7%;1996 年旅游外汇收入达 102 亿美元,首次突破百亿美元大关,是 1992 年的 2.6 倍;2011 年旅游外汇收入 484.64 亿美元,是 1992 年的 12.3 倍。

从国内旅游看,1995 年中国开始实行"双休日"休假制度。"双休日"旅游消费不断增加,国内度假型旅游产品开始盛行,在"双休日经济"的推进下,国内旅游业进入飞速发展时期(图 3)。仅一年时间,国内旅游人数从 1994 年的 5.24 亿人次增加至 1995 年的 6.29 亿人次,增长 20%;国内旅游总收入由 1994 年的 1 023.5 亿元增至 1995 年的 1 375.7 亿元,增长 34.4%。到 2011 年,国内旅游人数达 26.41 亿人次,国内旅游收入为 19 305.4 亿元,分别是 1994 年的 5.0 倍和 18.9 倍。此外,从旅行社与饭店的数量看,2011 年我国已有旅行社 23 690 家,星级饭店 11 676 家,其中五、四、三、二、一星级数量分别为 615 家、2 148 家、5 473 家、3 276 家、164 家[②]。

---

① 李平.新中国旅游管理体制的演变与启示 [J].中国经济史研究,2003 (3):35-41.
② 中华人民共和国国家旅游局,《中国旅游统计年鉴 2012》,2012 年 12 月。

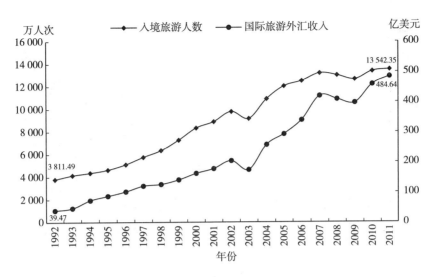

图2 1992—2011年我国历年入境旅游人次和国际旅游外汇收入

资料来源:《中国旅游统计年鉴》(1993—2012年)。

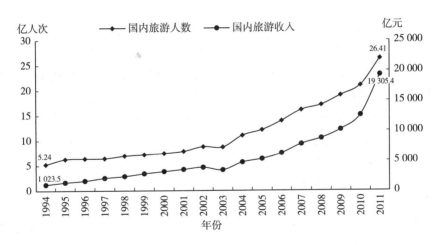

图3 1994—2011年我国历年国内旅游人次和国内旅游收入

资料来源:《中国统计年鉴》(1994—2012年)。

从出境旅游看,自1997年《中国公民自费出国旅游管理暂行办法》出台,我国出境旅游市场开始正式放开,国民出境旅游人数不断增加(图4)。1997年,国内居民出境旅游人数为817.54万人次,同比增长7.7%;2011年,国内居民出境旅游人数为7 025万人次,同比增长22.4%,是1997年的8.6倍。

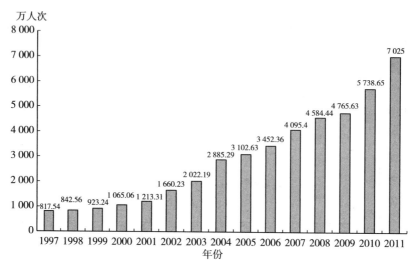

图 4　1997—2011 年我国历年出境旅游人次

资料来源：《中国统计年鉴》(1998—2012 年)。

（三）发展状况分析

近年来，随着改革开放的不断推进，中国旅游产业的发展出现了一些新特点：第一，从旅游市场的结构看，形成了出境游强劲发展、入境游势头不减、国内旅游成为绝对主角的良好局面，基本形成了国内旅游、入境旅游和出境旅游"三足鼎立"的市场格局。第二，从投资结构看，由于我国市场机制不断完善，民营资本大量投资旅游产业，投资结构发生变化，与此相适应，产业结构调整也进入主要依靠市场机制进行调节的阶段。第三，从旅游产业人才培养看，这一阶段旅游人才的培养有很大进展。一是形成了本科教育、硕士研究生教育、博士研究生教育的完整的旅游教育体系。二是旅游教育发展较快，例如，1999 年开设旅游专业的学校有 1 187 个，其中，高等院校 209 个，中等职业学校 978 个，共培养学生 27.6 万人；到 2007 年，开设旅游专业的学校有 1 641 个，其中高等院校 770 个，中等职业学校 871 个，共培养学生 77.3 万人，比 1999 年增长了 180％。第四，从旅游质与量的关系来看，这一阶段颁布的旅游政策主要促进了国内旅游"量"的增长，但对于旅游环保、旅游产品性价比、旅游安全等旅游业"质"的发展关注不够。

五、2012—2019 年：品质旅游阶段

（一）发展环境分析

1. 宏观环境

2012 年党的十八大以来，中国旅游业发展进入全新的时期，旅游业作为综

合产业，按照"五位一体"总体布局和"四个全面"发展要求，"旅游＋"和"＋旅游"的发展模式出现，产业融合的新格局全面形成，为全域旅游发展奠定了基础。旅游业自主改革能力显著增强，相关法律法规不断完善，成为改善民生的重要途径。在供给侧改革的大背景下，旅游业开始步入品质化发展阶段，积极通过供给侧改革等举措，推动产品及服务结构的优化，大力提升旅游供给水准。

2. 政策环境

旅游消费是重要的服务消费，是稳定经济增长的重要手段，居于影响民生的幸福产业之首。为了发挥旅游消费在稳增长中的作用，应对全球经济低迷带来的压力，国家连续出台一系列措施，推动旅游消费实现快速增长。

（二）发展状况分析

1. 旅游行政管理机构

全面深化改革、破除体制机制障碍是我国进入新时代的鲜明特征。旅游产业作为新常态下国民经济的重要组成部分，在扩大内需、扶贫攻坚、增加就业等方面表现抢眼，但也存在诸如优质旅游产品供给不足、跨界融合发展不顺畅、小部门无法匹配大产业发展等待解难题。全域旅游是新时代我国旅游产业转型升级的重要抓手。2016年开始，我国旅游业发展正式迈入全域旅游时代。全域旅游发展战略不仅被写入政府工作报告，更是被国家旅游局确定为2018年旅游业发展的年度主题。全域旅游背景下，旅游业发展的重点和关键发生了改变，政府的旅游行政管理职能也要相应发生转变。

2018年3月21日，中共中央印发了《深化党和国家机构改革方案》，方案中将文化部、国家旅游局的职责整合，组建文化和旅游部，作为国务院组成部门。对地方机构设置，提出要"赋予省级及以下机构更多的自主权。除中央有明确规定外，允许地方因地制宜设置机构和配置职能"。随着我国各地旅游业的蓬勃发展，原有的旅游行政管理体制难以适应快速发展的旅游业需要，确定高效的旅游行政管理体制是实现旅游业可持续发展的前提和关键。因此，各地对旅游行政管理体制改革进行了积极的探索。

2. 旅游市场基本情况

旅游休闲成为人们刚需的同时，这一阶段旅游政策和措施促进了我国旅游业持续健康的发展。我国旅游业总规模实现稳步增长，2017年旅游总收入为5.40万亿元，2018年旅游总收入为5.97万亿元，2019年旅游总收入约6.63万亿元。国内旅游市场和出境旅游市场稳步增长，入境旅游市场基础更加稳固。

从国内旅游看，2012—2019年我国国内旅游市场整体继续保持良好的增长态势。到2017年，国内游客首次突破了50亿人次，我国成为全球最大的国内旅游市场，其中城镇居民 36.77 亿，农村居民 13.24 亿；2018 年，全年国内旅游人数 55.39 亿人次；2019 年，国内旅游人数突破 60 亿人次，达到 60.06 亿人次，较 2018 年同比增长 8.43％。同时 2019 年旅游业对国内生产总值（GDP）的综合贡献达到 10.94 万亿元，GDP 综合贡献率达到 11.05％；旅游直接就业 2 825 万人，旅游直接和间接就业 7 987 万人，占全国就业总人口的 10.31％[①]。

从出境旅游看，出境旅游市场的长期因素保持稳定，近年来中国经济社会的发展成果有力地推动了出境旅游市场的扩容。2019 年，我国的出境旅游市场仍然保持了增长态势，规模达到 1.55 亿人次，相比 2018 年同比增长了 3.3％；我国出境游客境外消费超过 1 338 亿美元，增速超过 2％。

从入境旅游看，我国入境旅游进入稳步增长通道，旅游人数有增有减，2012—2014 年我国接待入境游客人数有些许减少，2015 年开始恢复增长，市场结构持续优化。2019 年，我国接待入境过夜游客 6 573 万人次，外国入境游客 3 188 万人次，同比增长分别为 4.5％和 4.4％；占入境旅游市场的比例分别为 45.2％和 21.9％，比上年增加 0.7 和 0.3 个百分点。可以看出，无论是入境过夜市场占比还是外国人入境旅游市场占比均继续保持上升趋势，客源市场机构持续优化。

（三）发展状况分析

旅游业是目前世界上发展最快、前景最广的新兴行业之一。特别是进入 21 世纪以来，随着我国经济转型和产业结构的优化升级，以旅游业为代表的服务业发展迅速，在国民经济中的地位不断提升。第一，从旅游市场的结构看，继续维持国内旅游、入境旅游和出境旅游"三足鼎立"的市场格局，同时国内旅游市场和出境旅游市场稳步增长，入境旅游市场基础更加稳固。第二，从旅游竞争力来看，我国旅游竞争力快速提高，国际影响力显著增强。从世界经济论坛发布的《全球旅游业竞争力》来看，我国旅游业全球竞争力快速提高：2015 年首次进入全球排名前 20 位；2017 年提升了两个名次，排名为第 15 位；2019 年又提升了两个名次，排名为第 13 位[②]。第三，从产业定位和旅游功能来看，我国旅游业产业定位不断提升，从外交事业到经济产业，又从经济产业到综合性产业；旅游功能日渐丰富，旅游业从承担经济功能，转变为承担经济功能、社会功能、政治功能、外交功能。第四，从出游品质来看，我国旅游业

①　鄢光哲.2019 年我国实现旅游总收入 6.63 万亿元 旅游业综合贡献占 GDP 总量的 11.05％[EB/OL].［2020－03－11］. https://baijiahao.baidu.com/s? id＝1660856708997086198wfr＝spider8for＝pc.
②　世界经济论坛.2019 年旅游业竞争力报告［R/OL］.［2009－09－04］. https://www3.weforum.org/docs/WEF_TTCR_2019.pdf.

供给体系逐步健全，出游品质显著提升。国家统筹各种力量和聚集各类资本，从宏观到微观、由全局到具体，全方位地完善基础设施、旅游接待设施和条件，构建起了丰富完善、品质优越和结构合理的旅游供给体系，大大提升了游客的出游品质。

第二节　近十年中国旅游市场发展分析

一、我国旅游市场总体情况

（一）旅游总收入及增长情况

根据中国文化和旅游部统计数据，2010—2019 年我国旅游业总规模实现稳步增长（图 5），旅游产业正在成为经济增长的重要引擎；2010 年旅游总收入为 1.57 万亿元，2019 年旅游总收入为 6.63 万亿元，创历史新峰，年均复合增长率达到了 17.36%，较 2018 年同比增长 11.06%。中国未来的旅游市场发展值得期待。

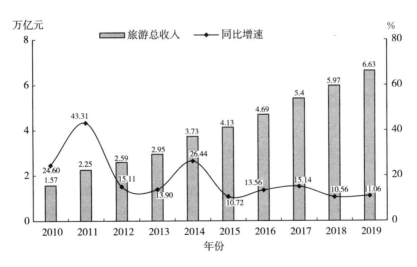

图 5　2010—2019 年中国旅游总收入及同比增速

资料来源：中国文化和旅游部，国家统计局。

（二）旅游业对 GDP 综合贡献

旅游业是国民经济的重要组成部分，对一个国家或地区的经济增长有重要贡献，旅游业综合贡献占 GDP 总量大小则是社会经济发展与产业结构观察的重要指标。统计数据显示，2014—2019 年我国旅游业综合贡献占 GDP 总量的比重稳中有升，从 2014 年的 10.39％至 2019 年的 11.05％，其中，2019 年中国旅游业对 GDP 的综合贡献为 10.94 万亿元，占 GDP 总量 11.05％，达到 2014 年以来的历史新高（图 6）。这一方面反映出中国旅游业和国民经济发展的并进，另一方面也体现了旅游业为内需拉动经济提供动力。

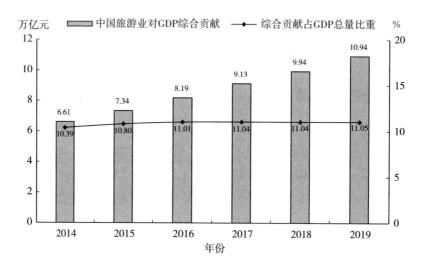

图 6 2014—2019 年中国旅游业对 GDP 综合贡献及占 GDP 总量比重变化情况

资料来源：《中国旅游业统计公报》（2014—2019 年）。

二、国内旅游市场发展分析

我国国内旅游业近年来发展迅速，国内旅游人数逐步增长，国内旅游收入占旅游总收入比重在 80％以上。旅游消费需求提升，在国民经济发展中的地位逐步显现。

（一）国内旅游人数

中国文化和旅游部统计数据显示，2010—2019 年，国内旅游市场持续平稳发展，年均复合增长率为 12.37％；2017 年，国内旅游人数首次突破 50 亿人次；2019 年，全年国内游客达 60.06 亿人次，比上年增长 8.43％，首次突破 60 亿次（图 7）。

图 7 2010—2019 年中国国内旅游人数及同比增速
资料来源：《中国文化文物和旅游统计年鉴 2020》。

（二）国内旅游收入

随着国内旅游人数的增多，我国国内旅游收入也在稳步增长，由 2010 年的 1.26 万亿元增长至 2019 年的 5.73 万亿元，年均复合增长率达 18.34%。此外，由图 8 可知，2010—2019 年国内旅游收入占中国旅游总收入的比重始终保持在 80% 以上，其中，2013 年达到历史最高值为 89.1%；2014 年，入境旅游市场从规模型发展向效益型发展转变，入境游收入显著提高，使得国内旅游收入占比下降；2014 年后，国内旅游收入比重恢复稳步增长。

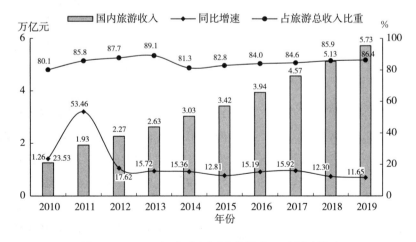

图 8 2010—2019 年中国国内旅游收入及同比增速
资料来源：《中国文化文物和旅游统计年鉴 2020》。

（三）旅游人均消费

如图 9 所示，2010—2019 年，我国国内游客人均消费总体呈增长趋势，由 2010 年的 598 元增长至 2019 年的 953 元，年均复合增长率为 5.31％，虽低于国内旅游总消费的年均复合增长率，但也从侧面反映出我国游客消费能力的逐渐增强。

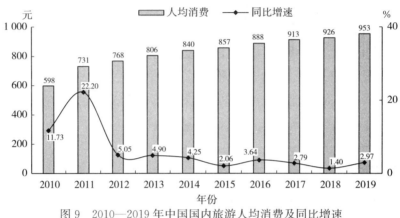

图 9　2010—2019 年中国国内旅游人均消费及同比增速

资料来源：《中国文化文物和旅游统计年鉴 2020》。

（四）国内旅游的发展特征

1. 城镇居民依然是旅游消费的主力军

旅游已融入城镇居民日常生活，而农村居民尚难达到旅游大众化。按照文旅部的统计口径，我国旅游市场的主体大致可分为城镇居民和农村居民。其中，城镇居民由于收入水平高，人均出游率和人均旅游消费均大幅高于农村居民。由图 10 可知，2010—2019 年，城镇居民和农村居民的出游人数均呈上升态势；其中 2019 年城镇居民 44.71 亿人次，同比增长 8.5％；农村居民 15.35 亿人次，同比增长 8.1％。

城镇居民依然是国内旅游收入的主要来源，城镇居民与农村居民人均消费差距缩小。由图 11 可知，2010—2019 年的 10 年间，城镇居民旅游消费贡献与农村居民旅游消费贡献基本保持在 8∶2 左右，城镇居民依然是国内旅游收入的主要贡献主体，且这一比重呈上升趋势，2019 年，城镇居民对国内旅游收入的贡献度约 83.0％，农村居民对国内旅游收入的贡献度约 17.0％。

此外，从人均旅游消费来看，这 10 年来旅游人均消费保持稳定增长，其中城镇居民旅游人均消费从 2010 年的 883.0 元上升至 2019 年的 1 062.6 元，增幅 20.34％；农村居民旅游人均消费从 2010 年 306.0 元增长至 2019 年 634.7 元，增幅 107.42％，农村居民旅游人均消费增长速度远超过城镇居民的增长速度，

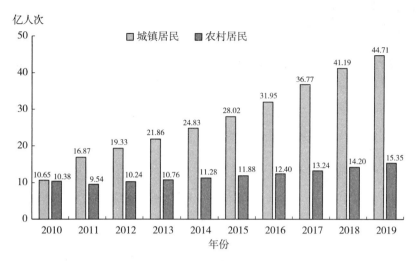

图 10　2010—2019 年中国城镇和农村居民出游人数变化

资料来源:《中国文化文物和旅游统计年鉴 2020》。

与城镇居民旅游人均消费的差距正在缩小。这表明随着农村居民收入的不断提高,农民对旅游的消费需求也不断增强,未来农村居民旅游人均消费将进一步增长,对旅游业的贡献将不断增加。

图 11　2010—2019 年中国城镇和农村居民人均旅游消费情况

资料来源:《中国文化文物和旅游统计年鉴 2020》。

2. 观光休闲和探亲访友仍是主要目的

中国城镇居民旅游目的以观光休闲和探亲访友为主。图 12 中可以看出,2013—2017 年,中国城镇居民以观光休闲和探亲访友为目的出游次数占旅游总次数的 80%～90%,自 2013 年开始,观光休闲所占比例有些微上升,探亲访友所占比例有些微下降。以商务出差为目的游客,2013—2017 年变化幅度较小,基本保持在 10.0% 左右。2013—2017 年中国城镇居民健康疗养的出游次数占比最小，且呈缓慢下降趋势。

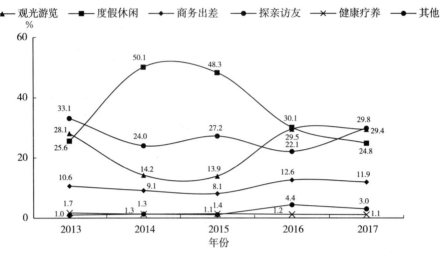

图 12　2013—2017 年中国城镇居民的旅游目的

资料来源:《中国旅游统计年鉴》(2014—2018 年)。

中国农村居民旅游目的以观光休闲和探亲访友为主。图 13 中可以看出，2013—2017 年，中国城镇居民以观光休闲和探亲访友为目的出游次数占旅游总次数的 70%～80%，其中探亲访友是中国农村居民出游的主要目的，占比约为 35%。以商务出差为目的的游客，2013—2017 年变化幅度较小，基本保持在 15% 左右，高于城镇居民。2013—2017 年中国农村居民健康疗养的出游次数占比最小，且呈缓慢下降趋势，但仍高于城镇居民。

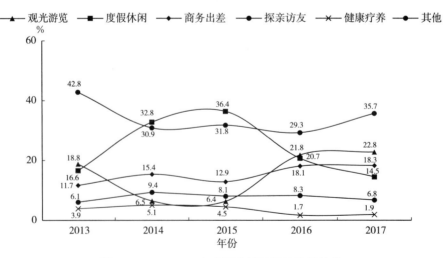

图 13　2013—2017 年中国农村居民的旅游目的

资料来源:《中国旅游统计年鉴》(2014—2018 年)。

3. 非旅行社组织依然是主要旅游方式

非旅行社组织依然是中国城镇和农村居民选择的主要旅游方式。从图 14 可以看出，2013—2017 年中国城镇和农村居民的主要出游方式为非旅行社组织，占比均在 95% 以上；但对比来看，中国城镇居民出游方式选择旅行社组织的比例稍高于农村居民，2017 年分别为 5.2%、2.8%，两者相差 2.4%。这与中国国内游仍以一日游为主有关，且与大部分国内居民出游目的为探亲访友有关。此外，随着居民收入水平的提高及出游目的的增多，中国城镇居民和农村居民出游方式选择旅行社组织的比例有所提高。

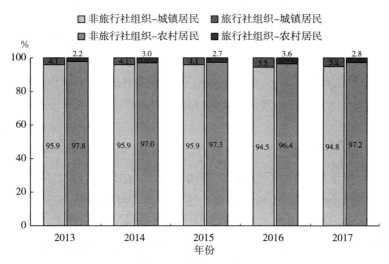

图 14　2013—2017 年中国城镇和农村居民出游方式选择

资料来源：《中国旅游统计年鉴》（2014—2018 年）。

三、入境旅游市场发展分析

进入 21 世纪，中国入境旅游虽然增速放缓，但整体依然保持稳步增长趋势。我国入境旅游发展环境持续优化，市场结构继续走向优化，入境旅游服务品质得到游客认可。

（一）旅游接待人数

我国入境旅游进入恢复增长的新通道。中国文化和旅游部统计数据显示，2010—2019 年，我国入境旅游人数在 1.30 亿人次上下波动，年均复合增长率为 0.92%；2015 年以来，入境旅游由此前连续 3 年的负增长转向正增长，并在此后的 5 年里连续保持小幅增长。2019 年，中国接待入境游客 1.45 亿人次，同比增长 2.9%。与此同时，入境过夜市场和外国人入境市场规模同样保持稳步扩大，2019 年，中国接待入境过夜游客 6 573 万人次，外国人入境游客 3 188 万人次，分别增长 4.5% 和 4.4%，明显高于入境旅游总人次的增速（图 15）。

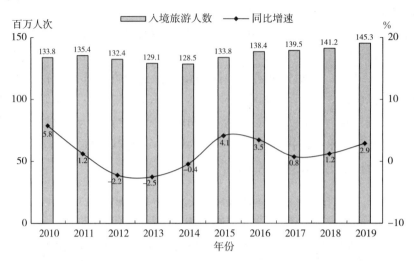

图 15　2010—2019 年中国入境旅游人数及同比增速

资料来源：《中国统计年鉴》（2010—2020 年）。

（二）旅游外汇收入

近年来，入境旅游收入同样保持稳步增长。中国文化和旅游部统计数据显示，2010—2014 年，中国入境旅游收入逐年攀升，但增幅显著下降。自 2014 年中国根据国际旅游统计规则重新调整入境旅游收入统计口径以来，入境旅游收入增长趋势较明显。2015 年同比增长 7.8%，但后续增幅有所下降。到 2019 年，中国入境旅游收入达 1 312.5 亿美元，同比增长 3.3%，远低于中国旅游总收入11.1% 的增幅（图 16）。

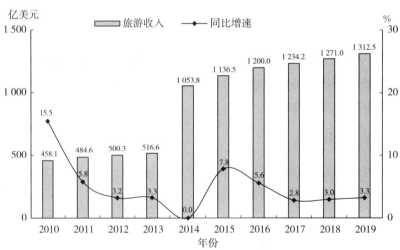

图 16　2010—2019 年中国入境旅游收入及同比增速

资料来源：《中国统计年鉴》（2010—2020 年）。

注：由于 2014 年国际旅游（外汇）收入统计口径有所调整，故数据不能与往年简单对比。

（三）客源市场的结构特征

我国入境客源市场结构在保持稳定的同时，不断优化。入境旅游市场结构的稳定主要体现为洲际客源市场和客源国市场保持基本稳定，其优化则主要表现为入境过夜市场占比及外国人入境市场占比的提升（图 17）。2019 年，中国入境游客 14 531 万人次，增长 2.9%。其中，外国人 3 188 万人次，增长 4.4%；香港、澳门和台湾同胞 11 342 万人次，增长 2.5%；入境过夜游客 6 573 万人次，增长 4.5%。亚洲地区是中国最主要的入境客源市场。其中，中国港、澳、台市场依然是我国入境旅游的基础客源市场，2019 年，中国港、澳、台市场的占比达 85%；国外市场占比为 24%。

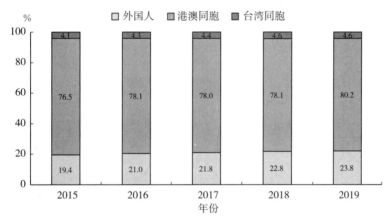

图 17　2015—2019 年中国入境游客客源市场份额比例

资料来源：《中国统计年鉴》（2016—2020 年）。

即使不考虑中国港、澳、台地区，亚洲地区也持续是我国最主要的客源市场。由图 18 可知，亚洲市场占外国人入境市场的比重稳定在 60% 左右，其次是

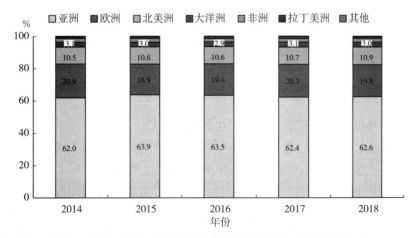

图 18　2014—2018 年中国外国入境游客客源市场洲际份额比例

资料来源：《中国统计年鉴》（2015—2019 年）。

欧洲和北美洲市场，占比分别稳定在20％和10％上下。整体来看，亚洲、欧洲和北美洲3个地区贡献了90％的外国人入境客源市场，持续是中国入境旅游市场的主体构成。

亚洲周边国家是中国最主要的入境客源市场。不考虑港、澳、台地区，中国前15个大客源市场中，除了美国、俄罗斯、加拿大和澳大利亚外，其余均为亚洲国家。2016—2018年的数据也显示，虽然位居前15位的部分客源国位次有所变动，但这15个客源国家整体保持不变（表1）。

表1　2016—2018年中国主要客源国

排名	2016年	2017年	2018年
1	韩国	缅甸	缅甸
2	越南	越南	越南
3	日本	韩国	韩国
4	缅甸	日本	日本
5	美国	俄罗斯	美国
6	俄罗斯	美国	俄罗斯
7	蒙古	蒙古	蒙古
8	马来西亚	马来西亚	马来西亚
9	菲律宾	菲律宾	菲律宾
10	新加坡	新加坡	新加坡
11	印度	印度	印度
12	泰国	加拿大	加拿大
13	加拿大	泰国	泰国
14	澳大利亚	澳大利亚	澳大利亚
15	印度尼西亚	印度尼西亚	印度尼西亚

资料来源：《中国统计年鉴》（2015—2019年）。

（四）入境旅游的主要特征

1. 性别特征：男性高于女性，但比重有所下降

性别构成上以男性居多，但比重有稍微下降趋势。从游客的性别结构看，中国入境游客一直是男性多于女性，其中男性游客比重约占60％，女性游客约占40％。由图19可知，2015—2019年，我国入境游客中男性和女性游客数量均有所增长，但男性游客比重逐年下降，女性游客比重逐年上升，2019年两者比重分别为58.7％、41.3％。因此，稳定男性市场，开拓女性市场是扩大中国入境旅游市场的关键。

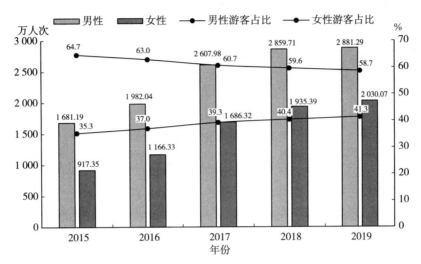

图 19 2015—2019 年中国入境外国游客男、女性数量及所占比重

资料来源：《中国统计年鉴》（2016—2020 年）。

2. 年龄特征：以中、青年游客为主

年龄构成上以中、青年为主。从游客的年龄结构来看，25～64 岁游客始终是中国入境游客的主要客源构成，其中，25～44 岁的游客占总来华游客的 50% 左右，为来华旅游主体客源，14 岁及以下、15～24 岁以及 65 岁以上的游客占比较小，市场结构较为合理（图 20）。在其他年龄段游客都稳中有增的趋势中，45～64 岁游客所占比重呈现出缓慢下降的趋势，这一现象值得注意，如果持续下去，将不利于提高中国入境旅游市场的平均消费水平。因此，巩固我国中、青年旅华客源市场，大力开拓银发市场和青少年市场意义重大。

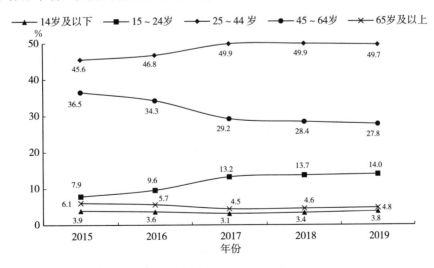

图 20 2015—2019 年中国入境外国游客的年龄结构

资料来源：《中国统计年鉴》（2016—2020 年）。

3. 目的特征：以观光休闲和"其他"为主

旅游目的以观光休闲和"其他"为主，呈现多样化趋势。从图21可以看出，2015年以来，以观光休闲为目的的入境游客占比有增有减，但基本维持在35%左右，处于首要位置。以购物、体验传统文化、欣赏表演以及美食等"其他"为目的的入境游客占比基本维持在30%左右，居于第2位，且呈现上升趋势，这与中国文化的推广交流日益广泛有关，文化吸引力需要继续加强。以会议/商务为目的入境游客占比在15%左右，低于"观光休闲"和"其他"，并出现下降趋势；以服务员工为目的的入境游客占比有所增加。中国入境游客以"探亲访友"为目的占比最少，且基本稳定。

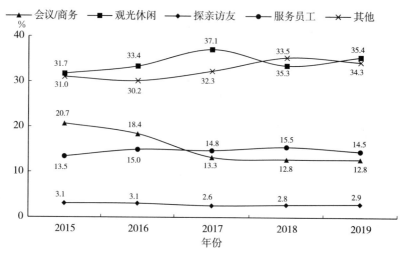

图21 2015—2019年中国入境外国游客的旅游目的构成

资料来源：《中国统计年鉴》（2016—2020年）。

4. 消费特征：以长途交通、住宿、餐饮、商品销售为主

从表2可以看出，长途交通、住宿、餐饮、商品销售和其他服务是入境游客消费的五大旅游支出组成部分，2015—2019年分别占旅游总支出的87.3%、82.2%、83.3%、89.0%、89.0%，基本维持在85%左右。其中长途交通和其他服务消费支出占比呈下降趋势，分别由2015年的39.5%、10.4%下降至2019年30.6%、7.8%；住宿、餐饮和商品销售消费支出占比逐年上升，分别由2015年的11.7%、7.3%、18.4%上升至2019年的15.3%、12.2%、23.1%。这与中国入境过夜市场和外国人入境市场规模同样保持稳步扩大有关。

表2 2015—2019年中国国际旅游（外汇）收入及构成

指标	2015年		2016年		2017年		2018年		2019年	
	数额（亿美元）	比重（%）	数额（亿美元）	比重（%）	数额（亿美元）	比重（%）	数额（亿美元）	比重（%）	数额（亿美元）	比重（%）
总计	1 136.5	100	1 200	100	1 234.17	100	1 271.03	100	1 312.54	100

（续）

指标	2015 年 数额（亿美元）	2015 年 比重（%）	2016 年 数额（亿美元）	2016 年 比重（%）	2017 年 数额（亿美元）	2017 年 比重（%）	2018 年 数额（亿美元）	2018 年 比重（%）	2019 年 数额（亿美元）	2019 年 比重（%）
长途交通	448.5	39.5	446.5	37.2	449.46	36.4	366.31	28.8	401.91	30.6
游览	44.8	3.9	67.1	5.6	65.04	5.3	53.71	4.2	58.66	4.5
住宿	132.9	11.7	116.3	9.7	122.08	9.9	181.09	14.2	200.49	15.3
餐饮	82.6	7.3	96.2	8.0	103.07	8.4	142.55	11.2	160.41	12.2
商品销售	209	18.4	209.5	17.5	229.95	18.6	327.61	25.8	302.97	23.1
娱乐	53.9	4.7	77.1	6.4	74.16	6.0	45.82	3.6	44.21	3.4
邮电通讯	23.9	2.1	28.9	2.4	27.57	2.2	11.62	0.9	7.47	0.6
市内交通	22.4	2.0	40.4	3.4	39.2	3.2	27.76	2.2	34.53	2.6
其他服务	118.6	10.4	118	9.8	123.64	10.0	114.54	9.0	101.89	7.8

资料来源：《中国统计年鉴》（2016—2020 年）。

5. 时间特征：人均停留时间基本维持在 1 周左右

从表 3 可以看出，中国入境游客多年间在华平均停留时间变化较小，基本维持在 1 周左右。不同地区的中国入境过夜游客在华停留时间也长短不同，其中外国人入境过夜游客停留的时间比较长（8 天左右）。其次为台湾同胞，人均停留时间在 6.9 天左右。再次为澳门同胞，人均停留时间在 4.4 天左右。最后为香港同胞，人均停留时间在 3.8 天左右。

表 3　2013—2017 年中国入境过夜游客人均停留时间

单位：天

地区	2013 年	2014 年	2015 年	2016 年	2017 年	平均
外国人	7.9	7.8	8.1	8.2	7.8	8.0
香港同胞	3.5	3.6	3.4	4.0	4.6	3.8
澳门同胞	4.0	4.3	4.5	4.3	5.1	4.4
台湾同胞	7.0	6.9	7.4	6.5	6.9	6.9
总平均	6.6	7.0	7.1	7.1	7.0	7.0

资料来源：《入境游客抽样调查资料》（2011—2018 年）。

从图 22 可以看出，2017 年，中国入境过夜游客在华平均逗留时间以 4～7 天和 1～3 天为主，占比分别为 42.8%、33.8%。其中，外国入境过夜游客在华平均逗留时间以 4～7 天为主，占比为 49.1%；香港同胞、澳门同胞入境过夜游客在华平均逗留时间均以 1～3 天为主，占比分别达 70.3%、64.7%；台湾同胞入境过夜游客在华平均逗留时间以 1～3 天和 4～7 天为主，占比分别为 42.2%、40.6%。

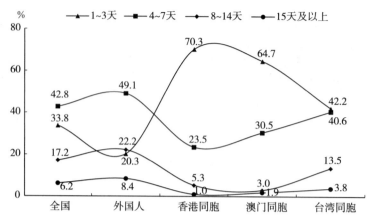

图 22　2017 年中国入境过夜游客平均停留时间统计

资料来源：《入境游客抽样调查资料 2018》。

四、出境旅游市场发展分析

休闲旅游已成为百姓的常态，随着中国护照"含金量"的不断提升，出国旅行越来越便利，而出境游也越来越火爆。当下，中国已成为世界最大的出境旅游客源国和旅游消费支出国。未来，这个市场将会源源不断地提供着发展的机会与创新的方向。

（一）出境旅游人数

中国文化和旅游部统计数据显示，2010—2019 年，中国出境旅游人数呈明显的上升趋势，年均复合增长率为 11.64%；2019 年中国出境旅游人数达 1.55 亿人次，相比 2018 年同比增长了 3.3%，增长速度放缓（图 23）。

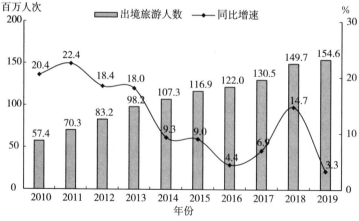

图 23　2010—2019 年中国出境游人数及同比增速

资料来源：《中国文化文物和旅游统计年鉴 2020》。

注：2014 年起统计口径由出境人数调整为出境旅游人数。

（二）出境旅游支出

随着旅游市场消费环境日趋改善和旅游产品多样性不断提高，旅游市场持续升温。在收入增长和旅游消费升级推动以及签证、航班等便利因素影响下，我国出境旅游热度持续攀升。数据显示，2015—2019 年，我国出境游客境外消费保持平稳增长趋势；2019 年，我国出境游客境外消费超过 1 338 亿美元，增速超过 2%（图 24）。

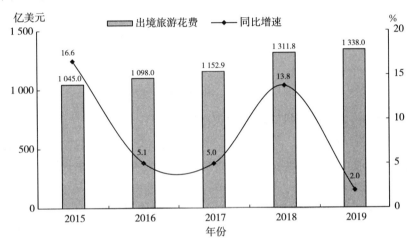

图 24　2015—2019 年中国出境旅游花费及同比增速
资料来源：《中国旅游统计年鉴》（2016—2018）及公开资料整理。

（三）出境旅游目的地

出境旅游的平稳发展既体现在出境游的发展速度上，也体现在目的地结构上。中国研究院数据表明（图 25），我国出境游在洲际目的地结构占比中，亚洲继续在洲际目的地上占据首位，之后依次为欧洲、美洲、大洋洲、非洲和其他地区。2018 年，亚洲以 89.03% 的绝对优势，占国人出境游洲际市场份额首位；2019 年，我国出境旅游目的地依然以亚洲周边目的地为主，港、澳、台依然是最主要的目的地；2019 年，中国（内地）出境旅游目的地前 15 位依次为中国澳门、中国香港、越南、泰国、日本、韩国、缅甸、美国、中国台湾、新加坡、马来西亚、俄罗斯、柬埔寨、菲律宾和澳大利亚。总体来看，我国出境游客的结构占比中，赴港、澳、台游客占比高于出国游客的占比，但是这种差距正在逐渐缩小。我国出国游客的占比自 2014 年以来不断提升①。

（四）出境旅游的主要特征

---

① 　中国旅游研究院. 中国出境旅游发展报告 2020 ［R/OL］. ［2020 - 11 - 10］. http：//www. cta-web. org. cn/cta/ztyj/202103/87a492a44eda4038b7fe8f6428ed3d5d. shtml.

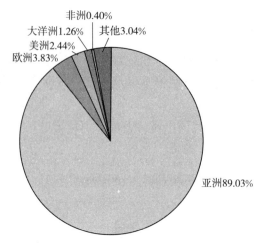

非洲0.40%

大洋洲1.26%　其他3.04%

美洲2.44%

欧洲3.83%

亚洲89.03%

图 25　2018 年中国出境游洲际市场份额

1. 客源地构成：东南沿海出游力突出

大数据监测结果显示，南部沿海、长三角地区、京津冀地区出游热度最高，其次是四川、湖北等中部地区，西北地区、华北地区（除北京外）、东北地区及贵州居民出境游体量较少。

2019 年全年 31 个省份汇总排行数据显示，出境最多的省份为广东省，因广东省频繁出境香港、澳门的人次较多，在全国遥遥领先。绝对出游人次排名前 10 位的省份为：广东、江苏、上海、浙江、北京、新疆、湖北、四川、福建、山东、广西。北京、上海作为直辖市，能排在前 5 位，足够说明上海人、北京人的出境热度在全国遥遥领先①。

2. 性别特征：女性高于男性

2019 年出境游人群性别结构分析，出境游客中女性占比高于男性 10.4 个百分点，女性占比 55.2%，男性占比为 44.8%②。

3. 年龄特征：全年"70/80 后"占比高达 61%

2019 年出境游人群年龄结构分析，出境游人群主要为 30～50 岁，正好对应为"70 后"和"80 后"，二者占人群比例为 60.8%；20～30 岁的"90 后"占比约为 15.5%；60 岁以上人群占比为 8.4%。从 5 岁分段对比，1980—1985 年出生（30～35 岁）的人群占比最高，达 16.4%，而 30～35 岁、40～45 岁、45～50 岁人群占比相差不大，最高不差 1 个百分点，均为 15.0%左右。考虑我国最新人口统计数字各年龄层次的绝对人数情况③及人生阶段的平均收入，25～30 岁的"90 后"出境游积极性较高，与"80 后"相差无几④。

①②④⑤　中华人民共和国文化和旅游部财务司.2020 文化和旅游发展统计分析报告［M］.北京：中国统计出版社，2020.

③　国家统计局数据："50 后"20 561 万人，"60 后"23 511 万人，"70 后"21 900 万人，"80 后"22 800 万人，"90 后"17 500 万人，"00 后"14 600 万人。

4. 平均出游时间：周边目的地 7～9 天，欧美地区 10～12 天

各大洲区域典型目的地国家平均出游时间的可视化结果显示，中国人在东亚、东南亚地区出游时间相对较短，如韩国、日本、泰国等国家平均出游约 7 天；在俄罗斯、阿联酋等国家出游的时间比在日本、韩国等长约 1 天，平均 8 天多；在欧洲国家平均出游 11 天左右；在澳大利亚、菲律宾等国家出游时间与欧洲相差不大，略高半天。在北美洲国家美国、加拿大平均出游 12 天左右，相对较长。在南美洲地区平均出游时间最长，接近 14 天⑤。

5. 季节特征：假期是高峰，开学季是低峰

2019 年我国出境旅游市场的季节性变化依然明显，高峰集中，但是其高低峰值相较于上年有所不同。2019 年的 1 月、5 月和 7 月是出境游的旺季，9 月、10 月和 11 月是出境游的淡季。2018 年的出境游旺季则出现在 7 月、8 月和 12 月，淡季出现在 5 月、6 月和 9 月⑥。

五、黄金周旅游市场发展分析

假日旅游经济是以节假日为契机，实现旅游需求与旅游供给的互动扩张，从而拉动经济增长的一种新的假日经济模式。自 1999 年的"十一"黄金周起，我国黄金周假日旅游已经历 20 年的发展，在我国旅游业中占有重要的地位，而黄金周假日旅游经济作为旅游经济的重要组成部分之一，更是推动了旅游经济逐渐发展、繁荣，但随之产生的"旅游井喷""旅游爆棚"现象却直接影响了黄金周假日旅游经济的健康发展。

（一）"十一"黄金周旅游市场发展分析

1. "十一"黄金周旅游人数

根据中国文化和旅游部发布的国庆节假期的旅游市场数据，2010—2019 年，国庆假期期间国内旅游人数逐年增长，但增速整体呈现波动下降趋势。2019 年国庆假期全国共接待国内游客 7.82 亿人次，同比增长 7.7%。数据直观显示了国庆假日旅游市场的火爆，折射出城乡居民高涨的出游热情（图 26）。

2. "十一"黄金周旅游收入

根据中国文化和旅游部发布的国庆节假期的旅游市场数据，2010—2019 年，国庆假期期间国内旅游收入逐年增长，但增速整体呈现波动下降趋势（图 27）。2019 年旅游收入突破 6 000 亿元，达 6 497.1 亿元，同比增长 8.5%。数据直观反映出假日经济已经成为我国城乡居民消费的关键增长点。

⑥ 中国旅游研究院．中国出境旅游发展报告 2020 ［R/OL］．［2020-11-10］．http：//www. cta-web. org. cn/cta/ztyj/202103/87a492a44eda4038b7fe8f6428ed3d5d. shtml.

图 26 2010—2019 年中国国庆假期期间国内旅游人数及同比增速

资料来源：公开资料整理。

注：同比增速按可比口径计算得出。

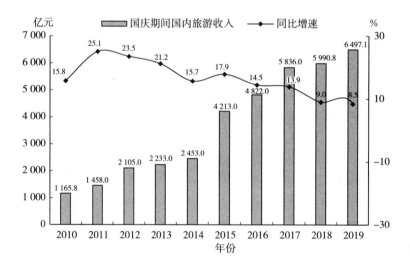

图 27 2010—2019 年中国国庆假期期间国内旅游收入及同比增速

资料来源：公开资料整理。

注：同比增速按可比口径计算得出。

（二）春节黄金周旅游市场发展分析

1. 春节黄金周旅游人数

根据中国文化和旅游部发布的春节假期的旅游市场数据，2010—2019 年，春节假期期间国内旅游人数逐年增长，但增速整体呈现波动下降趋势（图28）。2019年春节假期全国旅游接待总人数4.15亿人次，同比增长7.5%；虽然同比增幅有所下降，但从质量效益来看，这恰恰反映了假日旅游发展更加向好的趋势。

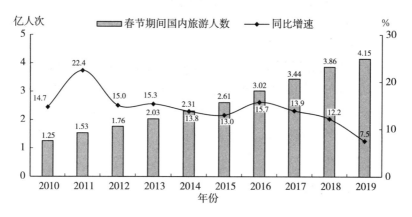

图28　2010—2019年中国春节假期期间国内旅游人数及同比增速

资料来源：公开资料整理。

注：同比增速按可比口径计算得出。

2. 春节黄金周旅游收入

根据中国文化和旅游部发布的春节假期的旅游市场数据，2010—2019年，春节假期期间国内旅游收入逐年增长，但增速整体呈现波动下降趋势（图29）。2019年实现国内旅游收入5 139亿元，按可比口径同比增长8.2%。数据直观反映出我国旅游市场假日经济消费不断提高。

图29　2010—2019年中国国庆假期期间国内旅游收入及同比增速

资料来源：公开资料整理。

注：同比增速按可比口径计算得出。

六、旅游市场消费格局分析

（一）旅游市场总体消费格局

旅游消费阶梯性增长导致旅游市场呈现多层次协同发展的新格局。随着旅游消费阶梯性分布的特点越来越明显，处于不同梯度的游客需求差异逐渐加大，旅游市场显现出高、中、低端协同发展的新格局。从游客数量的角度看，高、中、低端市场潜在游客数量逐层增长，呈正金字塔形分布；从消费能力的角度看，高、中、低端市场旅游消费支出逐层递减，呈倒金字塔形分布。高、中、低端旅游市场分化发展的同时，各市场内部的旅游业态也在悄然变革，传统业态在升级，一些新兴业态如邮轮旅游、商务会展游、免税业、自驾游、自由行、旅游文化演艺等开始崭露头角。

（二）高端旅游市场分析

高端旅游产品是指高品质和个性化的旅游产品和服务，其旅游形式主要有度假游、出境旅游以及商务会展旅游等。高端旅游市场具有以下特点：一是游客消费能力强。从消费倾向上看，高端旅游者往往具有高收入，显示出较高的旅游消费能力，对品质的要求远远胜过对费用开支的计较；因此，高端旅游产品毛利率和净利率都相对较高，娱乐、住宿、餐饮等附加消费占比较高。二是进入门槛高。高端旅游产品不等同于奢侈旅游消费，高端旅游市场必须要满足高品质和个性化，要为游客真正打造针对性强、品质优良的旅游体验；因此，往往需要巨额的资本投入，对专业管理能力和服务品质具有特殊要求，行业进入门槛较高。三是市场空间大。据统计，国内富裕阶层消费最高的休闲活动就是旅游。与潜力如此广阔的市场需求相对应的却是高端旅游产品供给的贫乏，我国高端旅游产品数量较少、种类单一，远远无法满足游客的需求，未来我国高端旅游市场的挖掘空间是非常大的。

（三）中端旅游市场分析

中端旅游市场是观光游与休闲游相融合的市场，其旅游形式主要有休闲度假游、自驾游以及自由行等。与单纯的观光旅游相比，中端旅游市场具有以下特点：一是多元化、综合型需求。在中端旅游市场，游客不再满足于单纯的景区游览，更加注重多元化、特色化和硬软件的配套发展，对精细化的旅游服务也提出了更高要求。二是消费能力较强，附加消费占比较高。中端旅游市场在观光的同时引入了休闲的概念，对除景区外的酒店、餐饮、娱乐等设施提出了更高的要求，游客消费能力较强，附加消费份额明显提升。三是追求体验性。旅游本身就是一种体验，而休闲时代的体验对旅游提出新的要求，即旅游应突破原始的、表面层次的、被动式的体验，提供一种被动式的、经历与主动感悟相结合的真正意义上的体验。

(四) 低端旅游市场分析

低端旅游市场主要定位为观光游，游客希望在最短的时间内看到更多景点、获取更多的信息。低端旅游市场具有以下特点：一是以景区游览为主，严重依赖景区资源品质。观光旅游更强调对旅游资源的依托，非常依赖景区的自然、人文环境；游客主要以景区游览为主，景区资源的品质往往直接决定了市场吸引力。二是停留时间短。观光游客希望能够在最短时间内参观更多的景区，往往在单一景区驻足时间较短，更倾向于选择一程多站式的旅游线路。三是消费结构单一。游客更注重景区的品质，对景区以外的住宿、餐饮等其他消费，主要以"节俭"为原则，以最少的费用观赏最多景点是游客最喜欢的模式，因此消费结构比较单一，附加消费占比较小。

第三节　"十四五"时期各省份
旅游业发展思路分析

随着社会经济的发展和消费水平的提高，旅游逐渐成为居民放松身心的重要选择之一。2020年新冠肺炎疫情重创旅游业。随着国内情况的好转，旅游行业也逐步进入复工复产的新阶段。当前，各地"十四五"规划意见稿重点谋划旅游产业，做强旅游产业，积极打造文旅强省。

中国"十四五"规划意见稿提出，推动文化和旅游融合发展，建设一批富有文化底蕴的世界级旅游景区和度假区，打造一批文化特色鲜明的国家级旅游休闲城市和街区，发展红色旅游和乡村旅游。此外，各地"十四五"规划意见稿均大篇幅提及旅游，提出促进文化旅游融合发展，挖掘红色旅游、生态旅游、乡村旅游、康养旅游等旅游资源，发展全域旅游，构建"快旅慢游"交通网络，完善自驾旅游和自助旅游公共服务体系，加快旅游业提质增效和转型升级，提升旅游品牌影响力（表4）。

表4　各地"十四五"规划意见稿涉及旅游产业的相关内容

地区	主要内容
全国	1. 推动文化和旅游融合发展，建设一批富有文化底蕴的世界级旅游景区和度假区，打造一批文化特色鲜明的国家级旅游休闲城市和街区，发展红色旅游和乡村旅游。2. 推动生活性服务业向高品质和多样化升级，加快发展健康、养老、育幼、文化、旅游、体育、家政、物业等服务业，加强公益性、基础性服务业供给

（续）

地区	主要内容
黑龙江	1. 坚持全域全季发展定位，深度挖掘黑龙江省丰富旅游资源，推进旅游产品、模式、业态创新，打造宜居宜行宜游宜养全域旅游品牌，实现保护生态和发展生态旅游相得益彰，建设旅游强省。2. 优化全域旅游空间结构。比如牡丹江发挥区位优势，进一步拓展开放合作空间，打造向南和对俄开放重要窗口，形成跨省旅游特色区。3. 提高生态旅游首位度。4. 叫响"北国好风光·尽在黑龙江"品牌。5. 大力提升旅游服务功能
吉林	1. 突出发展冰雪及生态旅游，利用5～10年时间，推动旅游产业总收入达到万亿级规模。2. 打造旅游产业高地，打响长白山、松花江、查干湖等世界级生态旅游品牌，构建以避暑、冰雪、生态、民俗、红色、边境、乡村、康养等为重点的旅游产业发展格局，创建国家和省全域旅游示范区，建设世界级旅游景区和度假区。3. 大力发展全域旅游，打造精品旅游路线，突出发展冰雪经济，深入实施"冬奥在北京、体验在吉林"行动，着力构建以冰雪旅游、冰雪运动、冰雪文化、冰雪装备为核心的全产业链，打造"三亿人参与冰雪运动"的主要承载区，建成世界级冰雪旅游目的地。4. 打造沿边开放旅游大通道。5. 加快文化与旅游融合发展，以文化丰富旅游内涵，以旅游兑现文化价值，建设一批富有文化底蕴的世界级旅游景区和度假区，打造一批文化特色鲜明的国家级旅游休闲城市和街区，提升红色旅游、乡村旅游、边境旅游规模和水平
辽宁	1. 深入挖掘生态旅游、红色旅游、工业旅游、乡村旅游、民族文化旅游等方面资源，推进全域旅游，打造东北亚生态旅游目的地，建设旅游强省；发展壮大冰雪经济，促进冰雪旅游、冰雪运动、冰雪文化、冰雪装备融合发展。2. 建设辽西旅游大环线，打造吸引京津冀居民休闲旅游康养的后花园。3. 打好"冰雪游""沿边游""民俗游""红色游"等文化旅游牌，建设全域旅游示范区。4. 坚持以文塑旅、以旅彰文，推动文化和旅游融合发展，打造文化特色鲜明的旅游休闲城市和街区。5. 积极发展生态旅游、生态农业等"生态＋"产业
北京	1. 承办和培育一批具有全球影响力的国际会议、国际会展、国际文化旅游活动，持续办好北京国际电影节、北京国际音乐节等品牌活动。2. 围绕"3＋1"主导功能谋发展，大力建设运河商务区、文化旅游区、台马科技板块和中关村通州园等片区，办好网络安全产业园，打造高端商务、文化旅游、数字信息等千亿级产业集群。3. 因地制宜规划推进场馆可持续利用，加快建设北京国际奥林匹克学院，建设北京冬季奥林匹克公园和奥运博物馆，打造值得传承、造福人民的双奥遗产。协同建设京张文化体育旅游带。4. 实施文化产业数字化战略，推动文化与科技、旅游、金融等融合发展，培育发展新型文化企业、文化业态、文化消费模式
天津	1. 坚持以文塑旅、以旅彰文，推动文化和旅游融合发展，强化市场化运作，打响"近代中国看天津"旅游品牌，打造特色海洋文化旅游带、海河文化旅游带，推动全域旅游示范区建设。2. 以讲好天津故事、中国故事为着力点，加强对外文化交流，提升国际传播能力。3. 积极开发老龄人力资源，发展银发经济，培育发展老年教育、老年体育、老年旅游等多元服务业态，推动养老事业和养老产业协同发展
河北	1. 促进文化和旅游融合发展。加强文化遗产保护传承利用，加快推进长城、大运河等国家文化公园建设，规划建设太行红河谷文化旅游经济带。2. 持续打造高等级旅游景区和旅游度假区，加快智慧旅游管理服务平台建设，提升"京畿福地·乐享河北"品牌影响力。3. 开展全域旅游创建，发展红色旅游、乡村旅游和生态旅游，培育工业旅游、体育旅游、康养旅游等新业态，打造旅游休闲城市和街区。4. 办好旅游产业发展大会。5. 构建快旅慢游交通网络，完善自驾旅游和自助旅游公共服务体系

（续）

地区	主要内容
山西	1. 做优做深文旅融合发展这篇大文章，发展全域旅游，围绕黄河、长城、太行三大旅游品牌，打造核心景区，提升"游山西、读历史"的文化旅游整体形象。推动文化和旅游融合发展，坚持以文塑旅、以旅彰文，推动文化和旅游各领域、多方位、全链条深度融合。建设国家全域旅游示范区，塑造"游山西、读历史"文化旅游品牌。强化"景区为王"理念，高品质打造更多AAAAA级龙头核心旅游景区，推进黄河、长城国家文化公园（山西段）建设，提升"黄河人家、太行人家、长城人家"民宿品牌影响力，建设五台山、云冈石窟、平遥古城国际旅游目的地。以创建国家文化产业示范区为抓手，培育一批知名文化企业，形成区域文化产业带。培育文旅新业态，大力发展康养旅游，依托太原、大同、晋城等有条件的城市，打造"康养山西、夏养山西"品牌。2. 构建贯通城乡景区的区域旅游公路网，提升完善服务设施，打造集宣传、体验、创意景观于一体的"0km"新旅游地标
内蒙古	1. 加快旅游业提质增效和转型升级，推动生态文化旅游融合发展，跨盟、市打造大景区，跨区域布设"黄金线"，全面提升绿色含量、文化内涵和科技水平，提供更多精细化差异化的旅游产品和更加舒心放心的旅游服务，把旅游业打造成全区域优势产业、服务业领域支柱产业和综合性幸福产业。2. 推动文化与旅游、科技、互联网等深度融合，培育骨干文化企业，发展重点文化产业，建设文化产业园区和区域文化产业带。3. 推动养老事业和养老产业协同发展，健全基本养老服务体系，发展银发经济，培育发展老年教育、老年体育、老年旅游、老年健康等多元服务业态，扩大适老产品和服务供给
上海	1. 大力发展大众旅游、全域旅游，建设一批富有文化底蕴的世界级旅游景区和度假区。提升国际旅游度假区、佘山国家旅游度假区、淀山湖旅游度假区、东平森林旅游度假区功能，推进金山滨海、宝山邮轮、环滴水湖等一批旅游度假区建设。2. 围绕"一江一河"布局整合文旅资源，建设浦江旅游品牌和苏州河文化休闲带。3. 开发水乡特色旅游项目。实施"首展首秀"计划，推动建立一批具有地方特色和艺术优势的本地品牌演艺节目，提升都市时尚消费旅游体验和服务品质，创建一批文化、商业、旅游、体育等融于一体的国家级现代都市旅游休闲区。4. 推动旅游与数字科技深度融合。培育在线旅游新动能，完善智能化设备部署，运用数字技术发展全景旅游、智能导游等虚拟现实交互旅游场景，"升维"旅游体验，提升市民游客参与旅游的便捷度。5. 提升休闲农业和乡村旅游水平，打造一批民宿集聚点、乡村旅游路线和农事节庆文化活动，围绕旅游古镇、特色村落、乡村民宿等打造一批特色村镇休闲区，满足城乡居民消费休闲需求。6. 支持有条件的医疗机构开展国际医疗旅游服务，推进健康保险和医疗支付与国际接轨
山东	1. 推动生活性服务业向高品质多样化升级，加快发展健康、养老、育幼、文化、旅游、体育、家政、物业等服务业，加强公益性、基础性服务业供给。2. 做强省会经济圈，放大科创优势，打造全国数字经济高地、世界级产业基地、国际医养中心和国际文化旅游目的地。3. 推动文化和旅游融合发展。坚持以文塑旅、以旅彰文，构建以"好客山东"为引领的文化旅游品牌体系，建设山水圣人、仙境海岸、红色文化等文化旅游带，打造一批特色旅游线路、标志性景区和精品项目，串珠成线、连片成面。4. 推进文旅服务智慧化，实现"一部手机游山东"。5. 加强全要素配套服务，激发文化旅游消费潜力
江苏	1. 推动文化和旅游融合发展，打造一批国家文化产业和旅游产业融合发展示范区，培育一批富有江苏文化底蕴的世界级旅游景区和度假区，建设一批文化特色鲜明的国家级旅游休闲城市和街区，发展红色旅游和乡村旅游。2. 支持南京、苏州、徐州、无锡等地建设国际消费中心城市，支持南京、苏州等地建设国家文化和旅游消费示范城市

（续）

地区	主要内容
安徽	1. 大力推进皖西大别山革命老区振兴发展，深入落实倾斜政策，巩固脱贫攻坚战成果，着力发展适应性产业和特色经济，打造全国重要的特色优势农产品供应基地和旅游康养地。2. 深化皖南国际文化旅游示范区建设，支持杭黄世界级自然生态和文化旅游廊道建设，支持黄山、池州等市开展国家全域旅游示范区创建，打造成为美丽中国建设先行区、世界一流旅游目的地、中华优秀传统文化传承创新区。3. 优化文化旅游产业空间布局，高水平建设合肥都市圈文化发展核心区、大别山等革命老区红色旅游发展示范、国家级徽州文化生态保护区和皖江文化发展集聚带、淮河文化发展集聚带。4. 打造文化旅游创新示范区，推进旅游景区、线路、业态、商品、企业"五个一批"精品打造工程，大力发展全域旅游、红色旅游、乡村旅游、智慧旅游，建设世界级旅游景区和度假区，争创文化特色鲜明的国家级旅游休闲城市和街区，加强对外文化宣传，拓展文化交流项目，办好安徽国际文化旅游节，推动黄山国际文化旅游论坛落地，把文化旅游业培育成为国民经济战略性支柱产业
江西	1. 建设世界知名旅游目的地。2. 实施"旅游＋"融合工程，建设全域旅游示范省。3. 引入高水平市场化团队，培育高品质旅游线路和景区、度假区，打造红色旅游首选地、最美生态旅游目的地、中华优秀传统文化体验地。4. 促进文化与旅游融合发展，推出一批更具江西文化特色的文旅产品，进一步唱响"江西风景独好"品牌。5. 建设面向东南沿海的生态旅游休闲"后花园"
浙江	1. 共建杭黄世界级文化旅游廊道、环太湖生态文化旅游圈、江南水乡文化体验廊道。2. 深入实施美丽大花园建设行动，构建美丽城市、美丽城镇、美丽乡村有机贯通的美丽浙江建设体系，打造以山脉为纽带的名山旅游圈、以水系为载体的秀水旅游线、以人文为依托的文化旅游带，全面推进"百城千镇万村"景区化，发展全域旅游、乡村旅游，形成全域大美格局。3. 实施"千年古城"复兴计划，推进古城名镇名村、高能级景区、旅游度假区、名山海岛公园等建设。4. 以城际铁路、通景公路等交通建设为先导，扎实推进浙西南生态旅游带建设。5. 加快建设衢丽花园城市群，打造诗画浙江大花园最美核心区。6. 推进文旅、体旅深度融合，创建富有文化底蕴的世界级旅游景区和度假区、文化特色鲜明的国家级旅游休闲城市和街区，打响"百县千碗""江南古镇"品牌，发展红色旅游
福建	1. 坚持以文塑旅、以旅彰文，推动文化和旅游融合发展，打响"清新福建""全福游·有全福"品牌，发展乡村旅游，加快建设全域生态旅游省。2. 做大做强电子信息和数字产业、先进装备制造、石油化工、现代纺织服装、现代物流、旅游六大主导产业。3. 做强做优海洋渔业、船舶制造、海工装备等产业，培育海洋生物、海水综合利用等新兴产业，积极发展滨海旅游。4. 推动老区苏区传统工业基地转型升级，支持发展特色农林业、优势矿产业、文旅康养等。5. 弘扬老区精神，传承红色基因，整合红色资源，弘扬红色文化，发展红色旅游。6. 建设一批飞地园区、生态旅游文化产业园、山海协作产业园，支持创建绿色发展示范区
湖北	1. 推动文化和旅游融合发展，打造一批文旅综合体、文旅融合品牌、文旅消费集聚区，创建国家级旅游休闲城市和街区，建设一批世界级、国家级文化旅游景区和度假区，大力发展红色旅游和乡村旅游。2. 举办"中国（武汉）文化旅游博览会"，推广"灵秀湖北"文旅形象，打造"一江两山"旅游品牌，建设世界知名、全国一流的文化旅游目的地和长江国际黄金旅游带核心区。3. 支持武汉创建国际消费中心城市，打造一批以文化消费、旅游消费、养生消费为特色的消费示范试点城市

（续）

地区	主要内容
湖南	1. 弘扬中华优秀传统文化，实现湖湘文化创造性转化、创新性发展，深入挖掘湖湘红色文化资源，传承湖湘红色基因，建设长征国家文化公园（湖南段），打造一批享誉全国的红色文化教育和红色旅游基地，擦亮湖湘文化名片。2. 促进文化和旅游深度融合发展，争创世界级旅游景区、度假区和国家级旅游休闲城市、街区，提升"锦绣潇湘"全域旅游品牌。3. 促进餐饮住宿、文化体育、健康养老、旅游休闲、家政服务等生活性服务业消费提质扩容
河南	1. 加快建设具有国际影响力的黄河文化旅游带，打造郑汴洛国际文化旅游核心板块，发展红色旅游、乡村旅游和全域旅游，推动"文化旅游+"，建设文化旅游强省。2. 大力发展现代金融、科技服务、创意设计、商务咨询等知识密集型服务业，培育壮大家政、育幼、体育、物业等服务业，打造文化旅游、健康养老万亿级产业，加强公益性、基础性服务业供给
广东	1. 加快推进建设滨海旅游公路，发展国际邮轮母港，建设以海岛旅游为主的海洋旅游产业集群。2. 推进文化和旅游融合发展，建设粤港澳大湾区世界级旅游目的地和粤北生态休闲旅游高地，将港珠澳大桥打造成为世界级地标景点景区，大力发展红色旅游、工业旅游、乡村旅游、民族民俗旅游
广西	1. 整合全域文化旅游资源，优化文旅产业发展全域空间格局，构建文旅现代产业体系、高品质服务体系。2. 积极推进"三地两带一中心"建设，发挥"老、少、边、山、海、寿"文化旅游特色优势，建设一批富有文化底蕴的国家级和世界级旅游景区、度假区，打造国家全域旅游示范区和国际康养度假目的地。3. 建设"一键游广西"智慧旅游平台，打造数字文旅共享经济新模式。4. 实施一批文旅重大项目建设工程。5. 积极发展文旅装备制造业。6. 推动文化旅游与农业、林业、水利、工业、交通、住建、医疗、健康、养老、体育等融合发展
海南	1. 坚持海南人民的幸福家园、中华民族的四季花园和中外游客的度假天堂同步建设、一体发展，系统推进全岛国际化、旅游化改造，构建市民与游客共享的城市空间。2. 引进知名品牌首店、旗舰店和体验店等业态，吸引我国居民海外消费回流，打造国内替代出境旅游购物第一目的地，建设国际旅游消费中心城市。3. 大力拓展邮轮航线，推动邮轮旅游试验区和游艇产业改革发展创新试验区建设。加快三亚邮轮母港建设。4. 积极推进中医药、现代康复技术和海南气候资源融合发展，打造中医药健康旅游品牌。5. 鼓励发展低空旅游、红色旅游、"航天+旅游"等新业态，打造森林旅游聚集区。6. 吸引一批大型主题旅游公园落户海南并合理布局。7. 加快环岛旅游公路等旅游基础设施建设，建设满足国际旅游消费需求的数字信息平台，提高"吃住行游购娱"六大要素供给水平，开发特色旅游商品，全面推进公共场所外语标识牌规范化、标准化建设，打造高水平旅游服务支撑体系。8. 建立闲置房屋盘活利用机制，支持发展度假和康养型民宿。9. 对标国际一流的旅游服务标准，大力提高旅游服务质量和水平。10. 提升全民旅游服务意识和旅游从业者服务技能。11. 完善齐抓共管、协调互动的旅游服务管理机制，建立旅游满意度调查和评价机制。12. 支持三亚建设世界级滨海旅游城市，做优做精"大三亚"旅游经济圈，打造世界级旅游度假城市带。支持儋州建设西部中心城市，加快儋州—洋浦"环新英湾"港产城一体化发展，打造"儋州—洋浦—临高—昌江—东方"临港产业发展新优势。推动琼海、万宁建设东部国际合作、文化交流平台和大健康旅游示范区。13. 做大做强琼中女足品牌，大力发展沙滩运动、水上运动、电子竞技等项目，吸引知名赛事落户海南，办好2023年第十二届全国少数民族传统体育运动会，加快创建国家体育旅游示范区。14. 构建文旅融合产业体系。积极发展新型文化企业，培育文化新业态。推动文化旅游深度融合，建设文化旅游产业园。办好"海南岛国际电影节"、海南电视剧产业高峰论坛，推动电影电视全产业链发展，

（续）

地区	主要内容
海南	打造海南影视岛。办好"海南国际旅游岛欢乐节""三亚国际音乐节"等节庆活动，做强文化演艺娱乐、节庆会展赛事等产业。打造自行车、马拉松、冲浪、帆船、帆板、足球、高尔夫、滑翔伞等知名赛事品牌，推动体育产业发展。打造黎锦、椰雕、黎陶、苗绣等特色文化产业基地，提升传统文化产业
重庆	1. 推动生活性服务业向高品质和多样化升级，加快发展健康、养老、育幼、文化、旅游、体育、家政、物业等服务业，加强公益性、基础性服务业供给。2. 推动文化和旅游深度融合发展。把握"山水之城·美丽之地"目标定位和"行千里·致广大"价值定位，发挥国家历史文化名城优势，用好人文和生态两个宝贝，实施"文化＋""旅游＋"战略，加快建设国家文化产业和旅游产业融合发展示范区。3. 促进业态融合，推动文化、旅游、生态、康养及相关产业融合发展，统筹推进全域旅游发展。4. 促进品牌融合，建设一批富有文化底蕴的世界级旅游景区和度假区，培育一批文化特色鲜明的文化旅游示范区和品牌旅游线路，打造一批全国知名的文化旅游节会品牌。5. 促进市场融合，推动旅游业对外交流合作，培育一批有竞争力的文化和旅游企业，开发一批知名文旅产品。6. 促进服务融合，加快构建快旅慢游服务体系，提高旅游管理服务水平，提升重庆旅游的美誉度和吸引力。推动建设巴蜀文化旅游走廊，打造国际范、中国味、巴蜀韵的世界级休闲旅游胜地
四川	1. 加快建设旅游强省，深化文化旅游融合发展，发展全域旅游，促进红色旅游和乡村旅游提档升级，持续培育天府旅游名县，提升"三九大"等文旅品牌，共建巴蜀文化旅游走廊，打造世界重要旅游目的地。2. 探索推进山地轨道交通发展，构建交通旅游融合发展新模式
贵州	1. 加快发展以民族和山地为特色的文化旅游业，持续提升"山地公园省·多彩贵州风"品牌影响力。2. 创建全国全域旅游示范省、国家体育旅游示范区，打造"温泉省""桥梁省""索道省"等旅游品牌。3. 大力发展世界名酒文化、红色文化、民族文化等特色旅游带，推动"旅游＋多产业"深度融合发展。4. 大力发展避暑康养旅游、乡村旅游、文化旅游、研学旅游、体育旅游，开发适应市场需求和消费升级的新业态。5. 创新旅游宣传营销体系。6. 持续办好旅游产业发展大会。7. 推动旅游业集群化发展，积极拓展旅游景区、旅游酒店、旅行社、旅游车队、乡村旅游等产业链。8. 培育壮大旅游市场主体，培育和引进一批旅游大企业，支持旅游企业扩规模、强实力、创品牌，推动优强旅游企业上市融资。9. 高水平完善山地旅游服务设施，打造一批特色鲜明的国家级旅游休闲城市和街区。10. 加快发展民族民间工艺品产业，形成贵州特色旅游商品品牌，不断提升旅游购物消费水平。11. 完善提升"一码游贵州"服务平台，加强旅游市场监管，不断提高旅游服务质量和水平，提高旅游满意度和"回头率"
云南	1. 大力实施全域旅游发展战略和文化旅游融合发展行动计划，推进业态融合、产品融合、市场融合、服务融合、交流融合，提高旅游产品供给质量和旅游服务质量。2. 发展红色旅游和乡村旅游。3. 推进旅游文化要素全面数字化，推进已有融合发展业态提质升级，打造兼顾文化和旅游特色的新业态、新主体、新模式，建设一批富有文化底蕴的世界级旅游景区和度假区，打造一批文化特色鲜明的国家级旅游休闲城市和街区，建设民族文化强省。4. 打造世界一流"健康生活目的地牌"，瞄准国际化、高端化、特色化、智慧化发展方向，深入推进"整治乱象、智慧旅游、提升品质"旅游革命"三部曲"，推动旅游业全面转型升级，拓展"一部手机游云南"平台功能，推进大滇西旅游环线、澜沧江沿岸休闲旅游示范区、昆玉红旅游文化带建设，建设半山酒店，建设国际康养旅游示范区，使云南成为人们向往的健康生活目的地。5. 推进边境旅游试验区、跨境旅游合作区、农业对外开放合作试验区等建设，创新境外园区建设与经营模式，提升与周边国家经贸合作水平。6. 贯通沿边高速、大滇西旅游环线，推动实施一批重大交通基础设施项目建设，实现县域高速公路能通全通、互联互通

（续）

地区	主要内容
西藏	1. 做大做强拉萨核心增长极，实现人口和要素的规模聚集，优化拉萨城市布局，建设重要的国际文化旅游城市、面向南亚开放的区域中心城市。2. 藏中南重点开发区实现互联互通、促进要素和产业聚集，大力发展特色旅游、现代服务、商贸物流、高原生物、绿色工业。3. 着力推动七大产业高质量发展，编制特色产业发展规划，立足资源禀赋，发挥比较优势，推动清洁能源、旅游文化、高原生物、绿色工业、现代服务业、高新数字、边贸物流产业成为经济增长的重要引擎、转型发展的重要动力、人民幸福生活的重要指标、国民经济的重要支柱性产业、高质量发展的亮点和标志，产业增加值年均增长 10% 以上。其中，旅游收入年均增长 10% 以上。4. 推广"地球第三极"农牧特色优势产品、藏医药、旅游文化、体育赛事等系列品牌，提升品牌知名度和影响力，提高市场竞争力。5. 推动文化和旅游深度融合，积极开展对外文化交流，全方位提升西藏文化软实力
陕西	1. 传承红色基因，弘扬革命文化，深入开展革命文物集中连片保护利用，建设延安革命文物国家文物保护利用示范区，打造国家重点红色旅游区。2. 推进文化与旅游深度融合，与科技、金融有机结合，加快全域旅游示范省建设，打响区域文化产业带、旅游景区和度假区品牌，打造传承中华文化世界级旅游目的地和万亿级文化旅游产业集群
甘肃	1. 促进文化旅游融合发展。坚持以文塑旅、以旅彰文，统筹推进文旅资源开发和优化配置，实施一批文旅工程，发展智慧旅游，建设国际知名旅游目的地，打造丝绸之路文化旅游产业带。打响"交响丝路·如意甘肃"品牌，放大文化旅游业综合效应。2. 完善旅游设施和基础服务，加快推进全域旅游，丰富旅游业态，发展精品旅游景区、主题旅游线路、创意旅游产品，做旺淡季旅游，实现"快进慢游"。3. 培育壮大文旅市场主体，规范旅游市场管理，加强数字文旅建设，加强高水平旅游合作，实现全省文化旅游产业联动协同高质量发展。4. 传承和弘扬黄河文化，实施黄河文化遗产系统保护工程，发展"黄河之滨也很美"等黄河主题旅游，打造有影响力的黄河文化旅游带。5. 统筹推进城市群快速公路网、国道省道干线网、农村交通基础设施网和城市公共交通设施建设，发展畅通高效的旅游交通，加快实施通村组硬化路建设，整体提升路网支撑能力
宁夏	1. 推进文旅融合发展，实施文旅提质增效行动，建设一批特色鲜明、影响力大、带动力强的旅游景区，高水平建设宁夏黄河文化旅游带，加快创建国家全域旅游示范区，唱响"塞上江南·神奇宁夏"文化旅游品牌，打造大西北旅游目的地、中转站和国际旅游目的地。2. 发展休闲农业和乡村旅游，建立农业产业链与农民利益链联结机制，推动农村一、二、三产业融合发展
青海	1. 打造国际生态旅游目的地。以创建国家全域旅游示范区为引领，构建"一环六区两廊"生态旅游发展新布局，规划建设一批精品旅游线路，创建国家级旅游景区和国家级旅游度假区，打造形成青藏高原国际生态旅游胜地，推动大区域、大流域旅游联动发展。2. 延伸发展旅游产业链，积极发展红色旅游、乡村旅游。3. 推动特色轻工深度嵌入旅游产业链，提升旅游要素保障水平。4. 积极参与"丝路一家亲"行动，办好"环湖赛"等文体活动，开拓境内外旅游客源市场。5. 深入推进国家藏羌彝文化走廊和丝绸之路文化带青海片区建设，规范发展文化产业园，落实文化产业数字化战略，发展新型文化企业、文化业态、文化消费模式，开展国家文化大数据体系（青海）建设，创建西宁国家文化和旅游消费试点城市
新疆	1. 优化旅游产业布局，加快丝绸之路经济带旅游集散中心、南疆丝绸之路文化和民族风情旅游目的地建设，大力培育阿尔泰山旅游产业带、天山旅游产业带、西部边境旅游产业带，形成"一心一地三带"旅游发展格局。2. 提升旅游承载能力。加强旅游基础设施和精品景区建设。扶持发展旅游市场主体，发展壮大新疆旅游投资集团，引导疆内外各类资本进入旅游产业。3. 扩大旅游产品供给。推动形成环准噶尔旅游环线、环塔克拉玛干旅游环线、环天山南北旅游环线。加快开发冬季旅游，推动旅游业向四季游发展。推动"旅游+""+旅游"等产业融合发展，

（续）

地区	主要内容
新疆	延伸旅游消费产业链。4. 打造旅游特色品牌。加大特色旅游品牌培育力度，推动文化和旅游业从"资源时代"进入"品牌时代"。优化旅游市场环境，完善旅游信息服务体系，提高旅游信息化、便捷化水平

资料来源：各省（自治区、直辖市）国民经济和社会发展第十四个五年规划和 2035 年远景目标纲要。

第四节　新时代中国旅游业的发展趋势

中国旅游业经过百年发展，历经摸索、成长和转型等阶段，形成了"中国特色"和"中国经验"。在新时代的发展背景和国内外发展形势之下，我国旅游业展现出新的发展势头和趋势。

一、旅游经济步入"文旅融合"新时代

文旅融合是我国未来文旅产业发展的必然趋势。2020 年 9 月，习近平总书记在教育文化卫生体育领域专家代表座谈会上强调，文旅产业密不可分，要坚持推动文化与旅游融合发展。文旅融合是党的十八大以来，以习近平同志为核心的党中央作出的重大决策。早在 2009 年，文化部和国家旅游局就发布了《关于促进文化与旅游结合发展的指导意见》，文件中针对文旅融合提出了一系列指导性的措施。

文旅产业是文化与旅游产业相互作用及融合发展的一种新兴产业，也是现代旅游业的重要组成部分。文化为旅游产业赋予灵魂，旅游为文化产业提供市场载体，两者可实现互补共赢，具有实现融合发展进而提高产业效益的必要性。一方面，文化产业可以为旅游产业的发展注入文化灵魂，丰富旅游产业的内涵与外延，提高产业效益，利用深刻的文化要素塑造新的旅游产业与服务的供给。比如各种文化创意园区、主题乐园及影视拍摄基地等典型文化因素与旅游服务密切结合，丰富了游客旅途中的文化体验，增长其见识与视野，提高了游客旅游休闲需求的满意度。另一方面，旅游产业不仅为文化产业提供广阔的市场，扩展文化产品开发的新渠道，其跨地域属性也可为文化资源要素的传播提供一个良好的舞台，促进新文化资本的注入并进一步壮大文化市场规模，进而带动文化产品的延伸与创新。随着人民生活水平的提高，国内民众的旅游消费观念也在不断转变，特别注重旅游消费中的独特文化体验。在古建筑、古村落、非物质文化遗产等传统文化资源中引入旅游产业，会使这些传统文化资源得以活化，得到保护和传

承，旅游产业也因文化灵魂的存在而具有魅力、基业长青。在文化交流会、品牌论坛、专题博览会等文化活动中嵌入旅游服务等元素，如世博会、博鳌论坛、深圳每年的国际钟表博览会等，不仅可以提高地区文化品牌的名气，也可增强游客的体验感悟与认同，文旅产业都因为彼此的融合而得以增值，从而实现创新升级。

此外，随着国家将文化部与旅游局两大机构合并为文化与旅游部，管理体制机制的改革创新更有利于文旅产业资源整合、融合发展。随之而出台的一系列促进文旅产业融合发展的产业政策，将引导社会资本和市场资源进入文旅融合发展领域，激发文旅产业加快融合发展。同时，人工智能与5G通信网络、大数据等数字技术的发展，为文旅产业融合发展带来更成熟和更大空间的技术支持。总之，文旅产业的耦合发展促使劳动力、技术、资本等产业要素的趋同与动态融合、调整，催生出文旅新产品与服务，二者相互促进、互动共生，在不断创造新需求、满足消费者需求的同时，更使文化与旅游企业形成新的生命力和竞争力。文旅融合已成为我国未来文旅产业发展的必然趋势。

二、中国旅游业仍将保持稳定增长态势

从我国国内旅游业综合贡献占国内生产总值（GDP）比重的变化趋势可以看出，随着我国对外开放程度的逐步深化，我国旅游行业快速发展，近10年来我国旅游业综合贡献占GDP的比重整体呈稳定上升趋势。虽然我国旅游业综合贡献占GDP的比重逐步提高，但是比重值与中等发达国家相比，仍然偏低。目前我国旅游行业综合贡献占GDP的比重达11.05%，处于中等发达国家水平。在中等发达程度以上的国家，旅游综合贡献占GDP的比重约10%；以旅游为支柱或主导产业的国家，其旅游综合贡献占GDP的比重则超过20%。但随着城乡居民的收入水平和改善生活质量需求的提高，尤其是随着中等收入阶层规模的不断扩大，旅游消费预期会得到极大释放，旅游参与者规模将迅速扩大，旅游产业规模将不断扩张。

三、旅游发展模式从政府主导到市场主导转变

在相当长时期内，中国旅游发展的主要模式一直都是政府主导。

在全面深化改革的时代背景及要求下，我国旅游市场经济的渐次成熟，呼唤旅游发展模式中市场机制力量的增强，在当下阶段表现为政府和市场相协同的发展模式，在未来将真正实现以市场机制为主导、以政府调控为辅助的市场主导型发展模式。近年来，包括私人资本、外国资本等在内的社会投资在旅游发展中的比重日益提高。

从政府角度而言，2013年，中共中央《关于全面深化改革若干重大问题的决定》指出，要让市场在资源配置中的角色从"基础性"作用升级为"决定性"

作用，这为旅游发展模式的转变指明了方向，也提供了有力支撑。从旅游市场角度而言，旅游业的效益型、精细型、质量型发展需要政府简政放权、赋能还权[①]，并在优化市场秩序和完善基础设施的基础之上，充分尊重市场主体的地位和作用[②]。由于政府失灵和市场失灵可能会同时存在，政府角色和市场角色的准确定位及两者之间关系的调试是未来中国旅游发展模式转变过程中的关键内容[③]。

四、旅游业与科学技术的融合越来越紧密

现代科技与旅游业的融合不仅扩大了旅游产业的市场规模和发展空间，也提高了旅游者的体验层次和旅游供给满足旅游需求的动态能力，有助于我国旅游业的转型升级和创新发展。2017年，国家旅游局发布的《"十三五"全国旅游信息化规划》揭示了信息技术的应用在我国旅游业发展中的重要地位。现代旅游的信息化应用主要包括（移动）互联网、物联网、人工智能、计算机仿真、大数据等多个技术领域。

从旅游供给侧来看，旅行社、旅游景区（点）、星级饭店等旅游企业将互联网、人工智能等引入智慧旅游建设中，利用新型信息技术再造业务流程、提升产品及服务质量、巩固和开拓市场等。此外，在线旅游代理商（OTA）完全依托互联网、大数据等技术载体，开辟了不同于传统旅游企业的新商业模式。从旅游需求侧来看，截至2020年12月，我国网民规模达9.89亿，互联网普及率达到70.4%[④]。互联网的普及与发展，改变了旅游者的旅游消费行为和方式，使旅游者能够自主进行产品购买、线路规划、游后评价等各项旅游环节活动。随着科学技术与旅游业融合程度的加深，科技对旅游业的作用不只局限于产业链上的某一个或某几个环节，而是会推动供给—媒介—需求—保障系统的全方位、多层次变革[⑤]。

五、PPP模式撬动旅游产业发展新动能

政府和社会资本合作（PPP）的模式既打破了项目资金困局，又引入了专业化投资经营团队，提高了旅游设施的建设与运营效率。旅游设施建设存在总体投入大、前期开发成本高、回报周期长、更新维护力度大等难点与瓶颈，PPP投融资模式为社会资本进入旅游行业铺垫道路，是打破这一困局的首选方法，有利于实现多方共赢，推动旅游业健康可持续发展。

---

① 夏杰长，徐金海. 中国旅游业改革开放40年：回顾与展望［J］. 经济与管理研究，2018，39（6）：3-14.

② 储昭斌. 我国旅游产业转型升级及发展模式选择［J］. 商业时代，2013（13）：114-116.

③⑤ 程玉，杨勇，刘震，等. 中国旅游业发展回顾与展望［J］. 华东经济管理，2020（3）：1-9.

④ 数据来源于中国互联网络信息中心（CNNIC）第47次《中国互联网发展状况统计报告》。

从政府角度而言，2018 年文化和旅游部会同财政部印发了《关于在旅游领域推广政府和社会资本合作模式的指导意见》，更好地鼓励运用政府和社会资本合作（PPP）模式，改善旅游公共服务供给。该《意见》从总体要求、基本原则、重点领域、严格执行财政 PPP 工作制度、加大政策保障等方面，提出了明确、具体的要求，就调动更多社会资源参与旅游业发展，探索推广旅游 PPP 实施路径、发展模式及长效机制，提高旅游投资有效性和公共资源使用效益，建设一批旅游 PPP 示范项目等方面作出全面部署，预示着 PPP 模式支持旅游项目发展的能力又将进一步提升。此外，2015 年国务院办公厅印发的《关于进一步促进旅游投资和消费的若干意见》打通了融资快速通道，明确了融资担保机制，加大了优惠支持力度，并且强化了部门协作、联审联评、机制创新。通过良好的顶层制度设计，厘清政府责任和市场机制的边界，并将其落实为工作制度，既规避了政府兜底项目可能造成的财政负担和债务风险，又通过严格的项目筛查制度和公平竞争制度优选项目和合作方，保障社会资本能够获得合理回报，对全国各地旅游 PPP 项目的实施具有很强的引领性和指导性。

（本章由民生智库文化旅游研究中心撰写）

第二章　老龄事业与养老服务

第一节　我国老龄事业与养老服务
发展的历史沿革

从发展模式来看，自新中国成立尤其是 1978 年国家组建民政部以来，我国养老服务管理经历了计划经济时代的社会福利企业的兴起，到福利事业的机构建设与管理；从补缺型、保障型福利事业的格局构建，到拓展服务人群和扩大服务范围的探索实践；从计划经济体制下国家包办包管福利与养老的管理运行机制，到市场经济条件下倡导社会化养老的发展思路、推动民办公助、公建民营、公办民营的改革创新；从福利性、公益性的单一事业属性到如今营利与非营利相辅相成、并存发展的事业与产业属性共同凸显。多年来，我国养老服务模式逐步从针对特殊困难老年人的补缺型福利服务，向面向所有老年人提供民生服务转变；服务形式从以机构集中照料为主，向居家、社区、机构多层次养老服务体系化发展转变；发展机制从以政府举办为主，向民间资本、社会力量广泛参与、竞相发展转变，养老事业和产业实现了跨越式发展，老年人对美好生活的期待不断被满足。

从管理体制上来看，我国采取的是主管部门（民政部）与议事协调机构（全国老龄工作委员会）并存的养老服务管理体制。2018 年年底之前，民政部是社会福利和社会救助事业的主管部门，负责社会福利事业和社会救助的发展规划、政策和标准的制定工作，负责拟定社会福利机构管理办法，指导老年人权益保障工作，主要归口于民政部社会福利与慈善事业促进司。2018 年，国务院机构改革后，在民政部新设养老服务司，承担老年人福利工作，拟定老年人的福利补贴制度和养老服务体系建设规划、政策、标准，协调推进农村留守老年人关爱服务工作，指导养老服务、老年人福利、特困人员救助供养机构管理工作；在国家卫健委（全称国家卫生健康委员会）新设老龄健康司，负责拟定应对人口老龄化、医养结合的政策措施，综合协调、督促指导、组织推进老龄事业发展，承担老年疾病防治、老年人医疗照护、老年人心理健康与关怀服务等老年健康工作。

一、1921—1948 年：萌芽发展阶段

1921 年至新中国成立前，我国尚未有真正意义上的养老服务发展，主要是宗族养老、家庭养老等传统养老模式。受西方福利思想影响，这一时期我国养老实践开始从传统的道德义务向制度义务转变，救养主体从家庭和宗族向社会力量转移。养老开始强调国家责任，服务理念也从单纯的"救养"向"救""养""教"三位一体转化，如三民主义在批评现实社会的基础上，指出中国传统宗族福利保障的狭隘性，认为只有建立"公养""公教"与"公恤"的福利保障制度，人类才能真正走向大同。与观念转变对应，在制度设置上，国内开始引入西方的养老年金制度、退休制度及社会保障经验和社会保险经验，并进行相关实践。

民国时期，社会保障机构主要承担社会救急的功能，救济对象是包括老年人在内的各类难民。1928 年，国民政府内政部公布《各地方救济院规则》，围绕"教养并重"确定了救济院的基本原则，根据各地区实际情况，缓急设立或合并办理。据国民党中央社会部 1946 年统计，全国 29 个省份共有社会救助机构 3 045 个，其中公立的有 2 034 个。

总体而言，这一时期建立起了近代意义上的社会保障立法体系，打破了封建社会宗法制下家族式的社会保障养老模式，逐渐形成以国家为主导、民间慈善机构为辅助的养老社会保障体系。但存在养老保障层次少、覆盖面窄、保险统筹标准低、资金来源单一、不能跨省等问题。

二、1949—1977 年：孕育发展阶段

1949 年 11 月 1 日，中华人民共和国中央人民政府内务部成立，1954 年 9 月，中央人民政府内务部改为中华人民共和国内务部，成为国务院的组成部门，主要负责全国范围内的民政、户籍、救济、社会等方面工作。

1951 年，我国颁布第一部全国性社会保障法规——《劳动保险条例（试行）》。养老问题逐渐被提高到法律层次。1950 年颁布的第一部法律《中华人民共和国婚姻法》规定"父母对于子女有抚养教育的义务；子女对于父母有赡养扶助的义务；双方均不得虐待或遗弃"。

基于计划经济背景，这一阶段主要解决部分困境老年人的社会照护问题。中国养老院从公办养老院开始发展。从 1956 年开始的"五保"，到 1958 年兴建养老院，使缺乏劳动能力、生活没有依靠的鳏寡孤独者开始有了依靠。公办养老院主要由政府提供资金，面向孤寡老人，免费或只收取少量的费用。对于入住养老机构的五保户、孤寡对象以及优抚对象等，由政府开办的福利性养老机构提供生活照护型粗放式养老服务。此时的养老服务还不是一个独立的概念和服务形式，被包含在社会福利范围内。

这一时期是我国养老的孕育发展阶段：一是改造建立了最早一批城市养老机

构。在城乡分治的二元社会结构下，城市服务设施是生产教养院，后更名为养老院、敬老院，1953 年共有 923 个，收养孤老对象 10 万人。二是农村养老机构异军突起。农村服务设施是敬老院，1956 年，中国第一个敬老院在黑龙江省拜泉县兴华乡建立。到 1958 年年底，全国农村共办起 15 万所敬老院，收养五保对象 300 万人。三是优抚对象养老机构开始建立。为了收养无亲属照顾的烈属老人，1958 年，我国开始兴建烈属养老院（后更名为光荣院），接收对象包括孤老伤残军人、孤老复员军人等。

同时，这一时期也是我国城镇社会养老保险制度的建立阶段。20 世纪 50 年代初，中国城镇养老制度仿照的是苏联的预先扣除制。企业职工的退休办法最早遵循的是 1953 年 1 月 2 日政务院颁布的《中华人民共和国劳动保险条例》，该条例具体规定了职工在疾病、负伤、生育、死亡及年老不宜继续劳动后从政府和企业处获得必要物质帮助的办法。国家机关工作人员的退休办法遵循的是 1955 年国务院颁布的《国家机关工作人员退休处理暂行办法》。就职工社会保险这一部分而言，当时全国总工会是全国劳动保险事业的最高领导机构，劳动部是全国劳动保险工作的最高监督机构，企业按月缴纳全部职工工资总额 3％的劳动保险金，即社会保险金，其中 30％存于全国总工会，作为劳动保险总基金，70％存于企业基层工会，作为劳动保险基金，由全国总工会委托人民银行管理。20 世纪 50 年代初至 1966 年的中国社会保障制度发展历程，也是城镇社会养老保险制度发展历程的第一阶段。此间社会保障有基金，有管理，有监督，基金的收集、管理、监督是分立的，主要对象是国家机关、事业单位、国有企业以及极少量集体经济的职工，资金来源有国家和企业 2 个方面，在当时人口年龄结构轻且经济发展较快的情况下，是可行的。

1966 年，全国总工会停止工作。财政部规定，企业退休职工的退休金改在营业列支，劳动保险业务由各级劳动部门管理。如此，基金制度没有了，一部分社会统筹也没有了，社会保险制度变成了企业保险制度，形成了"企业办社会""企业办保障"的格局。但在当时高度集中的计划经济体制下，国有企业既没有经营自主权，又不承担任何盈亏责任，企业负担的轻重无关企业的痛痒，所以人们对企业保险制度无太大的反应，因而从本质上讲，此时的企业保险制度与第一阶段并无太大区别，还是国家、企业提供保障。

三、1978—1999 年：探索发展阶段

基于市场经济的背景，这一阶段在完善以政府为主的福利性服务的同时，探索解决社会养老问题，与养老服务相关联的老龄工作机构、老年法规、养老机构和管理规章首次出现。1978 年后，养老院发展进入新的阶段，全国多数乡镇和城市街道建立养老院。老年人福利服务和养老机构提供的服务有了新发展。

一是建立了老龄工作机构。改革开放之初，学界开始关注底部老龄化。1978

年 3 月 5 日，第五届全国人民代表大会第一次会议通过决议，设立中华人民共和国民政部。1982 年，中国派代表参加联合国第一届老龄问题世界大会，老龄化一词正式进入中国政府和学界视野，我国于同年成立全国老龄工作委员会，初步形成了从中央到地方的老龄工作网络。二是制定了我国第一部老年法。1996 年，我国制定了历史上第一部《中华人民共和国老年人权益保障法》，明确规定"老年人养老主要依靠家庭"。三是发布了第一批养老服务规章。1998 年，国务院办公厅转发《关于加快实现社会福利社会化的意见》；民政部等部门制定了《社会福利机构管理暂行办法》《老年人社会福利机构基本规范》《老年人建筑设计规范》《农村敬老院管理暂行办法》等一系列有利于养老服务机构发展和规范管理的制度，促进养老服务项目由单一的生活保障向居住、医疗、护理、康复、娱乐等方面转变，养老服务质量逐步提升。四是拓展了养老服务范围。以社会福利机构改革为突破口，服务对象从传统的"三无"老人逐步向有需求的社会老人开放。

从养老保险发展的角度看，这一阶段也是我国社会保险制度向企业保险制度转变的阶段。随着 1978 年党的十一届三中全会召开及 1979 年开始的人口迅速老化，企业赡养率急剧提高，传统的社会保险发生了质的变化。1979 年，全国在职职工与退休人口的比例，从 1978 年 30：1 猛然下降至 16.7：1，到 1985 年已下降至 7.5：1，整个养老制度的负担变得沉重起来。20 世纪 80 年代初，中国城镇的试点改革首先从对企业"放权让利"开始，政、企职能有所分离。企业作为拥有一定经营自主权的商品生产者，有了自身的利益，便开始注意到自身的负担，不同的年龄结构必然有不同的负担，尤其是老企业，负担远远大于新企业，不少老企业退休人员已超过在职职工，这就导致在其他条件相同的情况下，竞争环境不公平导致企业所获利益不同。同时，由于保险资金筹集渠道单一，资金来源主要是企业，职工不提供任何资金，只享受权利，不履行义务，这就不利于培养职工自己对生活的责任感及生产积极性，长此以往就会拖企业经营机制转换的后腿。

1984 年 10 月，在党的十二届三中全会通过的《中共中央关于经济体制改革的决定》正式颁布，标志着我国以城市为重点的全面经济体制改革的开始。1992 年，党的十四大报告第一次明确地把深化社会保障制度列为经济体制改革的重要环节之一。1993 年，党的十四届三中全会通过的《关于建立社会主义市场经济体制若干问题的决定》进一步明确了建立新型社会保障制度的原则和近期目标，其基本内容是到 20 世纪末建立适应社会主义市场经济体制需要的资金来源多渠道、保障方式多层次、权利和义务相对应、管理和服务社会化的社会保障制度。1997 年，党的十五大强调，建立社会保障体系是深化国有企业改革的重要配套改革。

四、2000—2011年：体系化发展阶段

根据联合国制定的标准，2000年中国正式进入人口老龄化国家行列。此后，养老服务、养老服务业及社会养老服务体系建设成为关键词，养老服务从内涵、内容到政策法规、技术标准、人员等均有长足发展。为了应对人口老龄化，党和政府采取了一系列积极应对的措施：一是重视老龄工作和顶层设计。2000年，中共中央、国务院制定了《关于加强老龄工作的决定》，提出"建立以家庭养老为基础、社区服务为依托、社会养老为补充的养老机制"，这是我国第一次提出建立一个包含家庭、社区、社会的养老机制。二是开始重视居家养老服务。对于机构之外的社会老人，社区服务可提供集中居住、生活照料等服务，逐步向居家服务延伸并得到社会认同。2000年，国务院转发了民政部等11个部门《关于加快实现社会福利社会化的意见》，明确了"在供养方式上坚持以居家为基础"。2008年，全国老龄办（全称全国老龄工作委员会办公室）、国家发展和改革委员会等10个部门发布了《关于全面推进居家养老服务工作的意见》。三是提出建立养老服务体系。2006年，第二次全国老龄工作会议首次提出建立"以居家养老为基础、社区服务为依托、机构养老为补充"的中国特色养老服务体系；2008年，全国民政工作会议修改为"以居家为基础、社区为依托、机构为补充"，得到普遍认可。党的十七届五中全会提出"优先发展社会养老服务"。

2006年12月，国务院新闻办公室发布《中国老龄事业的发展》白皮书，全面总结和梳理了新中国成立以来我国老龄事业发展的各项成就及其不足所在，彰显了发展中大国的责任和担当。

五、2012—2021年：新时代发展阶段

2012年，以习近平同志为核心的新一届党中央，高度关注养老服务和老龄工作，积极应对人口老龄化，中国养老服务进入新时代。尤其是2012年"养老服务"首次被纳入新修订实施的《中华人民共和国老年人权益保障法》，为维护老年人权益、做好养老服务工作奠定了法治保障。

此后，社会养老服务体系、积极科学及时应对人口老龄化、老龄事业与老年产业成为关键词。

一是党中央重视养老服务工作。党的十八届三中全会提出"积极应对人口老龄化，加快建立社会养老服务体系和发展老年服务产业"，党的十九大提出"积极应对人口老龄化，构建养老、孝老、敬老政策体系和社会环境，推进医养结合，加快老龄事业和产业发展"。党的十九届五中全会通过的《关于制定国民经济和社会发展第十四个五年规划和二〇三五年远景目标的建议》，首次提出"实施积极应对人口老龄化国家战略"，这是以习近平同志

为核心的党中央总揽全局、审时度势作出的重大战略部署。2019 年 7 月 27 日，国务院批复同意建立养老服务部际联席会议。联席会议由民政部、国家发展和改革委员会等 21 个部门和单位组成，其中，民政部为牵头单位，各成员单位按照职责分工，认真落实联席会议确定的工作任务和议定事项，深入研究养老服务发展有关问题，制定相关配套政策措施或提出政策建议。联席会议办公室要加强对联席会议议定事项的跟踪督促落实，及时向各成员单位通报相关情况。

二是开展养老服务体系建设工作。2011 年，国务院办公厅印发的《社会养老服务体系建设规划（2011—2015 年）》，首次提出社会养老服务体系内涵和定位、指导思想和基本原则、目标和任务、保障措施等。2017 年，国务院印发的《"十三五"国家老龄事业发展和养老体系建设规划》将原"社会养老服务体系建设应以居家为基础、社区为依托、机构为支撑"修改为"以居家为基础、社区为依托、机构为补充、医养相结合"，实现从"三位一体"到"四位一体"的转型。2019 年 10 月，党的十九届四中全会《关于坚持和完善中国特色社会主义制度推进国家治理体系和治理能力现代化若干重大问题的决定》进一步提出"加快建设居家社区机构相协调、医养康养相结合的养老服务体系"，推动形成了符合各地区情、"人"情和"事"情的养老服务发展格局。

三是高度重视政策法规建设工作。以《中华人民共和国老年权益保障法》（2013 年主席令第 72 号第二次修订、2018 年主席令第 24 号第三次修订）、国务院《关于加快发展养老服务业的若干意见》（国发〔2013〕35 号）、国务院办公厅《关于全面放开养老服务市场提升养老服务质量的若干意见》（国办发〔2016〕91 号）、国务院办公厅《关于制定和实施老年人照顾服务项目的意见》（国办发〔2017〕52 号）、民政部等 13 个部门《关于加快推进养老服务业放管服改革的通知》（民发〔2017〕25 号）、国务院办公厅《关于推进养老服务发展的意见》（国办发〔2019〕5 号）为主体的近 100 部法律、法规、规章、政策、规范性文件相继发布。其中，2013 年被称为"养老元年"。

四是重视标准化和质量建设工作。党的十八大以来，我国十分重视标准化和质量建设工作。2014 年，民政部、国家标准化管理委员会等 5 个部门发布《关于加强养老服务标准化工作的指导意见》，将养老服务标准化建设工作提上议事日程。2016 年，民政部、国家工商行政管理总局印发《养老机构服务合同》（示范文本）。除了养老设施建设、养老机构基本规范、社区老年人日间照料中心、老年人能力评估、养老机构老年人健康档案技术规范、老年机构社会工作服务指南等国家、行业标准之外，还发布了《养老机构服务安全基本规范》《养老机构服务质量基本规范》《养老机构等级划分与评定》等标准规范，有效助推了 2017—2021 年如火如荼的养老院服务质量建设专项行动。

第二节　我国人口老龄化进程加速

在社会主义现代化建设进程中，我国面临着"未富先老""未备先老"的老龄化困难和挑战，同时，老龄化也带来经济结构调整、发展方式转变、人口素质提高、社会建设进程加快等战略机遇。中国是全球第一老年人口大国，这一基本国情还将持续若干年。因此，接下来的 10 多年是应对老龄化社会到来的关键时期。我国各级政府乃至各类企业都要努力建设完备的养老公共服务体系，促进养老事业和产业健康有序发展。

一、我国快步踏入老龄化社会，人口老龄化特点突出

中国在 2000 年进入老龄化社会，此后我国 60 岁及以上老龄人口数呈稳步上升态势，人口老龄化加速发展。当前我国人口老龄化态势已非常严峻。2021 年，第七次全国人口普查显示，2020 年年底，大陆地区 60 岁及以上的老年人口总量为 2.64 亿人，已占总人口的 18.7%。自 2000 年步入老龄化社会，20 年间，老年人口比例增长了 8.4 个百分点，其中，2010 年第六次全国人口普查到 2020 年第七次全国人口普查数据显示，老年人口比例在 10 年间升高了 5.4 个百分点，后一个 10 年明显超过前一个 10 年，这与 20 世纪 50 年代我国第一次出生高峰所形成的人口队列相继进入老年期紧密相关。而在"十四五"时期，20 世纪 60 年代第二次出生高峰所形成的更大规模人口队列也会相继跨入老年期，使中国的人口老龄化水平从短暂且相对缓慢的演进状态扭转至增长"快车道"，老年人口年净增量几乎是由 21 世纪的最低值（2021 年出现）直接冲上最高值（2023 年出现）。

另据有关研究预测，到 2040 年，我国 60 岁以上的老龄人口总数将达到 4 亿，2050 年将达到 4.4 亿，2053 年将达到峰值 4.87 亿，届时将占总人口的 35.7%（图 30），而在老龄化高峰期（2040—2050 年），我国的老年人抚养比将达到 78%，相当于 3 个劳动力养 2 个老年人。

同时，"未备先老"和"未老先衰"（"人未老、病先到"以及老年慢性病率高）也是我国老龄化人口的显著特点。2000 年，我国 60 岁以上人口占 10.1%，人均 GDP 仅为 3 976 美元，与美国、日本等发达国家的 GDP 存在巨大差距，由此可见，我国是在经济发展水平较低的情况下迎来人口老龄化的，而且短期内还将迎来更高程度的人口老龄化。对比发现，2015 年我国老龄人口比例与日本 1995 年的老龄化率较为接近，而我国 2035 年的老龄化率将与日本 2015 年约 27% 的老龄化率相当。因此，可以说我国老龄化发展的历史轨迹跟日本极为相似，但我国在 2000 年是以发展中大国的身份快步跨入老龄化社会的，而日本早在 20 世纪 60 年代就进入了发达国家序列，在 20 世纪 70 年代

才开始进入老龄化社会。此外，我国还有"人未老、病先到"以及老年慢性病比例高的特点。

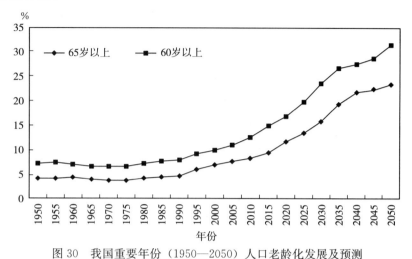

图30 我国重要年份（1950—2050）人口老龄化发展及预测

二、人口老龄化对我国社会经济的影响

未来中国人口类型将从轻度老龄化转变成深度老龄化，进而转变成重度老龄化，"银发浪潮"将成为21世纪我国主要的人口问题和社会问题。如何在应对人口老龄化和促进经济社会发展之间实现"双赢"，是我们急需研究思考并解决的问题。

在社会发展方面，与老龄化相伴而生的一系列问题，使我国传统的家庭养老模式遇到许多问题，比如代际分离的空巢家庭迅速增长，增加了家庭养老的困难等。

在经济发展方面，人口老龄化将使我国经济领域的人口红利消失，令经济运行成本以及国内资产配置模式和消费需求结构等方面发生重大变化。

因此，科学看待人口老龄化的重要性不仅体现在为老人提供直接服务和及时、科学、综合应对人口老龄化上，更体现在养老服务产业拉动消费、促进就业及经济转型等方面，是经济社会全面发展、持续发展、创新发展的重要推动力。

第三节　党的十八大以来我国养老
服务的改革与发展

一、重大政策法规的密集出台，养老服务发展环境日益优化

（一）总体情况

党的十八大以来，党和国家出台了一系列事关养老服务的重大政策文件，

惠及了民众福祉，增强了市场信心，提振了产业预期。党和政府以及全社会的高度重视和全方位参与，为进一步推进养老服务产业发展和加快养老服务管理体制机制改革与发展研究提供了强力支持，使我国的养老服务进入快速发展阶段。

1. 理顺政府与市场关系，厘清养老服务供给责任

近年来，我国在养老服务领域，围绕"老有所养"目标，在各类政策文件中逐渐明确了政府和市场的边界，持之以恒地推动理顺政府、市场、社会和家庭的职责功能，坚持养老事业和产业协调发展，供给侧结构性改革持续发力。2012年，"养老服务"首次被纳入新修订实施的《中华人民共和国老年人权益保障法》，明确规定"国家采取措施，发展老龄产业，将老龄产业列入国家扶持行业目录"，并提出要大力发展养老服务。

一是政府有保障基本养老服务的责任。2013年，国家明确提出了"坚持保障基本"的原则，确保人人享有基本养老服务。2019年，再次明确了政府保障基本养老服务的责任。《"十四五"民政事业发展规划》明确提出要加强基本养老服务，将从3个方面推进基本养老服务：（1）逐步建立养老服务分类发展、分类管理机制，形成基本养老服务与非基本养老服务互为补充、协同发展的新发展格局。（2）完善兜底性养老服务。健全城乡特困老年人供养服务制度，有集中供养意愿的特困人员全部落实集中供养。深入实施特困供养服务设施（敬老院）改造提升工程，每个县（市、区）至少建有1所以失能、部分失能特困人员专业照护为主的县级供养服务设施（敬老院），基本形成县、乡、村3级农村养老服务兜底保障网络。（3）发展普惠性养老服务。深化普惠性养老服务改革试点，通过土地、规划、融资、财税、医养结合、人才等政策工具的综合应用，充分发挥市场在养老服务资源配置中的决定性作用，推动养老服务提质增效，为广大老年人提供价格适中、方便可及、质量可靠的养老服务。

二是市场在养老服务资源配置中起决定性作用。2015年，民政部、国家发展和改革委员会、教育部等10部委联合发布《关于鼓励民间资本参与养老服务业发展的实施意见》，提出要充分发挥市场在资源配置中的决定性作用。

三是养老服务供给方式多元化。即养老服务供给由多主体承担，以多样化的形式提供，尽量减少政府直接提供服务，更多依赖各类社会主体。以公办养老机构改革为例，自2013年开始推行公办养老机构公建民营，2016年再次要求加快公办养老机构改革，明确限定政府运营养老床位数占比，鼓励社会力量通过各种形式参与改革。这项工作的实质是改变以往政府通过公办养老机构直接提供养老服务的做法，尝试推动养老服务供给多元化。

2. 打造有为政府和有效市场，增加养老服务供给

要增加养老服务供给，关键是要推动市场开放，让更多社会主体参与进来。2016年，国家对全面开放养老服务市场提出了明确要求，在多个方面对开放市场作出明确规定。2018 年 12 月 29 日，全国人大常委会修订《中华人民共和国老年人权益保障法》，取消养老机构设立许可制度，进一步释放改革活力，强化综合服务监管，推动养老服务业发展。

一是降低准入门槛。如营利性养老机构的设立按简化程序执行，本地与非本地投资者一视同仁等。

二是放宽外资准入。在放开营利性养老机构的基础上，进一步放开非营利性养老机构的设立，使其享受与内资同等的优惠政策。

三是精简行政审批环节。要求全面清理并取消申办养老机构的不合理前置审批事项，优化和简化审批程序和流程。

同时，还要求简化设立养老服务类社会组织的审查和登记程序。2019 年，我国再次强调全面落实外资设立养老服务机构的国民待遇。明确境外资本在内地通过一定形式参与发展养老服务和接收政府兜底保障对象的，享受同等相关待遇和政策。通过施行这一系列降低准入门槛、放宽外资准入和精简行政审批环节的政策，可以让更多主体参与到养老服务供给之中，提升养老服务供给能力，优化供给结构，改善服务质量，繁荣养老服务市场，更好地满足老年人的养老服务需求。

3. 大力发展社区服务，弥补服务体系短板

在社会养老服务体系建设中，社区养老服务是关键一环，既决定了居家养老服务的质量，也影响着机构养老服务需求。但长期以来，我国社区养老服务是养老服务体系中明显的短板。近年来，为弥补这一短板，我国出台了一些促进社区养老服务发展的政策措施。

一是提出了明确的社区养老服务发展目标。2013 年，提出了 2020 年的社区发展目标。包括 2 个全覆盖：基本养老服务（生活照料、医疗护理、精神慰藉、紧急救援等）对所有居家老年人实现全覆盖；基本养老服务设施（符合标准的日间照料中心、老年人活动中心等）对所有城市社区实现全覆盖。

二是明确了社区养老服务的发展方向和支持政策。国务院在 2017 年发布的《"十三五"国家老龄事业发展和养老体系建设规划》中提出，要夯实居家社区养老服务基础。强调要支持社区定期上门巡访独居、空巢老年人家庭；支持城乡社区发挥服务桥梁作用，建立社区综合信息平台，加强居家养老服务信息汇集、对接，提高服务针对性和专业化。2019 年国务院《政府工作报告》也强调，要大力发展养老特别是社区养老服务业，对在社区提供日间照料、康复护理、助餐助行等服务的机构给予税费减免、资金支持、水电气热价格优惠等扶持。

三是开展了多批居家和社区养老服务试点。自 2016 年开始，民政部和财政部连续 5 年选择 203 个地区开展居家和社区养老服务改革试点。希望通过试点探索和总结可供其他地区借鉴的成功经验，快速提高居家和社区养老服务水平，增强群众获得感。

4. 强化创新驱动，支持新型养老模式发展

近年来，为贯彻落实新发展理念，养老服务发展领域积极推动创新发展，我国出台了一系列措施支持新型养老模式发展，在推动智慧养老方面表现尤为明显。智慧养老是将互联网、人工智能、物联网等新技术应用于养老的新模式，近年来政策的推动有 4 个表现。

一是提出智慧养老产业发展目标，要求到 2020 年基本形成覆盖全生命周期的智慧健康养老产业体系；健康管理、居家养老等智慧健康养老服务基本普及，智慧健康养老服务质量效率显著提升；智慧健康养老产业发展环境不断完善，信息安全保障能力大幅提升等目标。

二是实施"互联网＋养老"行动，推动智慧健康养老产业发展，拓展重点信息技术应用，制定产品及服务推广目录，开展试点示范，建设"智慧养老院"。

三是开展了 3 批智慧健康养老应用试点示范。2017 年，工业和信息化部办公厅等部门联合发文启动了智慧健康养老应用试点示范。希望通过试点支持建设一批示范企业、示范街道（乡、镇）、示范基地，推动智慧健康养老产品和服务的提供与应用。

四是有针对性地解决老年人"数字鸿沟"问题，力图有效解决老年人在运用智能技术方面遇到的困难，让广大老年人更好地适应并融入智慧社会。

5. 推动医养结合，破解养老服务发展困局

长期以来，医养割裂成了养老服务发展的瓶颈，为突破这一困局，近年来大量政策出台，有力推动了医养结合的发展。

一是对医养结合进行系统的顶层设计，提出医养结合目标，同时提出建立健全医养合作机制等一系列重点任务及完善投融资和财税价格政策、加强规划布局和用地保障等保障措施，对医养结合进行系统的制度设计。

二是简化医养结合机构登记审批程序，于 2016 年明确提出了首接责任制，要求民政、卫生计生部门谁先接到机构申请，谁先根据自己职责办理审批。2017年，取消养老机构内部设置诊所、卫生所（室）、医务室、护理站的行政审批，实行备案管理。2019 年，国家对养老机构设立医疗机构、医疗机构设立养老机构的程序作了明确的规定。

三是实施了 2 批医养结合试点。2016 年，国家卫生和计划生育委员会办公厅、民政部办公厅发文启动了医养结合试点，希望通过试点促进试点地区率先构建起覆盖城乡的医养结合服务网络，探索建立符合国情的医养结合体制机制，创新医养结合管理机制和服务模式，为全国医养结合工作提供示范经验。

6. 加大扶持力度，降低服务供给成本

降成本不仅是养老服务业发展的必然要求，也是当前养老服务业供给侧结构性改革的一项具体要求。

（1）在完善投融资政策方面，内容涉及安排财政性资金、金融产品和服务方

式创新、加大有效信贷投入、加强信用体系建设、鼓励和支持保险资金投资、地方政府发行债券支持养老服务设施建设等。

（2）在完善土地供应政策方面，主要包括将养老服务设施建设用地纳入城镇土地利用总体规划和年度用地计划、民办非营利性机构与公办机构土地使用政策相同、营利性机构建设用地优先保障供应等。

（3）在完善税费优惠政策方面，包括不同情形下的免征营业税、免征房产税、城镇土地使用税、免征企业所得税、减免行政事业费，以及养老机构用电、用水、用气、用热按居民生活类价格执行等。

（4）在完善补贴支持政策方面，提出建立经济困难的高龄、失能等老年人补贴制度；采用多种方式支持社会力量开展养老服务；对彩票公益金用于支持发展养老服务业发展提出具体要求等。

（5）在完善人才培养和就业政策方面，提出要加快培养专业人才，制定优惠政策，鼓励从事养老服务工作；加强老年护理人员专业培训，对符合条件的从业人员提供补贴；加强劳动保护和职业防护，提高职工工资福利待遇等。

（6）在鼓励公益慈善组织支持养老服务方面，提出引导公益慈善组织重点参与养老机构建设、产品开发和服务提供；积极发展公益慈善组织和志愿组织等。这一政策框架成为后续制定各项政策文件及出台相关政策的重要依据，为降低养老服务供给成本奠定了较好的基础。

7. 加强市场监管，提升养老服务质量

养老服务供给不仅存在总量不足的问题，还存在质量不高的问题。在养老服务准入门槛降低的情况下，加强市场监管、提升养老服务质量显得尤为重要。近年来，养老服务政策在这方面也加大了力度，对优化市场环境、提升服务质量起到了积极的推动作用。

一是加强服务监管和行业自律。要求各地加强部门协同配合，健全机制，加强监管，明确了严禁从事的活动。同时，要求加大对违法违规行为的查处力度，加强安全管理和信用建设等。

二是出台了机构养老服务的国家标准。2017 年，国家质量监督检验检疫总局、国家标准化管理委员会发布并实施《养老机构服务质量基本规范》，明确了养老机构服务的基本服务项目、服务质量基本要求、管理要求等，是首个养老机构服务质量管理国家标准，标志着全国养老机构服务质量迈入标准化管理的时代。

三是开展了养老院服务质量建设专项行动。2017 年，民政部等 6 个部门印发《关于开展养老院服务质量建设专项行动的通知》，正式启动了养老院服务质量建设专项行动。其主要目的是通过专项行动解决养老院服务质量建设中存在的重大问题，提升养老服务质量。该文件还提出了 115 项详细的检查内容，是目前为止对养老机构检查服务质量、评分的最全面的工具。党的十九届五中全会更是明确提出要"健全养老服务综合监管制度"；2020 年 12 月 21 日，国务院办公厅印发《关于建立健全养老服务综合监管制度促进养老服务高质量发展的意见》，针对当前养老服务领域的问题，围绕"监管什么、谁来监管、怎么监管"提出了一系列措施。打破条块分割，实现对养老服务机构全流程、全链条、全方位监管；构建政府主导、机构自治、行业自律、社会监督"四位一体"的大监管格局，明确直接涉及的 16 个部门职责分工；提出转变监管理念、创新监管方式、规范监管行为、提高监管效能的具体措施，建立健全行业监管、综合监管的协调配合机制。

8. 开展长期护理保险制度试点，探索护理责任分担新模式

长期护理保险制度是利用社会保险制度让社会成员分担长期护理负担的一种制度设计，日本、德国、韩国等人口老龄化较为严重的国家和地区均有采用，是应对人口老龄化的一项制度选择。目前，我国开展长期护理保险制度试点已经 4 年有余。自 2016 年起，国家决定在 15 个城市开展长期护理保险制度试点，并对开展长期护理保险试点的指导思想和基本原则、目标和任务、基本政策、管理服务等作了规定。要求相关地方遵循以人为本、基本保障、责任分担、因地制宜、机制创新、统筹协调的基本原则，探索建立长期护理社会保险制度，为长期失能人员的基本生活照料和与基本生活密切相关的医疗护理提供资金或服务保障。计划利用 1～2 年试点时间，积累经验，探索适应我国社会主义市场经济体制的长期护理保险制度政策体系，以及相应的标准体系、服务规范和管理办法。试点开展以来，几十个城市自愿进入了试点的行列。2020 年 9 月，国家医疗保障局会同财政部印发《关于扩大长期护理保险制度试点的指导意见》，新增 14 个试点城市（区），探索建立以互助共济方式筹集资金，为长期失能人员的基本生活照料和与之密切相关的医疗护理提供服务或资金保障的社会保险制度。

（二）十八大以来我国养老服务政策特点

党的十八大以来，我国养老服务政策密集出台、渐成体系，主要表现在 8 个方面：理顺政府与市场关系，厘清养老服务供给责任；全面开放养老服务市场，增加养老服务供给；大力发展社区服务，弥补服务体系短板；强化创新驱动，支持新型养老模式发展；推动医养结合，破解养老服务发展困局；加大扶持力度，降低服务供给成本；加强市场监管，提升养老服务质量；开展长期护理保险制度试点，探索护理责任分担新模式。党的十八大以来，养老服务政策变化有四大明显特点：一是在政策定位上，由单一发展老龄事业转变为老龄事业和产业协同发展；二是在政策目标上，由保重点人群转变为保基本服务；三是在政策重点上，由侧重扶持机构转变为促进居家社区机构相协调；四是在政策内容上，由就养老论养老转变为推动医养康养相结合。我国的下一步养老服务政策取向：一是焦点转移，从顶层设计走向具体落实；二是动能转换，进一步强化创新驱动；三是关口前置，增强老年人自我养老能力；四是重心下沉，继续大力发展社区养老服务；五是重点突破，尽快总结试点经验，出台统一的长期护理保险制度。

1. 强化顶层设计，政策法规日臻完善

如前文所述，我国于 2000 年进入老龄化社会，国务院紧锣密鼓、重磅出击，先后出台一系列纲领性文件，构建起养老服务事业和产业的"四梁八柱"，使养老事业发展快步迈进春天。

2013 年 9 月，国务院出台《关于加快发展养老服务业的若干意见》，高位部署推进养老服务业发展，开启了养老服务社会化的历史征程。

2015 年 11 月，国务院办公厅转发《关于推进医疗卫生与养老服务相结合指导意见的通知》，全面部署进一步推进医养结合，满足人民群众多层次、多样化的健康养老服务需求。

2016 年 12 月，国务院办公厅出台《关于全面放开养老服务市场提升养老服务质量的若干意见》，对养老服务业"放管服"改革作出新部署，明确重点任务施工图和时间表。

2018 年年底，全国人大常委会修订《中华人民共和国老年人权益保障法》，取消养老机构设立许可制度，进一步释放改革活力，强化综合服务监管，推动养老服务业发展。

与此同时，在涉及国计民生的"十二五""十三五"国民经济和社会发展规划纲要中，养老服务业连续被纳入重要民生议题，一系列为老实事项目层层推进。

此间，国家层面共出台涉老专项规划 22 部；民政部及相关部门配套出台具体指导性文件 50 多份，涵盖了养老服务各个领域，养老服务业成为国民经济和社会发展的重要组成部分。

2. 养老服务管理体制将进一步完善，民政主管、卫健委职能有所增加

2018 年 12 月 31 日，民政部机构改革"三定"方案正式批准，将设立养老服务司，负责全国养老服务体系建设工作。此前，2018 年 9 月公布的国家卫生健康委员会"三定"方案，已明确将成立老龄健康司，负责组织拟定并协调落实应对老龄化的政策措施，组织拟定医养结合的政策、标准和规范，建立和完善老年健康服务体系，同时承担全国老龄工作委员会的具体工作。2019 年，随着各地机构改革方案落实到位，全国养老服务的管理体制进一步完善。民政部门作为养老服务工作主管部门，在老年福利政策、养老服务体系建设等方面发挥主体作用。卫健委承担人口老龄化应对战略、医养结合等方面的职责。

（1）在政策定位上，由单一强调发展老龄事业转变为老龄事业和产业协同发展。党的十八大以来，养老服务政策在定位上出现了明显的转变，从发展老龄事业逐渐明确为兼顾发展老龄事业和产业。在党的十八大以前，关于促进养老服务发展的政策基本上是在老龄事业的框架下展开的。如在"十二五"规划过程中，关于养老服务的规划内容都被纳入 2011 年国务院印发的《中国老龄事业发展

"十二五"规划》。2012年召开的党的十八大则明确提出"大力发展老龄服务事业和产业",开始并重老龄事业和产业。2013年，国务院发布《关于加快发展养老服务业的若干意见》，更是要大力发展老龄产业的明确信号。到"十三五"规划时，关于养老服务的规划名称改为《"十三五"国家老龄事业发展和养老体系建设规划》，这一修改表明，老龄事业不能完全涵盖养老服务内容，在事业之外还有产业发展问题。2017年10月召开的党的十九大进一步强调"积极应对人口老龄化，构建养老、孝老、敬老政策体系和社会环境，推进医养结合，加快老龄事业和产业发展"。这些重大政策信号表明，在政策定位上，养老服务不再只是一个老龄事业内的范畴，而是既包含事业也包含产业。政策定位的转变不仅意味着政策内容的丰富，还意味着政策影响面的扩大。由于政策定位转变，这一时期政策密集出台，明显强调了养老服务的多层次性、供给主体的多元性、供给方式的多样性。党的十九届五中全会进一步强调"推动养老事业和养老产业协同发展"，不仅要求老龄事业和产业并重，还要求相互协调、协同发展。

（2）在政策目标上，由保重点人群转变为保基本服务。政策定位的变化也带来了政策目标的转变。在党的十八大以前，尽管也强调了社会养老服务体系建设，还制定了相关的规划，但出台的具体政策并不多，养老服务政策更关注城市"三无"和农村"五保"等重点人群的养老服务供给问题。这一点与政策定位为发展老龄事业有关，在发展老龄事业的政策环境下，政府考虑更多的是养老服务的公益性问题，在有限的资源下首先要保障重点人群的养老服务供给。在政策定位转变为发展老龄事业和产业以后，养老服务保障范围明显扩大，从重点人群扩大至全体老年人，保障内容也逐渐明确为基本养老服务，实现了从保重点人群向保基本服务的转变。从2013年的"坚持保障基本"原则和"确保人人享有基本养老服务"，到2019年的"确保到2022年在保障人人享有基本养老服务的基础上"，都表明了养老服务政策目标已经转移到保障基本服务上。政策目标的转变意味着在公益性的基础上增加了普惠性，养老服务政策要惠及所有老年人，而非仅仅是重点人群。2019年，国家发展和改革委员会、民政部、国家卫生健康委等部门联合印发了《城企联动普惠养老专项行动实施方案（试行）》，明确强调了"普惠导向""支持面向社会大众的普惠性养老项目，为老年人群体提供成本可负担、方便可及的养老服务"。党的十九届五中全会明确要求"健全基本养老服务体系，发展普惠型养老服务和互助性养老"，再次明确了保基本服务的基本政策目标。

（3）在政策重点上，由侧重扶持机构转变为促进居家社区机构相协调。我国社会养老服务体系在提出之初就抓住了居家、社区和机构这3个重要场所在养老中的重要作用，养老服务体系建设的目标往往围绕这三者之间的关系展开。尽管早在2006年国家就明确提出了逐步建立和完善以居家养老为基础、社区服务为依托、机构养老为补充的服务体系，但实际上，在党的十八大以前，主要的扶持政策基本聚焦在机构养老上，鲜有具体政策支持发挥居家养老的基础作用和发展社区养老服务。党的十八大以来，这一状况逐渐被改变，在推进国民经济的供给侧结构性改革过程中，补短板成为结构性改革的一项重要内容，社区养老服务作为养老服务供给侧的明显短板，受到极大关注。不但明确了社区养老服务发展的目标，还提出了一系列支持措施并开展多轮试点，有力推动了社区养老服务的发展。政策重点不是支持养老机构建设和运营，而是统筹考虑整个养老服务体系的协调发展问题，在发展养老机构的同时，还必须大力发展社区养老服务，为居家养老创造良好条件。党的十九届四中全会、五中全会的报告中，明确将养老服务体系建设表述为"居家社区机构相协调"，这也为今后的政策重点提供了明确的指引。

（4）在政策内容上，由就"养老论"养老转变为推动医养康养相结合。养老与医疗健康密不可分，但是我国在建立社会养老服务体系的过程中，长期忽略了医疗健康服务与养老服务之间的密切关系，就"养老论"养老，最后导致医养分离，养老服务体系建设难以取得突破性进展。党的十八大以来，相关政策部门深刻意识到医养结合的重要性，不断出台促进医养结合的措施，从顶层设计到简化医养结合机构登记审批程序，再到试点示范等，逐步推动医养结合走向现实。同时，在社会养老服务体系中加入了医养相结合的特征。2016年5月，习近平总书记在中共十八届中央政治局就我国人口老龄化的形势和对策举行的第三十二次集体学习时强调，"要积极发展养老服务业，推进养老服务业制度、标准、设施、人才队伍建设，构建居家为基础、社区为依托、机构为补充、医养相结合的养老服务体系，更好满足老年人养老服务需求"。党的十九届四中全会进一步将"医养相结合"丰富为"医养康养相结合"，提出"积极应对人口老龄化，加快建设居家社区机构相协调、医养康养相结合的养老服务体系"。十九届五中全会再次强调"构建居家社区机构相协调、医养康养相结合的养老服务体系"。这些重要精神表明，政策内容已经从就"养老论"养老向推动医养康养相结合转变，反映了养老服务政策制定的视野更为开阔，不再局限在养老服务本身，而是延伸关注到养老及影响其质量的医疗健康服务问题，体现了系统思维和问题意识。

二、社会养老保障体系更加健全，保基本与普惠化统筹发展

（一）社会保险改革发展

近年来，我国社会保险制度建设取得新进展。2021年，多层次养老保险体系进一步健全，部分国有资本划转用于充实社保基金，基本养老保险基金中央调剂金制度正式落地，《企业年金办法》出台，部分机关事业单位建立职业年金，个人税收递延型商业养老保险开始试点。基本养老金合理调整机制初步建立，从2005年开始连续17年上涨，其中，"十三五"以来企业退休人员基本养老金保

持 5% 以上的增长率，水平由 2015 年年底的月人均 2 240 元增加至 2017 年年底的 2 490 元，2018 年，城乡居民基本养老保险基础养老金标准提高至 88 元/月。医疗保险制度更加巩固，多元复合式医保支付方式全面推行，以基本医疗保险为主体，医疗救助为托底，补充医疗保险、商业健康保险等共同发展的多层次医疗保障制度框架基本形式。长期护理保险制度试点进展顺利，截至 2021 年 8 月，全国 49 个试点城市已有 1.34 亿人参加了长期护理保险，累计享受待遇人数达 152 万人。

（二）社会福利扩面提标

2020 年，全国经济困难的高龄老年人津贴制度实现省级全覆盖，护理补贴、养老服务补贴制度覆盖 31 个省（直辖市、自治区），享受高龄补贴、护理补贴、养老服务补贴的老年人从 2015 年的 2 155.1 万人、26.5 万人、257.9 万人增加至 2019 年的 2 963.0 万人、66.3 万人、516.3 万人。农村最低生活保障制度与扶贫开发政策初步实现有效衔接，对符合条件的农村贫困老年人做到应保尽保、应扶尽扶、保扶衔接。支持养老等公益性捐赠的税收优惠政策有序落实，民政部本级和地方各级政府用于社会福利事业的彩票公益金，按照不低于 55% 的比例用于支持发展养老服务，其中，"十三五"期间，中央彩票公益金补助地方养老服务项目资金累计投入 70.2 亿元。

（三）社会救助精准有效

社会救助更加精准。民政部等部门认真落实党中央、国务院决策部署，积极推进特困人员供养服务设施管理服务工作，深入实施特困人员供养服务设施改造提升工程，印发《关于实施特困人员供养服务设施（敬老院）改造提升工程的意见》《关于进一步加强特困人员供养服务设施（敬老院）管理有关工作的通知》等，进一步推动农村特困人员供养服务机构服务设施和服务质量达标，在保障农村特困人员集中供养需求的前提下，积极为低收入、高龄、独居、残疾、失能农村老年人提供养老服务。截至 2019 年年底，全国共有农村特困人员供养机构（敬老院）1.59 万家，床位 160.5 万张，承担着特困人员兜底保障的重要责任，发挥着支撑农村养老服务体系建设的重要作用，是农村地区的重要民生服务设施。

三、养老服务体系建设全面展开，居家社区机构更加协调

（一）机构养老服务量质齐增

近年来，在中央及地方各级财政的大力支持下，我国城乡居家服务设施供给增效显著，社区养老服务基本覆盖城市社区和半数以上农村社区，截至 2020 年年底，超过 90% 的养老机构能以不同形式为老年人提供医养结合服务，社区互

助型养老设施、农村互助幸福院等不断涌现。根据《2019 年民政事业发展统计公报》，截至 2019 年年底，全国各类养老服务机构和设施约有 20.4 万个，养老床位合计达 775.0 万张，比 2018 年增长 6.6％，每千名老年人拥有养老床位 30.5 张。推进敬老院法人登记，登记率达 90.73％。积极探索公办养老机构改革，全国 240 家试点单位在公建民营等方面取得突破，北京市第五社会福利院等 49 家公办养老机构入选改革优秀案例。养老服务业"放管服"改革深入推进，社会办养老机构快速发展，用地与税收政策逐步完善，截至 2019 年年底，全国社会力量办养老机构的数量和床位均突破 50％（图 31）。

图 31　我国的养老服务体系架构

（二）社区居家养老模式迭出

居家社区养老服务体系初步搭建。中央支持居家和社区养老服务改革试点分 5 个批次开展，203 个地区开展包括居家和社区养老服务体制机制改革、人才培养、标准制定、模式探索、社会力量引入、医养结合、养老扶贫等在内的各项改革试点。全国社区养老照料机构和设施从 2015 年的 2.6 万个快速增至 2019 年年底的 6.4 万个，其中社区互助型养老设施从 6.2 万个增加至 10.1 万个，社区留宿和日间照料床位达 336.2 万张（表 5），社区养老服务基本覆盖城市社区和半数以上农村社区。"互联网＋"在居家社区养老领域广泛应用，智慧健康养老应用试点示范工作有序开展。

表 5　2015—2019 年我国养老服务机构和设施建设情况

养老服务和设施主要指标	2015 年	2016 年	2017 年	2018 年	2019 年
全国各类养老服务机构和设施（万个）	11.6	14.0	15.5	16.8	20.4
注册登记的养老服务机构（万个）	2.8	2.9	2.9	2.9	3.7

（续）

养老服务和设施主要指标	2015 年	2016 年	2017 年	2018 年	2019 年
社区养老机构和设施（万个）	2.6	3.5	4.3	4.5	6.4
社区互助型养老设施（万个）	6.2	7.6	8.3	9.1	10.1
各类养老床位（万张）	672.7	730.2	744.8	727.1	775.0
社区留宿和日间照料床位（万张）	298.1	322.9	338.5	347.8	336.2
每千名老年人拥有养老床位（张）	30.3	31.6	30.9	29.1	30.5

数据来源：2015—2017 年《社会服务发展统计公报》，2018—2019 年《民政事业发展统计公报》。

注："各类养老床位（万张）"2018 年与 2017 年相比有所下降，主要原因是自 2018 年起，养老机构及其床位统计范围不再包括荣誉军人康复医院、复员军人疗养院、军休所。

专栏 1 全国居家和社区养老服务改革试点经验

在全国前 4 批 144 个地区开展居家和社区养老服务改革试点工作的基础上，为推广成功试点经验，形成规模，扩大服务覆盖面，基于实地调研和专家评估，民政部汇编了 7 个方面的试点经验、23 个案例，供全国改革试点地区以及其他各地在发展居家和社区养老服务工作中参考借鉴。

经验之一：多措并举，增加服务设施供给

部分试点地区采取新建、改造、整合资源等方式，增加居家和社区养老服务设施供给。

经验之二：引入社会力量，实现养老服务多元供给

部分试点地区优化发展环境，丰富供给主体，鼓励社会力量广泛参与，推动形成以社会力量为主体的居家和社区养老服务多元供给格局。

经验之三：有效评估，实现养老服务供需精准对接

部分试点地区通过建立老年人需求评估体系，解决供需信息不对称问题，推动实现养老服务供需的有效对接，并在评估基础上，采取绘制养老"关爱地图"、设立"养老顾问"等多种形式，为老年人提供精准分类服务。

经验之四：党建统领，互助自助，提升农村养老服务水平

部分试点地区从提升农村养老硬件水平入手，建立老年人关爱制度，不断改善农村老年人养老水平。

经验之五：专业引领，注重养老人才队伍建设

部分试点地区多措并举，加大专业化养老人才队伍建设。

　　经验之六：探索"互联网＋"，用科技推动养老服务发展

　　部分试点地区积极探索"互联网＋"在居家和社区养老服务中的应用，建立信息平台，实现大数据管理，运用信息化、标准化管理提升养老服务质量。

　　经验之七：因地制宜，推进医养结合工作

　　部分试点地区因地制宜推动医疗资源向家庭和社区延伸，利用医疗卫生服务网络，与医院、社区卫生服务站等建立合作关系，定期为社区老年人提供体检、上门巡诊、健康管理等服务。

　　——民政部办公厅 财政部办公厅关于开展第五批居家和社区养老服务改革试点申报工作的通知。2019 年 11 月 7 日，民政部门户网站（http：//www. mca. gov. cn/article/xw/tzgg/201911/20191100021178. shtml）

（三）城市养老服务创新发展

　　近年来，在各级党委和政府的高度重视下，北京、上海等大城市从养老服务供给侧改革入手，立足当地经济发展水平和养老服务供需实际，纷纷在养老服务领域开展了居家和社区养老服务改革、智慧养老、医养结合、城企联动等一系列国家级养老试点示范项目，找准短板、统筹谋划、创新突破、精准发力，逐步摸索出适合民情、区情的大城市养老服务体系构建之路，成功撬动各类社会资本进入养老服务，促进各地养老服务体系建设和养老服务业又好又快发展，切实增强了老年群体的幸福感和获得感。

专栏 2　健全就近养老：努力实现"一碗汤"距离的养老供给

　　无论是"9073"，还是"9064"，都意味着在 2.49 亿老年人中，有 90％以上选择居家和社区的方式养老。"离家不离心""一碗汤的距离"成为老年人对就近养老最迫切的需求与渴望。2016 年以来，民政部和财政部已在全国连续启动了 3 批居家和社区养老服务改革试点，90 个城市被纳入其中，"十三五"以来，我国社区居家养老取得长足发展。

　　2016 年，北京市颁布《居家养老服务条例》，通过立法引领，将社区居家养老定为就近养老服务的重中之重，围绕老年人周边、身边、床边"三边"养老服务需求，构建市、区、街道、社区"四级"养老服务网络，"三边四级"服务体系的建立，让首都老年人就近养老变得触手可及。

针对养老服务"问不清""找不到"的现象，上海市推出社区养老顾问制度，提供政策咨询、资源链接、个性化养老方案定制等服务。100多个社区顾问点、200多位顾问员，提供2万多人次零距离、有温度的服务。

重庆市启动"百千万工程"，计划3年内新建1000个社区养老服务站、100个街镇养老服务中心，到2020年，社区养老服务中心（站）覆盖所有城镇社区，打造15分钟居家养老服务圈，为数以万计的老年人提供便捷周到的服务。

南京市试点推行"家庭养老床位"建设，将养老机构的床位设到老年人家庭，养老机构通过"互联网＋"链接居家老年人，让老年人既满足"养老不离家"的愿望，又享受到养老机构的专业服务。

武汉市打通虚拟网络与实体服务、家庭养老与机构上门服务之间的时空界限，将全市打造成一座"没有围墙的养老院"。

——找准短板 统筹谋划 创新突破 精准发力：各地推进解决大城市养老难问题综述。2019年5月9日，中国社会报

（四）农村养老服务稳步推进

"十三五"以来，我国农村养老服务短板逐步补齐。以促进城乡基本养老服务均等化为着力点，以筑牢底线补齐短板为突破口，推进城乡养老服务统筹发展，农村养老服务领导机制明显加强，政策制度不断健全，服务网络更加完善，基本形成了以家庭养老为基本方式，以特殊困难老年人为服务保障重点，以互助养老服务为创新方向，面向全体农村老年人不断拓展服务的发展格局，以家庭赡养为基础、养老机构和互助幸福院为依托、农村老年协会参与、乡镇敬老院救助托底的农村养老服务供给体系初步形成。民政部等9部委联合印发的《关于加快实施老年人居家适老化改造工程的指导意见》，提出对符合条件的特殊困难老年人家庭实施居家适老化改造。全面实施农村留守老年人关爱服务政策，留守老年人信息管理系统覆盖所有县（市）。持续推进"三区三州"等深度贫困地区敬老院护理型床位建设。

部分地区从提升农村养老硬件水平入手，建立老年人关爱制度，不断提高农村老年人养老水平。一是坚持以"党建＋"为统领，全面推行农村养老服务设施建设，强化党建引领凝聚农村养老服务合力。二是兴建老年人互助养老幸福院等农村社区养老服务设施，加强硬件设施建设。三是结合脱贫攻坚，着眼农村老年人特殊困难，建立关爱服务制度，解决其生活和照护难题。四是发挥平台窗口作用，加强养老服务宣传，营造孝老爱亲氛围。截至2019年年底，全国已有1/3的农村敬老院收住社会老年人，共有农村特困人员救助供养机构1.59万家，床

位 164.5 万张。

2020 年 11 月 16—17 日，全国农村养老服务推进会议召开，这是首次在全国层面高规格动员部署农村养老工作。新年伊始，2021 年中央 1 号文件就对农村养老问题作出新的部署，提出要健全县乡村衔接的 3 级养老服务网络，推动村级幸福院、日间照料中心等养老服务设施建设，发展农村普惠型养老服务和互助性养老。与 2020 年的"发展农村互助式养老，多形式建设日间照料中心，改善失能老年人和重度残疾人护理服务"相比，在农村养老服务发展的广度和深度上，新的部署均更有全面性和系统性。与此同时，民政部在党组会议暨部实施乡村振兴战略领导小组全体会议上也提出"要统筹城乡养老服务体系建设，健全县乡村衔接的三级养老服务网络"。

专栏3　太康县推行"五养模式"，贫困老人实现老有所依

河南省太康县是中部平原典型的人口大县、农业大县。2011 年被国务院确定为大别山片区扶贫开发重点县，2019 年 5 月，河南省政府宣布其退出贫困县序列。在实现脱贫的道路上，太康围绕特困人员供养难问题，探索出了针对特困人员进行集中供养、居村联养、社会托养、亲情赡养、邻里助养的"五养"模式。

一是集中供养。按照"县级主导、乡镇主办、入住自愿、管理规范"的原则，主要针对身体条件较好、距乡镇敬老院较近、性格较为开朗、愿意离家生活的特困老人，由县财政投资在每乡（镇）改扩建一所能容纳 100 人以上的敬老院。

二是居村联养。按照"三方来联亲，村级唱主角，县级搞奖补，养老不出村"的原则，对不愿意离开老家、老友、老窝的特困老人，重点在 2 000 人以上或特困人员在 30 人以上的行政村设立居村联养点。投资人出资改造村内闲置的民居，实现"十有"：有房间、有床铺、有空调、有电视、有厨具、有淋浴、有水冲厕所、有消防设备、有娱乐设施、有专职炊事员，让他们不出村就能享受到供养服务。

三是社会托养。按照"选准入住对象，用好医保政策，整合医疗资源，做到医养结合"的要求，解决失能、半失能和身体有慢性病的特困老人养老问题。根据现行供养政策，用足用好医疗保险、兜底保障等惠民资金，利用县域内民营医院、乡镇卫生院的医疗资源建设社会托养点，提供治疗期住院、康复期护理、稳定期生活照料，以及临终关怀一体化的社会托养服务，每接收 1 名特困人员给予一次性补贴 3 000 元。

四是亲情赡养。实行"两自愿、两保障、两监督"，即特困人员自愿、亲

属自愿，特困人员生活有保障、赡养人报酬有保障，村委监督、社会监督"，主要解决身体健康、家中有财产、不愿入住居村联养点的特困老人养老问题。由村"两委"引导近亲属与特困人员签订养老协议，将老人接回家中共同生活，特困人员的责任田、宅基地使用权等财产经司法公正，村内公示，村新风协会跟踪监督，作为给赡养人的报酬。

五是邻里助养。实行"双方自愿，政府辅助，村级引导，社会监督，主要针对个别不愿意离开家、无近亲属但有街坊邻居愿意照顾的特困老人，由行政村党支部引导双方签订邻里助养协议，为特困人员提供洗衣做饭、打扫卫生、看护陪护等助养服务，村新风协会监督。根据助养工作量，政府给予助养人每月 200～300 元的报酬。

——太康县推行"五养模式"，贫困老人实现老有所依。2019 年 6 月 21 日，大河网

（五）统筹区域养老服务合作

"十三五"以来，随着国家发展战略的不断调整与优化，城市间、城乡间以及区域间在养老服务的区域协同和一体化发展方面进行了一系列合作探索，包括统筹区域内的养老服务体系建设、设施布局、产业发展、客群与人才等领域的统筹规划和协同监管，促进了区域内养老服务要素与资源的流动。典例有京津冀养老服务协同发展、长三角养老一体化、粤港澳大湾区养老服务合作发展等。此外，广东省还与广西、黑龙江等省份签订了旅居养老合作框架协议。

专栏 4　推进区域内养老服务协同一体发展

一是协同空间布局。统筹规划布局养老机构，开展跨区购买养老服务试点。探索试点科技与养老的结合，打造智慧养老服务平台，建设养老服务业全产业链园区。在京津冀养老服务协同中，加强京津双城合作，不断提高养老基础设施、医疗服务的质量和水平。河北养老服务业尚处于起步阶段，要承接北京医疗、养老、健康等相关产业转移，加强医疗卫生联动协作，引导在京医院开办分院、合作办医、专科协作以及异地建设区域性医疗中心等，推动在京医疗资源向京外、京郊疏解。

二是加强养老制度创新。探索跨区域养老新模式，破解跨区域老年福利和养老服务方面的身份和户籍（包括港澳籍）障碍。在社会保障、养老保险、救

助补贴等方面做好政策制度对接，促进制度体系渐进融合和基本公共服务均等化发展。落实养老保险跨区域转移政策，加快社会保障"一卡通"建设，进一步完善医疗保险转移接续和异地就医服务政策措施。推动异地养老和康复疗养，建立并完善分级诊疗模式。鼓励各城市通过共建养老医疗机构、推动养老院和护理院的对接等方式，加强医疗机构间的合作。

三是推动城乡联动养老服务、城企联动/政企联动养老服务。各地在政府及企业的管理体制机制、养老服务基础数据的摸底与统计、基本养老服务清单、信息化标准化连锁化、医养康结合、人才队伍等各方面进行了有益探索和积极创新，为城乡居家和社区养老服务尤其是大城市、民族地区与农村地区以及城乡养老服务协作等积累了丰富的实践经验。

（六）养老服务监管更趋严格

2017年以来，按照民政部等6部门印发的《关于开展养老院服务质量建设专项行动的通知》，全国各地积极推进养老院服务质量建设专项行动，共整治40多万条养老服务隐患，推动完善养老服务质量治理和促进体系，全国养老机构服务质量总体水平显著提升。国务院办公厅出台了《建立健全养老服务综合监管制度 促进养老服务高质量发展的意见》（国办发〔2020〕48号）；民政部印发《关于印发〈养老服务市场失信联合惩戒对象名单管理办法（试行）〉的通知》，研究制定《养老机构基本服务安全规范》等强制性国家标准，促进全国养老服务市场健康有序发展，为建立全国统一的养老服务质量标准和评价体系奠定了坚实基础。

四、老年健康支持体系初步建成，医养康服务日趋融合发展

（一）医养相结合深度推进

医疗卫生和养老服务加快融合。国务院办公厅转发《关于推进医疗卫生与养老服务相结合指导意见的通知》深入实施，先后印发《关于做好医养结合机构审批登记工作的通知》（国卫办老龄发〔2019〕17号）、《关于印发医养结合机构服务指南（试行）的通知》（国卫办老龄发〔2019〕24号）、《关于深入推进医养结合发展的若干意见》（国卫老龄发〔2019〕60号）等文件，建立健全部门间业务协作机制，打造医养结合服务机构"无障碍"发展环境。积极开展医养结合工作试点，全国共设立了90个国家级医养结合试点市，22个省份设立了省级试点单位，有近4 000家兼具医疗卫生资质和养老服务能力的医疗机构或养老机构，与养老机构建立签约合作关系的医疗机构有2万多家。截至2019年年底，全国

80％以上的医疗机构开设了为老年人提供挂号、就医等便利服务的绿色通道，超过 93％的养老机构以不同形式开展医养结合服务。

（二）健康促进逐步加强

老年人健康促进和疾病预防逐步加强。国务院办公厅印发《中国防治慢性病中长期规划（2017—2025 年）》，国家基本公共卫生服务和老年人健康管理项目加快实施。第二阶段全民健康生活方式行动全面启动，推动老年人群形成健康生活方式。老年医疗与康复护理服务进一步发展，老年病科等相关专科纳入国家临床重点专科建设项目，老年医学、康复、护理人才作为急需紧缺人才纳入卫生计生人员培训规划，康复治疗师纳入医改紧缺人才培训项目，康复医师纳入专科医师试点项目。不断加强老年人健康管理，推行健康生活方式，持续开展"老年健康促进行动"，降低 65～74 岁老年人失能发生率和 65 岁及以上人群老年痴呆患病率的增速。2017 年，国家卫生和计划生育委员会制定《基层医疗卫生服务能力提升年活动实施方案》，家庭医生签约服务全面铺开，老年友善医院建设扎实推进。开展"老年人心理关爱"项目，为老年人提供心理健康评估和必要的心理干预。

（三）老年体育蓬勃发展

国家体育总局先后印发《体育产业发展"十三五"规划》《进一步促进体育消费的行动计划（2019—2020 年）》，推进体育与养老、健康、互联网等产业融合发展，打造体育消费新业态。中国老年人体育协会积极推动气排球、柔力球、健身球操、健步走、太极拳（推广）、乒乓球等专项运动在老年人群体中的推广应用。据统计，全国 31 个省份均建立起了省级层面的老年体育协会组织，老年人参加各类体育的积极性和能动性进一步增强。

五、养老服务消费市场加快培育，老龄产业发展前景更广阔

深入推进"放管服"改革，全面放开养老服务市场，取消了养老机构设立许可，养老机构内设医疗机构由审批改为备案，修改了养老设施消防设计规范，简化、优化了养老设施工程建设、消防审验、环保审查、食品卫生等方面审批程序与要件，养老服务营商环境进一步优化。

（一）养老消费促进政策日益完善

养老消费政策体系日益完善。民政部、国家发展和改革委员会等制定出台《关于进一步扩大养老服务供给 促进养老服务消费的实施意见》，民政部印发《养老服务市场失信联合惩戒对象名单管理办法（试行）》，财政部等部门《关于养老、托育、家政等社区家庭服务业税费优惠政策的公告》等系列政策文件，着

力破解我国在养老服务领域供给侧和消费端存在的一些突出问题，如优质服务供给总体不足，养老服务设施数量不够，专业养老服务人才缺口较大，养老服务结构有待优化，养老消费政策体系不健全以及服务标准、信用体系、监管制度亟须加快完善等问题，为进一步扩大养老服务供给、培育发展养老服务市场、推动养老服务消费健康有序发展提供了政策保障。

（二）养老服务产业发展势头迅猛

"养老＋"业态融合发展趋势更加明显。养老与健康、金融、旅游、住宅等产业融合发展趋势日益突出，养老产业新模式、新业态加快涌现。以科技向善和科技为老为目标，积极推动老年人科技赋能，智慧健康养老产业蓬勃发展，截至2020年，全国已有4批共167家智慧健康养老应用试点示范企业、297个示范街道（乡、镇）和69个智慧健康养老示范基地。

（三）老年用品开发制造前景广阔

我国老年用品市场不断壮大。国务院《关于加快发展康复辅助器具产业的若干意见》制定实施，河北省石家庄市等12个地区被确定为国家康复辅助器具产业综合创新试点地区。民政部、国家发展和改革委员会、财政部、中国残联联合印发《关于开展康复辅助器具社区租赁服务试点的通知》，北京市石景山区等13个地区被纳入开展康复辅助器具社区租赁服务试点。适合老年人的食品、药品行业加快发展。2018年1—5月，300家营养食品制造业企业实现主营业务收入252亿元，411家保健食品制造业企业实现主营业务收入306亿元，约4 300家规模以上药品生产企业实现主营业务收入9 209亿元。老年用品科技含量逐步提升，康复机器人、移动助行、假肢矫形器、康复护理等80多项技术成果广泛应用。

六、老年宜居环境建设稳步推进，老年友好型社会持续改善

（一）无障碍设施建设积极推进

设施无障碍建设和改造工作有序推进，安全绿色便利生活环境持续营造。各地统筹规划建设文化、体育、养老等公共服务设施，配套完善老旧小区日间照料中心无障碍设施，支持符合条件的老旧建筑加装电梯。棚户区改造深入推进，住宅专项维修资金在老旧小区和电梯更新改造中的支持作用进一步发挥，低保户、农村分散供养特困人员、贫困残疾人家庭和建档立卡贫困户等农村4类重点对象的危房改造稳步实施。截至2018年，中央安排补助资金支持对住房和城乡建设部于2016年排查统计的全国585万户4类重点对象存量危房改造任务已全部安排完毕。《"十三五"社会服务兜底工程实施方案》加快落实，困难老年人家庭适老化改造、老旧小区适老化改造继续推进。

（二）全社会敬老氛围日益浓郁

孝亲敬老养老助老的社会风尚正在形成。全国总工会、共青团中央、全国妇联、中国残联、中国老龄协会共同向社会发出《孝老爱亲倡议书》。持续开展"敬老月"和"敬老文明号"创建活动，举办首届中华孝亲敬老文化传承与创新大会，推动孝亲敬老文化进课堂、进家庭、进公益，人口老龄化国情教育融入课程教材。青年团员、少先队员和妇女积极动员，广泛参与敬老评优表彰及相关活动。

七、老年人文化事业蓬勃发展，精神文化生活更加丰富多彩

（一）老年文化教育工作扎实推进

老年教育和文化不断发展。随着《老年教育发展规划（2016—2020 年）》《中华人民共和国公共文化服务保障法》《中华人民共和国公共图书馆法》等法规政策深入落实，以各级各类学校为支撑的老年教育多级网络逐渐形成，政府主导、社会支持、多部门推动、多形式办学的老年非学历教育发展格局基本形成，老年人公共文化服务走向法制化，服务老年人的公共文化设施网络进一步完善。截至 2017 年年底，全国共有各类老年教育机构 74 408 个；共建成县级以上公共图书馆 3 166 个，群众文化机构 44 521 个，博物馆 4 721 个。截至 2018 年年底，全国共有各级各类老年大学和老年学校 6.2 万所，在校学员 800 多万人，参加远程学习的学员 500 多万人，已基本形成省、市、县、乡办学网络。

（二）老年精神关爱工作丰富多彩

老年人精神关爱服务多元化提供。政府加大对涉老社会工作服务机构扶持力度，在政府购买服务中向老年服务倾斜，全国已成立 7 500 多家民办社会工作服务机构，其中约有 1/3 涉及为老服务。各级团组织、妇联依托青年志愿者协会、志愿服务站、少先队、巾帼服务机构等建立健全为老志愿服务组织网络，开展爱心陪伴、文化娱乐等形式多样的志愿服务活动，为老年人提供家政、康复护理、精神慰藉等多种服务。

八、广泛培育积极的老龄化理念，逐步扩大老年人的社会参与

（一）先进养老理念全面推行

广泛培育积极的老龄观。积极落实习近平总书记"积极看待老龄社会"重要指示精神。全国老龄办等 14 个部门联合印发《关于开展人口老龄化国情教育的通知》，面向全党全社会广泛深入开展老龄社会国情教育，并作为今后我国一项重大、长期而艰巨的国民通识教育任务。由中央和国家机关工委、国家卫健委、

全国老龄办和国管局联合主办、中国老年学和老年医学学会承办的《人口老龄化国情教育大讲堂》线上、线下全面开展，引导老年人树立终身发展理念，倡导全社会积极看待老龄化社会，正确认识、积极接纳、大力支持老年人参与社会发展。老年人力资源开发进一步加强，老年人在脱贫攻坚、企业"传帮带"、社区建设、巾帼建功等领域发挥重要作用。

专栏5　全国老龄办创新多种形式开展人口老龄化国情教育

为进一步增强全社会人口老龄化国情意识，开展积极应对人口老龄化行动，全国老龄办等14个部门于2018年1月联合印发《关于开展人口老龄化国情教育的通知》，明确面向全社会开展人口老龄化形势、老龄政策法规、应对人口老龄化成就、孝亲敬老文化和积极老龄观等5个方面主要内容的教育活动。

全国老龄办组织编写出版了《人口老龄化国情教育知识读本》，介绍了国际社会应对人口老龄化典型经验、我国人口老龄化态势及应对情况，以及老年人社会保障、养老服务、健康支持、精神关爱、社会参与、宜居环境和孝亲敬老文化等方面内容，为各地、各部门开展人口老龄化国情教育活动提供了素材。

2019年，全国老龄办以"我与我的祖国"为主题开展多项人口老龄化国情教育活动，把老年人最急需的知识纳入教育内容，包括面向全社会老年人开展书法、绘画、摄影、编织、非遗、手工制作等比赛，举办人口老龄化国情教育知识竞赛和征文比赛，并探索开展网上人口老龄化国情教育。

——全国老龄办创新多种形式开展人口老龄化国情教育。2019年3月20日，新华网

（二）老年志愿服务有序开展

老年志愿服务持续发展。截至2020年10月，全国共有实名注册志愿者总数1.87亿人，占全国总人口的13.36%，各类注册志愿服务组织总数77.27万个，完成志愿项目总数460.34万个，共有4 589.43万人有志愿服务的时间记录。全国登记认定慈善组织7 825个，净资产规模超过1 900亿元，慈善信托稳步发展。老年文化志愿者队伍不断壮大；全国巾帼志愿者在册登记达到1 044万人，老年妇女志愿者是重要组成部分。离退休老同志积极参选担任社区"两委"成员；退休专业技术人才依托高等学校和科研院所等积极开展人才培养、科研创新、技术推广、志愿服务。

（三）基层老年协会持续发展

城乡基层老年协会、老年人基层体育组织等老年社会组织稳步壮大，老年人互助型社区社会组织积极培育。推动各类老年"星光计划""幸福计划"以及社会福利院、敬老院、养老服务中心（站）、社区服务中心、社区综合服务设施、老年活动中心、老年大学（学校）教学点等各类资源向老年协会开放，鼓励涉老服务和活动设施由老年协会参与管理。通过"互助小组""老年人会所""互助社""联盟组织"等形式将分散的老年人团体合法化并整合到基层老年协会等社会组织中，形成团体合力，增强老年人协商对话、"共治共享"的参与能力。

九、老龄法制化规范化步伐加快，老年人权益保障不断加强

（一）普法宣传教育力度不断加大

老龄事业法规政策体系更加完善。我国《中华人民共和国反家庭暴力法》等涉老法律制定出台，以"七五普法"等为契机，推动新修订的我国《中华人民共和国老年人权益保障法》等老龄政策法规通过形式多样、适合老年人的方式进行广泛宣传，涉老普法宣传教育逐步规范化、常态化。其中，广东、江苏、山东等省份先后起草、制定省级养老服务条例或草案。

（二）老年法律援助机构蓬勃发展

全国省级层面全面建立了老年法律援助和老年人权益保障法律法规普法宣传教育机制。以司法部、全国老龄办印发的《关于深入开展老年人法律服务和法律援助工作的通知》和新修订的《中华人民共和国老年人权益保障法》为依托，全国范围内广泛开展"法治阳光温暖老龄"专项服务活动，为各类老年人提供适应其群体特点、满足其特殊需求的法律服务和法律援助。同时，依托律师事务所、公证处、基层法律服务所设立老年人公益法律服务中心，相对集中为老年人提供公益法律服务。加强老年人公益法律服务队伍的思想政治、业务能力、职业道德和党的建设，不断提升做好老年人法律服务工作的能力。

（三）老年人维权意识显著性增强

全国老龄办印发《关于开展加强老年人防范电信网络诈骗宣传教育活动的通知》，进一步提高广大老年人识骗防骗能力，从源头上有效遏制电信网络诈骗案件的发生，切实维护老年人的切身利益。

（四）老年人合法权益进一步保障

老年人权益保障机制进一步健全。电话维权热线、网络和新媒体维权平台、

法律援助受理点、社区法律援助室等阵地不断扩大，电话报案、在线咨询、司法调解、法律援助等服务更加完善。国家出台系列政策文件，切实解决老年人运用智能技术困难，便利老年人使用智能化产品和服务，为老年人融入社会、参与社会提供更为友好的技术保障。

十、老龄体制机制不断健全，《"十三五"国家老龄事业发展和养老体系建设规划》实施及保障得到强化

（一）健全养老服务体制与机制

改组成立新的民政部和卫健委，明确两部委在老年人工作的职责分工，分别成立养老服务司和老龄健康司。2018 年 12 月 31 日，《民政部职能配置、内设机构和人员编制规定》正式施行，该规定指出，民政部负责统筹推进、督促指导、监督管理养老服务工作，拟订养老服务体系建设规划、法规、政策、标准并组织实施，承担老年人福利和特殊困难老年人救助工作；卫健委负责拟订应对人口老龄化、医养结合政策措施，综合协调、督促指导、组织推进老龄事业发展，承担老年疾病防治、老年人医疗照护、老年人心理健康与关怀服务等老年健康工作。在民政部专设养老服务司，主要"承担老年人福利工作，拟订老年人福利补贴制度和养老服务体系建设规划、政策、标准，协调推进农村留守老年人关爱服务工作，指导养老服务、老年人福利、特困人员救助供养机构管理工作"；在卫健委专设老龄健康司，主要"组织拟订并协调落实应对老龄化的政策措施。组织拟订医养结合政策、标准和规范，建立和完善老年健康服务体系。承担全国老龄工作委员会的具体工作"。至此，在国家层面上，进一步理顺并健全了全国养老服务管理的体制和机制，养老服务改革与发展书写了新的篇章。

2019 年 7 月，国务院同意建立由民政部牵头、22 个部门组成的养老服务部际联席会议制度，并于 8 月 28 日召开第一次养老服务部际联席会议。该制度的重点是在党中央、国务院领导下，统筹协调全国养老服务工作，研究解决养老服务工作重大问题，完善养老服务体系；研究审议拟出台的养老服务法规和重要政策，拟订推动养老服务发展的年度重点工作计划；部署实施养老服务改革创新重点事项，督促检查养老服务有关政策措施落实情况；加强各地区、各部门信息沟通和相互协作，及时总结工作成效，推广先进做法和经验等。

（二）持续增加养老服务业投入

投入力度不断加大。"十三五"期间，中央预算内投资安排 134 亿元支持全国养老服务体系建设，养老产业专项债和养老专项收益债核准批复 200 多亿元。

人才培养进一步加强。人力资源社会保障部等 5 部委印发《关于实施康养职业技能培训计划的通知》（人社部发〔2020〕73 号），民政部办公厅印发了《养

老院院长培训大纲（试行）》和《老年社会工作者培训大纲（试行）》，组织实施"康养职业技能培训计划"，以专业服务能力为核心，积极引入专业社工力量，合理规划开展老年社会工作者、康复师、辅具师、心理咨询师、养老服务顾问等专业人才队伍建设，重点提升老年人的康复护理，动产、不动产等财产，婚姻，遗嘱订立，就业创业等服务的专业素养，通过各类养老服务人才队伍建设赋能老年人福利事业。全国确定 65 个职业院校养老服务类示范专业点，在 134 所职业院校开设护理专业，设立养老护理员职业技能鉴定站 31 个、培训基地 68 家。养老服务职业技能培训补贴政策制定实施，养老服务人才职称评定和技能等级评价制度初步建立，符合条件的养老服务人员可以参加多个专业技术资格的考试，以及工程（辅助器具）等系列职称或社会工作者职业资格的评定，职业技能等级与养老服务人员薪酬待遇挂钩机制抓紧完善。2016 年以来，全国累计培训养老护理员近 3 万人次，其中通过远程教育方式培训 2 万多人次。

（三）积极推进"十三五"规划制定与实施

地方配套编制"十三五"规划。省级政府全部编制养老服务业/老龄事业发展、养老体系建设或民政事业发展"十三五"规划，全面推动"十三五"规划在省、市等地方层面的落实与执行。

信息化建设深入推进。职业病、人口计生、社会救助、社会福利、殡葬、建档立卡人员等信息基本实现部门共享，为老服务的信息基础设施加快建设。

专栏 6　江苏省无锡市通过信息化推动养老服务资源整合和共享

江苏省无锡市建成市、区、街道（乡、镇）、社区（村）四级联网、标准统一、互联互通的养老服务信息管理系统，并结合物联网、移动物联网、大数据等技术，建成全市智慧养老平台；打造了智慧养老服务"五张网"，即精准服务网，精准掌握老人服务需求，对老人喂药、擦洗、组织活动等需求"随呼随应"；高效管理网，实现养老机构内部管理高效化，民政部门监管和服务高效化；安全保障网，通过定位求助、跌倒自动监测、安全防范报警等智能服务，能够有效防范和规避老人跌倒、走失等各种风险；健康保健网，利用卧床监测设备、可穿戴式设备等技术，实现老人健康体检动态化和智能化；社区餐饮网，支持养老机构、区域性助餐机构的餐饮功能延伸到社区和居家。

——全国居家和社区养老服务改革试点经验和典型案例汇编。2019 年11 月基层工作继续夯实。全国离退休人员管理服务社会化继续推进。截至 2017 年第三季度，企业退休人员社区管理率达到 82.4%。根据中办、国办联合印发的《关于国有企业退休人员社会化管理的指导意见》，2020 年年底前，全国国有企业已退休人员全部移交街道和社区实行社会化管理。社区老龄服务平台逐步健全，老年社会组织及其党建工作逐步加强。

科学研究和调查统计扎实开展。第四次中国城乡老年人生活状况抽样调查成果正式公布，第七次全国人口普查工作积极开展，充分利用人口抽样调查数据，老年人口研究和应对老龄化研究等积极推进。省级层面全部建立老龄事业统计公报定期发布制度。

宣传和国际合作迈上新台阶。2019 年，中国政府发布《中国落实 2030 年可持续发展议程进展报告》，并与我国老龄事业发展目标有机对接。庆祝中华人民共和国成立 70 周年活动——"满足人民新期待 在发展中保障和改善民生"被重磅推出。我国与联合国有关机构、国际涉老组织等的交流合作继续加强，同法国、德国、日本在银色经济领域的双边合作启动开展，相关政策宣示、舆论引导、对外宣介和公共外交工作顺利进行。

第四节　新时期养老服务发展的趋势

家家有老人，人人都会老。养老服务关联千家万户，事关亿万人民福祉。在实现"两个一百年"奋斗目标和中华民族伟大复兴中国梦的历史进程中，养老服务业如何适应新的时代要求，创新发展、提质增效既是人民之需，也是时代之问，更是所有养老服务业参与者百折不挠的前行方向。

一、新时期养老服务发展的趋势

1. 党和国家、全社会日益重视养老服务业

养老问题不单是社会问题，而且是经济问题，还是一个政治问题。加快推动养老服务业转型，全面提升老年人福祉，是党和国家的历史使命。老年人的小康是"十三五"期末我国全面建成小康社会的重要组成部分，既是我国政府的责任也是义务。以 2013 年 9 月国务院发布的《关于加快发展养老服务业的若干意见》（国发〔2013〕35 号）为契机，吹响了我国养老服务体系建设和养老服务业加快发展、全面发展的号角，推动了我国养老服务基础设施的建设高潮，全社会为老、养老、敬老的氛围和意识也日渐浓厚。

2. 保基本、普惠化和政府托底线的作用进一步加强

从重视城市养老设施建设到城镇养老服务设施提质增效与重视农村养老服务

设施建设并重，城乡"五保""三无"及经济困难的失能失智老年人，以及其他各类需要救助供养的对象将成为各级政府兜底和托底的重要内容，其覆盖范围和保障的水平也将逐步提高。同时，普惠性的养老基本公共服务内涵，包括服务内容和服务质量、服务覆盖人群、覆盖地域等方面，将逐步扩展。为此，政府首先需要清晰界定"基本养老服务"或"养老基本公共服务"的内涵，研究制定适合各地社会经济发展水平的"普惠""基本养老服务"服务包，在切实履行好基本公共服务和普惠服务职责的同时，把非基本公共服务更多地交给市场，通过搭建平台、购买服务、公办民营、民办公助、股权合作等方式，实施准入、金融、财税、土地等优惠政策，打造品牌、连锁、规模化的龙头组织和企业，使社会力量成为提供机构养老服务的主体。

3. 居家和社区养老是我国养老模式的现实选择

结合发达国家的发展经验及我国"9064"或"9073"的养老格局，居家、社区养老是最主要的养老模式。随着老龄化和城市化的双重趋势，巨大的社区规模和居住群体为发展养老健康业提供了市场和客户，最大的养老健康业需求也来自社区。由于老年人群体对社区的依赖性和适应性，将居家与社区的养老功能予以大幅提升并充分发挥，重点培育家庭养老和社区养老市场，有效解决社区空巢、独居、半自理、不能自理老年人的养老问题，是我国解决养老问题、发展养老健康服务的主要途径。因此，老年宜居社区和养老健康社区作为"养老基础和依托"，在养老产业化发展的背景下将迎来快速发展。

4. 养老产业将成为新常态下我国战略新兴产业

重点发展和培育养老产业的八大领域：一是面向所有老年人的健康管理服务业；二是面向失能老人和患有老慢病老年人的康复护理业；三是面向社区居家养老老年人的以上门服务为主要形式的家政服务业；四是面向中低龄健康老年人的老年文化教育业和老年旅游业；五是面向所有老年人的老年宜居服务业和老年房地产业；六是面向中等以上收入老年人的老年金融理财服务业；七是老年专用产品用品和康复辅具的生产制造业；八是面向全体老年人的智慧养老与"互联网＋"养老服务信息化产业。

5. 满足中端服务需求是养老服务业发展的大势所趋

随着国家对养老服务业发展的大力扶持，社会对养老服务业的认识不断加深以及老年人自身观念的转变，养老服务业的发展更加趋向以买方市场为导向，更多的资本进入市场竞争进一步增强，大部分普通老年人的养老服务需求，尤其是中低端的需求会进一步得到释放。老年人口将会成为最大的消费群体，将激发出巨大的社会消费潜力，并催生出新兴的巨大的消费领域，其中，中端市场有望成为未来养老服务业发展的主体力量。

6. 品牌化、连锁化、标准化将成为养老服务发展的战略引领

随着市场在养老服务资源配置中发挥越来越重要的作用乃至决定性的作用，

业内的竞争也会愈发激烈，这将导致区域性乃至全国性的集团化、品牌化、连锁化和标准化的养老服务企业发展趋势更加明显。在市场竞争中，只有依靠规模经营、凭借服务质量和品牌信誉才能在市场竞争中站稳脚跟。

7. 智能化、科技化的养老服务项目成为新的发展热点

远程医疗、电子健康、智能穿戴等目前是我国老年健康服务业的一个主要发展内容。伴随远程医疗、居家养老信息平台网络的建立和运营，智能化的网络服务平台及科技、智能化的养老服务产品，也逐渐成为我国养老服务产业发展中的主攻方向之一。

8. 职业化和专业化将成为养老服务体系建设的关键

在养老服务内容逐步精细化、专业化的大背景下，对养老服务所需的医疗、护理、康复人员的专业培训，以及维持各类养老产品和服务供应主体运营管理的职业人才培养与培训将成为决定养老服务业发展的关键因素，包括多管齐下地推进养老服务人才队伍建设和大力推进养老服务人文关怀。

为此，需要超常规加大培养养老服务人力资源。人力资源严重匮乏是养老服务体系建设中不可逾越的又一重大难题。目前我国有护理从业人员 22 万人，有资质的仅 2 万人，与上千万的人才需求相差甚远，老年医院、养老服务等领域亟待培养老年病主治医师、家庭医生、护士、护理员等专业人员和家政等服务组织、人员。因此，亟待建立养老服务技能人才紧急培养计划，提高投入效率，除补上全科医生短板和解决大学生就业结合，加大住院医师、在职转岗培训，实行医师区域、电子注册制外，必须更加注重农村的职业教育及农民工、"4050"人员培训，快速扩大养老服务专业队伍。

9. 养老服务融合发展加速，"医疗＋养老＋护理＋健康＋旅游"模式赢得市场青睐

未来，大养老、大健康产业将成为我国最大的产业，甚至是支柱性产业，将成为我国新增就业机会的重要提供者，养老服务产业融合发展，可以突破产业间的条块分割，减少产业间的进入壁垒，加强产业间的竞争合作关系，扩大养老服务业规模，降低交易成本，提高企业生产率和竞争力，最终形成持续的竞争优势。因此，未来"医养护康游"等多业态结合型的养老项目将迅速发展，如体验式养老、旅居式养老。为此，需要创新"医养结合"的思路、模式，首先要改变"医养结合"（将养老院建在医院旁）的认知。医院以看急症、疑难杂症为主，而老年人普遍患慢性、常见病，医院不可能提供专业护理。因此，要真正实现"医养结合"，一方面，亟待建立适合老年人需求的社区医院、中医医院、康复中心、临终关怀等系列老年医院，使老人接受医院诊治、康复训练后，回到社区疗养；另一方面，需整合社区医疗和养老资源，让老年人居家或在社区就能得到日常监护、保健、诊治、康复、护理等方便、快捷、适宜的医疗卫生服务。

10. 长期照护服务政策体系将成为各地建设重点

世界卫生组织（WHO）已将人口老龄化列为 21 世纪人类必须面对的主要卫生议题之一，在《关于老龄化与健康的全球报告》中提出，在目前，没有任何一个国家能够负担得起缺乏综合性系统的长期照护的后果。

近些年来，为了进一步推动长期照护服务体系建设，国家层面已经相继出台《老年人能力评估》（MZ/T 039—2013）、《关于建立健全经济困难的高龄失能等老年人补贴制度的通知》（财社〔2014〕113 号）、《关于开展长期护理保险制度试点的指导意见》（人社厅发〔2016〕80 号）、《国家医保局 财政部关于扩大长期护理保险制度试点的指导意见》（医保发〔2020〕37 号）、《中国银保监会办公厅关于规范保险公司参与长期护理保险制度试点服务的通知》（银保监办发〔2021〕65 号）等重要文件。其中，《国家医保局 财政部关于扩大长期护理保险制度试点的指导意见》新增北京等 14 个省份共 14 个试点城市，同时指出，人力资源社会保障部此前明确的 14 个省份（包括吉林、山东 2 个重点联系省份以及新疆生产建设兵团）35 个试点城市按意见要求继续开展试点，其他未开展试点的省份可新增 1 个城市开展试点。

这些文件分别从统一老年人能力评估标准、高龄失能老年人补贴制度、长期护理保险制度等角度为国家和各地长期照护服务体系的建设提供了基础。未来，随着我国人口老龄化，特别是高龄化日益凸显，失能、半失能老年人持续增加，以统一的老年人能力评估、失能补贴、护理保险等制度为核心的长期照护服务政策体系将成为各地建设重点。

11. 养老产业加快与地产、保险、医疗等产业的融合，部分企业将开始谋划全链条布局

2013 年养老产业进入市场化以来，在国务院《关于加快发展养老服务业的若干意见》（国发〔2013〕35 号）等国家文件的引导下，地产、保险、医疗、文化、旅游、互联网、健康、体育、农业、教育、娱乐、康复辅具等产业的融合速度一直在持续加快，精细化市场成为很多跨界企业的深耕领域。

2018 年，前期持观望或探索态度的医疗类企业如同仁堂、宜华健康、光正、康芝药业、通化金马等，纷纷宣布将通过收购医院资产等方式进入养老产业。2019 年，在《关于印发完善促进消费体制机制实施方案（2018—2020 年）的通知》（国办发〔2018〕93 号）、《乡村振兴战略规划（2018—2022 年）》和《养老服务行业信贷政策（2018 年制定）》等国家有关的文件支持下，这种养老产业与其他各类产业跨界融合之势进一步加强，而且已经初步实现多产业跨界融合的泰康、万科、北控、同仁堂、宜华等企业，开始谋划全链条布局。

12. 各地将更加注重养老服务发展整体规划设计

2019 年是"十三五"时期全国各地落实《关于印发"十三五"国家老龄事业发展和养老体系建设规划的通知》（国发〔2017〕13 号）的关键之年，也是地方全面建设小康社会的决胜之年。

在这个重要战略机遇期，各地更加注重养老服务发展的整体规划设计，特别是在过去 3 年已经取得良好效果，而且符合此阶段经济发展形势和人民生活需求的养老服务内容，如养老服务条例、养老服务设施、社区居家养老服务清单制度、智慧健康养老产业计划、老年教育事业发展、老年旅游行业发展、互联网＋养老计划等，成为他们关注的重点。

13. 养老服务业放管结合，综合监管将全面加强

2018 年 12 月 29 日，"取消养老机构设立许可"在新修订的《中华人民共和国老年人权益保障法》中获准通过，这标志着一直以来养老机构，特别是民营养老机构"领证难"的困境开始得到破解。从国家近几年出台的《关于全面放开养老服务市场提升养老服务质量的若干意见》（国办发〔2016〕91 号）和《关于加快推进养老服务业放管服改革的通知》（民发〔2017〕25 号）等文件中，对降低养老机构准入门槛、放宽外资准入、精简行政审批环节、加快公办养老机构改革等的要求来看，国家正在加快全面放开养老服务市场的步伐，并推动社会力量逐步承担主体作用。

国家近几年还出台了《养老机构基本规范》《养老机构服务质量基本规范》《养老机构等级划分与评定标准》等标准；以及《关于开展养老院服务质量建设专项行动的通知》（民发〔2017〕51 号）等文件，逐步加强对养老服务的科学管理。

由此可见，我国养老服务管理体制正在走向"放管结合"的道路。2019 年，随着各地机构改革方案的逐步落实，卫健委和民政部牵头，联合发展改革、公安、财政、人社、环保、住房建设、农业、市场监管、消防、金融等部门共同组建起一套针对养老服务业发展的综合监管体系，以适应新阶段发展的需要。

二、促进我国养老服务改革与发展的政策建议

以转方式、调结构、促改革、保发展、惠民生、扩就业为准绳，以最大限度释放改革与发展红利，最大限度满足老年人养老服务需求为出发点，创制、创新，简政放权、改革政府职能，以多层次的养老服务与产品供给，提高老年人的养老服务质量，进一步健全养老服务体系、提振老年消费市场，不断将养老服务业打造成为国民经济和社会发展的新引擎、新动力，全面提升老年人福祉。

1. 编制我国养老服务体系建设中长期规划

规划的主要内容应该包括：从制度到服务、从产业到事业、从市场到社会、从标准到监管，"一揽子"有计划有步骤地进行系统科学的顶层设计，完成我国未来 10 年养老服务体系建设的路线图、重点领域和优先行动，形成公益性、社会性、市场性、多元性特点相交织、相叠加、相融合的养老新方式，促进养老服

务业的改革与发展。

规划编制的总体思路：一方面，在一对夫妻可以生育 3 个子女政策下，做好并夯实我国人口结构现状与变化趋势的调查与研究基础，尤其是生活困难的孤寡老年人，失能半失能老年人，空巢老年人，留守老年人等群体，以适应人口流动变化规律，做好养老服务发展规划与服务设施的合理布局。另一方面，依据中共中央《关于制定国民经济和社会发展第十四个五年规划和二〇三五年远景目标的建议》和《中华人民共和国国民经济和社会发展第十四个五年规划和 2035 年远景目标纲要》等文件精神，适应人口老龄化社会需求，坚持党建引领，以人民为中心，科学把握新发展阶段，坚决贯彻新发展理念，服务构建新发展格局，以推动老龄事业高质量发展为主题，以强有力的组织保障、土地支持、资金投入、人才赋能、区域协作，强化信用为基础、质量为保障、放权与监管并重的综合服务管理，优化供给结构、提升服务质量，有效扩展基本养老服务、开发老年人力资源、促进老年人社会参与、推广老年用品产品、推动家庭适老化改造、营造老年友好社会等，抓紧制定全国及各地养老服务体系建设规划，在"十四五"时期持续完善居家社区机构相协调、医养康养相结合的养老服务体系以及健康教育、预防保健、疾病诊治、康复护理、长期照护、安宁疗护的综合连续、覆盖城乡的老年健康服务体系，包括明确总体要求（指导思想、基本原则、发展目标/指标）、设定体系建设的重点任务以及重点任务或重点领域的优先时序（按照近、中、远期分别设定阶段性目标和任务的时间表和路线图）安排及责任分工。完善养老服务业政策措施，加快建立和完善与我国人口老龄化进程相适应、与经济社会发展相协调，以居家养老为基础、社区服务为依托、机构养老为骨干，覆盖城乡的养老服务网络，形成投资主体多元化、服务层次多样化、服务提供社会化、服务队伍专业化和运行机制良好、服务品质优良、监督管理到位、可持续发展的基本养老服务体系。在这一过程中，需要科学核定未来发展的总体目标、阶段目标与具体指标，精准厘定基本建设任务和重大工程项目，强化规划实施的动态调整、效能评估与督促监管等。为此，还需要从国家乃至主管部门（如民政部）层面制定并颁布指导各地编制养老服务体系规划的技术指南、技术规范或技术导则等文件。其中，在坚持两个尊重，即尊重老年人意愿和尊重传统文化的基础上，妥善处理好养老服务改革与发展中的十大关系，包括发展养老服务业与养老服务体系建设；居家养老、社区养老和机构养老；养老机构和床位增长与调结构提质量；"医"和"养"；城市与农村养老服务业协调发展；养老服务业信息化、专业化和标准化建设；政府、社会、市场、家庭和个人的 4 个积极性；政府引导与培育发展社会力量；完善政策与规划实施重大项目；中国实际与外国经验。

具体来说，对于规划本身而言，在城市，以社会福利院等专业化养老护理机构为骨干，通过扩建、改建、增加设施供给与丰富服务内容等，构建社会化养老服务平台。在机构层面，研究健全设施建设规范、服务标准、行业自律制度，起到辐射社区、带动社会、示范居家的作用。同时，要制定低收入老年人、高龄失能老年人、重度残疾老年人、精神残疾等入院评审制度，保证优先满足老年特殊群体的护理需求。在社区层面，结合社区综合服务设施和卫生服务设施建设，督促完善居家养老服务中心（站、点）的规划和建设，增加居家养老服务中心（站、点），完善配套设施，增强服务能力；同时继续探索完善居家和社区养老服务满意度评估机制，增强居家和社区养老服务的规范化和标准化。

在农村，在机构层面，以乡（镇）敬老院为基础，实现向区域性的综合性社会养老服务中心转变。在确保"五保"老年人等集中供养对象的基础上，优先保障农村最低生活保障老年人、生活困难老年人、计划生育家庭独生子女户和双女户、高龄和重度残疾老年人等特殊群体老年人的服务需要；同时在加快推进农村居家养老服务工作中起示范和主力作用。在行政村层面，加大农村居家养老服务工作的推进力度，并注重规范已开展的农村居家养老服务的运作和管理，逐步提升农村居家养老服务工作的成效和水平。

2. 加快推进现代养老服务体系建设

健全居家社区机构相协调、医养康养相结合的多层次养老服务体系，为老年人提供治疗期住院、康复期护理、稳定期生活照料、安宁疗护一体化的健康养老服务。

（1）完善政府对养老服务机构运营补贴方式方法，由"补砖头""补床头"向"补人头"转变。目前养老机构的补贴一般包括建设补贴和运营补贴，建设补充是一次性补贴，各地标准不一样，北京的最高标准，新建一张床位可以补贴10万元，其他省份基本上为 3 000～50 000 元，这就是"补砖头""补床头"。这种补贴，对推动养老床位的建设起了很大的作用，但同时因粗放管理，对养老床位并没有明确的标准，导致了养老床位空置率一度超过 50%，大量急需的养老资源被浪费。近些年来，对精准补贴的呼声越来越高，政府也积极向精准补贴转变，政府对养老机构的补贴将重点转向"补人头"，让政府补贴花得更有效率。

精准补贴也是国际通行的发展经验，无论是美国还是日本，政府补贴都是以"补人头"为主，政府建立了完善的评估系统，可以准确掌握每个人的基本情况，并实施养老补贴。而对养老机构的建设，主要是通过金融支持来推动，而不是通过补贴来推动，比如在日本，经过政府审批同意设立的养老机构，可以直接向银行申请低息贷款来建设养老机构。

（2）完善养老服务支付保障体系。按照兜底线、织密网、建机制的要求和覆盖全民、城乡统筹、权责清晰、保障适度、可持续的原则和思路，加快完善养老服务支付保障体系，解决养老服务钱从哪来的问题。政府需要将完善养老服务支付保障体系，作为完善"三大体系"首个需要解决的问题。国际上，各个国家的养老支付保障体系均有差别。如何建立有中国特色的养老服务支付保障体系，是我国当前面临的头等重要的问题，没有支付保障，养老服务体系的建设就会一直停留在纸面上，人民也享受不到所需要的养老服务。养老服务支付保障体系，是全社会需要共同承担和解决的难题，政府需要建立以评估大数据系统为基础，准确掌握老年人的资产和收入情况，为不同的人群制定不同的支付解决方案。比如美国的养老支付体系中，根据评估结果，低收入人群的大部分养老服务支出由政府和保险承担；中等收入人群，政府给予支持，分担一部分；高收入人群，政府补贴较少，养老服务全部由个人承担。而我国目前实行的是"一刀切"式补贴，让真正需要的人觉得补贴太少，不够用，而对于高收入人群，那点补贴可有可无，发挥不了政府补贴解决养老服务的重要作用。

完善养老服务供给体系的思路：第一，创新供给方式。把政府职责的工作重点放到"保基本"上来，非基本的养老服务领域，要更多更好发挥市场和社会的作用。即使是基本养老服务，也要深化改革、利用市场机制、创新供给方式，善于利用社会力量和市场手段。第二，完善供给结构。继续深化居家社区养老服务改革试点、医养结合改革试点、公办养老机构改革试点等，培育推广一批符合国情、行之有效的居家社区养老服务发展政策和运行模式，不断提高养老机构的专业化、标准化、规范化水平，大力发展护理床位，推进养老服务和医疗卫生服务资源深度融合、优势互补，促进供给结构不断优化升级。第三，提升供给质量。牢固树立质量第一、效益优先的发展理念，在保持服务规模合理增长的基础上，着力提升服务质量。加强养老服务标准化、规范化、专业化工作，加快建立全国统一的服务质量标准和评价体系，形成养老服务质量提升的长效机制。第四，繁荣供给业态。继续支持养老服务产业与健康、旅游、文化、健身休闲、金融、地产、互联网等产业融合发展，丰富养老服务产业新模式、新业态。支持企业利用新技术、新工艺、新材料和新装备开发适合老年人身心特点和特殊需要的各类产品用品，强化安全性、可靠性和实用性，丰富产品用品种类。

（3）财政资金、社会资本、慈善基金等多元结合的投入机制描绘的是养老资金投入的前景。财政资金一直是养老服务体系建设的重要资金来源；社会资本的投入，虽然近些年中央一直在鼓励和支持，但效果并不明显，还需要更有力的政策措施来推动。而在慈善基金方面，美国，特别是美国的犹太人养老机构，多数都是由慈善基金来建立的，在慈善基金方面，如何让更多的社会资本进入，还需要进一步的政策支持，特别是税收，是推动社会资本通过慈善资本进入养老服务领域的重要方式。

3. 开展我国养老服务改革与发展的若干重大问题研究

建议尽快组织有关精干力量设立并开展"关于我国养老服务改革与发展的若干重大问题研究"的基础性课题攻关。可以以未来10年我国养老服务改革与发展的重大理论和实践问题为主线，按照我国养老服务的有关术语、关键概念、技术支撑/指南等逐一展开攻关，包括但不限于养老服务/养老服务体系、养老服务业/养老产业、基本养老服务清单、养老机构（养老院、护理院、养老照料中心）、社区养老与养老社区、文化养老与养老文化、养老设施/养老服务设施、农村养老服务发展，以及京津冀、长三角、粤港澳三大区域养老服务协同发展等，最终形成有关我国养老服务改革与发展的若干重大理论与实践问题的研究报告和学术论文。其中，最为紧迫的，一是养老服务内容尤其是基本养老服务或基本公共养老服务/养老基本公共服务内容的界定；二是养老服务产业或养老服务业的边界、内涵与外延：这直接关系到养老服务的统计、核算、监测与评估，尤其是对经济的贡献率（占比、支柱产业等）。

4. 加快转变政府职能和公办养老机构改革

加快"放管服"改革，改革创新社会养老服务管理运行机制，积极转变政府职能，逐步减少行政干预，推进政事分开、政社分开、政企分开、政资分开，放开市场准入，鼓励社会主体参与，改进养老服务供给方式，创新养老服务内容和公共服务提供方式，能够通过市场解决的，把空间留给企业。实行从政府拨款到政府以奖代补的转变，优化城乡公办养老机构功能和效益，终止养老服务提供方式的"双轨制"，形成多元化、多层次的养老服务业发展格局。

由于土地成本和人力成本往往未被纳入公办养老机构的服务收费中，为此，政府应逐步推行养老机构建设、运营、管理等权限分开：对于"十三五"期间以政府主导新建的养老服务机构，应采用政府和社会资本合作（PPP）等模式，全部或有条件全部纳入公建民营、公助民营等范畴；对于既有的公办养老机构，通过股权改革、动产租赁、人员分流等方式逐步交由市场来运作，将80%以上的公办养老机构推向市场来参与竞争，让其彻底回归市场，实现全成本核算、公平竞争，只保留一小部分运行良好、价格合理的中大型公办养老机构作为兜底保障和养老服务市场的"参考系"。同时，大力发展政府提供扶持和补贴的，接收失能、半失能及高龄老人的护理型养老机构。

5. 倡导科学养老和积极养老

必须坚持人民主体地位，确立老年人是再生型生产力、社会资本建构者、核心价值传承者、长者GDP创造者、公民和谐社会守望者和互助养老主力军的理念，在广大老年人中树立科学的健康观念，鼓励老年人终身发展，保持自尊自爱自立自强的精神风貌，积极面对老年生活、保持身心健康、融入并参与社会发展、提高生活品质。在全社会开展人口老龄化国情教育、老龄政策法规教育、老年人照护基本常识教育，倡导健康、积极、成功、向上的现代养老服务理念和消费理念，大力弘扬中华民族的传统孝道文化和养老文化，发挥自尊、自立、自强和互助养老的能动性、创造性，拉长人口红利，释放夕阳能量，充分发挥老年人的积极作用，提高老年人的社会参与度，走出一条健康养老、积极养老、成功养老之路。

6. 补齐养老服务业发展中的短板，统筹推进

紧紧抓住全面建成小康社会中存在的短板，在补齐养老服务业发展中的短板上多用力，在惠及全体老年人的基础上，重点保障高龄、失能、失智、失独和空巢老年人的服务需求；在居家—社区—机构"三位一体"无缝对接、科学递送、良性运转、功能完善的基础上，重点发展居家养老服务；在切实维护老年人的合法权益、全面为老服务的基础上，发挥老年人在社会经济发展中的积极作用，提高老年人的社会参与度，倡导老年人的自立与自理。与此同时，统筹城乡均衡发展、区域协调发展，加大对农村和中西部地区的政策支持力度，注重向贫困地区、边远地区、革命老区和民族地区倾斜。统筹发展基本公共养老服务和其他（补充）养老服务，以提供基本公共养老服务为重心；统筹养老与医疗卫生等领域融合发展，提高融合层次，拓展融合形式，深化融合内容。在这个发展水平上，构建与全面建成小康社会相适应的老年人福利保障体系，统筹福利体系、救助体系和保险体系，积极稳妥地建立福利补贴制度、服务供给制度和老年人优待保障制度，强化政策衔接，推进制度整合，确保各种条件的老年群体安享晚年。这些制度的建立具有紧迫性、根本性、长期性和上游性的特点，是"十四五"时期乃至未来 10 年的重中之重。

7. 探索建立长期护理保障制度

养老服务体系建设的关键是解决失能、半失能，高龄老人高额护理费用问题，未来我国迫切需要探索建立适合我国国情的长期照料保险制度。可建立 40 岁以上人员法定缴费政策，护理等级发放制度，大大减轻财政、家庭负担和养老服务机构成本，真正使老年人获得保障，有力调动社会参与积极性，是切实推动养老服务体系快速发展的治本之策。同时，将社保五大制度调整为养老保险、健康保险、长期护理保险三大制度。将医疗保险、生育保险、工伤保险合并为健康保险，失业保险与最低生活保障合并，回归救助性质，最大程度降低个人、企业缴费和财政支付费用。

8. 改革创新，先行先试，差异化发展

按照中央统筹规划、地方主体、综合推进、重点突破的要求，因地制宜，分步实施，统筹兼顾，改革创新。要求在各地发展养老服务业的过程中，鼓励各地积极探索，勇于创新，先行先试，综合试点，示范推广，不搞一刀切，不做全国平均化的硬性统一要求，强调在公开、公平、公正的发展环境下，充分发挥各地方、各主体的能动性和创造性，从国情、民情、社情和各地的实际情况出发，充分利用已有各类资源，因地制宜、有步骤、有计划地发展养老服务，以富有地域特色的改革创新精神来切实提高老年人的养老服务质量，并以质量为最终衡量要求。建议持续有序推动居家和社区养老服务改革、智慧养老、医养结合、城企联动等养老服务改革与试点，同时适时推出全国大城市养老服务综合试点，首批名单可包括北京、上海、南京、深圳等地。对纳入养老服务各类试点的地区，在财

政、金融、用地、税费、人才、技术及服务模式等方面进行探索创新，完善体制机制和政策措施，总结新经验、发现和解决新问题，为全国养老服务体系建设提供经验。对各地在试点示范中的成功实践和有效做法，要及时总结，积极推广。

9. 处理好城市与农村养老服务业协调发展的关系

多年来，我国城乡二元的特殊结构在养老服务领域也造就了同样具有中国特色的城乡养老服务二元格局。

尽快补齐农村养老服务这个短板，是国家未来发展养老服务业的重中之重。通过健全农村养老服务网络、拓宽农村养老服务资金渠道、建立城乡养老服务协作机制等方式，坚持城乡统筹，在做好城镇养老服务业的同时，加快发展农村养老服务业，促进城乡基本养老服务均等化。

一方面，相对于城市养老而言，农村养老一直是我国养老服务改革与发展的短板。党的十八大以来，在党中央、国务院的高度重视下，经过各地区、各有关部门的共同努力，我国农村养老服务发展取得显著成效：领导机制明显加强，政策制度不断健全，服务网络更加完善，基本形成了以家庭养老为基本方式，以特殊困难老年人为服务保障重点，以互助养老服务为创新方向，面向全体农村老年人不断拓展服务的发展格局。但同时也存在农村人口老龄化程度严重、家庭养老能力弱化、农民养老保障不足、农村养老服务设施不健全、养老服务运行可持续性和监管不足等问题。此外，农村养老服务的资源要素投入也长期不足，农村养老资源碎片化更加严重，与广大农村老年人期待相比仍存在不小差距。据统计，我国农村地区机构养老床位仅有 194 万多张（2020 年 11 月全国农村养老服务推进会议数据），不足全国 429.1 万张机构养老床位（民政部 2020 年第三季度例行新闻发布会数据）的一半，且农村养老床位的空置率更高。

另一方面，农村是未来我国积极应对人口老龄化国家战略的重点和难点所在。2021 年政府工作报告及《中华人民共和国国民经济和社会发展第十四个五年规划和 2035 年远景目标纲要（草案）》提出"优化区域经济布局 促进区域协调发展"，要求"实施积极应对人口老龄化国家战略。制定人口长期发展战略，优化生育政策，以'一老一小'为重点完善人口服务体系，促进人口长期均衡发展。推动实现适度生育水平，健全婴幼儿发展政策，完善养老服务体系。"这是对未来 5 年我国城乡养老服务改革与发展的总体部署。当前，我国农村养老服务呈现出供给主体多元化、方式多样化的发展趋势，但仍存在总量不足与高空置率并存、服务水平不高、供给能力有限、服务网络尚未形成等短板。"十四五"期间，随着城市养老尤其是大城市养老服务体系建设的持续推进和功能的不断完善，以及国家治理体系和治理能力现代化的发展，在乡村振兴战略加持下，农村养老以及城镇支持下的城乡养老服务协同发展将必须也必然成为未来我国养老体系建设和养老服务发展的重点。

因此，需要紧紧把握脱贫攻坚与乡村振兴战略有机衔接的历史性机遇和"十四五"时期积极应对人口老龄化的窗口机遇，强化新时代农村养老的研究储备和实践探索，以促进城乡基本养老服务均等化为着力点，以筑牢底线补齐短板为突破口，切实发挥城镇在推进城乡养老服务统筹发展、充分发展和平衡发展中的重要作用，不断健全农村养老服务体系，提高农村养老服务质量，增强农村老年人福祉。

（1）补齐短板，夯实农村养老服务基础。一是补齐农村养老服务设施缺口。一方面，开展农村养老服务设施摸底调查，启动乡村养老服务设施建设规划，并纳入区域社会经济发展总体规划以及各类空间性规划，全面推动村级幸福院、日间照料中心等养老服务设施建设，鼓励与村民服务中心、村卫生室等共建共享、功能融合。另一方面，强化乡镇敬老院等公办养老机构的区域统筹功能，并根据需要升级改造成农村区域性养老服务中心；结合无障碍环境建设等工程，推进重点人群的家庭适老化改造和公共空间的适老化建设与改造。

二是增强农村养老服务人才基础。在落实中共中央办公厅、国务院办公厅《关于加快推进乡村人才振兴的意见》的过程中，重点加强农村地区乡（镇）基层民政专干的业务培训和能力提升，同时积极引进、培养并打造适合本地发展的农村养老服务人才队伍，包括企业家、管理人才、护理人员等人才体系。

三是提高农村老年人养老的资金保障能力。除了稳步提高农民基本养老金水平和振兴乡村经济以外，还应多措并举切实增强农村老年人的养老服务消费水平，比如，在农村宅基地制度改革试点等实践中，可积极推动农民宅基地、乡村集体土地的权益收益用于农村养老服务。

（2）积极探索，提升农村养老服务质量。一是要强化兜底保障功能。应高度重视农村贫困老年人的基本生活保障和消费能力。其中，乡（镇）敬老院等公办养老机构应重点保障农村低保、特困供养等社会救助对象以及经济困难的高龄、失能、失智、失独和空巢等特殊老年人的基本服务需求。社会力量举办的乡村养老服务机构也应为政府兜底保障人群留足一定比例的服务床位。同时，制定完善农村老年人定期巡访制度，常态化开展农村留守、困难老年人关爱服务，关爱农村留守老年人。

二是多元化发展农村居家和社区养老服务模式。发展农村普惠型养老服务和"老年饭桌"等互助性养老，积极探索农村养老服务模式多元化与创新化发展。加快推进农村社区非正式照料体系建设，包括：投入必要的财政资源，鼓励、引导和帮助建立老年互助组织、老年活动场所等；鼓励个人和企业投资农村养老等社会公益事业，给予相应的税收减免，充分调动发挥社会团体的积极性；重点发展以乡（镇）卫生院和乡村卫生室为重心的医养康养服务体系，开展农村地区老年人的家庭照护实务训练、自我预防照护指导、居家入户辅导指导等活动。

三是科技赋能农村养老服务发展。发展"互联网＋"农村养老服务，强化互联网技术在农村养老服务存量资源的提质增效、增量资源的优化布局以及服务功能有序衔接、服务质量综合监管等方面的独特作用，推进农村养老服务信息化与智能化进程。加强第七次人口普查数据的应用，并以信息技术为支撑加快农村老年人口信息化管理的进程。结合科技下乡、科技助农等活动，推广应用适合农村的智能化设备并面向农村老年人提供老年友好型科技赋能，保障农村老年人的生活便利与智能共享。

（3）城乡联动，统筹城乡养老服务发展。改革创新，先行先试，解决城乡养老服务发展的不平衡、不充分问题。按照中央统筹规划、地方为主、综合推进、重点突破的要求，因地制宜，分步实施，统筹城乡养老服务的均衡发展与区域协调发展，包括统筹区域内的养老服务体系建设、设施布局、产业发展、客群与人才等领域的统筹规划和协同监管，促进区域内养老服务要素与资源的流动。持续推动居家和社区养老服务等改革试点的推广和示范，加大对农村和中西部地区的政策支持力度，注重向贫困地区、边远地区、革命老区和民族地区倾斜。依托城企联动或政企联动，以及区域合作或对口支援，鼓励各地积极探索城乡养老服务一体化或协同发展的机制和模式，支持有条件的城镇养老服务供给商与农村地区开展各类养老服务合作协作，推动网络消费、定制消费、体验消费、智能消费、异地养老等新型养老消费模式，以及养老服务品牌化、连锁化、标准化在农村地区的发展壮大，重点探索大城市和特大城市农村养老服务发展新路径，包括统筹利用城乡养老服务机构的人员编制以及床位等服务资源。

以城乡贫困老年人的基本需求为依据，尽快制定基本公共养老服务的国家标准。可以在系统总结和梳理国家及各地近年来在保障贫困老年人口基本生活等各项工作的基础上，尽快制定我国基本公共养老服务的国家标准，以指导各地研究并积极落实基本公共养老服务均等化，其中，东、中、西部各地应根据自身情况来适度提高国家标准。

倡导并践行科学养老和积极养老。人口老龄化国情、省情教育的主题活动中，城镇老年人能在农村老年人中发挥更大的传帮带作用。建议在切实维护老年人的合法权益、全面为老服务的基础上，充分发挥能力强、意愿大的"新乡贤"等在农村养老服务等社会经济发展中的参与度，以能人的积极作用，倡导老年人的自立与自理，走出一条健康养老、积极养老、成功养老之路。

10. 加强宣贯与政策设计，激发公众有效需求

（1）加强养老服务产品及产业的宣贯教育。以人口老龄化国情教育、中国国际养老产业博览会、中国国际进口博览会等为契机，自上而下与自下而上相结合，以国情教育、政策宣贯和场景体验为重点，推动政府决策层的产业发展定位与产业布局，以及提升终端客群的产品体验和消费意识。

（2）加强政策设计和创新，完善消费支持措施。通过将养老纳入医保、商业保险目录，引导市场，拉动消费，可以有效推动养老服务产业发展。以康复辅助器具产业为例，在政策层面，首先是按照人力资源和社会保障部等3个部门发布的《工伤保险辅助器具配置管理办法》，因地制宜，完善康复辅助器具工伤保险支付制度，合理确定支付范围；其次是推动建立贫困残疾人康复辅助器具补贴制度，并逐步将康复辅助器具纳入医疗保险、新农合报销范围。在激发消费需求方面，首先是健全向社会组织购买康复辅助器具产品与服务的机制；其次是支持商业保险公司创新产品设计，将康复辅助器具配置纳入保险支付范围，积极鼓励金融机构创新消费信贷产品，支持康复辅助器具消费。

（本章由民生智库老龄研究中心撰写）

第三章　企业发展

回顾百年，中国企业在民国风雨飘摇的时代下萌芽发展，在新中国成立后百废待兴的建设期曲折前行，在改革开放的催生下爆发式增长，在深化开放和创新引领的新时代下实现跨越式发展。"艰难困苦，玉汝于成"，中国企业百年发展变迁见证了在中国共产党领导下国富民强、国盛企强的百年历程，见证了"没有共产党，就没有新中国"的至理名言。"百年征程波澜壮阔，百年初心历久弥坚"，站在百年华诞的重要节点上，我们要铭记历史，不忘初心，砥砺前行。

第一节　风雨飘摇的工业企业萌芽
（1921—1948 年）

一、发展概况

辛亥革命推翻了中国两千多年的君主专制统治，为民族工业的发展扫清了障碍；中华民国的建立和南京临时政府颁布的一系列发展实业的法令，提高了资产阶级的政治地位。而当时主要的社会思潮——实业救国，以及抵制日货、提倡国货的思想运动，加上第一次世界大战期间欧洲帝国主义国家放松了对中国的经济侵略，为我国民族资本主义的发展提供了有利的外部条件。民国时期的经济和企业发展大致经历了 3 个阶段。

1. 黄金时期（1921—1926 年）

晚清时期为中国近现代市场经济的一般秩序的建立积累了比较好的基础，被动建立自由市场秩序、参与国际化交换与竞争、民间市场的自由流动和企业家的崛起，这一切在清朝谢幕之前，基本上都处在清政府的管制之中。随着清朝谢幕，大政府管制主义暂时退出历史舞台，北洋政府的建立，并没有在政治管制上形成全国性的集权主义和威权主义，从晚清延续过来的比较好的市场经济一般秩序，随着小政府主义的建立，自由市场的一般逻辑迅速成为一个时代的主流，推进了市场的自由交换、建立了开放的国际竞争环境、构建了企业家市场自治秩序和知识分子的思想自治秩序、促进了企业家的竞争与创新，实现了经济发展的小高潮。

2. 民国经济时代（1927—1936 年）

1927 年，国民党试图做大政治地盘和经济地盘，试图建立一个强大有力的政府。这是蒋介石毕生努力想要实现的目标。表现在经济史上的意义，是经济学向德国式的领袖市场经济和苏联式的领袖计划经济转型。孙中山"天下为公"的经济学思想直接推动国民党南京政府有限度地向计划经济转型，但在政治意识形态方面，蒋介石是共产主义公有制的坚定反对者。因此，民国经济很快进入官僚主导的市场经济状态，一半是大政府主义和官僚计划经济，一半则是有限度的市场竞争。这样的经济格局与黄金时代的自由经济征象相比，明显退步，中国经济在经过黄金时代短暂的小政府主义和市场自由主义的高潮之后，迅速退到国民党南京政府的官僚资本主义。表现在企业史上的意义，是企业和企业家普遍被政府政策性收买和并购，甚至是占有，企业家则普遍进入官僚政府系统，一大批具有杰出市场创新精神的企业家转型为国民党的政府官僚，市场的自由竞争退居其后，政府成为经济的主要计算者和设计者，企业家成为政府的官僚。

3. 救亡时代（1937—1948 年）

1937 年，日本侵华战争全面爆发，当时全国合乎《工厂法》规定的企业有 3 935 家，大多分布在苏、浙、粤、沪、津、宁、汉等地，仅上海一地就多达 1 235 家，许多民营企业纷纷向西南迁徙，资产损耗甚重，很多企业直接毁于日寇炮火。而抗战结束后，内战风云骤起，国民经济出现恶性通货膨胀，民族工商业走到了崩溃的边缘。

1921—1949 年，中国企业在风雨飘摇的时代下，仍然顽强成长，步入了工业企业发展的萌芽阶段。

民国十六年（1927 年），上海华隆机器厂（现上海木工机械厂）创建，并仿制成国内第一台弯脚机（带锯机）。

民国十七年（1928 年），胡厥文、胡叔常兄弟在嘉定创办合作五金制造厂（抗战期间迁往重庆，新中国成立后改名上海第七机床厂），生产中、西式门锁。同年陈万兴机械工具厂（现上海刃具厂）创建。初期生产手用丝锥和方扳手。

民国十八年（1929 年），贾云锦创办北洋信利机器铁工厂（现上海第一水泵厂），后于民国二十八年（1939 年）改名为信利机器厂。同年鸿发机器厂开始用铸铜和车削工艺生产各种螺母。

民国十九年（1930 年），王岳记机器厂仿制成能加工 60 英寸齿轮的滚齿机和刨齿机。同年颜耀秋创办上海机器厂（现上海水泵厂），并以"五福"牌商标制造小型柴油机、抽水机等。

民国二十年（1931 年），9 月，"九一八"事变后，胡厥文等召开上海铜铁机器同业公会会员大会，讨论抗日救国方案，并通过要求政府从速出兵、收复失地、抵制日货、组织义勇军等 5 点议案。11 月，蔡正粹依靠其父蔡方源开办的协泰机器厂为基础，创办了四方机电工程公司（现上海四方锅炉厂和上海工业锅炉厂），设在昆明路，以修理商船引擎和纺织机零件为主（民国二十五年，设计制造成功国内第一台工业锅炉，取名为"四方式水管锅炉"，安装在常州民丰纺织厂）。12月，刘凤麟创办麟记蓄电池厂（民国二十二年开始生产A、B电池、汽车和摩托车电池、固定型电池以及蓄电池充电设备）。是年中国协记电线厂（现上海电线三厂）生产出国内最早的铜芯橡皮电线和民用花线。

民国二十一年（1932年），1月28日，日军大举进攻闸北，当时上海有机器厂400多家，有一半以上集中在闸北、虹口一带，大多数工厂被日军炮火所毁，新中工程公司、明精机器厂、中国铁工厂、中新工厂等受损最重。是年华隆机器厂制造出刨板机。同年兴华机器厂制成国内第一台幅宽为43英寸双缸长网纸机。

民国二十二年（1933年），年初王秉连创办汇通蒸机器厂（现上海橡胶机械厂），主要修补橡胶轮胎，到民国二十四年制造出简易炼胶机。

民国二十三年（1934年），5月，徐承绪创办中华实业工厂（现上海矿筛厂）。初期生产灭火机，后转产钢精锅及插销、链条等五金商品。7月，郁鑫尧、周和甫等5人合资创办合众冷气工程公司（现上海第一冷冻机厂），设在归化路68号，它是国内最早的冷冻设备专业制造厂。是年余名钰、方文年以及股东约30人集资16万元，创建大鑫钢铁厂（现上海重型机器厂），设在江浦路730号和727号。

民国二十四年（1935年），培源铁工厂（现上海锻压机床厂）制成3吨脚踏压力机。同年大隆机器厂制造出国内第一套棉纺机。同年和丰涌印刷材料制造厂制造出"万年"牌自动铸字机。同年胡厥文、胡叔常创办鸣一机械工具厂（现上海量具刃具厂），生产高速钢丝锥、铣铰刀等。

民国二十五年（1936年），益中福记机器瓷电股份有限公司首次设计制造了750千伏安6600伏电力变压器2台，安装在松江电气公司。同年华成电器厂试制成功国内第一台500千伏安、2300伏、500转/分交流三相发电机，这是当时国内最大的交流发电机。同年裘玉如创办的上海永固机器厂（现上海真空泵厂）制造成功活塞式真空泵。同年培源铁工厂生产出小吨位脚踏（驼背）冲床。同年许子芳创办经用实业厂（现上海砂轮厂）生产出第一批国产砂纸，这是国内最早生产涂附磨具的厂家。

民国二十六年（1937年），7月30日，上海机器五金同业公会召开执委会议，讨论抗日战争开始后私营工厂向内地迁移问题，新民机器厂胡厥文、上海机器厂颜耀秋、新中工程公司支秉渊等首先表示愿将工厂迁到内地。8月11日，国民政府组织的上海工厂迁移监督委员会举行第一次会议，讨论迁厂办法，组成上海工厂联合迁移委员会，公推颜耀秋、胡厥文、支秉渊为正、副主任。从8月27日起至11月12日国民政府军队撤出上海止，共迁出民族资本工厂146家，其中有新民、上海、顺昌、合作、大鑫等66家机器厂，占上海机器工厂总数的10%。其中大部分经武汉迁往重庆。8月13日，日军进攻闸北地区，中国守军

中国民生研究报告

奋起抗击，"八一三"上海保卫战开始。当时上海民族资本机器厂共570家，多集中于闸北、虹口、南市一带，除内迁66家外，直接毁于炮火的达360家。11月12日，日军占领除"租界"以外的上海。留在上海的工厂纷纷迁入"租界"，并又新建了一批工厂（到民国三十年"租界"内已有机器工厂780多家，形成"孤岛"昌盛繁荣）。8月，新中工程股份有限公司制造出35马力车用柴油机。是年钱镛记电器厂制造出50千瓦交流发电机。同年培成电业厂（现上海电线一厂），开始生产"凤凰"牌花线。

民国二十七年（1938年），4月17日，内迁至重庆的30多家上海机器厂成立"迁川工厂联合会"，选举上海机器厂颜耀秋为主任委员。7月，新光培记滚镀厂（现上海长城电镀厂）创建，厂址在康定路1490弄8号，主要经营窗钩镀锡。是年培源铁工厂开始生产脚踏小吨位开式压力机。

民国二十八年（1939年），中华铁工厂制造出幅宽43英寸圆网造纸机。

民国二十九年（1940年），4月，朱品淳创办华新铁工厂（现上海机床附件二厂），初期以生产纺机零件为主，下半年仿制成功德式自定心卡盘，成为国内第一家专业生产卡盘的厂家。10月5日，陈云舫与沈增法合资创办精业机器厂（现上海压缩机厂），设在菜市路美术专科学校实验工场，主要从事华光影片公司手提摄影机中的小DP齿轮的加工。是年冯金宝创办发昌金记机器厂（现上海造纸机械总厂沪光分厂）。同年王如春、郑有荣等创办大新无线电器厂（现上海合金材料总厂），主要生产电位器、收音机及无线电零件。同年培生铁工厂（现上海第五机床厂）仿制成功中国第一台钻孔直径为2英寸的摇臂钻床，成为中国最早生产摇臂钻床的厂家。

民国三十年（1941年），9月，胡汝鼎、张藕舫和郑良斌合伙创办公用电机制造股份有限公司（现上海五一电机厂），主要制造棉纺厂用的交流电动机，后改名为公用电机厂。12月，太平洋战争爆发后，日军占领租界，上海"孤岛"时期工业的畸形发展结束，日本占领者加强控制、强占、掠夺上海的工厂和工业原料。是年明精机器厂仿制成国内第一台齿轮车床。同年华通电业机器厂试制成功六角车床。

民国三十一年（1942年），1月1日，内迁四川的上海迁川工厂联合会在重庆牛角沱生生花园举办为期两周的产品展览会。上海大鑫钢铁厂的冶金产品、华生电器厂的各种马达和电扇、合作五金厂的医疗器械、新民机器厂的抽水机、震旦机器厂的灭火设备、中国实业机器厂的印刷机、中国汽车制造厂的汽车部件、精一机器厂的绘图仪器等千余种产品参展。

民国三十六年（1947年），4月，中农公司吴淞厂（现上海柴油机厂）成立。7月1日，中国柴油机股份有限公司（现上海鼓风机厂）成立，厂址在茂名南路56号。10月，新安电机厂总工程师史钟奇设计制造出国内第一台40马力交流换向器变速电机。是年程伟民创办中国玻璃纤维社（现上海电机玻璃纤维厂），这

116

是国内最早生产玻璃纤维制品的专业工厂。同年益中福记机器瓷电股份有限公司试制成功国内第一根变压器用的纸柏管。同年中央印刷厂（现上海人民机器厂）制造出 32 英寸凸版轮转印刷机。

民国三十七年（1948 年），2 月，周文忠等 3 人合资创办鑫建铁工厂（现新建机器厂）。6 月，吴锦安筹组的国华工程建设有限公司，在斜土路 2086 号开设附属机修工场（现上海建筑机械制造厂）。是年中建电机制造厂（现上海电压调整器厂）杨庆龄设计制造成当时国内最大的 8 000 千伏自耦电力变压器，用于湖北大冶发电厂。同年鲍国梁创办玲奋电器机械制造厂（现上海试验机厂），初期主要生产动平衡机和小五金工具。1949 年，仿制成国内第一台 100 磅火花动平衡机。同年孙正友等人合资创办慎和翻砂厂（现上海造纸机械总厂铸造分厂），当时有 150 吨的起重机，为上海私营企业中较大的一家翻砂厂。

从民国元年（1912 年）出现的机制药品滥觞的人丹，发展到 1946 年的制药业，民国制药走过一段艰辛的历程。1921 年，各大药厂先后创设了研究部，从业人员均为技术专家或大学教授。至 1946 年，磺胺类全部药物、灭虫的 DDT、抗梅毒药物 914 国内均能自行制造，掌握了维生素 D 及维生素 C 的合成法并生产出世界新药。至 1946 年，药厂培养出的技术人才已逾万人，制药业已成为独立的工业。

二、政策环境

1912—1949 年经历了北洋政府时期、南京国民政府时期，其间经历了 14 年抗战，中国经济发展风雨飘摇，企业发展环境动荡不安。在此期间，几个和企业发展相关的法律陆续出台，对企业（公司）的发展作出了一些基本的规定。清政府颁布的《公司律》开启了。

（一）北洋政府《公司条例》

1914 年 1 月 13 日，北洋政府农商部颁行了近代中国的第二部公司法——《公司条例》。

1914 年的《公司条例》分为总纲、无限公司、两合公司、股份有限公司、股份两合公司及罚则，共有 6 章 251 条，其内容和篇幅较之 10 年前的《公司律》（共 131 条）均有较大的变动和增加，并于同年 9 月起实施。

《公司条例》不仅在内容上比《公司律》详尽，而且在法理上也较《公司律》上了一个台阶。

例如在公司概念方面，《公司律》含糊地规定"凡凑集资本共营贸易者名为公司"。而《公司条例》则规定"本条例所称公司，谓以商行为业而设立之团体""凡公司均认为法人。"第一次对公司概念作出了较为准确的界定，并第一次从法律上确认了公司的"法人"性特征，体现了现代公司的根本属性。

再如，在公司分类方面，《公司律》将公司分为"合资""合资有限""股分""股分有限" 4 类，因分类标准含糊，因而各种"公司"概念界定不严，相互重叠。

《公司条例》则将公司分为"无限""两合""股分有限"和"股分两合" 4 种，基本上体现了现代公司理论关于公司的分类原则。

总体而言，《公司条例》是中国近代第一部较为成熟的公司法。

（二）南京国民政府《公司法》

南京国民政府 1929 年颁行的《公司法》是在北洋政府 1914 年《公司条例》的基础上，参考德国、法国等国的《公司法》，于 1929 年 11 月拟定，12 月 26 日公布，1931 年 7 月 1 日起施行的。

这"是一部比较完整的现代中国公司立法"。

1927 年南京国民政府成立后，立法院即拟定了"公司法原则草案"，在原有 4 种公司类型外增加了"保证有限公司"，后在修订过程中被否决。

1929 年《公司法》颁行之后，南京国民政府又先后颁行了《公司法施行细则》《公司登记规则》以及《公司法施行法》等。

1931 年 2 月，立法院会议通过并公布了《公司法施行法》33 条，主要内容是规定《公司法》施行的具体程序。

另外，南京国民政府实业部在 1931 年 6 月公布了《公司登记规则》，分通则、规费、呈请程序、附则 4 章 46 条，对公司的主管官署、公司设立登记应缴纳的各种费用等加以规定。

《公司法施行法》《公司登记规则》和《公司法》一起，于 1931 年 7 月 1 日同时施行。

抗战期间，在 1940 年，南京国民政府又公布了《特种股份有限公司条例》及其实施细则予以补充。

按该条例，特种股份有限公司是指由政府机关组织、准许本国人民或外国人认股的股份有限公司。

（三）南京国民政府修正后的《公司法》

1945 年 1 月，国民党立法院商法委员会依据国防最高委员会通过了"第一期经济建设原则"和"修正公司法原则"，随后训令商法委员会修正 1929 年《公司法》，经商法经济两委员会联席会议，立法院讨论研究，修正后的《公司法》于 1945 年 9 月 29 日通过，1946 年 4 月 12 日公布，同日施行。

1946 年《公司法》分"定义""通则""无限公司""两合公司""有限公司""股份有限公司""股份两合公司""外国公司""公司之登记及认许"和"附则"

10 章 361 条，篇幅大为增加，规定更为详细，内容大为丰富。

为近代中国篇幅最大、内容最全，同时也是最后一部公司法。

修正后的 1946 年《公司法》，与前几部公司法规有很大的不同之处。

它概括了一切有关公司的法律、条例、规则，形成 10 章的编制，除第九章纯为程序的规定外，前面各章都属实体上的规定，用整章规定登记手续置于实体规定章节之后，使该法呈现出浓厚的集实体、程序规定于一身的特点。

此外，1946 年《公司法》大量借鉴英国、美国公司法的内容，在内容上，1946 年《公司法》增强了法律弹性，减少了政府机关的干涉，力图使立法精神从干涉主义趋于英国、美国的自由主义，该法的许多规定都体现了这一精神。

另外，1946 年《公司法》最为突出的特点之一是引进有限公司制度。规定有限公司股东人数为 2 人以上 10 人以下。股东人数的下限比股份有限公司少，成立容易；上限限于 10 人，用意"在便利政府或法人或富有资力者组织有限公司"，至于"其他资力较薄须集合多数人方能经营者"，则组织股份有限公司。

与 1929 年《公司法》重视中小股东利益保护的原则相比，1946 年《公司法》通过一系列规定维护了大股东利益。

1946 年《公司法》为外国投资者来华经营进一步提供了方便，如规定中外合资公司董事长须有中华民国国籍，不设董事长的，代表公司的董事至少应有一人有中华民国国籍。

1946 年《公司法》另特设外国公司一章，规定凡在其本国设立登记的外国公司，可向中国官署申请认许，从而在中国境内营业或设立分公司，外国公司经认许后，其法律上的权利义务与中国公司相同。

将外国公司规定于公司法中，在中国公司立法中属首次。

在相当长一段时间内，台湾当局仍沿用 1946 年《公司法》，后由于经济的发展，经济政策的变化，台湾当局于 1966 年对该公司法进行全面的修正。

第二节　百废待兴的企业初建（1949—1975 年）

一、发展概况

新中国成立初期，面临着经济基础极度薄弱、国家财政几近崩溃、价格上涨完全失控、投机活动异常猖獗的严峻形势。在新中国成立之初到改革开放前，我国经济发展经历了社会主义改造期（1949—1956）、社会主义经济建设的曲折探索期（1957—1965 年）和社会主义经济建设探索的严重挫折期（1966—1978 年），其间几度波折，几经磨难，中国企业在微弱地成长。

（一）社会主义改造阶段（1949—1956 年）

新中国成立后，民族资本主义工商业的利润来源有两个，在工业方面以加工订货为主、在商业方面以经销代销为主。在"利用、限制"的大方针下，国家对私营企业利润分配比例作出了规定。1950 年 12 月 30 日，政务院公布的《私营企业暂行条例》规定了公司经营盈余的使用比例和次序：一是缴纳所得税、弥补亏损；二是提取 10％以上作为公积金以扩充事业及保障亏损；三是分派股息，最高不得超过年息 8％；四是如有余额分配给股东收入、工厂工作环境改革、员工奖励等。尽管当时中央还没有"四马分肥"的提法，但是《私营企业暂行条例》确定的盈余分配方案已经具备了"四马分肥"的形式。

到 1950 年年底，北京、天津、上海等八大城市私营商业户数，全年开业和歇业相抵后净增 9 482 户。1950 年，对工商业的调整，不仅使私营工商业得到了健康发展，而且加强了国有经济在国民经济中的领导地位，社会主义国有经济已经牢牢把握了国民经济的命脉，为过渡时期对私营资本主义工商业进行社会主义改造创造了良好条件。

1950—1953 年，采取的是初级形式的国家资本主义，主要以加工、代工、包销、收购为当时采用形式较多的改造方式。新中国成立之初，政府将所有非法股权收归国有。之后，又通过统一财经、平抑物价对私营银行钱庄实现了公私合营。1950 年的"调整工商业"实行由国有企业向私营工厂供给原料、加工订货和统购包销的办法，1952 年的"三反""五反"运动使资本家在思想政治上取得了进步。1953 年，党和国家根据前期管理资本主义工业和商业的情况，提炼总结出过渡时期的总路线。

1954—1956 年，是以"公私合营"高级形式的国家资本主义阶段，其中包含了两个步骤，即以"四马分肥"形式为代表的单一企业公私合营和以"定息"形式为代表的全行业公私合营。1956 年 1 月 10 日，北京全市共有 17 963 户私营工商业完成改造，成为全国第一个资本主义工商业实行公私合营的城市。1956年一季度末，全国各地基本上实现了全行业公私合营。

（二）社会主义经济建设的曲折探索（1957—1965 年）

1957 年 10 月 27 日，《人民日报》发表社论，提出"有关农业和农村的各方面的工作在 12 年内都按照必要和可能，实现一个巨大的跃进"。随后各个地方纷纷开展了参与人数众多、规模普遍较大的修筑农田水利设施的生产建设运动，意味着农业"大跃进"的序幕正式在各地拉开。人民公社是随着 1957 年大搞农田水利基本建设工作建立的，最基本的形成方式是简单合作社经过合并构成大社，大社进一步转变为公社。到 1958 年 9 月下旬，人民公社已发展到 26 425 个，参加公社的农户 12 194 万户，占农户总数的 98％，已经基本实现了人民公社化。

1959 年 7 月，庐山会议作出了决定，"反右倾、鼓干劲，掀起新的大跃进高潮"，开启了一场新的"大跃进"。继续"大跃进"，进一步加剧了国民经济比例失调的局面，特别是工农业比例的畸形发展。

1958 年冬到 1959 年春，"大跃进"和人民公社化运动的后果逐渐显现。全国经济出现了困难。主要表现为，城市粮油副食品及其他生活用品普遍供应紧张，工农业生产面临无法完成目标的困境。

残酷的经济发展现状与群众艰难的生活状况迫使党中央对经济存在的问题进行冷静、深入的剖析，并且迅速对既定的政策进行调整，以图尽快改变当前的不利局面。1961 年 1 月，中央会议确定了"调整、巩固、充实、提高"的新政策，意味着党对经济工作的思路发生了重大转变，从先前的以冒进为主转变为以调整为主。

中央出台文件，对工商业进行了调整。《关于改进商业工作的若干规定（试行草案）》（简称"商业四十条"）明确纠正了"大跃进"以来盲目将供销合作社与国营商业合并、关闭自由市场等错误做法，为逐步恢复合作商店和农村集市贸易提供了政策依据；《关于城乡手工业若干政策问题的规定（试行草案）》（简称"手工业三十五条"）减缓了把集体手工业企业转变为全民所有制企业的改造速度，肯定了社会主义条件下个体手工业存在的必要性。

1961 年 9 月 16 日，中共中央颁布《国营工业企业工作条例（草案）》（简称"工业七十条"），提出了国有企业管理的指导原则，确立了国营工业企业中党委的领导核心作用，并构建了党委、厂长、职工代表大会三者紧密结合的、统一生产的行政体系，对恢复和建立企业正常的生产秩序发挥了积极作用。

由于各项政策及时、调整措施得当，1962 年国民经济出现了恢复和上升迹象。

1963 年 9 月，中央提出再用 3 年时间继续贯彻执行"调整、巩固、充实、提高"的方针，将第三个五年计划推迟到 1966 年。在 3 年过渡阶段中，中央坚决贯彻执行以农业为基础、以工业为主导的发展总方针，按照解决吃穿用、加强基础工业、兼顾国防和突破尖端的顺序来安排各项资源。在工业领域，国家大力发展国民经济的薄弱环节和部门，加强工业企业的设备维修和技术改造，加强与人民生活密切相关的轻工业产品的生产，有重点的发展对国民经济有作用的新兴产业。同时，中央还开展了一些经济体制改革的试验：一是试办托拉斯[①]，把生产和经营同类产品的许多企业联合组成专业性的大公司，按照经济规律进行管理；二是开展劳动制度改革，刘少奇提出的既要有全日制劳动制度和教育制度，

---

　　① 托拉斯，trust 的音译，指由许多生产同类商品的企业或产品有密切关系的企业合并组成，旨在垄断销售市场、争夺原料产地和投资范围，增强竞争力，以获取高额垄断利润的垄断组织。

也要有半工半读或半农半读的劳动制度和教育，这一观点得到中央肯定，并在全国一些单位开展试点。

由于党在经济工作方面采取了符合实际的方针，全国工农业生产得到了恢复和发展。在 1964 年年底，中央提出我国国民经济即将进入一个新的发展时期，号召全国人民努力奋斗，把我国建设成为一个具有现代农业、现代工业、现代国防和现代科学技术的社会主义强国。

（三）社会主义经济建设的严重挫折（1966—1975 年）

1966—1976 年是我国"文化大革命"时期，也是我国执行第三个五年计划（1966—1970 年）和第四个五年计划（1971—1975 年）的时期。

在这一时期，"文化大革命"指导思想的"左"倾错误导致刚刚经过调整和恢复的经济建设再次遭到剧烈的冲击和破坏，造成了社会动乱、经济发展停滞等严重灾难。

二、政策环境

（一）社会主义改造时期（1949—1956 年）

中华人民共和国成立后，政务院于 1950 年 12 月 29 日颁布了《私营企业暂行条例》，凡 32 条。1951 年又公布了《私营企业暂行条例施行办法》，凡 105 条。

根据上述条例和实施办法，私营企业有独资、合伙、公司 3 种形式，公司仍包括 1946 年《公司法》规定的 5 种公司形态。

政务院 1954 年 9 月 5 日公布《公私合营工业企业暂行条例》。条例规范的公私合营企业虽然名称上不再称为公司，但其实质内容是有限公司的特征，因为它确认公私双方的股份，并确定合营企业股东的有限责任（第五、八条），并规定合营企业的法人机关为董事会和私股股东会会议（第二十、二十一条）以及盈余分配办法（第十七条）。

1956 年第一季度末实现全国全行业私合营后，标志着社会主义改造已告完成，从此私营公司不复存在，《私营企业暂行条例》及其实施办法同时失效，无限公司、两合公司、股份有限公司、股份两合公司随之消失。

根据国务院 1956 年 2 月 8 日通过的《关于在公私合营企业中推行定息办法的规定》及 7 月 28 日《关于对私营工商业、手工业、私营运输业的社会主义改造中若干问题的指示》，私有股份变为债权，私有股东不复存在。

这样《公私合营工业企业暂行条例》所规范的有限公司也归于消失，此后 23 年，中国的企业全部转为国营、集体企业，公司立法被全民所有制企业立法和集体所有制企业立法所取代。

（二）全面计划经济时期（1957—1975 年）

全行业公私合营后，国家开始按照行业归口、产品归类和方便管理的原则，按行业组建了各种专业性公司。

这种公司虽然名为生产性专业公司或销售公司，实际上却并非是从事经营性的公司，而是国家对同行业的企业进行管理的工具，具有行政性公司的性质，事实上这些专业公司后来又转变为各种行业主管机关。

从所有制角度看，这一时期我国全面实行集中的计划经济体制，企业组织形式逐渐演变为国营、集体企业两种公有形式，而且这两种组织形式彼此之间也不存在相互交融或联合投资的情况。

由此，这一时期现代意义上的公司形式在我国不复存在，规范意义上的公司立法亦销声匿迹。

第三节　改革激活的爆发式增长（1976—1991 年）

一、发展概况

（一）改革开放之初的探索期（1976—1981 年）

经过十年动乱，国内经济面临的主要问题包括工农业生产混乱、交通运输和商业流通不畅、国民经济重大比例关系失调、人民物质生活水平偏低等等。面对经济领域的困难，从 1976 年 12 月至 1977 年 5 月，党中央和国务院号召开展"抓革命、促生产"运动，努力把国民经济搞上去。

1977 年 8 月 12 日，党的第十一次全国代表大会在北京召开。但由于受到当时历史条件的限制，党的十一大继续肯定"文化大革命"的错误理论政策和口号，没有纠正当时的"左"的错误，坚持"两个凡是"和继续"左"的错误，开始对经济工作的影响不是十分明显，但随着国民经济的恢复和发展，最终成为导致"文革"之后经济工作失误的主要根源。为了落实中央关于争取高速度的发展要求，国家计划委员会于 1977 年 11 月 15 日向中央提交了《关于经济计划的汇报要点》。事实证明，此时的《关于经济计划的汇报要点》主观上忽视了经济建设的客观规律，过分看重"农业学大寨""工业学大庆"等群众运动式的经济发展路径，严重背离当时中国的客观实际，确定的指标超过了国家财力和物力所能承受的程度。为了追求现代化建设速度而追加的基本建设投资和项目也未经充分论证便仓促上马，加剧了经济的失衡程度，加重了财政困难，这一阶段也被称为"洋跃进"阶段。

1978 年 12 月 18 日，中共中央召开了十一届三中全会。全会围绕"把全党的工作重点转移到社会主义现代化建设上"的主题进行。

1979 年 4 月 5 日，中央召开会议，通过了中央政治局提出的"调整、改革、整顿、提高"的方针，决定用 3 年时间对国民经济进行调整。调整主要采取以下措施：一是调整农业政策，大幅提高粮、棉、油等 18 种主要农副产品收购价格，降低农业机械、化肥农药的销售价格，减免部分社、队、企业税收，鼓励农民发展多种经营等；二是从 1980 年开始实行轻纺工业优先政策，在安排基建项目、技改资金、银行贷款、外汇支出等方面，优先支持轻工业，调动重工业支援轻工业生产，军工企业生产民用品；三是通过城镇安置就业、提升职工工资级别、在企业实行奖金制度、发放副食价格补贴等措施大幅增加城镇居民收入；四是对 1979 年计划中的粮食、棉花、钢铁、煤炭等产品的产量以及财政收入、基建投资、外汇收入等财政指标，都进行了一定程度的压缩和调整。这些措施核心在于，以农业为基础调整国民经济各方面比例关系，循序渐进地改革工业管理体系和经济管理体制，充分发挥职工生产的积极性，使国民经济进入了按计划、有比例的发展轨道。新"八字方针"及一系列调整措施的提出，标志着我国经济工作的指导思想开始有了根本性转变，是经济领域中进行拨乱反正的重大成果。

为了贯彻落实调整国民经济的方针，1980 年，党中央和国务院在多次工作会议上摆事实、讲道理，在思想上逐渐取得统一，同时重新调整 1981 年的国民经济计划，减轻地方在发展目标上的压力。

1979 年 9 月，党的十一届四中全会总结了新中国农业发展的主要经验教训，并提出了当时加快农业发展的若干措施。在农业生产分配原则方面，《中共中央关于加快农业发展若干问题的决定》明确允许在生产队统一核算和分配前提下包工到组，允许在副业生产特殊需要和边远山区等特殊情况下包产到户，在认可包产到户这一生产方式上迈出了一大步。农村改革的突破，建立了农村家庭联产承包责任制，在我国经济建设历程中为整个经济体制改革提供了重要经验和有利条件。

（二）改革开放全面探索时期（1982—1991 年）

1982 年 9 月，邓小平在党的十二大开幕词中明确提出从中国实际出发，建设有中国特色的社会主义这个重大的理论和实践命题。大会再次明确经济建设在所有工作中的首要地位，确定了从 1981 年到 20 世纪末全国工农业总产值翻两番的宏伟战略目标。

1987 年 10 月，党的第十三次全国代表大会召开。大会第一次完整系统地阐述了中国社会主义初级阶段的理论，正式明确了邓小平提出的"三步走"战略目标和步骤。

在党的十一届三中全会以后，我国社会主义经济建设的重心确定为经济体制改革。这个重心是由农村逐步转移进入城市的。我国农村改革取得了巨大的成功，农村经济开始向专业化、商品化转变。这种形势迫切要求疏通城乡流通渠道、开拓城市农产品市场，再一次形成了"农村包围城市"的局面，以适应对外开放、对内搞活经济的需要。

1984 年 10 月，中央发布《关于经济体制改革的决定》，出台了推进经济体制改革的具体措施。突出强调了城市在工业生产、建设和商品流通等经济活动中的主导作用，明确将"城市企业经济具备活力"的意义提升到国家经济大局和实现小康目标的高度。因此，增强企业活力，特别是增强全民所有制的大中型企业的活力，是以城市为重点的经济体制改革的中心环节。政府以扩大企业自主权为重点，按照政企分开、所有权和经营权适当分离的原则，正确发挥管理经济的职能，改变统收统支的国有企业经营方式。同时，政府必须重视经济杠杆的作用，建立合理的价格体系，贯彻按劳分配的原则，建立多种形式的经济责任制，进一步扩大国际国内经济技术交流，提升企业活力。

1986 年 12 月 5 日，国务院印发《关于深化企业改革增强企业活力的若干规定》，提出推行租赁制、利税分流制、股份制等多种形式的经营承包责任制，给经营者以充分的自主经营权。从 1987 年 5 月开始，全国范围内普遍推行承包经营责任制。

二、政策环境

自 1978 年党的十一届三中全会以后，我国进入经济体制改革时期，作为经济体制微观基础的企业组织形式一直是改革的一个重点。

随着经济体制改革的开展，我国的公司制度逐渐开始重新恢复，有关公司立法也逐步推进。

这一时期我国的公司立法是以有限公司制度的建立与丰富为中心的，具体从以下 4 个方面展开。

（一）《中外合资经营企业法》：我国对外开放的第一个正式的法律文件

1979 年 7 月 1 日，全国人民代表大会制定的《中华人民共和国中外合资经营企业法》的颁布，标志着中国内地公司立法停顿 23 年后又恢复了。

这部法律是我国对外开放的第一个正式的法律文件，也是我国公司企业制度走上法制化的新起点。

这部法律的颁布，开创了新中国法律确认有限责任公司形式的先河。此后，全国人大常委会又分别于 1986 年、1988 年通过《中华人民共和国外资企业法》和《中华人民共和国中外合作经营企业法》。此外，经过 20 多年的立法努力，有限公司制度已经在"三资"企业领域建立并逐步完善起来，成为我国公司立法的一个重要组成部分。

（二）《关于推动横向经济联合的暂行规定》：企业联合经营和资本流动的破冰之旅

1980 年，国务院发布《关于推动横向经济联合的暂行规定》，明确提出走联合之路，组织各种形式的经济联合体，并不受行业、地区和所有制、隶属关系的限制，并要求不能用行政命令强行组织，而要坚持自愿原则。这一规定可谓是企业联合经营和资本流动的破冰之旅，使公司的组建成为可能，为后来企业联营式公司的发展奠定了基础。

（三）《中华人民共和国私营企业暂行条例》：以国内法人、自然人作为股东设立有限责任公司的合法性

1988 年 6 月 25 日，国务院颁布了《中华人民共和国私营企业暂行条例》，规定私营企业可以采用独资企业、合作企业和有限公司 3 种形式。

依照该条例，私营"有限责任公司是指投资者以其出资额对公司负责，公司以其全部资产对公司债务承担责任的企业"。这样，实际上规定了以国内法人、自然人作为股东设立有限责任公司的合法性。

《中华人民共和国私营企业暂行条例》在新中国企业公司立法史上占有重要地位。

（四）《有限公司法（草案）》：公司立法的规范化

我国规范意义上的公司立法活动始于 1980 年。1983 年，国家经济委员会和国家经济体制改革委员会开始着手起草公司法。但当时显然不具备制定统一公司法的实践基础和外部环境，一些重大立法理论问题也未得到解决。

1985 年 8 月，由国家经济委员会主持起草工作，并于 1986 年 1 月完成了《有限责任公司和股份有限公司条例草案》（征求意见稿）。

根据征求的意见和建议，起草小组又分别拟定了《有限责任公司条例》（送审稿）和《股份有限公司条例》（送审稿）。1987 年，两个条例的草案上报国务院。国务院在研究这两个条例时认为股份公司尚属试点性质，不宜在全国以行政法规形式加以规定；有限公司适应我国经济发展需要，在实践中也已积累了较多的经验，可以先行通过。

1991 年，国务院法制局与国家经济体制改革委员会以送审稿为基础，会同有关部门反复修改，于 1991 年 8 月形成《有限公司法（草案）》，并提交国务院常务会议审议。但由于有限公司法与全民所有制工业企业法的关系，国有独资公司是否列入等问题未予解决，未获通过。后有关部、委、办对草案作了进一步修改。

第四节　深化开放的跨域式发展
（1992—2011 年）

一、发展概况

1992 年 1 月，邓小平发表南方谈话，谈话精神深刻地改变了中国的命运，有力地推动了中国走向社会主义市场经济道路。中国经济建设和改革开放进入了新的阶段。改革开放以来，我国经济持续高速增长，经济总量持续增加。

（一）改革开放的转轨期（1992—2000 年）

1992 年 2 月，中共中央政治局常委会高度评价邓小平在视察沿途发表的重要讲话。邓小平总结了 1978 年以来我国改革开放实践中的经验与教训，破解了束缚群众思想的一系列重大观念问题，为中国社会主义指明了前进的方向，也为党的十四大的召开统一了思想、奠定了理论基础。

1992 年 10 月，中国共产党第十四次全国代表大会在北京举行，作出了 3 项意义深远的决定：一是确立了邓小平建设有中国特色社会主义理论在全党的指导地位；二是明确了我国经济体制的改革目标是建立社会主义市场经济体制；三是要求全党抓住机遇、集中精力加快经济建设。在所有制结构上，我国建立了全民所有制和集体所有制经济为主体、多种经济成分长期共同发展的基本经济制度。在分配制度上，国家将按劳分配作为主体，将其他分配方式作为补充，同时兼顾效率与公平。在宏观调控上，更好地发挥计划和市场两种手段的长处。建立社会主义市场经济体制是中国在世界经济发展史上的创举。

党的十四大明确了国有企业改革应当以企业制度改革为重点，明确了建立现代企业制度是发展社会化大生产和市场经济的必然要求。拉开了国有企业改革的序幕。从 1998 年到 2000 年，中央确定了 520 多家重点企业，其中有 430 家进行了公司制股份制改革，国有及国有控股工业企业实现利润大幅增加。到 2000 年年底，在 1997 年亏损的 6 599 家国有及国有控股的大中型企业，亏损企业数量减少了 70% 以上，共实现利润 2 392 亿元，比 1997 年增长了 1.97 倍。许多国有小企业也通过改革实现了盈利。从总体上看，在社会主义市场经济环境下，国有企业通过改革，经营状况明显改善，开启了竞争发展的新局面，国有企业改革的既定目标基本实现。

同时，这一时期全国私营企业、个体企业虽然仍然以小微型为主，但其数量和规模迅速增长和扩大。根据 1992 年和 2000 年中国市场统计年鉴数据计算，从 1992 年到 2000 年，全国私营企业数量增长了 11.62 倍；注册资金由 221 亿元增长至 13 307 亿元，增长了 59.2 倍；从业人员由 232 万人，增长至 2 406 万人，增长 9.4 倍。全国个体工商户数量实现了 67.6% 的增长；注册资金由 601 亿元增加至 3 315 亿元，实现了 4.5 倍的增长；从业人员由 2 468 万人增加至 5 070 万人，增长 1.1 倍。非公有制经济总量规模逐步扩大、质量效益不断提升、社会贡献显著提高，已成为我国经济建设和社会发展的有力支撑。

（二）改革开放的深化期（2001—2011 年）

21 世纪的第一个 10 年，我国牢牢把握战略机遇期，在科学发展观的指导下，确立了全面建设小康社会的伟大目标，经济建设和社会发展以转型为主要特点，在市场经济体制、区域城乡协调发展、宏观调控机制以及对外开放等多个方面实现了不同形式不同层次的转型，共同促进了我国社会主义市场经济体制的现代化转型。

2001 年，中国加入了世界贸易组织，成为国际经济贸易体系的重要组成部分。我国的社会主义市场经济体制在基本制度、运行机制、法律制度等诸多方面都必须尽快与国际市场深入对接融合。我国经济建设发展与经济体制改革处在了新的历史起点。

2003 年 10 月，党的十六届三中全会作出了《中共中央关于完善社会主义市场经济体制若干问题的决定》，提出了在基本经济制度、经济结构、区域经济格局、经济社会发展体系等 7 个方面的改革任务。与先前提出的经济体制改革任务相比，十六届三中全会提出的改革任务已经超出了单纯经济体制改革的范畴，具有了综合性的特点。改革的目标不仅在于建立完善的社会主义市场经济体制，而且在于逐步建立全面综合协调发展的社会主义市场经济体系。

2003 年 3 月，国务院成立国有资产监督管理委员会，改变了过去政府直接管理国有企业的方式，特别是从机构设置上进一步实现"政资分开"与"政企分开"，设立专门机构确保国有资产保值增值的目标得以实现。随后，中央、省、市 3 级国有资产监督管理机构逐步建立。

在同一期间，非公有制经济也取得了深入发展。党的十六届三中全会将非公有制经济的地位确定为促进我国社会生产力发展的重要力量，标志着在"发展社会主义生产力"这个根本任务上，党中央肯定了非公有制经济与公有制经济具有同等重要的价值。2005 年 2 月，国务院提出《关于鼓励支持和引导个体私营等非公有制经济发展的若干意见》（简称"非公经济 36 条"），放宽了非公有制经济的市场准入，加大和改进了财税金融、社会服务、劳动保障、政府管理等多个方面对非公有制经济的支持力度，是新中国成立以来我国第一个促进非公经济发展的系统性政策文件。

二、政策环境

(一)《有限责任公司规范意见》与《股份有限公司规范意见》

1992年春邓小平南方谈话后,股份制企业发展神速,为适应规范化的需要,国家体改委(1988年国家经济委员会被撤销,公司法的起草工作转由国家体改委主持)以这两个公司的"规范意见"这一行政规章形式代替了原定的国务院行政法规形式而先加以公布。这样,1992年5月15日,《有限责任公司规范意见》与《股份有限公司规范意见》一道由国家体改委正式发布。

《有限责任公司规范意见》共计11章79条,《股份有限公司规范意见》共计12章119条,以大陆法系的公司制度为蓝本,在全面总结了自1978年以来我国公司制度实践经验的基础上,系统规定了有限公司和股份公司的基本原则、设立、公司治理、资本(股份)、合并与分立、解散与清算、财务会计、法律责任等基本制度。其后,相关部、委、办也相继发布了10余项配套文件,初步形成了极有特点的中国公司法律制度体系。

同一时期,我国不少经济发达地区的地方性公司法规也对公司制度予以规范。最早是广东省的《广东省经济特区涉外公司条例》(1986年9月),1992年3月,深圳市又制定了《深圳市有限责任公司暂行规定》。之后,上海市、海南省都相继颁布了本地的公司法规。这些地方性公司法规、规章的制定,不仅规范了本地公司的行为,也为全国统一的公司立法提供了有益经验。

这一时期,在以两个"规范意见"为核心的一系列规范性立法文件基础上形成的公司制度体系具有以下鲜明特点:第一,它是以行政规章、行政法规为主构成的制度体系;第二,与以往立法文件相比,该制度体系内容更为系统和规范;第三,它既汲取了台湾地区和国际上的通用准则,又特别反映出传统企业向现代企业制度转化的实际需求;第四,它总结了我国公司制的经验教训,具有鲜明的针对性和现实的可操作性;第五,这一制度体系具有试点和过渡性质。

总之,上述规范性文件尤其是两个"规范意见"的制定与实施,对我国公司法的制定与出台起了巨大推动作用,也标志着我国公司立法逐渐走向规范。

(二)新中国第一部《中华人民共和国公司法》

1992—2011年,随着各项市场化改革的迅猛深入,非国有企业和其他组织、个人也纷纷组建公司,国家迫切需要制定适用范围更加广泛效力位阶更高的公司法。

1992年,全国人大常委会将公司法列入1992年的立法计划,公司法立法工作加快了步伐。1992年7月,《有限责任公司法(草案)》再次提交国务院常务会议并获原则通过。9月1日,七届全国人大常委会第二十七次会议听取了国务院法制局局长杨景宇关于该草案的说明。依该说明，有限责任公司法的调整范围在不打破现行法律、行政法规已经确立的企业立法体制的基础上，定位于：在中国境内由两个以上公有制（全民或集体）企事业单位作为股东出资举办的有限责任公司；私营有限公司仍适用《中华人民共和国私营企业暂行条例》并参照本法执行；外商投资企业、私营企业之间相互联营或同其他企业联营而举办的有限公司，参照本法执行。

全国人大常委会委员审议认为，草案确立的调整范围太窄，没有突破按不同所有制为企业立法的做法，太迁就立法现实，并提出应制定一部覆盖面更宽一些、内容较全面的公司法。

1992年9月初，七届全国人大常委会第二十七次会议闭幕后，全国人大常委会委员长会议决定由全国人大法制工作委员会起草一部较完整的公司法。此后，全国人大法制工作委员会在原有《股份有限公司条例（草案）》《有限公司条例（草案）》《股份有限公司规范意见》《有限公司规范意见》和《有限公司法（草案）》等5部立法资料基础上，广泛参考其他国和地区的公司法，起草了《中华人民共和国公司法（草案）》初稿。

《中华人民共和国公司法（草案）》历经1993年2月七届全国人大常委会第三十次会议、1993年6月八届全国人大常委会第二次会议、1993年12月八届全国人大常委会第五次会议的3次审议，最终于1993年12月29日八届全国人大常委会第五次会议全体会议表决通过《中华人民共和国公司法》，并于1994年7月1日起施行。

于此，新中国第一部公司法诞生了。

《中华人民共和国公司法》规定公司为法人，分为两种形式，即有限责任公司与股份有限公司。两种公司形式都规定了最低注册资本限额。在其他国家的立法例中，公司除有限责任公司及股份公司外，大都还包括无限公司、两合公司等。

1997年颁布的《中华人民共和国合伙企业法》和1999年颁布的《中华人民共和国个人独资企业法》，对合伙企业与个人独资企业作出了规定。

个人独资企业与合伙企业为非法人商事主体，注册资本无最低资本额限制，投资人对企业债务承担无限责任，其设立程序较公司为简便，条件限制较少，设立较易。

由于我国公司实践起步较晚、市场发展迅速等多方面原因，《中华人民共和国公司法》虽然有230条之多，但条文存在着原则性强、可操作性差、法律漏洞多等诸多不足，在实际应用中问题颇多。所以，于1999年12月25日对《中华人民共和国公司法》进行了修改，但只是对国有独资公司监事会的增设，以及对高新技术的股份有限公司发行新股和申请股票上市的条件进行了规定，对于司法实践应用中遇到的大量问题并没有作出相应修改。

此后，2003 年 11 月，最高人民法院出台了《关于审理公司纠纷案件若干问题的规定》（征求意见稿），对司法实践中出现的问题作出了一定的答复，但随着修改《中华人民共和国公司法》被提上全国人大常委会的议程，这一意见稿最后没有出台。

2004 年 7 月 1 日，《中华人民共和国行政许可法》正式生效。依据《中华人民共和国行政许可法》的规定，2004 年 8 月 28 日，第十届全国人民代表大会常务委员会第十次会议通过《关于修改〈中华人民共和国公司法〉的决定》，第二次修正《中华人民共和国公司法》，但仅仅删除了"股票采用溢价发行的，须经国务院证券管理部门批准"的规定，基本上仅作涉及技术层面上的修改。

（三）全面修订《中华人民共和国公司法》

2003 年 3 月举行的十届全国人大一次会议和 2004 年举行的十届全国人大二次会议上，人大代表提出多项议案，建议尽快修改公司法。随后，《中华人民共和国公司法》的修订列入十届全国人大常委会要审议的立法规划。

2004 年 7 月 5 日，国务院法制办完成公司法修改草案的起草工作，并将征求意见稿下发到有关部门征求意见。2004 年 12 月 15 日，国务院常务会议通过《中华人民共和国公司法（修订草案）》，提交全国人大常委会审议，历经 3 次审议之后，于 2005 年 10 月 27 日十届全国人大常委会第十八次会议通过了修订后的公司法。

国家主席胡锦涛签署第四十二号主席令予以公布，修订后的法律自 2006 年 1 月 1 日起施行。

2005 年施行的《中华人民共和国公司法》共 13 章 219 条，对 1993 年颁布实施的《中华人民共和国公司法》做了比较全面的修订，基本上所有的条文都有修改。

修改的主要内容，大体上有以下几点。

第一，修订后的《中华人民共和国公司法》，完善了公司设立和公司资本制度方面的规定，包括较大幅度地下调了公司注册资本的最低限额，降低了公司设立的"门槛"；扩大了股东可以向公司出资的财产范围；增加了股份有限公司的定向募集设立方式；将"一人公司"纳入公司法的调整范围，允许一个自然人或法人投资设立一人有限公司，对其依法加以规范等。这些修改和补充，为公司的设立提供了制度上的便利，有利于鼓励投资创业，促进经济发展和扩大就业。

第二，修订后的《中华人民共和国公司法》修改、完善了公司法人治理结构方面的规定，包括完善了股东会和董事会制度，充实了股东会、董事会召集和议事程序的规定；增加了监事会的职权，完善了监事会会议制度，强化了监事会作用；增加了上市公司设立独立董事的规定；对于公司董事和高级管理人员对公司的忠实和勤勉义务以及违反义务的责任，作出了更为明确具体的规定。

这些修改和补充，为贯彻党的十六大和十六届三中全会提出的"完善公司法人治理结构"的要求，保障公司的规范运作和有效管理，推进国有企业继续进行规范化的公司制改造，维护出资人权益，提供了法律制度上的支持。

第三，修订后的《中华人民共和国公司法》充实了公司职工民主管理和保护职工权益的规定，进一步强化了对劳动者权益的保护，更充分地体现了我国公司立法的社会主义特色。

第四，修订后的《中华人民共和国公司法》健全了对股东尤其是中、小股东利益的保护机制，包括为了保证股东的知情权，增加了有限责任公司股东可以查阅公司财务会计账簿的规定；增加了股份有限公司股东大会选举董事、监事时，可以实行累积投票制的规定；增加了有限责任公司股东退出机制的规定，在公司符合分红条件而长期不向股东分红等情况下，股东可以要求公司收购其出资，退出公司；增加了股东代表诉讼的规定，当公司董事、经理等高级管理人员侵犯了公司权益，而公司不予追究时，股东可以依法向人民法院提起诉讼，以维护公司和自身的权益。

这些修改和补充，对于维护中小股东的合法权益，保护投资积极性，增强投资信心，提供了法律保障。

第五，修订后的《中华人民共和国公司法》增加了"公司法人人格否认"或称为"揭开公司面纱"制度的规定。

修订后的《中华人民共和国公司法》在为公司的设立和经营活动提供较为宽松条件的同时，为防范滥用公司制度的风险，增加了"公司法人人格否认"制度的规定。

当公司股东滥用公司法人独立地位和股东有限责任，逃避债务，严重损害公司债权人利益时，该股东即丧失依法享有的仅以其对公司的出资为限对公司承担有限责任的权利，而应对公司的全部债务承担连带责任。

这一规定，为防范滥用公司制度的风险，保证交易安全，保障公司债权人的利益，维护社会经济秩序，提供了必要的制度安排。

修订后的《中华人民共和国公司法》虽设置了"法人人格否认"，但适用公司法人人格否认即股东对公司债务承担连带责任的具体情形，还需要由最高人民法院按照严格掌握的原则，通过司法解释作出规定。

修订后的《中华人民共和国公司法》进一步完善了公司法律制度，顺应了深化改革、促进发展的实践要求，为我国社会主义市场经济的发展提供了更加有力的制度支持。

第五节　超创新引领的高质量发展
（2012—2021 年）

一、发展概况

2012 年以来，我国社会主义经济建设进入了以经济改革为重点的全面深化改革阶段，党中央立足社会主义初级阶段的基本国情和我国新的阶段性特征，结合国际形势的新变化，先后提出了以全面协调可持续为基本要求的中国经济建设科学发展的思路和战略，提出了"五位一体"的总体部署，"四个全面"的战略布局，树立了新时代破解发展难题的"五大发展理念"，推进了以经济改革为重点的全面改革，力求在主要领域和关键环节改革上取得决定性成果，进一步形成系统完备，科学规范，运行有效的社会主义市场经济制度体系。

我国走上了由世界经济大国向世界经济强国迈进的道路。2018 年，我国国内生产总值增长 6.6%，总量突破 90 万亿元，居民消费价格上涨 2.1%。国际收支基本平衡。从国际视角看，经济发展使我国的国际地位显著提高。我国经济总量于 2010 年超越日本成为世界第二大经济体，在世界经济总量中的比重逐年上升，同时已成为世界第一大工业国、第一大货物贸易国、第一大外汇储备国。一系列的经济发展成就加快了我国经济结构发展转型，加快了人民生活迈向小康的进程，也加速了我国由世界经济大国逐步走向世界经济强国的步伐。

人民生活品质逐步提高。我国人民生活品质的提高集中表现在居民人均可支配收入的迅速提高以及消费结构的转化。根据 2018 年发布的统计数据，2017 年全国居民人均可支配收入达到 25 973.8 元，与 2013 年的 18 310.8 元相比，5 年平均增幅达到了 8.4%。居民人均消费支出由 2013 年的 13 220.4 元增长为 2017 年的 18 322.1 元，5 年平均增幅达到了 7.7%。

从 2012 年到 2019 年，我国企业蓬勃发展，到 2019 年，全国 31 个省（直辖市、自治区）现有法人单位约 2528 万个，其中，第一、第二、第三产业法人单位数量分别为 164 万个、506 万个、1 858 万个（图 32），形成了以瑞蚨祥、茅台酒、王致和、同仁堂等为代表的一大批百年老店，以及以华为、阿里巴巴、腾讯、百度、大疆等为代表的企业组织。

从省级单位来看，数量最多的前 5 省份为广东、江苏、山东、浙江、河南，法人单位数量占比分别达到 13.25%、9.21%、9.17%、7.54%、5.61%。其中，广东、江苏、山东 3 个省法人单位超过了 200 万家。数量最少的 5 个省份为西藏、青海、宁夏、海南、吉林，法人单位数量占比分别仅有 0.19%、0.39%、0.45%、0.50%、0.84%。其中，西藏、青海法人单位数不足 10 万家。

分行业来看，各行业法人单位在各省份的分布各有不同的特点。农、林、

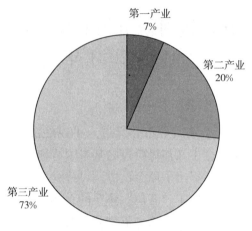

图 32　2019 年三大产业法人单位数量占比情况

牧、渔业河南数量最多,采矿业河北数量最多,制造业广东数量最多,电力、燃气及水的生产和供应业广东数量最多,建筑业天津数量最多,交通运输、仓储和邮政业广东数量最多,信息传输、计算机服务和软件业广东数量最多,批发和零售业广东数量最多,住宿和餐饮业广东数量最多,金融业广东数量最多,房地产业广东数量最多,租赁和商务服务业广东数量最多,科学研究、技术服务和地质勘查业广东数量最多,水利、环境和公共设施管理业山东数量最多,居民服务和其他服务业广东数量最多,教育业广东数量最多,卫生、社会保障和社会福利业河南数量最多,文化、体育和娱乐业广东数量最多,公共管理和社会组织山东数量最多(表 6)。

表 6　各行业企业法人单位数量

序号	产业	数量最多		数量最少	
		省份	数量	省份	数量
1	农、林、牧、渔业	河南	156 664	西藏	2 830
2	采矿业	河北	8 617	上海	6
3	制造业	广东	613 236	西藏	3 761
4	电力、燃气及水的生产和供应业	广东	11 150	西藏	284
5	建筑业	天津	185 133	宁夏	6 477
6	交通运输、仓储和邮政业	广东	77 590	天津	684
7	信息传输、计算机服务和软件业	广东	172 828	西藏	1 097
8	批发和零售业	广东	1 043 904	西藏	7 292
9	住宿和餐饮业	广东	55 598	西藏	1 139
10	金融业	广东	30 364	西藏	336
11	房地产业	广东	124 439	西藏	637

（续）

序号	产业	数量最多		数量最少	
		省份	数量	省份	数量
12	租赁和商务服务业	广东	535 456	西藏	5 692
13	科学研究、技术服务和地质勘查业	广东	199 286	西藏	1 461
14	水利、环境和公共设施管理业	山东	14 663	西藏	205
15	居民服务和其他服务业	广东	65 169	西藏	673
16	教育业	广东	72 214	西藏	1 046
17	卫生、社会保障和社会福利业	河南	38 881	西藏	575
18	文化、体育和娱乐业	广东	63 415	西藏	1 013
19	公共管理和社会组织	山东	136 066	海南	8 137

二、政策环境

为进一步增强企业发展信心和竞争力，释放企业活力，国家深入开展了改善营商环境的深化改革。2017 年 7 月 17 日，中央财经领导小组专门召开会议，研究改善投资和市场环境、扩大对外开放问题，强调要改善投资和市场环境，加快对外开放步伐，降低市场运行成本，营造稳定公平透明、可预期的营商环境，要求北京、上海、广州、深圳等特大城市率先加大营商环境改革力度。

2017 年 7 月 24 日，中央政治局会议在分析研究当前经济形势时指出，要稳定外资和民间投资，加强产权保护，扩大外资市场准入，增强营商环境对投资者的吸引力。

近 5 年，国务院发布了一系列改善营商环境的政策文件，部署出台了一系列有针对性的政策措施，优化营商环境工作取得积极成效。围绕破解企业投资生产经营中的堵点和痛点，加快打造市场化、法治化、国际化营商环境，增强企业发展信心和竞争力。从财政税收、外资利用、开办企业等各个方面发布了一系列的政策文件，取得了良好的效果。

第六节　百年发展之新格局

一、发展机遇

"十四五"时期，是我国由全面建设小康社会向基本实现社会主义现代化迈进的关键时期，也是"百年未有之大变局"的风险高发期，宏观经济、社会环境复杂多变。综合来看，企业发展的外部环境可能存在以下几个机遇。

（一）高质量发展是企业发展的主题

目前，我国经济正处在转变发展方式、优化经济结构、转换增长动力的攻关期。"十四五"期间，我国经济已经由高速增长转向高质量发展阶段。经济发展不再依靠传统粗放的增长模式、发展路径，而是靠发挥市场机制的作用，激发市场的活力和创造力。

（二）新业态和新模式不断催生壮大新企业

"十四五"期间，网络经济、共享经济、众创空间、线上线下互动等新产业、新业态、新模式将不断涌现，许多传统的生产经营模式和消费模式将彻底颠覆。新业态和新模式将催生一大批新生企业，助力企业发展壮大。

（三）国内市场与消费极大推动企业发展

以大国经济演进的规律来看，人均 GDP 越高，国内市场规模将越来越大，同时消费结构不断升级变迁。随着我国人均 GDP 的不断攀升，国内消费市场将保持不断增长的势态，对产品和服务的需求不断增加，将会助力企业的发展壮大。

（四）"双循环"格局给企业发展提供更多机会

以国内大循环为主体，国际、国内双循环相互促进，对国内企业而言，既有机遇也有挑战。全球化的逆转，中美关系的微妙变化，中国有必要也有内生动力，去保持比较完整的产业链、工业链。同时未来要形成一个产业链、供应链的闭环，摆脱对外的高依赖度，需要中国企业朝产业链上游迈进，这对中国企业来讲，拥有更多的向上发展的空间和机会。

二、面临挑战

从制度层面看，我国营商环境仍存在一些短板和突出问题，企业负担仍需降低，小微企业融资难仍待缓解，投资和贸易便利化水平仍有待进一步提升，审批难、审批慢依然存在，一些地方监管执法存在"一刀切"现象，产权保护仍需加强，部分政策制定不科学、落实不到位等。

从企业自身来看，企业存在融资难，税负负担不低，生产经营成本高、高技能产业工人供给不足、发展环境不确定等外部经营风险。

第七节　关于我国企业未来发展的对策建议

政府是优化企业营商环境和制度供给的主体，要进一步创新政府监管方式，优化政府服务，切实把经济管理权放到离市场最近的地方，把社会管理权放到离居民最近的地方，努力使审批更简更高效、监管更强更有效、服务更优更贴心，大力推进政府管理和服务效率变革，充分激发各类市场主体的活力。

一、拓宽融资渠道，切实解决中、小、微企业融资难题

中、小、微企业数量众多，是经济发展的生力军，解决了大量的就业和民生问题，如何让中、小、微企业发展壮大，释放活力，是经济发展的基础和关键。而中、小、企业融资难是企业发展的第一难题，要疏通货币信贷政策传导机制，综合运用多种工具，强化政策协调，综合运用支小再贷款、中小企业高收益债券、小微企业金融债券、知识产权质押融资等多种方式，帮助解决中、小、微企业融资难问题。

二、减轻涉企税费，降低企业生产经营成本

近年来，我国连年出台减税降费措施，规模逐年增加。但仍有部分企业对于减税降费的获得感不强，其重要原因在于增值税是流转税，处于供应链弱势环节的中小企业由于依赖大企业，并未完全享受到减税后的那部分政策成果。因此应继续深化税制改革，实行一次性、普惠性降低企业所得税制度，以直接提高企业盈利能力，增强企业获得感，有利于增加中小企业的投资发展信心，助力中小企业高质量发展。还需进一步加快出口退税进度，对信用评级高、纳税记录好的企业简化手续、缩短退税时间，全面推行无纸化退税申报，提高退税审核效率。

同时减少各项涉企收费。清理物流、认证、检验检测、公用事业等领域经营服务性收费，规范降低涉企保证金和社保费率，减轻企业负担。

三、压减行政许可，持续深化商事制度改革

（一）压减行政许可

自 2015 年以来，我国持续开展营商环境改革，从 2015 年 12 月在上海浦东试点开展 116 项涉企经营事项改革，到 2018 年在 10 个省份的自贸区扩展，再到 2019 年在全国 18 个自贸区 55 个片区开展 525 项涉企事项的改革，逐一制定出台直接取消审批、审批改为备案、实行告知承诺或优化准入服务的具体办法和加强事中、事后监管的措施，取得了显著效果。为在更大范围内释放市场主体活

力，应在前期改革的基础上，进一步加大力度，进一步压减行政许可等事项。对现有行政许可事项进行一次全面清理论证，再推动取消部分行政许可事项。

（二）深化"证照分离"

深化全面开展"证照分离"改革，推动前期试点成功经验和模式由点及面，在更大范围内推动"照后减证"，让更多企业受惠，进一步营造稳定、公平、透明、可预期的市场准入环境，充分释放市场活力，推动经济高质量发展。

四、保证市场公平，减少准入限制

全面实施新版市场准入负面清单，推动"非禁即入"普遍落实。在民航、铁路、公路、油气、电信等领域，落实一批高质量的项目吸引社会资本参与。有序推进政府和社会资本合作（PPP）项目建设，在核查清理后的PPP项目库基础上，加大对符合规定的PPP项目推进力度，督促地方政府依法依规落实已承诺的合作条件，加快项目进度。要组织开展招投标领域专项整治，消除在招投标过程中对不同所有制企业设置的各类不合理限制和壁垒，严格落实《必须招标的工程项目规定》，赋予社会投资的房屋建筑工程建设单位发包自主权。

保障外商投资企业公平待遇。清理取消在外商投资准入负面清单以外领域针对外资设置的准入限制，实现市场准入内外资标准一致，落实以在线备案为主的外商投资管理制度，并组织对外资企业在政府采购、资金补助、资质许可等方面是否享有公平待遇进行专项督查。

清理地方保护和行政垄断行为。清理废除妨碍统一市场和公平竞争政策文件，废除现有政策措施中涉及地方保护、指定交易、市场壁垒等的内容，杜绝滥用行政权力排除、限制竞争行为。

（本章由民生智库市场监管研究中心撰写）

第四章 体育发展

第一节 建党百年间中国体育发展历程

一、第一阶段：建党初期到新中国成立前（1921—1949 年）

我国近代体育始于洋务运动时期，以军事化体育为主，后发展到北洋政府时期，体育开始在精英阶层日渐盛行，此时体育仍是军阀割据的工具和资产阶级娱乐的方式。在五四运动新思潮推动下，中国共产党创始人和进步人士开始谴责学校精英式体育教育和"以兵操为主"的军国主义体育。民国时期，体育逐渐摆脱外国人的掌控，发展中国自己的体育组织，如中华全国体育协进会、中华业余运动联合会；也开始参加国际性的体育运动竞赛。但是，民国时期历届政府并不重视体育事业，在 1932 年仅派出刘长春一人，首次参加了在美国洛杉矶举办的第十届奥运会，后在当地华人华侨捐助下，刘长春才凑够返程路费回到祖国。

与此同时，中国共产党从人民大众的利益出发，率先在革命根据地中央苏区推行群众性体育运动，并在抗战的军事环境及经济条件中，逐渐在陕甘宁边区和敌后根据地形成了遵循因地制宜、节约成本的原则，将现代体育与民族的、地方性的体育项目或是文艺、风俗活动相结合，并以发动群众的方式推动群众参与到体育运动当中来，将群众体育和政治运动紧密融合为"赤色体育"（又称"红色体育"）的模式，这对体育事业的发展产生很大的促进作用。

二、第二阶段：新中国成立初期到改革开放之前（1950—1978 年）

这个阶段的体育是由政府组织负责创办的。在政府的积极领导下，体育制度、体育机构以及体育组织等体育活动相继展开。体育不但发展成为很多人的娱乐活动，还发展成为一种全民体育活动，而我国的政治经济制度在这个时期发生了很大的改变，为解决当时我国面临的问题奠定了一定的理论依据。

第一过程（1949—1953 年）。我国体育取得快速发展，与提升人们体质以及发展体育运动的思想是分不开的。这个时期，新中国的体育事业处于刚刚起步阶段，中央人民政府对体育工作尤为重视，将体育事业提上日程，组织召开了全国体育工作者代表大会，还创办了中华全国体育总会。

1949 年 11 月，中华全国体育总会筹委会公布第一套广播体操。这套体操简单易学，适合所有人民群众。经过 40 多年的发展，广播体操取得了显著的发展成绩，目前已公布 7 套广播体操。此外，国家体育运动委员会还对钢铁工人操、煤矿工人操以及纺织工人操进行编制，在全国范围内实施。部分地区结合不同的工种特征编制各种生产操，与各种病情相结合编制出多样化的保健操，特别是为中小学生编制眼保健操，使得中小学生能够实现健康发展。

第二过程（1954—1965 年）。这个时期提出了国家体育方针政策，为我国体育发展提供制度保障。1954 年，中共中央批准中央人民政府体育运动委员会党组《关于加强人民体育运动工作的报告》，报告中指出，党的一项比较关键的任务就是提升人们的身体素质，使得人们能够实现健康发展。这为建设中国社会主义起到了很大的促进作用。

1954 年，中央人民政府政务院发布了《关于在政府机关中开展工间操和其它体育活动的通知》，规定每天上午和下午的工作时间中抽出 10 分钟做工间操，倡导多样化的体育活动。另外还颁布并实施了"准备劳动与卫国"体育制度。20世纪 60 年代，这一制度改为青少年体育锻炼标准，在 30 多年里使 2 亿多人达到各级标准，使人民群众广泛地参与锻炼，进而为国家培养更多高水平的运动员，为运动员的体育锻炼营造良好的环境。

1955 年，中华人民共和国第一届全国人民代表大会第二次会议通过的《关于发展国民经济的第一个五年计划的决议》中提到，全国人民都应该积极地参与体育活动，特别是机关青年、部队、学校和厂矿等，促使人们的体质得到提升。周恩来在 1959 年的第二届全国人民代表大会第一次会议上做的《政府工作报告》中指出，就体育工作来说，应该得到快速普及。促使群众性体育运动能够得到进一步拓展，从而使得我国的体育水平得到显著提升。1960 年，党中央在《关于卫生工作的指示》中提到，只要是能够开展的体育运动都应该积极地提倡，例如打太极拳、跑步以及做体操等。党和政府因为高度重视体育工作的进展情况，所以积极鼓励和倡导群众参与到体育活动中，使群众体育活动得到快速发展。

第三过程（1966—1978 年）。这个时期，国家的经济发展受到很大的限制，对于我国的体育发展造成很大的影响。许多体育管理部门被解散和撤销，体育场馆也多遭损坏，使得我国的体育事业受到很大影响。

三、第三阶段：改革开放到北京奥运会（1979—2008 年）

1978 年，我国实施改革开放，国家制定了体育发展目标，致力于将我国发展成为 21 世纪体育最发达的国家之一，积极倡导为国争光和振兴中华的精神。这个时期，体育被重新定位，同时拥有在奥运会上争金夺银的信心。随着我国经济的快速发展，竞技体育肩负起特殊使命。

1979 年，我国恢复了在国际奥委会的合法席位，体育成为国家外交、对外宣传的方式之一，通过体育打造国家形象、塑造国家实力，使国家尽快融入国际社会成为体育的新定位。竞技体育成为一种外交展示和政治宣传的方式，它以我国竞技体育在国际大赛中取得显著的发展成绩为标准，致力于为国家培养更多的优秀运动员。1990 年之后，我国的社会经济快速发展，国家实力显著增强，国家外交和展示形象的方法也开始呈现出多元化的特征。1995 年，我国开始实施奥运争光与全民健身计划，通过竞技体育夺取国际大赛成绩，为国争光；通过开展全民健身运动，提高人民身体素质。

党的十一届三中全会之后，我国的经济形势发生了很大的变化，体育事业也开始进入新的发展时期，并且取得了显著的发展成绩。1979 年，国家体育运动委员会指出，随着新形势不断前进，群众体育工作应该积极地展开，尤其要重视学校体育。同时，积极地组织工农人员参与工农体育运动，另外还需要强化少年儿童的业余锻炼，经过 10 多年的发展，业余训练和群众体育都取得了快速发展。就传统体育项目来说，200 多万学生融入训练中。社会办体育快速发展，不但得到各个行业以及各个部门的支持，同时还集中了个人资助、社会团体及集体、个人为体育事业发展提供的支持，大力新建学校，修建体育场地。这时期，港澳同胞以及海外华人也为国内体育事业的发展提供大力支持。目前，从乡村到城市，男女老少对于体育活动都非常热心，连伤残人员也非常喜爱体育活动。大家积极融入体育活动训练中，活动的内容不但包含近代体育，还包含医疗体育、家庭体育以及民族传统体育等，群众体育得到进一步拓展，体育运动的质量也有了显著提升。

1984 年 10 月，中共中央发布《关于进一步发展体育运动的通知》。通知指出，自新中国成立之后 35 年的时间里，我国体育事业取得快速发展。此外，我国的体育事业相比世界先进水平，在体育普及程度以及发展规模上存在的差距是比较大的，全党、全社会对于体育工作要尤为重视，使得全民族的体育运动得到快速发展。

四、第四阶段：北京奥运会至冬奥会申办成功（2009—2015 年）

2008 年，北京奥运会圆满结束之后，我国体育事业实现了转型发展，并且致力于将我国从体育大国进一步发展为体育强国。2013 年，在党的十八届三中全会上，特别提到我国已经步入新的发展时期，改革也处在艰难阶段，随着我国改革不断进行，竞技体育取得了显著的发展成绩，竞技强国的国际形象越来越突出，体育产业在我国经济发展中发挥着十分重要的作用，成为一种重要的动力源，体育文化取得了快速发展。我国体育在竞技体育、体育产业、全民健身 3 个方面蓬勃发展，体育更加科学化、系统化，科技的进步与体育技能水平相互作用，螺旋式提升，民众健身健康意识也不断增强。

五、第五阶段：冬奥会申办成功以来（2016年至今）

体育事业发展已上升至国家战略层面，"健康中国2030""健身强国建设"等国家相关政策出台；体育相关科技、互联网发展、赛事观看、体育娱乐和体育健身参与程度等井喷式增长，线上健身成为新冠疫情期间民众主要居家健身形式。

2017年的8月，习近平在会见全国先进体育工作者时明确指出，体育对于国家振兴和繁荣昌盛发挥着十分重要的作用，应该将体育发展提上日程，大力发展体育事业，使得我国体育发展能够步入新的台阶，同时确保建设体育强国的速度得到有效提升。2019年的9月，又对于今后30年中国体育发展作出了重要的战略部署。

2020年年初，新冠肺炎疫情暴发，疫情防控期间，人民群众居家工作、学习、生活成为常态，居家体育锻炼也成为此时大众主要的体育锻炼方式。我国相关机构及时提供了居家健身方法，如呼吸操、八段锦的锻炼方法。国家体育总局在2020年2月12日发布了《居家健身　抗击疫情——幼儿、青少年居家锻炼方法》等，通过社交媒体分享传播，触达大众。另外，各种健身App和在线健身课程，让人们在家就可以进行较为科学系统的体育锻炼，疫情期间用户量激增，成为一种潮流。这对处于被迫封闭环境下的人们所出现的过度烦躁和焦虑等负面心理与情绪能起到一定的缓解作用。居家健身能够有效提高民众自身身体素质，增加身体抵抗力和免疫力，也帮助民众坚定战胜新冠疫情的信念，这对我国新冠疫情期间的经济社会稳定运行起到了积极的作用。

第二节　我国体育发展分析

一、我国体育发展的特点

（一）我国体育发展的优势特点

我国体育在竞技体育方面存在明显的优势特征。竞技体育包含的类型比较多，如隔网竞技类项目、格斗竞技类项目、竞技精确类项目等，一方面，黄种人在这些竞技项目中具备一定的优势特征，如体型、血型及神经类型方面与上述项目的特征比较相符；另一方面，我国"举国体制"推动形成了独特的人才培养体制及科学的训练法，并能提供坚实有力的物质保障，中国运动员具备的吃苦耐劳、坚强刚毅的意志品质等民族性格特征，与国家荣誉感的培养密不可分。

（二）我国体育发展的区域特点

就整体而言，我国的体育事业取得了显著的发展成绩，在发展的过程中却面临诸多问题，例如，在区域方面存在很大的差别。从东部沿海、中部到西部，我国体育事业发展存在的差距比较大。东部地区体育配套设施相对来说较为完善，而中部和西部地区相对来说较为欠缺一些，进而使得体育环境存在很大的差距。东部地区常住人口较多，设施齐全，氛围自然、浓烈，从城市到村落，从政府单位到私企，都能够举办各种体育赛事；欠发达的中、西部地区则相反，人口外流，设施欠缺或者荒废，体育氛围不浓，各种赛事缺少或者规模不大，影响力不足。

（三）我国体育发展的人群特点

我国体育发展的人群特点，主要体现在代际间的科学健身素养上的差异。国家体育总局发布的《2020 年中国居民科学健身素养调查公报》，从认知、态度、能力与技能、行为与习惯等 4 个维度对儿童和青少年、成年人、老年人的科学健身素养进行研究，发现从全生命周期看，2020 年我国居民科学健身素养整体得分不高，只有 10～12 岁、13～18 岁 2 个年龄段的得分多于 60 分，其余年龄段均在 60 分以下，不同年龄段人群科学健身素养得分分布呈倒 "U" 形。

老年人时间充裕，有保健需要，往往会有规律地坚持做一些锻炼；与之类似，儿童、青少年时间有保障，健身锻炼与其他事情的时间冲突相对较少。因此，健身频率与健身习惯的分布曲线一般会呈现双峰形态，即儿童和青少年、老年人两个群体得分高，成年人的得分偏低。价值理解、行为倾向、信念在儿童和青少年阶段表现更为突出，儿童和青少年更专注于体育健身本身带来的乐趣，同时更少受到外界因素的干扰，因此表现出来的主动性、自觉性都很高。

二、我国体育发展的现状

（一）竞技体育方面

新中国成立之后，我国的竞技体育"举国体制"实现快速发展，进一步创建了与我国国情相符的体育竞赛体系和运动训练体系。截至 2018 年年末，我国在国际比赛中取得显著的成绩，在世界锦标赛、世界杯以及奥运会等比赛中取得很多荣誉。在北京奥运会以及残奥会结束之后，我国取得的成绩使得中华民族的百年期盼目标得以实现，在奥运会历史中表现得尤为突出，给人们带来了很大的视觉冲击，使得中华儿女的爱国热情高涨，同时提升了人们的民族自豪感。2022年的北京冬奥会成功申办，对于我国的繁荣富强发挥着十分重要的作用，使得我国在国际体育舞台中大放光芒，同时使得我国体育竞争力得到稳步提升。

1. 世界级成绩方面

实施改革开放的政策之后，我国的竞技体育在世界体育事业发展中取得了显著成绩。2001—2017 年的 16 年内，中国获得 1 844 个世界冠军（图 33），年均获得 115.25 个世界冠军。自 1978 年以来，中国运动员创超世界纪录 1 294 次，其中，北京奥运会之前创超世界纪录 1 001 次。

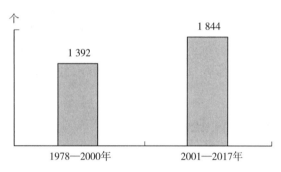

图 33　我国获得世界冠军数量

2. 奥运会成绩方面

1984 年参与洛杉矶奥运会之后，一直到 2016 年的里约奥运会，我国参与的夏季奥运会已达 9 届，其间获得的荣誉如图 34 所示。2012 年伦敦奥运会中取得的成绩较为突出。

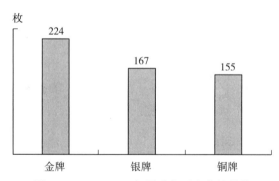

图 34　1984—2016 年夏季奥运会奖牌总数

从 1980 年我国参与了第十三届冬季奥运会，一直到 2018 年的平昌冬季奥运会，我国参与的冬季奥运会多达 11 届。1992 年，我国在冬奥会中打破了奖牌零的纪录；2002 年打破了金牌零的纪录；2010 年温哥华冬奥会中，我国在冬奥会奖牌榜中排名第八。到 2018 年，我国获奖的具体情况如图 35 所示。

从 1984 年在洛杉矶奥运会中打破了金牌零的纪录，到 2000 年悉尼奥运会第一次入驻奥运金牌榜第一集团，再到 2008 年北京奥运会第一次在金牌榜中排名第一，我国只用了 24 年。由此可以看出，我国的竞技体育实现了飞跃式的发展。

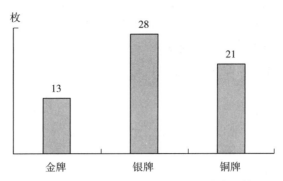

图 35　1980—2018 年冬季奥运会奖牌总数

3. 竞技体育人才方面

实施改革开放的政策之后，我国体育领域开始实施人才强体的发展战略，形成了各种优秀人才培养制度，其中包含科研人员、体育管理人员、运动员以及教练员等，人才队伍越来越强大。这些人才拥有较高的素质，同时结构比较合理，数量也比较多。经过 40 多年的发展，我国的体育人才数量保持上升态势，人才队伍越来越强大，人才结构也越来越完善，以 2007—2016 年为例，国家级健将运动员人数从 2007 年的 4 230 人增加到 2016 年的 21 020 人，国际健将运动员人数则从 489 人增到 2 725 人（图 36）。

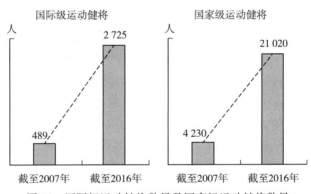

图 36　国际级运动健将数量及国家级运动健将数量

截至 2017 年，我国共有教练员 24 354 人，发展教练员 1 659 人。截至 2016 年年末，我国的裁判员数量达 95 472 人，其中包含 1 819 名国家级裁判，485 名国际裁判员，72 个运动项目都有分布。

（二）体育产业方面

最近几年，我国的体育产业实现快速发展，在国民经济中扮演着十分重要的角色，为我国经济实现升级和转型提供重要的支持。如今体育产业体系越来越完善，在我国已经形成了多元化的体育产业发展体系，其中包含体育用品制造和贸易体育培训以及竞赛表演等。

1. 体育产业总规模

近几年，我国体育产业总规模持续增长，2019年全国体育产业总规模（总产出）为 29 483 亿元①，增加值为 11 248 亿元（图37）。从名义增长看，总产出比2018年增长10.9%，增加值增长11.6%。

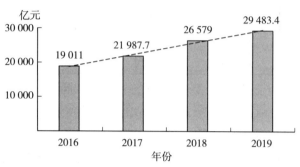

图 37　2016—2019年体育产业总规模（总产出）增长情况

2016年，国家体育产业总规模（总产出）为1.9万亿元，增加值为6 475亿元，占同期国内生产总值的比重为0.9%。从名义增长看，总产出比2015年增长了11.1%，增加值增长了17.8%。从国家体育产业内部结构看，体育用品和相关产品制造的总产出和增加值最大，分别为11 962.1亿元和2 863.9亿元，占国家体育产业总产出和增加值的比重分别为62.9%和44.2%。体育服务业（除体育用品和相关产品制造、体育场地设施建设外的9大类）发展势头良好，总产出为6 827.0亿元，占国家体育产业总产出的比重从2015年的33.4%提高至35.9%；增加值为3 560.7亿元，占国家体育产业增加值的比重从2015年的49.2%提高至55.0%。体育健身休闲活动增长较快，总产出和增加值名义增速均超过30%，这反映了健康中国理念的普及和群众体育的蓬勃发展。

2017年，全国体育产业总规模（总产出）为2.2万亿元，增加值为7 811亿元。从名义增长看，总产出比2016年增长15.7%，增加值增长了20.6%。从内部结构看，体育用品及相关产品制造的总产出和增加值最大，分别为13 509.2亿元和3 264.6亿元，增长速度分别为12.9%和14.0%。体育服务业（除体育用品及相关产品制造、体育场地设施建设外的9大类）继续保持快速发展势头，增加值在体育产业中所占比重继续上升，从2016年的55%上升至2017年的57%，其中直接与公众体育消费相关的体育竞赛表演活动、体育健身休闲活动增长突出，增长速度分别达到39.2%和47.5%。此外，我国体育场馆、健身步道、体育公园等全民健身设施建设力度不断加大，增长速度达94.7%，这反映出我国体育场地设施建设快速蓬勃的发展势头。

2018年，全国体育产业总规模（总产出）为26 579亿元，增加值为10 078

①　数据来源：2016—2019年体育产业总产出及增加值数据来源均为国家统计局公布数据。

亿元，体育产业增加值占国内生产总值的比重达到1.1%。从内部结构看，体育服务业保持良好发展势头，增加值为6 530亿元，在体育产业中所占比重达到64.8%，比上年有所提高；其中体育用品及相关产品销售、出租与贸易代理规模最大，增加值为2 327亿元，占全部体育产业增加值比重为23.1%。体育用品及相关产品制造的增加值为3 399亿元，占全部体育产业增加值比重为33.7%。体育场地设施建设的增加值为150亿元，占全部体育产业增加值比重为1.5%。

2019年，全国体育产业总规模（总产出）为29 483亿元，增加值为11 248亿元。从名义增长看，总产出比2018年增长10.9%，增加值增长11.6%。从内部结构看，体育服务业发展势头增强，增加值为7 615亿元，在体育产业中所占比重增加至67.7%，比上年提高2.9个百分点。其中，体育用品及相关产品销售、出租与贸易代理规模最大，增加值为2 562亿元，占全部体育产业增加值的比重为22.8%；体育健身休闲活动发展最快，保持了近年来的高位增长，增加值现价增长速度达到74.4%。体育相关基础设施建设蓬勃发展，体育场地设施建设实现增加值212亿元，现价增长速度达41.7%，占全部体育产业增加值比重为1.9%。

2. 投融资事件情况

体育产业拥有很大的消费群体，同时属于一项长期性的投资，进而能够吸引很多资本。2016年，我国体育投融资事件达313件。在2019年，体育运动投融资有所下滑，投融资事件只有111件，金额为210.89亿元（图38）。

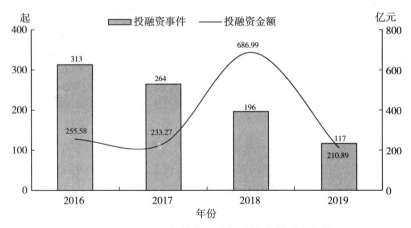

图38　2016—2019年体育运动投融资事件及金额情况

随着资本的不断发展，体育相关企业注册量实现快速发展，通过企查查统计得知，近10年时间里，我国体育有关的企业注册数量越来越多，2019年，企业注册数量多达156.6万家，与2018年相比，上升的比例达109%。现在我国体育有关企业拥有564万家[①]，就行业分布来说，批发和零售业分布的体育企业较多，在总

---

① 数据来源：企查查。

的数量中占据的比例为 63%；教育业的企业在总的数量中的占比只有 1%。

（三）群众体育方面

1. 群众健身意识普遍增强，体育生活化趋势更加明显

人类社会发展的步伐不断加快，我国的文化经济也取得了快速发展，人们的生活质量有了显著提升，生活观念有所转变，人们不再只重视物质生活，还追求精神生活。如今人们的第一诉求是拥有幸福快乐的生活，对高质量生活、健康尤为重视，这使得体育保健意识有所提升，体育参与自觉性越来越高。随着年龄不断增长，坚持体育健身活动的人员越来越多，对于城乡老龄人群来说，体育健身活动时间超过 5 年的占比达 50% 以上，由此可以观察到，城乡居民日常生活中自觉参与体育健身活动已经成为他们生活中的重要组成部分。体育健身活动在人们的生活中得到快速发展，老年人尤为热衷体育健身活动。在体育文化与经济的积极推动下，体育健身活动越来越生活化，发展的速度越来越快，体育全面渗透到人们的生活中，成为人们生活中不可或缺的一部分。今后，体育会逐渐发展成为一种科学的、文明的生活方式，对人们的生活发挥更大的作用。

2. 群众体育方式逐渐多元化、个性化

目前，我国的体育追求个性化和多元化的发展目标，今后体育会在多个维度开展，如保健、娱乐、社交以及健身等，且结合各种文化形式，充分彰显出个性化和多元化的特征。在体育内容和体育方式上，人们重视个性化和多元化，在选择体育方式和体育内容方面应该和不同的生活环境相结合，与各个年龄特征以及性别和爱好相结合。这样，社会成员能够积极地融入体育活动中，能够明确自己的定位，将体育普及下去，这为体育生活化奠定基础。

3. 公共体育场地设施建设加快，开放程度提升

对于今后群众体育的发展产生影响的重要条件就是体育场地设施。目前我国的公共体育场地设施比较匮乏，人民群众体育锻炼的需求无法得到充分满足，国家制定了一些政策，也采取了一些措施，使情况有所缓解，例如学校的各类体育设施向社会开放。学校拥有丰富的体育资源，是群众体育活动的重要场地，现在很多省、市、县的学校体育场地设施向社会群众进行开放，今后还会不断提升开放程度。

关于近几年我国各地大型体育场馆免费、低收费情况的调查结果显示：网球场、游泳馆、田径场的开放率较高，均在 60% 以上；其次是足球场，开放率为 52.8%；篮球馆、羽毛球场的开放率相对较低，分别为 41.3%、44.2%（图 39）。

从整体收费情况来看，场馆整体收费率达 53.8%；其中，游泳馆收费率最高，达 100%；其次是羽毛球场、足球场、篮球场，收费率均在 50% 以下；田径场收费率最低，94.6% 的田径场免费对外开放（图 40）。

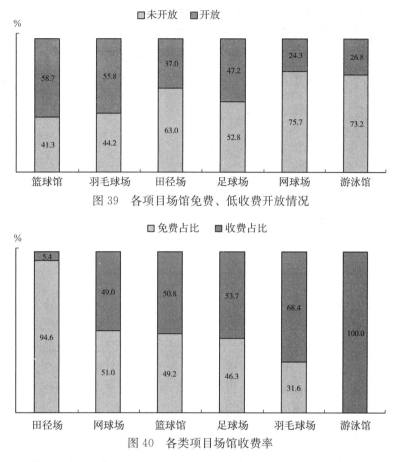

图 39 各项目场馆免费、低收费开放情况

图 40 各类项目场馆收费率

从场馆免费、低收费开放时长来看，全国各场馆每周开放时长平均在 80 个小时以上，平均每天开放时长在 12 小时左右。对比各地区开放时长发现，东部地区、中部地区、西部地区的开放时长差异较小；东部地区平均每周开放时长较短，为 11.8 个小时，中部地区平均每周开放时间最长，为 12.6 小时（图 41）。

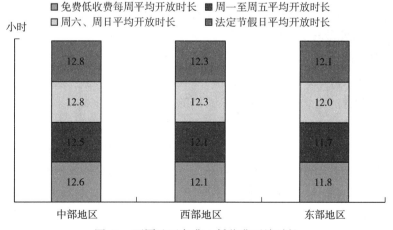

图 41 不同地区免费、低收费开放时长

4. 体育消费水平提升，消费结构将趋向合理

我国国民的体育消费能力和消费意识得到巩固提升，进而在国民的心目中形成花钱买健康的投资心理，居民对于健康投资比较认可；同时，在生活费用支出方面，居民在文化和娱乐方面的支出越来越多，在体育消费方面也得到稳步提升，今后人们的体育健身消费会实现快速发展，消费结构也会发生很大的转变。现在体育消费群体相对单一，主要是高薪阶层和年轻人参与，而在未来会逐渐改变体育消费群体结构，在各年龄段以及各阶层中，体育消费会实现快速发展，非实物消费的数量会得到稳步提升，实物类型消费和非实物消费之间存在的不平衡现象会得到很大改善。

5. 群众科学化健身意识增强

锻炼的科学性非常重要，要积极地宣传科学健身知识，使得人们能够掌握一定的科学健身方法。另外，要对群众体育发展需求状况形成全面了解，进一步了解国民体质情况，使得相关信息发布制度变得更加完善，例如，全民健身活动状况调查、体育锻炼标准等。使更多的社会指导员能够积极地融入体育活动中，为群众体育活动的开展提供重要指导。通过调查全国群众体育发展现状观察到，接受社会体育指导员的人数呈现连年上升的态势，由此可见，群众的科学健身意识越来越高。在国家的大力倡导下，群众科学健身意识得到稳步提升，同时使得群众体育科学化速度越来越快。

6. 农村体育将成为群众体育发展新增长点

农村体育在我国体育事业中扮演着十分重要的角色。农村地区的人口比较多，并且在文化、经济以及科技方面存在比较落后的现象，这导致农村体育发展受到很大的约束，和城乡体育发展存在发展不平衡的现象。最近几年，我国实施了很多扶持体育事业发展的政策，大力兴建体育建设工程，这对农民工以及农民等群体参与体育尤为重要。从多个角度出发，如个人、社会及政府方面建立科学的、合理的体育活动参与保障机制，今后农村体育在国家的重点扶持下，一定会实现快速发展，使城市体育和农村体育发展的差异缩小。

7. 群众体育参与率将继续提升

我国对于体育事业的发展越来越重视，全民体育意识越来越强，体育具备的健身作用得到人们的广泛认可；另外，体育对于社会的和谐发展产生很大的积极作用，体育健身的观念已经深深植入人们的心中，进而形成了崇尚体育的社会风气。思想观念的改变使行为方面发生了很大的转变，在正确体育观念的积极引导下，城乡居民会积极地参与到体育事业的发展中，不但体育参与数量提升，而且体育参与质量显著提升。在我国体育参与率中，老年人群体发展比较稳定，并且参与率比较高。老年人口越来越多，使得我国体育人口总量得到稳步提升，在国家的大力支持下，弱势群体以及农村体育也快速发展，这些为体育人口的增长提供很大的支持。由于受到事业和家庭的影响，青壮年人体育发展受到一定的限

制，目前我国体育发展中存在的主要问题就是两头高、中间低，怎样才能提升青壮年人体育参与量，这是全民健身计划中要重点解决的问题。

第三节 我国体育未来展望

一、我国体育未来发展总体趋势

（一）体育发展走向宏观控制与社会自我协调的协同模式

体育发展的三大领域改革过程，具备自我调节体质特征以及采取宏观控制的措施，不但要对体育进行科学的、合理的控制，还要确保体育能够为社会提供服务，使得社会自我协调和宏观控制能够互相结合。

首先，国家体育行政部门制定发展规划，使社会自我协调中存在的盲目性得到合理的制约；其次，运用社会自我协调机制，使体育发展规划中存在的主观性得到有效制约，从而使社会自我协调和宏观控制充分发挥出应有的效用，进而使体育实现健康快速的发展。这种体育发展模式与我国的经济以及政治特征相符，同时与体育发展的需求相符，使体育权力过于集中的现象得到改善，同时使体育具备的社会功能能够最大限度地发挥出来，进而让我国体育实现更好的改革。

（二）我国体育发展进一步社会化、科学化、产业化、法制化

全民健身、体育产业以及竞技体育在我国体育领域中取得快速发展，统筹发展这3个领域，需要确保其实现法制化、产业化、科学化以及社会化。3个领域之间存在十分密切的联系，互相制约、相互依存：体育消费结构属于社会化问题的范畴；体育竞赛、体育装备属于科技化问题的范畴；体育和经济发展之间存在十分密切的联系，属于产业化的范畴；法制化则指的是体育事业的发展需要遵循法律的规定。发展我国体育三大领域事业的过程，需要确保三者之间统筹发展，及时找出体育发展中存在的问题，促使体育事业能够实现稳步发展；同时要重视一些社会问题，例如，城乡和城市之间体育发展存在的区别，体育人口结构存在的不合理现象，以及我国人口老龄化现象比较突出等，并针对这些问题制定科学的、合理的运行机制和管理机制，在市场的主导作用下遵循法律的规定，以保证我国体育事业更加快速发展。

二、竞技体育未来发展趋势

大众体育是国民生活质量提高的保障。大众体育的发展带动文化、经济的深入发展，也是国际社会共同追求的生活目标。如今，人们的生活水平得到显著提

升，内在需求得到满足，体育运动使人们的生活更加丰富，人们能够感受到体育带来的快乐，增强身体素质，性格更加开朗。像日本、美国等世界竞技体育强国，竞技体育属于世界第一集团，同时这些国家的社会体育发展迅速，使人们的社会生活需求得到充分满足，人们能够感受到生活的幸福。我国社会发展的速度越来越快，竞技体育也快速发展，然而培养模式还处于不断转型发展中，目前采取的主要是"举国体制"，这在物力以及人力等方面存在浪费的现象。发达国家采用的是市场主导的培养方式，与经济发展规律相符，同时符合竞技体育的发展规律；我国应该从整体的角度出发，大力发展社会体育，使体育事业快速发展。

三、体育产业未来发展趋势

北京奥运会后，中国体育产业发展迅速，北京奥运会的成功举办为体育相关产业的发展奠定了良好的基础。同时，中国一直致力于制定或修改规则以便与世界体育产业接轨，尤其是在加入 WTO 以后，在国家的宏观管理上为体育产业提供了更广阔的发展空间和国际市场。我国高度重视体育产业发展，已经将体育产业的发展列入国家发展纲要中，发展体制有利于体育产业整体发展，促进了发展动力的形成。经济结构的完善促使体育产业布局合理，结构重新调整。体育产业以市场为导向，更有经济活力。同时，应结合我国自身特点，形成体制健全、有市场活力、有国际竞争力的体育产业发展格局。

四、全民健身未来发展趋势

职工体育、农民体育、社区体育逐渐成为我国全民健身发展主体，随着宏观政策更加细化，资金投入不断加大，各类群众体育的开展形式丰富多彩，制度逐渐健全，管理体制逐渐规范。第一，各政府机关、企事业单位逐渐意识到体育锻炼对职工健康以及提高工作效率的重要性。第二，社区体育得到共同认可，老年人、小孩、残疾人群体也逐渐引起社会的高度重视，大力发展社区体育的着眼点应该放在社区体育发展体系完善与健全上。第三，发展好农村体育、农民体育才能真正意义上实现以人为本的社会主义小康社会，农村体育体系完善与发展任重道远，也是国家着力发展与投资的方向。

第一，根据《"十三五"公共体育设施建设规划》，进一步加大城市公共体育设施建设力度，重视社区、农村公共体育场地设施建设，进一步提升覆盖率，为群众体育赛事活动的开展提供广阔平台。第二，按照中央全面深化改革的要求和体育工作实际，推动进一步转变政府职能，强化体育公共服务，加强群众体育工作，推进建立国家体育总局层面"大群体"工作格局，促进全民健身、竞技体育、体育产业全面协调、可持续发展。

（本章由民生智库体育发展研究中心撰写）

第五章　农村发展

从1921年中国共产党成立，开启中国农民运动高潮，到目前全面实施乡村振兴战略进而实现农业农村现代化，迄今中国共产党领导乡村建设已经走过了百年历程。百年来，伴随着中华大地的沧桑巨变，农业农村发展走过了极不平凡的历程。

第一节　阶段划分

一、新民主主义革命时期至新中国成立初期（1921—1952年）

这个时期中国共产党的核心任务是领导新民主主义革命，党的农村工作的重心是推翻封建土地所有制，实现"耕者有其田"。这一时期中国农村工作的主要阶段划分见表7。

表7　新民主主义革命时期至新中国成立初期农村工作的主要阶段划分

阶段名称	时期	主要任务
大革命时期	1921—1926	开展以减租减息为核心的农民运动
土地革命时期	1927—1936	开展土地改革，没收地主土地平均分配给农民使用，变封建土地所有制为农民土地所有制
抗日战争时期	1937—1945	开展减租减息和国民教育运动，减轻中贫民负担
土地改革时期	1946—1952	在老解放区和新解放区分别开展土地改革，平均地权，消灭封建土地所有制

（一）大革命时期的农民运动

中国共产党从诞生之初就十分重视农民问题，在1921—1926年的中国社会大变革时期，中国共产党领导了以减租减息为核心的农民运动。早在1922年，中国共产党就领导了中国现代农民运动中声势、规模最大，坚持时间最长，影响最深刻的海丰农民运动。1926年，中共四届三次扩大会议制定了《农民运动议决案》，提出"限定最高租额，农民所得至少要占收获百分之五十""限制专利盘

153

剥，每月利息最高不能过二分五厘"的主张①。在共产党的推动下，国民党颁布的《最近政纲》中，对农民经济斗争中最急切需要解决的问题作出了明确规定，提出减轻佃农田租 25％，利息不得超过 20％等重要主张，并规定农民有设立协会的自由。1926 年年底至 1927 年年初，湖南、江西、湖北、广东等省农民代表大会和省政府，先后都通过了减租问题的决议案，或颁布了减租条例。

在农民运动中，各地纷纷成立农民协会。到 1927 年 3 月底，全国 17 个省已有农会组织，湖南、湖北等 5 个省成立了省农民协会，有组织的农民达到 915 万人②。各地农会成立后，农运如火如荼，一场翻天覆地的农村革命在湖南等地掀起。农会的主要任务有：在政治上，领导农民起来打击土豪劣绅、不法地主；在经济上，组织开展减租减息；在文化上，许多地方办夜校、农校，组织开展妇女解放运动。部分地区的农民运动已发展到土地革命的阶段。1927 年，湖北农民第一次代表大会已提出"当前的任务是……没收分配地主的土地给农民"。同年，中共第五次全国代表大会制定的《土地问题议决案》指出，农民运动"大致的趋势，已经是摧毁封建宗法政权而开始解决土地问题的时期，这是中国革命现时的新阶段之主要的特点"。

中国共产党领导的农民运动充分展现了农民的革命积极性和力量，表达了农民对土地的要求和愿望，为解决农民的土地问题奠定了群众基础和思想基础。

（二）土地革命时期根据地建设

1927—1936 年是国共 10 年对峙时期，中国共产党在革命根据地开展了土地改革运动。主要内容包括依靠贫雇农，联合中农，限制富农，消灭地主阶级，变封建的地主土地所有制为农民的土地所有制；主要方法是以乡为单位按人平均分配土地，以原占有耕地为基础，抽多补少，抽肥补瘦，最终实现"耕者有其田"的目标。

这一时期，中国共产党开展土地革命的主要特征是运用法律手段彻底消灭封建土地所有制，连续制定了 3 部土地法律，为开展土地改革提供法律依据。1928 年，毛泽东主持制定《井冈山土地法》，用法律形式否定地主土地所有制。《井冈山土地法》是中国历史上第一部彻底消灭封建土地所有制的土地法，但法案规定：没收一切土地，而不是没收地主土地，没收土地归苏维埃政府所有，而不是归农民所有；禁止买卖土地。这些规定没有充分满足农民的现实利益。1929 年 4 月，中共制定和颁发了《兴国土地法》，把没收一切土地改为没收一切公共土地及地主阶级土地。同年，在上杭召开的中国共产党闽西第一次代表大会总结了闽西土地斗争的经验，通过了《土地问题决议案》，其中规定：没收一切收租的田

---

① 中央档案馆. 中共中央文件选集：第 2 册 [M]. 北京：中共中央党校出版社，1989：143.
② 朱宗震，陶文钊，李新. 中华民国史：第 3 编　第 6 卷 [M]. 北京：中华书局，2000.

地山林，随即分配于贫农；自耕农的田地不没收；富农田地自食以外的多余部分，在贫农群众要求没收时应该没收；田地以乡为单位，按原耕形势，抽多补少平均分配。后来闽西又提出了抽肥补瘦的办法。1931年，中华苏维埃第一次全国代表大会（简称"一苏大会"）通过的《中华苏维埃共和国土地法令》和江西省苏维埃政府宣布的"土地归农民所有，任其出租买卖"政策，让千千万万的农民获得了"唯一热望的土地所有权"，生产积极性高涨，这促进了农业生产，改善了农民生活（表8）。

表8　土地革命时期中国共产党颁布的主要土地法令

年份	法律名称	主要内容
1928	《井冈山土地法》	确立土地公有制，规定没收一切土地归苏维埃政府所有，平均分配土地，禁止土地买卖
1929	《兴国土地法》	确立平均地权，没收一切公共土地及地主阶级土地，按人口平均分配给农民
1931	《中华苏维埃共和国土地法令》	确立了农民土地所有制，允许出租买卖

从根据地土地改革的成效看，中国共产党领导的以"打土豪、分田地"为核心的强制性制度变迁，打破了原有的土地占有格局，使根据地的农民获得了梦寐以求的土地，构建了有利于农民生活改善、农业生产发展、农村社会进步的制度，从根本上解决了积重难返的农村问题，极大地调动了广大农民的积极性。

根据地的农业发展水平不断提高，为新中国成立后在全国范围内开展土地制度改革积累了经验。

（三）敌后根据地的乡村建设

抗日战争时期，为了建立和巩固抗日民族统一战线，中国共产党在敌后根据地开展了以减租减息为主的群众运动，并大力推动根据地教育文化事业发展。

1. 减租减息运动

为了团结一切可以团结的力量、建立最广泛的抗日民族统一战线，中国共产党停止没收地主土地，改以减租减息作为解决农民土地问题的基本政策。1939年冬和1940年春，华北各根据地兴起了减租减息的群众运动：在晋察冀边区普遍实行了"二五"减租；最高地租额不得超过土地正产物的37.5%；农民战前所欠的旧债，按年利一分，一本一利清理，利息超过原本，停利还本，超过2倍，本利停付。同时，广泛开展了回赎抵押地和典地的运动。1942年，敌后抗战进入严重困难时期，中共中央决定进一步落实和推行减租减息政策，发动各阶层人民的抗日积极性。中共中央颁发了《关于抗日根据地土地政策的决定》等文件，制定了抗战时期土地政策的三项基本原则，即减租减息改善农民生活、交租交息联合地主抗日、奖励富农发展生产和联合富农。

中国共产党在敌后根据地开展的减租减息运动是在抗日战争的特殊时期，兼顾社会各阶层的利益，用和平、渐进和稳妥的方式推进农村经济改革的群众运动，有效改善了农民生活，缓和了阶级矛盾，促使根据地的社会结构和封建土地所有制发生了深刻的变化。

根据地因实行以减租减息和税收调节政策相结合的新政策，从适当削弱封建土地剥削，逐步过渡到消灭封建剥削，实质上悄悄变革着农村的社会结构和封建土地所有制，为日后彻底实行农村的土地革命做了重要的过渡和准备。

2. 国民教育运动

抗日战争时期，中国共产党在敌后根据地开展国民教育运动，发展以冬学、民校为主要形式的成人扫盲教育和以小学教育为主体的学龄儿童教育。陕甘宁边区和各抗日根据地都利用战争的间隙和冬令农闲时节，开展大规模的群众性的冬学运动，帮助人民群众扫盲识字，并结合扫盲进行政治和抗日教育。采用民办公助的方式和全新的游击式的教学方法，大力发展中、小学教育。到 1941 年，冀中区已建立小学 4 338 所，入学学生占学龄儿童总数的 62%；晋西北 21 个县已有小学 1 789 所[①]。国民教育运动提高了农民的文化水平，为新中国成立后开展大规模扫盲运动奠定了基础。

(四) 土地改革运动

1. 土地改革的历程

1946 年 5 月 4 日，中国共产党发表的《五四指示》，是正式从减租减息转回到土地改革的标志。1947 年，中国共产党全国土地会议通过了《中国土地法大纲》，确立了彻底平分土地的原则：乡村中一切地主的土地及公地，由乡村农会接收，连同乡村中其他一切土地，按乡村全部人口，不分男女老幼，统一平均分配，在土地数量上抽多补少，质量上抽肥补瘦，使全乡村人民均获得同等的土地，并归各人所有。《中国土地法大纲》公布之后，土地改革运动随即在各解放区轰轰烈烈地开展起来，激发了农民的革命创造热情。到 1949 年 6 月，解放区有 229 万平方千米土地，总人口 2.7 亿，农业人口 2.15 亿，耕地面积 5 907 万公顷；业已完成土地改革的地区，达农业人口 1.246 3 亿，耕地面积 3 919 万公顷，没收分配土地 2 469 万公顷[②]。

1950 年，中国共产党七届三中全会确立了土地改革的总路线：依靠贫农、雇农，团结中农，中立富农，有步骤地有分别地消灭封建剥削制度，发展农业生产。1950 年 6 月 30 日，毛泽东主席签署命令，正式颁布施行《中华人民共和国土地改革法》，将其作为实行土地改革的法律依据。《土地改革法》明确土改的目

---

① 魏宏运，左志远. 华北抗日根据地史 [M]. 北京：档案出版社，1990：305－307.
② 董志凯. 解放战争时期的土地改革 [M]. 北京：北京大学出版社，1987：261.

的是：废除地主阶级封建剥削的土地所有制，实行农民的土地所有制，借以解放农村生产力，发展农业生产，为新中国的工业开辟道路。自1950年冬开始至1953年春，除约700万人口的部分少数民族地区暂不进行土地改革外，在全国大陆约2.68亿农业人口的地区进行并基本完成了土地改革。整个土地改革共没收、征收了约7亿亩＊（约合4700万公顷）的土地，并将这些土地分给了约3亿无地和少地的农民，免除了土地改革以前农民每年给地主交纳的高达3000万吨粮食的地租，因此获得经济利益的农民约占农业人口的60%～70%。

2. 土地改革的深远影响

土地改革运动从根本上消灭了封建土地所有制，确立了土地农民所有制，从根本上改变了农民受剥削、受压迫的地位，激发了农民的生产积极性，农村的面貌焕然一新。土地改革的完成标志着农村的土地制度发生了根本性变革：农民土地所有制取代了封建地主土地所有制，真正实现了"耕者有其田"。农民是土地所有者和经营者，土地产权可以自由流动，允许买卖、出租、交易，农民真正成为土地的主人。这有力地激发了广大农民的劳动积极性，在当时农业生产条件没有根本改善的前提下，农村生产力大大解放，农业生产得到了迅速恢复与发展。据统计，1952年全国主要农产品产量显著增加，粮食比1949年增长44.8%，比历史最高水平增加9.3%；棉花产量比1949年增长193.7%，比历史最高水平增加53%[①]。

（五）新民主主义革命时期至新中国成立初期乡村建设总结

从中国共产党成立到新中国成立初期的30余年间，农村始终是中国共产党的工作重心，土地问题始终是党的农村工作的核心。

由于严重不平等的封建土地制度是阻碍中国农村发展和农民解放的首要障碍，中国共产党把消灭封建土地制度、实现"耕者有其田"作为农村工作的主要任务。受制于革命形势的变化，土地变革出现了温和的减租减息和彻底的土地革命两种手段的反复，并最终随着解放战争的逐步胜利，在解放区彻底实现了平均地权的目标，奠定了新中国成立后农村组织和建设的基础。在解决土地问题的同时，中国共产党在不同的历史时期开展了兴修水利、国民教育、妇女解放等运动，这在一定程度上促进了农业的发展和农民的觉醒。由于革命时期的特殊性，上述运动的规模、力度都不大，对农村生产生活条件的改善作用有限，但为新中国成立后大规模乡村建设积累了经验。

二、合作化与人民公社时期（1953—1977年）

这一时期，党在农村的主要任务是重建农村政权结构，恢复和发展农村生产

＊　亩为非法定计量单位，1亩≈667平方米。——编者注
①　董辅礽. 中华人民共和国经济史：上卷［M］. 北京：经济科学出版社，1999：95‑P96.

以支援工业化战略。

（一）农业社会主义改造

1. 农业社会主义改造背景

土地改革完成后，我国建立了以农民一家一户为基本经济单位的个体经济制度框架，农村社会渐趋稳定，农业经济逐渐恢复。但在当时背景下，该种农村经济模式存在着 3 个主要问题，这些问题阻碍了社会主义现代化建设。

（1）农民个体经济阻碍了农业发展。由于中国农村生产力落后，农民生产资料、资金匮乏，个体分散经营对土地合理利用、农田基本建设、生产的专业化和机械化、生产力水平的提高十分不利。据对土地改革后 23 个省 15 432 个农户调查显示，每户贫雇农平均耕种土地 12.46 亩，却只有 0.47 头耕畜、0.41 张耕犁；耕种 19.01 亩土地的中农，拥有耕畜 0.91 头、耕犁 0.74 张[①]。

（2）个体经济自由发展导致贫富分化日趋严重。根据对山西省静乐县五区 19 个村 5 759 个农户的调查，有 878 户农民变卖了土地；其中 165 户农民因卖出土地由中农降为贫农，471 户已分得土地的新中农又恢复到贫农的地位[②]。在当时工业化和城市化水平都较低的条件下，失地农民无法通过劳动力转移谋求发展，成为农村新的不稳定因素。中国共产党人依据的马克思列宁主义理论认为，私有制导致两极分化，与社会主义制度矛盾。

（3）农民个体经济无法适应国家工业化需要。新中国成立后，党中央确立了重工业优先、以农补工的国家工业化发展战略，需要农业为国家工业化提供原始积累。在分散的小农经济模式下，国家对农业的控制薄弱，让农民作出牺牲，不仅交易成本高，而且会因农民的抵制而失败。唯一的出路就是把农民组织起来，把 4 亿农民组织成为几百万个合作社，这样就可以大幅度降低交易成本。

确立土地集体所有、统一经营的土地制度，走农业合作化道路，是当时中国共产党进行制度变迁的必然选择。1952—1958 年，国家逐步消灭了土地私有制，实行以生产队为基础的人民公社集体所有制；经过合作化、集体化和人民公社化，多种经济成分变为单一的社会主义公有制经济，商品经济变为计划经济，且城乡户籍分离，禁止农民流动。

2. 农业社会主义改造过程

我国的农业社会主义改造经历了农业互助组、初级社、高级社和人民公社 4 个阶段，逐步实现了从"农民个体私有，家庭自主经营"向"集体所有，集体统一经营"的转变，实现了农村土地归合作社所有，建立起土地的集体所有制。

（1）农业生产互助组阶段。早在 1943 年，毛泽东就指出：分散的个体生产

① 苏星. 我国农业的社会主义改造 [M]. 北京：人民出版社，1980：50.
② 陈吉元. 中国农村社会经济变迁（1949—1989 年）[M]. 太原：山西经济出版社，1993：89.

就是封建统治的经济基础，而使农民自己陷于永远的穷苦。克服这种状况的唯一办法，就是逐渐地集体化。1951 年，中共中央颁布《关于农业生产互助合作的决议（草案）》，鼓励农村开展多种形式的互助合作化组织。农业生产互助组按照自愿互利原则组织，实行共同劳动、分散经营，没有改变土地农民所有制。到1952 年年底，全国已有 4 635 万户农户参加了农业互助组，占农户总数的近 40%①。

（2）初级农业生产合作社阶段。1953 年，中共中央公布了过渡时期总路线，提出了"一化三改造"的历史任务，农业的社会主义改造揭开帷幕。同年，中共中央颁布《关于发展农业生产合作社的决议》，认为农业生产合作社是党对农业逐步实现社会主义改造的道路。初级生产合作社以土地入股、统一经营为特点，允许农民在保留小块自留地的情况下，将土地交给农业合作社统一使用，合作社按社员入社土地的质量和数量，从每年的收入中付给农民适当的报酬，农民仍然拥有土地所有权。到 1955 年年底，全国初级社已发展到 109.5 万个，入社农户7 545 万户，占总农户数的 63.3%。

（3）高级农业生产合作社阶段。中共七届六中全会提出了有重点地试办高级社的要求。1956 年，全国人大通过了《高级农业生产合作社示范章程》，农业合作化运动进入了一个由以初级社为主向以高级社为主转变的新阶段。高级社以生产资料集体所有、统一经营、按劳分配为特点，要求农民把自家拥有的土地、农具等主要生产资料全部交给合作社，由集体统一经营。1956 年年底，全国高级社达到 54 万个，入社农户已超过 1 亿，占农户总数的 87.8%②，农业合作化任务提前完成。过急过快推进农业高级社，侵害了农民的土地权益，一定程度上挫伤了农民的生产积极性。

（4）人民公社化阶段。1958 年，中共中央下发《关于在农村建立人民公社的决议》，提出一般按一乡一社原则，将农业合作社合并为人民公社，在全国开展实现人民公社化的大规模运动。1962 年中共八届十中全会通过的《农村人民公社工作条例（修正草案）》，规定农村人民公社实行"三级所有，队为基础"体制，这种体制延续至改革开放前。人民公社的基本特征是一大二公、政社合一。人民公社规模大，平均每个公社 4 797 户。生产资料公有制程度高，废除了自留地、自养牲口、自种果树等，全社范围内统一劳动，统一分配。原属于各农业合作社的土地、社员的自留地等一切土地以及农具、耕畜等生产资料和一切公共财产、公积金等无偿为公社所有。公社对土地统一规划，组织生产，分配上是吃大食堂、平均主义。所谓"政社合一"是指人民公社一方面是农村社会结构基层单

---

①　赵德声 . 中华人民共和国经济史　1949—1984 [M]. 郑州：河南人民出版社，1989：241.

②　中华人民共和国国家统计局 . 我国的国民经济建设和人民生活 [M]. 北京：统计出版社，1958：183 - 184.

位，另一方面是农村政权组织的基本单位，是农民群众联合的集体经济组织，是一种组织，也是一种管理体制。1958 年年底，全国约 74 万个农业合作社合并为 2.85 万个人民公社，加入公社的农户达到 1.27 亿户，占全国农户总数的 99.1％。在人民公社制度的推动下，土地又一次归集体所有，高度集中，农民没有土地所有权和使用权，这挫伤了农民的积极性，由此导致农村经济发展的阻碍与停滞不前。

3. 农业社会主义改造评述

农业社会主义改造在当时的历史条件下对我国经济发展产生了一定的积极影响。合作化运动有效克服了个体农民分散经营的缺点，促进了农田水利等基础设施建设，使其能够集中发挥土地大规模耕种的效能，提高了生产效率；合作化使农业生产更易于集中和积累资金，增强农业扩大再生产的能力。高度集中的管理模式，让国家掌握了空前规模的人力、物力和财力，为国家完成工业化原始积累作出了重要的贡献。到 20 世纪 70 年代末，我国已建立起了完整的工业体系。

人民公社制度的实行本身是脱离实际的，"政社合一"体制把集体经济组织当作国家基层政权的附属品，以政化社，加大了公社干部的权力，助长了干部们的强迫命令和生产瞎指挥作风，使集体经济完全失去了自主权和独立性。人民公社化脱离了中国社会生产力的发展水平，打乱了农业合作经济组织的正常秩序，给农业生产、农村社会生活带来了冲击和破坏。1958—1977 年，是新中国建立以来农业发展最为缓慢的 20 年。20 年内，全国农业总产值年平均递增只有 2.6％，粮食产量为 2.3％，棉花为 1.4％，油料为 1.1％，猪牛羊肉为 3.9％[①]。

（二）农村基层治理体系建设

1. 基层治理体系建设背景

民国时期，我国大部分农村仍然延续传统的宗法自治模式，主要特征是村治组织的宗法性和对乡绅和宗族的依托。乡村权威、保甲力量是乡村社会秩序的主导力量。新中国成立后，我国对乡村权力结构进行了重大改造，核心内容是国家权力逐步下渗，国家行政机构治理结构逐步嵌入进乡村。

2. 乡村治理模式

1949—1977 年，中国共产党探索乡村治理模式主要是通过 3 个运动，实现了 3 种乡村治理模式的前后替代。第一个运动是土地改革运动，与其相适应的乡村治理模式是农民协会的"群众性组织"；第二个运动是农业合作化运动，与其

---

① 中华人民共和国农业部计划司. 中国农村经济统计大全［M］. 北京：农业出版社，1989：46 - 47，146 - 256.

相适应的乡村治理模式是合作社；第三个运动是人民公社化运动，与其相适应的乡村治理模式是"政社合一"的人民公社。通过制度变革，党一步步地把农民纳入到了一个政治、经济、文化、社会高度一体化的组织中。

（1）农民协会。新中国成立初的基层组织承担着打破旧秩序，探索新秩序的重任。中国共产党通过扶持农民组建协会的方式执行土地改革任务。《中国人民政治协商会议共同纲领》明确指出：凡尚未实行土地改革的地区，必须发动农民群众，建立农民团体。《中华人民共和国土地改革法》则进一步明确：乡村农民大会，农民代表大会及其选出的农民协会委员会，区、县、省各级农民代表大会及其选出的农民协会委员会，为改革土地制度的合法执行机关。新中国成立初的农民协会实质是一种集基层政权、群众自治、政治联盟多功能一体的基层群众自治组织，带有明显的过渡性质。

（2）农业生产合作社。农业合作化运动中逐渐催生的农业生产合作社是中国共产党对村民当家作主探索的第二步尝试。农业生产合作社是一种经济上的合作化与政治上的一体化组织。与农民协会相比，农民直接参与管理的权利空间变小了，而委托给党和政府的政治权利逐渐增多。农业生产合作社承担了合作社范围内组织劳动生产、进行社会管理、提供社会保障等政治及经济事务。农民无任何生产资料，也无任何劳动自主权，农民日常生活依附于农业生产合作社。在经济方面，农业集体化和统购统销政策的实施，使农村的经济逐渐纳入了一元化的计划经济管理模式。在政治方面，农业互助合作组织掌控了组织生产、分配、流通环节，国家逐渐成为农民当家作主的政治委托人。

（3）人民公社。1958 年，中共中央政治局通过了《关于在农村建立人民公社的决议》，人民公社化运动在全国迅速推广，原有乡镇政权被人民公社取代。到 1959 年年底，全国共建成人民公社 26 578 个[①]，我国农村基层民主政权建设由此进入到新的发展阶段。人民公社是融政权组织与生产组织为一体的国家基层政权，通过人民公社制度，中国农村地区形成了经济、社会和政治三位一体的基层政权治理结构体系。

人民公社采取"政社合一"和"三级管理"的体制结构，社员代表大会和公社管理委员会成为农村基层政权的权力机关与执行机关，人民公社下设生产大队，生产大队下设立生产队，由生产大队组织生产队和广大农民统一进行农业生产，开展政治、经济、社会以及文化生活，生产大队实际成为农村地区基层政权最高权力机构，在人民公社中扮演着极为重要的角色。人民公社施行的是"三级所有，队为基础"的集体所有财产制度；生产资料为集体所有，实行"各尽所能、按劳分配、多劳多得、不劳不得"的分配原则。在管理上，人民公社干部由上级政府指派，工资由上级财政支付，公社支出由上级财政列支等做法保证了

---

① 贺雪峰. 乡村治理研究的三大主题［J］. 社会科学战线，2005（1）：219 - 224.

"基层干部对国家的忠诚和上级政府对基层政权的控制"。

人民公社作为当时国家基层的民主政权机关，承担了大量的社会事务。绝大部分农村公共服务供给通过人民公社、生产大队、生产队等农村基层政权组织组织农民筹资酬劳完成。典型如农村公共卫生事业建设，促进农村医疗合作大力发展。随着农村合作化运动，1958 年，全国合作医疗覆盖率为 10％，1962 年接近 50％，到 20 世纪 70 年代中期则达到 90％以上①，这成功地解决了当时农民看病难的问题，也实现了用最少的钱来办农村医疗的愿望，被联合国称为"一大创举"。

人民公社实现了国家对农村的强有力的控制，人民公社达到了国家组织力量对中国基层社会的完全控制，政府以一种前所未有的方式渗透进入社会的各个角落②。人民公社巩固了新生的人民民主政权，并在一定程度上促进了农村地区的经济发展。但同时在一定程度上存在"控制过度""农民参与不足""民主化程度不高"等诸多问题，以至于到了人民公社后期，农村发展逐步萎缩，尤其是"文革"时期，农村基层民主政权几乎被破坏殆尽。

3. 基层治理体系建设评议

新中国成立后，国家在政治上通过土地改革运动彻底摧毁乡村社区权力文化网络的根基，为国家权力迅速向乡村社区渗透提供了可能，并通过下派工作队、在乡村一级建立行政机构的做法，在乡村社区逐步建立自上而下的行政管理体系，从而将乡村社区的统治权第一次集中到正式的国家官僚体系中来。这一时期，中国共产党农村基层治理的典型特征是"政党下乡"和"政权下乡"的进一步强化。以中国共产党为代表的国家政权力量在农业合作化运动中起着绝对的主导作用，互助组、初级社、高级社等乡村基层组织趋向准行政化，而以家族为代表的传统自治力量逐渐边缘化。在经济上，国家通过走集体化道路，将散落于乡村社区的经济权力集中到国家之手。在文化上，国家在土地改革中动用阶级斗争手段消灭联结国家与乡村社区的地方自治力量，并对乡村社区从组织、设施、象征、符号到观念进行全面而彻底的改造，在现有的文化网络以外建构新的政权体系与意识形态系统。中国共产党通过政治动员将个体化农民再度整合到阶级、政党和国家的整体体系中，植入和强化农民的政党意识。由此，国家政权组织的权力集中和渗透能力都达到了从未有过的程度，国家将离散的乡土社会高度整合到政权体系中来。

---

① 陈益元. 合作化运动中的基层政权与农村社会——以 1953—1957 年湖南省醴陵县为个案 [J].
社会主义研究，2005（3）：59 - 62.
② 麦克法夸尔，费正清. 剑桥中华人民共和国史 1949—1965 [M]. 北京：中国社会科学出版社，
1990.

（三）合作化与人民公社时期乡村建设的评述

1953—1977 年是中国共产党领导乡村建设的探索期。这一时期党的乡村建设的主要任务一是打破原有乡村社会机构，建立新的乡村治理机制；二是强化国家政权对乡村的控制；三是通过控制和动员乡村的资源，为国家工业化战略提供积累。

政治上，中国共产党通过土地改革以及过程中的"斗地主"等运动，彻底改变了乡村原有的社会结构。通过下派工作队、吸纳原处于社会底层的贫雇农组建"农协"，逐步实现了党对农村基层的权力下渗。通过农业合作化、人民公社等集体化运动，国家最终实现了将农村的经济、社会、文化等纳入政权控制的目标，为低成本地调动乡村资源支持国家工业化战略创造了条件。

经济上，中国共产党通过集体化实现了从一家一户的小农经济向规模化经营的转变，并且通过对农民和农村资源的高强度动员，在国家投入较少的情况下，开展了大规模的农田水利、土壤改良等建设，改善了农业生产条件。但由于国家对农村资源的过度抽取以及僵化的管理体制等，农业的科技化、机械化进展缓慢，主要农产品产量增长有限，农业亏空、粮食短缺甚至严重饥荒现象时有发生，广大农民普遍陷入生活困顿，农村经济发展停滞不前。

社会治理上，总的趋势是国家政权不断下沉，对农村社会的控制力不断加强。基本特点是实行"政社合一"高度集权化的管理体制，党通过实行"集党、政、经、军、民、学于一体"的组织管理制度以及与之配套的统购统销制度、限制流动的城乡二元户籍制度等，实现了对农民个体的牢牢控制。但管理体制过于僵化，压制了农村经济活力和农民的生产积极性，成为造成农村经济长期停滞的重要原因。

农村公共产品供给上，在"农业支持工业"的现代化发展战略下，我国采取城乡二元供给机制，强调"人民事业人民办"，集体经济组织承担了农村公共服务主要的供给责任，国家对农村的投入极为有限。通过对集体内资源的动员，党在农村地区建立起了基础的教育、医疗、社会福利及基础设施建设供给制度。但由于集体力量的窘迫，农村公共产品的供给是低水平的、有限的，农村公共产品短缺的局面长期存在[①]。新中国成立后至改革开放前，中国共产党的农村政策仍未能脱离这一窠臼，控制与获取资源贯穿于这一时期党的农村政策调整的始终。随着制度僵化后的反噬及国家战略重心的转变，中国共产党的农村政策也面临不得不调整的新挑战。

---

① 费正清．剑桥中华民国史　第 2 部［M］．章建刚，译．上海：上海人民出版社，1992．

三、开启农村改革时期（1978—2002 年）

1978—2002 年，党的农村工作主要通过改革农村生产经营制度、发展乡镇企业、引导农业产业化经营推动了农村经济的快速发展，并通过建立农村基层群众自治制度，构建了与以经济为中心相适应的农村经济、政治、社会制度框架，农村发展逐步进入正轨。

（一）农村家庭联产承包责任制

1. 改革的历程

1978 年，安徽省凤阳县小岗村实行的集体土地包干到户，点燃了中国以农村土地制度改革为发端的星星之火。1980 年，中央在《关于进一步加强和完善农业生产责任制的几个问题》中初步肯定了包产到户。1982 年，中共中央批转的《全国农村工作会议纪要》中正式肯定了包产到户、包干到户的合法地位。1983 年的中央一号文件首次把"包干到户"命名为"家庭联产承包责任制"，指出家庭联产承包是社会主义制度下我国农民主导的一次诱致性制度变革，是马克思主义集体经济理论在我国实践中的新发展。到 1983 年年底，全国有 1.75 亿农户实行了包产到户，占农户总数的 94.5%[①]。

1986 年颁布的《中华人民共和国土地管理法》以法律形式确立了家庭联产承包责任制。1993 年，中共中央《关于当前农业和农村经济发展的若干政策措施》明确耕地承包期到期后，再延期 30 年不变。至此，以家庭联产承包责任制为主要形式的各种农业生产责任制成为中国长期坚持的经营形式。

1978—1984 年，农村家庭联产承包责任制逐步确立。这一时期，农民获得了集体土地的使用权和受益权，但并未获得土地的转让权。2003 年实施的《中华人民共和国农村土地承包法》明确将农地经营转让权赋予农民，农民在平等协商、自愿、有偿的原则下，可以通过转包、出租、互换等各种形式将承包地转让，转让收益归农民所有。这是在土地承包经营权与集体所有权分离的基础上，实现了土地承包权与经营权的分离，逐步建立了农村土地集体所有权、承包权、经营权的"三权"分置经营制度，更能适应现代农业的发展，有利于农业产业化、规模化、现代化的发展。

2. 改革主要内容

家庭联产承包责任制的主要做法是把土地使用经营权发包给农民，实行以农民家庭为单位的分户承包经营。核心内容是在不改变农村土地集体所有的产权制度前提下，通过将土地承包经营权从一元的土地集体所有权中分离出来，实现土地集体所有权与经营权两权分离，赋予农民土地承包经营权和剩余价值分配权，

---

① 关锐捷. 中国农村改革二十年 [M]. 石家庄：河北科学技术出版社，1998.

使农户成为经济核算单位，通过以土地使用权和剩余分配权为对象的产权重新界定改变了农民与土地、农民与集体的关系，在农户层面重建了农业生产的激励机制。

3. 改革的成效

农民以家庭为单位经营土地，是新中国成立后我国土地制度的又一次重大变革。以家庭承包经营为基础、统分结合的双层经营体制被确立为我国农村集体经济的一项基本经济制度，为促进农业发展和农村经济繁荣产生了积极而深远的影响。

（1）改革极大地解放并发展了农村生产力。长期困扰我国经济发展的农产品短缺问题得到了基本缓解，长期处于贫困中的农民的温饱问题基本得到了解决。1979—1984 年，农业总产值增长了 355.4%，平均每年递增 7.9%，比 1978 年前 26 年平均 2.7% 的增长速度高 1.8 倍。全国粮食产量由 1978 年的 30 477 万吨增加至 1984 年的 40 731 万吨，平均每年增长 1 709 万吨，增长率达 4.95%，比前 26 年 2.41% 的增长率高一倍多[1]。在该时期的农业总增长中，家庭联产承包责任制所作的贡献为 46.89%，远远高于农产品收购价格的提高、农业生产要素价格的降低等其他因素所作的贡献[2]。农村贫困人口（1978 年标准）由 1978 年的 2.5 亿人减少至 1985 年的 1.25 亿人，下降了 50%。

（2）改革促进了农业现代化进程。家庭联产承包责任制的确定促进了我国农村经济体制由计划经济向市场经济转变，提高了农民对农村土地资源的利用率，改变了农业的发展格局。我国农村生产方式得到了深刻变革，农业的机械化、科技化、良种化水平大幅提高。1978—1985 年，全国农业机械总动力增长 77.9%。

（3）改革解放了农村劳动力，为农村劳动力的转移创造了条件。家庭联产承包责任制促进了农业劳动生产效率的大幅提高，实现了农业经营人口的持续稳定下降，我国农村出现了新中国成立后第一次真正意义上的劳动力过剩现象；使农村剩余劳动力向二、三产业转移成为可能，直接推动了农村乡镇企业发展和大规模的民工潮。1978—1988 年，从事农业的劳动力占全国劳动力总数的比例由 70.7% 下降为 59.5%，农村社会总产值中工业、商业、建筑、运输、服务等非农产值占比由 31.4% 上升为 53.5%[3]。

家庭联产承包责任制本质上仍属于小农式的家庭经营，农户土地拥有面积小且分散，无法实现规模经营。随着改革制度的红利释放殆尽，农业生产率和农民

① 中共中央文献研究室综合研究组，中共中央文献研究室《党的文献》编辑组．三中全会以来的重大决策 [M]．北京：中央文献出版社，1994：110.

② LIN Yifu. Rural Reforms and Agricultural Growth in China [J]．American Economic Review，1992，82（1）：34-51.

③ 王丰，蒋永穆．马克思主义农业现代化思想演进论 [M]．北京：中国农业出版社，2015：328.

收入增长逐渐陷入停滞局面。改革和完善家庭联产承包制成为推动农业农村现代化的关键。

（二）农产品流通体制改革

统购统销制度与户籍制度、人民公社制度被并称为重工业优先发展战略下的"三驾马车"。在统购统销制度下，价格不能反映供求关系，农民的经营自由和积极性均受到很大约束和抑制。随着家庭联产承包责任制的推行，农民获得了土地经营自主权，高度计划的统购统销制度越来越不适应农业发展形势。从1978年年底开始，我国逐步开展农产品流通领域改革。

1. 农产品流通领域改革的3个阶段

（1）放开搞活阶段（1979—1991年）。这一阶段的特点是计划与市场相结合。国家采取的措施一是减少统购统销和派购限售的品种和数量，缩小国家收购农产品的范围，并逐步取消国家对主要农产品量和播种面积所下达的25种指令性计划指标；二是逐步放开了相关农产品的购销价格，实行议购议销。1985年，中共中央发布《关于进一步活跃农村经济的十项政策》，核心内容是改革计划经济时期的统购派购任务，按照不同情况分别实行合同定购和市场收购，正式启动以进一步放活农民经营自由和进一步发展商品经济为取向的农产品流通体制改革。自此，中国农产品购销体制由统购统销向"双轨制"转变。

（2）向社会主义市场经济转变阶段（1992—1997年）。这一阶段主要是以市场经济为导向的改革试验阶段，加快粮食流通体制改革，放开粮食价格，实行以市场定价为主，稳定全国粮食供应；积极建设农副产品批发市场，从1992年到1997年年底，我国共建成农副产品批发市场近3 000个，涉及粮食、蔬菜、肉类和水产品等多个种类；放开农产品价格，促进农副产品价格市场化。至此，农产品市场体系框架初步形成，这为农产品流通体制深化改革打下了坚实的基础。

（3）深化改革阶段（1998年以后）。这一阶段的任务一是改革落后的粮食收购仓储制度。1998年，国家出台了深化粮食流通体制改革的措施，其核心是贯彻"四分开、一完善"原则，实行政企分开、储备与经营分开、中央与地方责任分开、新老账务账目分开。1998年，国务院出台"三项政策，一项改革"，实施按保护价敞开收购农民余粮，国有粮食收储企业实行顺价销售、粮食收购资金封闭运行模式。二是推动农产品流通网络现代化建设，发展农产品批发、零售市场和物流等，搞活农产品流通。改善农村消费环境，建立健全农村消费品流通网络，培育农村消费品市场，规范发展农业生产资料市场。

2. 农产品流通体制改革成效

通过改革，我国逐步实现了粮食供需完全由市场调节，农民及多种形式的市场中介组织作为独立的市场主体，在农产品流通中的地位日益提高，收购经销主体日趋多元化。国内外农产品市场逐步接轨，农产品市场开放程度不断提高。农产品价格逐步回归市场供求关系定价，改变了原来工与农、城与乡、国家与农民的利益格局，附加在农业上的工农剪刀差逐渐消失。

（三）农村劳动力流动体制改革

新中国成立后，我国长期实行城乡二元的户籍管理制度，对城乡人口流动实行控制或严格控制。家庭联产承包责任制实施后，农村长期的隐性失业人口显性化，近2亿的农村剩余劳动力迫切需要向外转移；沿海和大中城市附近的经济发展以及乡镇企业的发展提供了大量的非农就业机会，因此，改革农村劳动力流动体制成为推动农村资源市场化配置的重要内容。

1. 我国实行改革开放后，农村劳动力体制改革大体可以分为2个阶段

（1）有限开放阶段。1978—1991年，国家逐步放开对农村劳动力流动的严格限制，又通过户籍和身份管理对人口流动进行管理。1980年，党中央允许私人投资和经营企业，农村剩余劳动力有了向城镇流动的政策空间。1984年起，党中央出台系列文件，对农民进城的作用进行了正面肯定，允许农村劳动力向小城镇流动，允许贫困地区对城市劳务输出，为农村劳动力向城镇流动转移及市民化打开了关闭已久的闸门，这标志着实行了26年的限制城乡人口流动的管理制度与政策开始松动。由于城镇副食品和日用工业品凭票凭证供应制度的存在，农村劳动力主要是向小城镇流动转移，在乡镇企业中就业，在城市定居成为市民的比例很少。1984—1988年间，农村累计转移农业劳动力5 566万人。平均每年转移1 113万人，转移劳动力总量平均每年增长23.11%[①]。

（2）规范流动阶段。1992—2002年，国家对农民工的政策调整为"鼓励、引导和实行宏观调控下的有序流动"，农民工大规模地跨地区流动常态化。党的十四大后，我国经济进入高速增长阶段，城镇二、三产业对劳动力需求不断增长。国家户籍管理制度开始松动，1997年，国务院批转公安部的《小城镇户籍管理制度改革试点方案》和《关于完善农村户籍管理制度的意见》等文件，取消以商品粮为标准划分农业和非农业户口的"二元"划分方式，建立了以就业证、卡管理为中心的农民工跨地区流动就业制度，放开了绝大多数的小城镇落户限制。在政策鼓励下，农村劳动力流动进入了一个高潮期，20世纪90年代外出就业农民工年均增长15%[②]。

---

① 杨英强. 现阶段农民工市民化问题研究［D］. 成都：西南财经大学，2011.
② 国务院发展研究中心课题组. 农民工市民化 制度创新与顶层政策设计［M］. 北京：中国发展出版社，2011.

2. 劳动力体制改革成效

1978—2002 年，国家对农村劳动力的流动经历了控制农民工盲目流动、规范流动和鼓励流动等阶段。农村劳动力的流动为城市二、三产业发展提供了廉价的劳动力，创造了中国经济腾飞的奇迹。但是，国家对农村劳动力流动政策的出发点是国家经济发展战略的需要，根据城市经济的容纳程度有序放开农村劳动力限制，避免了社会的失序。但在一定程度上，不可避免地牺牲了农村、农业与农民，导致了"三农"问题的产生与加重。城镇建设、社会建设远远滞后于经济发展。各种社会矛盾日益突出和严重。

（四）农村基层治理体系改革

1. 农村基层治理体系改革历程

家庭联产承包责任制实施后，人民公社体制解体，国家按照"政社分开"原则重建农村基层民主政权组织，逐步形成了乡政村治体系。所谓乡政村治，是指国家在乡（镇）一级设立乡（镇）基层政权，依法对乡（镇）进行行政管理，乡（镇）以下的农村实行村民自治。以落实农户土地经营权为核心的家庭联产承包责任制，揭开农村经济体制和政治体制改革的序幕，出现乡（镇）一级设立的基层政权依法对乡（镇）进行行政管理与乡（镇）以下的村实行村民自治。1978—2002 年，中国农村基层治理体系改革历程分为 3 个阶段。

（1）萌芽阶段（1978—1982 年）。人民公社制度逐步瓦解，政府权力相对从农村收缩，农村社会事业陷入无人组织、无人负责的局面，出现了一定程度的无序和混乱状态。广西宜山县、罗城县等地开始出现村民自发组织的村民委员会，村民委员会负责维持社会治安和维护集体的水利设施，后来逐渐扩大为对农村基层社会、政治、经济生活中诸多事务的村民自我管理，逐渐演变、规范为农民群众"自我管理、自我教育、自我服务、自我监督"的群众自治组织。1982 年，《中华人民共和国宪法》中对农民群众的民主创造进行了肯定，以根本大法的形式确定了在农村成立村民委员会，村民委员会的性质是基层群众自治组织。

（2）发展阶段（1983—1987 年）。在国家推动下，农村基层群众自治在全国快速展开，"乡政村治"治理体系初步形成。1983 年，《中共中央、国务院关于实行政社分开建立乡政府的通知》提出实施政社分开，建立乡政府，同时进一步明确村民委员会的职责是负责本村的公共事务和公益事业，协助乡（镇）政府做好本村行政工作和生产建设工作。到 1985 年年底，全国的建乡工作全部完成，全国约 5.6 万个人民公社、镇改建为约 9.2 万个乡（包括民族乡）、镇人民政府①，同时取消生产大队、生产队，建立了约 82 万个村民委员会②。村民委员会在全国范围内设立，村民自治的组织载体和制度初步形成，这标志着"乡政村治"治理体制初步建立。

（3）规范发展阶段（1988—2001 年）。国家通过立法，使农村基层民主政治建设逐步走上了法制化、规范化的轨道。1988 年施行的《中华人民共和国村民委员会组织法试行》，标志着"乡政村治"的治理架构最终确立。"乡政村治"体制不仅重新构造了农村基层的行政组织与管理体系，也重新划定了国家权力与社会权力、农村基层政府与农村基层自治组织的权力边界。1994 年，第十次全国民政会议正式将农村基层群众自治概括为"四个民主"，即民主选举、民主决策、民主管理和民主监督。1998 年，《中华人民共和国村民委员会组织法》正式颁布，标志着我国农村基层民主政治建设逐步走上了法制化、规范化的轨道。到 2001 年年底，全国 28 个省份制定颁布了村委会组织法实施办法，所有省份制定颁布了新的村委会选举办法，80%以上的村建立了村民会议或村民代表会议制度，制定了村规民约或村民自治章程，90%以上的农村推行了村务公开制度。

2. 农村村民自治制度

（1）制度内涵。根据 1998 年颁布的《中华人民共和国村民委员会组织法》，农村村民自治制度的核心要点是，通过实行民主选举、民主决策、民主管理和民主监督，产生村民进行自我管理、自我教育、自我服务的群众性自治组织村民委员会。村民委员会成员由村民民主选举产生，对村民会议负责并报告工作，涉及全体村民利益的问题，村民委员会必须提请村民会议讨论决定，村民会议有权监督村委会的收支账目和其他工作情况，并有权罢免和补选村民委员会成员。

（2）与乡（镇）政府的关系。乡（镇）人民政府与村委会不是上下级关系。乡（镇）人民政府对村民委员会的工作给予指导、支持和帮助，但不得干预依法属于村民自治范围内的事项。这一时期，国家仍需要从乡村地区汲取资源，为实现这一目标，乡（镇）政府加强对乡村社区自治组织的行政化控制，乡村社区的公共权力组织被乡（镇）政府更多地作为科层制组织来管理③。国家权力与乡村社区自治力量没有实行制度化、规范化、程序化运作。在国家行政权力从农村地区退缩后，党的组织仍在农村发挥领导核心作用，支持和保障村民开展自治活动、直接行使民主权利等。

①　国家统计局．中国统计年鉴 1997［M］．北京：中国统计出版社，1997.
②　项继权．从"社队"到"社区"：我国农村基层组织与管理体制的三次变革［J］．理论学刊，2007（11）：85－89.
③　赵树凯．乡村关系：在控制中脱节——10 省（区）20 乡镇调查［J］．华中师范大学学报（人文社会科学版），2005（5）：2－9.

（3）村民委员会职责。村民委员会是农村经济、社会和政治三位一体的组织。村民委员会是农村集体土地及财产的管理者，是农村社会治理的主体，也是农村公共产品的提供者，具体负责办理本村的公共事务和公益事业，调解民间纠纷，协助维护社会治安，向人民政府反映村民的意见、要求和提出建议，维护村民的合法权益等职责。

3. 改革成效与问题

1978—2002 年，中国共产党农村基层治理体系改革的总体趋势是"乡政村治"制度逐步完善，农民在农村经济、社会、文化事务中获得了越来越大的自主权。"乡政村治"在围绕土地经营权下放、农民民主权利回归的农村改革中兴起，符合当时中国农村政治、社会、经济发展的方向，促进中国农村经济社会的发展，巩固了我国基层民主政治建设的成果。

这一时期国家仍需要从农村汲取资源，仍有掌控农村社会的需要，因此"乡政"压倒"村治"的现象依然存在，村委会成为乡（镇）政府和部门的"腿"，越俎代庖地办理政务，村民自治的作用和功能无法真正发挥。另一方面，国家将大部分农村公共产品的供给责任留给了村民自治组织，但很多村民自治组织缺乏足够的财力和组织能力，这导致了农村公共事务、公益事业建设出现倒退。

（五）开启农村改革时期乡村建设的总结

1. 奠定了现代农村治理的基础

1978—2002 年是中国共产党领导乡村建设的展开期。这一时期，中国共产党农村工作的主要任务：一是通过赋权并放活农民与农村产权与自主权，激活农村各类生产要素，促进农村经济发展；二是建立与农民自主经营的经济基础相适应的农村社会治理体系；三是通过行政控制、市场化调节等引导农村生产要素有序向城市转移，支持国家的现代化建设。这一时期党的乡村建设的两条主线是赋权放活与市场化改革，总的趋势是国家权力逐渐从乡村社会、经济等领域退缩，基于农民自主经营、村民自治的农村社会治理体系形成并逐步完善，这奠定了农村的基本制度框架。

2. 极大促进了农村社会经济发展

通过赋权和放活，农民获得了生产经营自主权，农村沉睡的生产要素被激活；开展包括农产品与生产要素在内的资源的配置机制市场化改革，逐步实现农产品、农村劳动力等资源的市场化流动，农村经济获得了空前的发展（图42）。到 1988 年，农村社会总产值达 12 078 亿元，比 1978 年增长 27 倍。1978—1988 年，农村社会总产值中工业、商业、建筑、运输、服务等非农产值占比由 31.4% 上升为 53.5%，农民人均收入由 133 元增长至 545 元，增长了 3.1 倍。

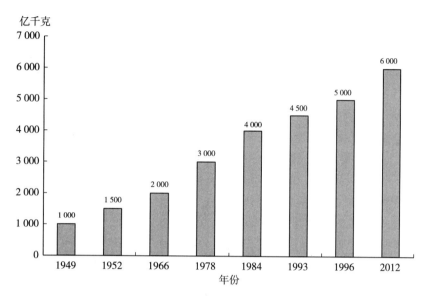

图 42 1949 年后我国粮食产量变化情况

资料来源：国家统计局，2019 年。

3. 改革仍存在着制度性缺陷

这一时期以农业支持工业的发展战略并未改变。一方面国家通过农业税费、工农剪刀差等方式继续从农村汲取资源支持工业化建设，1979—1994 年，国家通过工农产品"剪刀差"取得大约 15 000 亿元，同期农业税 1 755 亿元，财政支农支出 3 769 亿元，国家提取农业剩余净额 12 986 亿元，平均每年从农业部门流向城市部门的资金高达 811 亿元[①]（图 43）。另一方面在城乡二元体制下，国家对农业农村的投入极为有限，农村基础设施薄弱、公共服务短缺等问题日益突出，城乡差距逐渐拉大。到 20 世纪末，随着家庭联产承包责任制等制度改革红利释放殆尽，农村经济发展逐步放缓，农民收入增长陷于停滞，城乡收入差距逐渐拉大，农业农村日益成为我国社会主义现代化的短板。解决"三农"问题，必须要改变城市和工业优先发展的国家战略，加大对农业农村的投入。

四、统筹城乡发展时期（2003—2012 年）

中国共产党乡村建设战略由"农业支持工业"转向了"工业反哺农业、城市支持农村"，按照"多予、少取、放活"指导方针，取消农业税，建立农业支持保护制度，加大对农村公共基础服务的投入力度，这拉开了全面建设社会主义新农村的序幕。

---

① 乌东峰 . 不对称的中国农民问题研究［J］. 农业经济导刊，2002（9）.

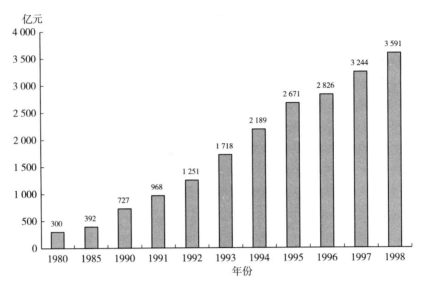

图 43　1980—1998 年中国工农产品价格"剪刀差"变化

资料来源：陈桂棣，春桃．中国农民调查［M］．北京：人民文学出版社，2004：191。

（一）城乡统筹发展提出的过程

2005 年，党的十六届五中全会提出社会主义新农村建设的目标、内容和方向，按照"生产发展、生活宽裕、乡风文明、村容整洁、管理民主"的要求，协调推进农村经济建设、政治建设、文化建设、社会建设和党的建设。

2007 年，党的十七大提出建立以工促农、以城带乡长效机制，形成城乡经济社会发展一体化新格局。

2008 年，党的十七届三中全会提出统筹土地利用与城乡规划、统筹城乡产业发展、统筹城乡基础设施建设和公共服务、统筹城乡劳动就业、统筹城乡社会管理"五个统筹"的战略部署，建立促进城乡经济社会发展一体化的制度。

2012 年，党的十八大提出推动城乡发展一体化，形成以工促农、以城带乡、工农互惠、城乡一体的新型工农、城乡关系。至此，中国共产党城乡一体的新型城乡关系基本成型。

（二）城乡统筹发展的主要举措

2003—2012 年，在统筹城乡发展战略的指导下，中央按照"多予、少取、放活"指导方针进行改革：一是通过推动城乡公平税赋，全面取消农业税费；二是推动公共财政覆盖农村，大幅度增加"三农"投入；三是推动工农业协调发展，实行粮食直接补贴、良种补贴、农机具购置补贴、农资综合补贴和粮食最低收购价政策；四是推动城乡基本公共服务均等化，实行农村免费义务教育、新型农村合作医疗和农村社会养老保险、农村最低生活保障制度；五是推动城乡基础设施一体化，开展农村饮水安全、农村电网、农村公路、农村沼气、农村危房改造建设；六是推动城乡平等就业，建立城乡统一的劳动力市场和住房与社会保障制度。

（三）农村税费改革

1. 农村税费改革的过程

自 1996 年以来，随着农业税费占国家财政收入比值的不断降低，我国加快了改革农村税费的步伐（图 44）。

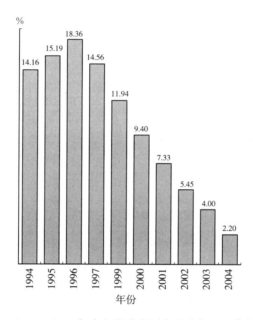

图 44　1994—2004 年农业税费占国家财政收入比值变化表

资料来源：根据赵云旗《中国当代农民负担问题研究（1949—2006）》（载《中国经济史研究》2007年第 3 期）、姜长云《农村税费改革问题研究（总报告）》（载《经济研究参考》2001 年第 24 期）以及国家统计局数据整理而成。

从 2003 年 3 月开始，我国进入农村税费改革的全面推进时期。改革的根本目的是减轻农民负担，规范农村税费制度。改革的内容可以概括为"三个取消、两个调整、一个逐步取消和一项改革"。此后，鉴于征税成本已远高于征税收入，同时是落实"多予少取"、增加农民收入的要求，农村税费改革开始向降低直至取消农业税的方向转变。2004 年，温家宝总理在《政府工作报告》中宣布，从2005 年开始每年降低农业税税率 1 个百分点以上，5 年内取消农业税。2005 年12 月 29 日，十届全国人大常委会第十九次会议作出自 2006 年 1 月 1 日起废止《中华人民共和国农业税条例》的决定。自此，延续了 2600 多年的农业税正式退出历史舞台，城乡关系、国家与农民的关系发生了根本性的变化。农业税费改革促进了农民收入的增长，由于农业税减免和粮价上涨以及 2004 年国家首次发放粮食补贴，2004 年全国农民人均纯收入实际增幅超过 6%，2004 年是 1997 年以来农民收入增加最多、增幅最高的一年。

2. 农村税费改革的内容

（1）税费改革的内涵。农村税费改革的核心是减轻农民负担，其基本思路是费改税—治"三乱"—减轻农民负担—构建服务性政府（新型上层建筑）—构建公共财政制度（新型经济基础）—理顺国家、集体、农民、城乡、工农等之间利益分配关系（新型生产关系）—形成减负增收的长效机制—促进农村生产力解放—城乡经济社会协调发展（全面小康）。

（2）税费改革政策配套情况。农村税费改革是农村生产关系和上层建筑的重大变革，实质是要改革农村不适宜生产力发展的上层建筑的某些环节，最重要的要精简人员。为保证改革取得实效，中国共产党在农业费改革中实行了一系列的配套改革措施。

第一，进行乡（镇）机构和事业单位改革，减少吃皇粮的人员。从 1998 年开始，全国大多数省份都相继开展以"并乡""并村""并校"和"减人""减事""减支"为核心内容的乡（镇）机构改革。到 2007 年年底，全国乡（镇）数量由 1997 年的 44 891 个减少为 34 379 个，减少了 30%（图 45）。

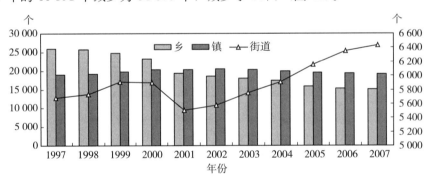

图 45　1997—2007 年我国乡（镇、街道）的数量变化情况

资料来源：2007 年民政事业发展统计报告。

第二，改革财政体制，完善乡（镇）财政体制，加强公开财政管理，规范村级财务管理。

第三，建立健全减轻农民负担的监管机制，规范经营性服务收费，规范农村中小学教育收费，规范"一事一议"筹资筹劳，防止减免农业税后农民负担又从其他"口子"冒出来。

第四，实施和扩大直接补贴，增加对农村社会事业的投入。

3. 农村税费改革的影响

（1）大幅减轻了农民负担。农村税费改革大幅减轻了农民负担，农民税费总额与人均税费均大大降低（图 46）。

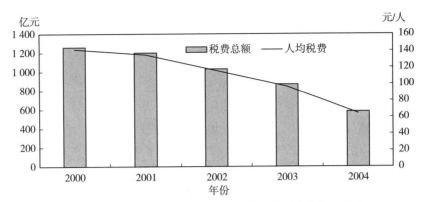

图 46 2000—2004 年农民税费总额与人均税费负担变化表

资料来源：魏文慧. 农村税费改革研究［J］. 内蒙古科技与经济，2013（8）：23，25.

（2）推动了农村上层建筑的调整和完善。推动了乡（镇）机构、农村义务教育、县及乡财政管理体制、集体林权制度等农村上层建筑的调整和完善，精简优化了乡（镇）机构和人员，加快了乡（镇）政府职能转变，规范了乡（镇）干部的行政行为，逐步建立了以县为主的管理体制和以政府投入为主的农村义务教育经费保障机制，促进了城乡义务教育均衡发展，推进了"省直管县"财政管理体制和"乡财县管"财政管理方式改革试点等。这些改革及其所取得的成果为下一步深化农村综合改革打下了坚实基础。

（3）有效缓解了农村社会矛盾，促进了社会主义和谐社会的建设。全面取消农业税费之后，乡村基层政府从过去的"收税官"转变为服务型政府，干群摩擦减少，农村因收费、摊派造成的群体性事件明显减少了，这种转变促进了基层干部思想观念和工作方式的转变，对广大农村社会的和谐稳定起到了良好的作用。

但是也要看到，农村税费改革在短期内导致乡（镇）政府财力减少，乡、村两级资金缺口加大，由乡（镇）政府承担的农村社会事业受到影响。同时，由于地方财政收入减少，地方政府开始大规模从农民手中征收土地，并不计破坏生态环境的代价去招商引资以追求 GDP[1]，由此导致征地和环境污染引发的矛盾成为"后税费时代"农村社会冲突的主要根源。据统计，到 2005 年，中国失地农民已达到 4 000 万～5 000 万，且以每年 200 万～300 万的速度递增。在土地征收过程中，地方政府大约获得土地增值收益的 60%～70%，农民拿到的不足 10%[2]。

---

[1] 温铁军. 八次危机 1949—2009 中国的真实经验［M］. 北京：东方出版社，2013：25-26.

[2] 孔祥智，何安华. 新中国成立 60 年来农民对国家建设的贡献分析［J］. 教学与研究，2009（9）：5-13.

（四）农业支持保护制度的建立

1. 农业支持保护制度的背景

农业是国民经济的基础产业，在维护国家粮食安全、保护生态环境、支持二、三产业发展等方面发挥了重要的作用。但是，农业也具有弱质性、高风险性和不稳定性等特征。我国社会经济的发展，推动了土地、劳动力等生产要素价格上涨，导致农业的收益率逐年下滑，这严重打击了农民的生产积极性。1998—2003 年，由于种粮收益下降、耕地面积减少，我国粮食产量由 5.1 亿吨下降至 4.3 亿吨，下降了 15.69%，2003 年粮食产需缺口达到 5 555 万吨。

为调动农民粮食生产积极性，扭转粮食产量连年下滑的局面，国家逐步建立起包括农业补贴制度、最低收购价制度和临时收储制度、农业政策性保险制度等在内的农业支持保护政策体系，增加农业科技投入，促进现代农业发展。

2. 农业支持保护制度建立过程

（1）粮食生产补贴制度。2004 年，中央一号文件中提出对粮食主产区的种粮农民实行直接补贴，也鼓励非主产区对种粮农民实行补贴。2006 年政策扩大到全国，并基本涵盖了主要粮食作物。2004 年，国家将农机购置补贴列入中央财政支持政策范畴。2005 年起，国家陆续对奶牛、生猪和能繁母猪、肉牛、绵羊等畜牧业产品进行良种补贴。为弥补农资价格上涨对农户种粮的影响，降低农户生产成本，2006 年起中国开始实行农资综合补贴政策。

（2）粮食保护价收购政策。改革开放后，我国农产品统购统销制度取消，市场化的农产品流通体系逐步建立。为稳定粮价，保障粮食安全，1990 年国家开始实施粮食保护价收购政策。2005—2007 年，国家先后实施稻谷和小麦最低收购价政策，当粮食市场价格低于最低收购价格时，政策执行单位在相关产区按照最低收购价格收购农民交售的新粮；当市场价格高于最低收购价时，则不启动该政策。该政策消除价格波动风险，稳定了农民粮食生产的收入预期。2008 年，大宗农产品价格暴跌，国家将政策适用范围扩大到大豆、玉米、棉花等农产品，建立了大宗农产品临时收储制度。

（3）农业政策性保险制度。2004 年，中央财政开始对农业保险试点给予支持，减少农业风险给农民带来的损失。农业政策性保险的思路是以保险公司市场化经营为依托，政府通过保费补贴等政策扶持，对种植业、养殖业因遭受自然灾害和意外事故造成的经济损失提供直接物化的成本保险。2007 年，中央财政对 6 个试点省份的玉米、水稻、小麦、大豆、棉花等 5 种农作物提供农业保险补贴，2012 年补贴品种达到 15 个，基本涵盖了种植业和养殖业中的主要农产品。

3. 农业支持保护制度的成效

（1）加大了对农业的投入力度。中国农业支持保护制度的建立遵循"分品种施策，渐进式推进"的思路，覆盖范围由单一品种向多品种扩展，支持力度由弱及强。自 2004 年中央 1 号文件提出"增加农业投入，强化对农业支持保护"之后，财政支农力度不断加大。2012 年，国家财政用于农业支持保护制度的支出达到 6 972.7 亿元，是 2007 年的 2.4 倍[1][2]（图 47）。

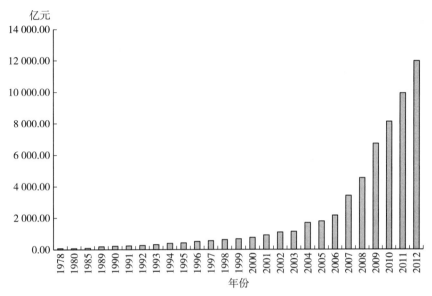

图 47　1978—2012 年我国财政支农资金情况

资料来源：中国历年统计年鉴。

（2）促进了农业生产的发展。农业支持保护政策的建立和完善，促进了农业生产的不断发展，我国粮食播种面积、粮食产量稳步增长；促进了农民收入的增长。

（五）农村公共产品供给制度改革

1. 农村公共产品供给制度改革的思路

新型城乡关系中"多予"的另一重要体现是国家加大对农村公共事业的投入，将农村税费改革之前由乡、村承担的大部分农村公共产品供给纳入国家公共财政范围，逐步形成了以政府为主、农村社区为辅的农村公共产品供给制度。即对于超出村庄社区的公共产品，由国家财政转移支付来解决；而与农民利益密切相关的村庄社区内的公共产品供给，则由"一事一议"制度的办法筹措资金。

---

①　中华人民共和国国家统计局 . 中国统计年鉴 2013［M］. 北京：中国统计出版社，2013.

②　国家统计局农村社会经济调查司 . 中国农村统计年鉴 2013［M］. 北京：中国统计出版社，2013.

2. 农村公共产品供给制度改革历程

2003—2012 年，国家逐步将农村义务教育、医疗和社会保障等纳入国家公共财政，初步形成城乡平等的公共服务体系。

（1）公共财政对农村义务教育的全面保障。2005 年，国务院下发《关于深化农村义务教育经费保障机制改革的通知》，决定逐步将农村义务教育全面纳入公共财政保障范围，全部免除农村义务教育阶段学生的学杂费，对贫困家庭学生免费提供教科书并补助寄宿生生活费。2006 年，全国人大常委会修订《中华人民共和国义务教育法》，在法律上明确义务教育不收学费、杂费，标志着中国农村义务教育事业改革取得了突破性进展。

（2）新型农村合作医疗制度的建立和全覆盖。2003 年，国家启动新型农村合作医疗制度试点。到 2009 年，新型农村合作医疗制度已实现全覆盖。

（3）新型农村社会养老保险的建立和全覆盖。2009 年，国务院颁布《关于开展新型农村社会养老保险试点的指导意见》，试点建立个人缴费、集体补助、政府补贴相结合的新型农村社会养老保险制度。至 2012 年 6 月，全国所有县级行政区全部纳入新农保覆盖范围，农村居民人人享有养老保险成为现实。

（4）农村最低生活保障制度的建立。2007 年，国务院发布《关于在全国建立农村最低生活保障制度的通知》，决定在全国建立农村最低生活保障制度，当年底，这项制度已经在全国范围内普遍建立。

（5）农村基础设施的改善。2003—2012 年，国家先后实施了村村通道路工程、村村通广播电视工程、农村饮水安全工程、农村电网建设和改造工程等重大项目，极大地改善了农村的基础设施条件。

3. 农村公共产品供给制度改革成效

2003—2012 年是我国农村公共事业大发展的时期。在城乡统筹发展战略下，中国共产党的农村政策从资源汲取转为输血建设，农村公共产品供给由"人民事业人民办"转变为以国家公共财政负担为主。国家在较短时间内建立了较为完善的农村基础设施、公共服务投入机制，农村公共事业获得了快速的发展。2004—2012 年，全国新建改建农村公路 300 万千米，逐步实现村村通水泥路，解决了 4 亿人的饮水安全，发展 3 000 万户农户使用沼气，扶持 1 000 多万农户进行危房改造，全国参加农村养老保险人数达到 3.2 亿人。但是，农村公共事业由于底子薄、起步晚，在短时间内难以赶上城市发展水平，城乡公共服务距一体化还有很大差距。

（六）统筹城乡发展时期乡村建设的评述

1. 乡村开始进入全面建设的正轨

2003—2012 年是中国共产党全面建设社会主义新农村的转折期。这一时期党的农村政策的最显著变化是由"以农促工"转为"工业反哺农业、城市支持农村"，彻底终结了从农村汲取资源支持国家工业化的战略，彻底改变了国家、集体、农民，工业与农业，城市与农村的关系，中国农村开始全面并入国家现代化发展的快车道。2005年，中央明确提出建设社会主义新农村，提出了新农村建设的经济、政治、文化、生活质量提升、环境建设5个方面的内容，这标志着中国农村由局部建设进入了全面发展的新时期。2004—2012年，中央财政"三农"投入达到12 280亿元，年均增长21%；粮食生产实现"九连增"，农民增收实现"九连快"，农民人均纯收入年均增速达到8%。

2. 国家从乡村汲取资源的制度路径未根本改变

我国分税制改革后，地方政府的事权增加、财权减少，导致地方财政紧张。农村税费改革后，作为地方政府重要财源的农业税费被取消，地方政府在财政压力下，开始转向从农村土地征收中获取收益。土地成为国家从乡村汲取资源的新途径。2006年全面取消农业税后，中国农业各税①收入不降反增，2006年全国农业各税收入1 080.04亿元，占财政总收入的比重为3.11%，到2008年农业各税收收入增长至1 689.39%，占财政总收入的比重为3.12%，其中收入新增部分大部分来自耕地占用税（图48，图49，图50）。根据国家财政局的统计数据，2009年全国土地出让收入为14 239.7亿元，同比增长43.2%。在土地出让收入中，用于农业农村建设的仅占8.3%，用于城市建设的占到27.1%。

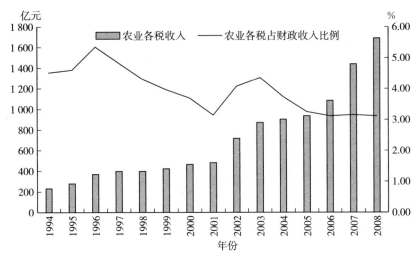

图48　1994—2008年农业各税收入及占财政收入比例

资料来源：《中国统计年鉴》（2009年）。

---

① 根据2009年前统计标准，2006年以前农业各税包括农业税、牧业税、耕地占用税、农业特产税、契税和烟叶税；从2006年起，农业各税只包括耕地占用税、契税和烟叶税。

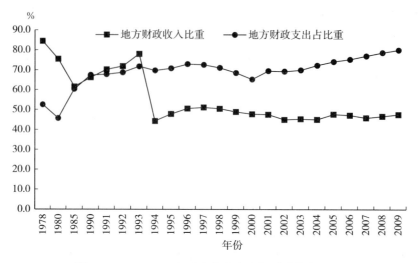

图 49　1978—2009 年地方收支占全部财政收支比重

资料来源：中国历年《中国统计年鉴》。

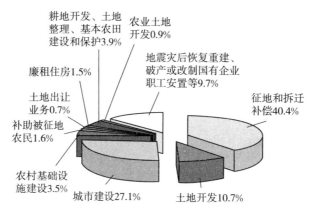

图 50　2009 年全国土地出让支出结构图

资料来源：财政部网站。

五、城乡融合和乡村振兴阶段（2012 年以来）

（一）实施城乡融合和乡村振兴战略

党的十八大以来，中国进入了全面深化改革的新时期。我国社会的主要矛盾已经转化为人民日益增长的美好生活需要和不平衡、不充分发展之间的矛盾，而这种发展的不平衡、不充分，突出反映在农业和乡村发展的滞后上。因此，党的十八届三中全会通过《中共中央关于全面深化改革若干重大问题的决定》，提出了破除城乡二元结构，健全体制机制，形成以工促农、以城带乡、工农互惠、城乡一体的新型工农城乡关系，让广大农民平等参与现代化进程、共同分享现代化成果。在城乡要素平等交换、公共资源均衡配置、中国特色新型城镇化、农业新型经营主体构建等方面提出了一系列配套措施。中国农村改革也突出综合配套和全面深化的特征，由单兵突进向综合改革转变，在抓住主要矛盾的基础上强调改革的系统性和整体谋划。2017年，党的十九大报告正式作出了实施乡村振兴战略的重大决策部署，提出了要坚持农业农村优先发展的原则，建立健全城乡融合发展的体制机制和政策体系，加快破除城乡二元结构，加快推进农业农村现代化。这一时期，除了继续完善城乡融合发展体制机制，乡村建设的重点是推进精准扶贫、深化农村集体产权制度改革和全面推进乡村振兴。

（二）实施精准扶贫战略

1. 实施精准扶贫的背景

我国农村地区长期以贫困面积大、贫困人口多、贫困程度深而在相当长时期内成为社会的焦点。自1978年改革开放起，我国致力于推进农村贫困人口脱贫，先后制定并实施了诸多扶贫开发纲领性文件，探索出了一条中国特色减贫道路，扶贫开发工作取得突破性进展。从20世纪70年代末开始，我国已有7亿多人口摆脱贫困。从2011年实施新的扶贫开发纲要开始，到2014年年底，中国新的扶贫标准下的减贫人口总量达到9 550万，贫困发生率从17.2%下降至7.2%，但农村贫困人口脱贫问题仍是全面建成小康社会最突出的"短板"，消除贫困的任务依然艰巨。到2014年年底，全国仍有14个集中连片贫困区、12.8万个贫困村、7017万贫困人口，重点分布在欠发达的中西部地区。其中贫困发生率超过10%的有西藏、甘肃、新疆、贵州和云南，贫困人口数量超过500万的有贵州、云南、河南、广西、湖南和四川。上述地区受制于自然环境、地区经济发展或家庭客观原因等，改革红利、经济社会发展红利难以分享，因此这些群体、这些特困地区更难实现脱贫；且在粗放扶贫中的低质低效、贫困居民底数不清、扶贫资金落实不到位、扶贫效果不明显等问题逐渐突显出来。2011—2014年，我国减贫效益递减问题开始突出，减贫幅度从2010年的26.1%下降至2014年的14.9%，要在2020年前如期实现每年减贫1 000万人的目标，任务十分艰巨。针对这些问题和实际情况，中共中央明确提出精准扶贫、精准脱贫。

2. 精准扶贫战略提出过程

（1）"精准扶贫"思想首次提出。习近平精准扶贫思想是适应中国经济社会发展进入新常态，为解决新时期扶贫开发问题而提出来的。2012—2013年是精准扶贫思想的酝酿阶段。2013年，习近平在湘西考察时作出"实事求是、因地制宜、分类指导、精准扶贫"的指示，首次提出"精准扶贫"概念。此后，总书记多次对其思想内涵进行深刻阐释。"精准扶贫"在总书记治国理政新理念新思想新战略下，短时间内快速丰富、完善起来，成了当代扶贫开发战略新思想的核心内容。

（2）精准扶贫贵在"精准"，具体体现在扶贫对象、扶贫资源和扶贫管理等3个方面。

第一，精准瞄准扶贫对象。包括精准识别贫困对象的范围、贫困深度、致贫原因等。一是要设立可操作、可量化的认定指标体系，从家庭收入、经济来源、家庭资产、消费水平、劳力现状、劳动观念、生活环境、居住条件、子女情况、致贫原因、脱贫机会等方面综合评估。二是完善精准识别程序，严格履行民主评议、民主公示、民主监督程序。三是要找"穷根"，通过对贫困户的深入调研，对其致贫原因进行精准考量、精确锁定，进而在此基础上，确定具体帮扶方案，实现对贫困户帮扶的私人定制。

第二，精准配置扶贫资源。精准扶贫能够快速整合、集聚、统筹各种各类帮扶资源，妥善处理好政府、企业、社会组织等多元扶贫主体之间的关系，引导各种各类扶贫资源有效对接贫困对象。扶贫资源的选择，必须根据贫困对象的致贫原因，针对性提供，避免供需错位；扶贫资源的配置，必须根据贫困对象的贫困深度，实行有效配置，既防止配置过度造成稀缺性扶贫资源浪费，又防止配置不足导致帮扶和脱贫目标难以实现。

第三，科学的精准扶贫管理体系。精准扶贫战略的实施需要建立科学的管理体系，科学设置并创新扶贫管理机制流程，并从顶层设计等方面做好详细规制，不断推进精准扶贫的管理科学。精准管理、精准考核是精准扶贫的应有之举，也是精准扶贫的有力保证和保障。精准管理贯穿于扶贫的各个环节，包括建立工作台账、强化对扶贫资金的监管、加大资金整合力度等。建立全过程、系统化的精准考核体系，2016年2月，中共中央办公厅、国务院办公厅联合印发了《省级党委和政府扶贫开发工作成效考核办法》，该办法对考核内容和考核问题制定了详细的方案，建立了包括自评、第三方考核评估等形式的考核体系。

3. 精准扶贫的成效

精准扶贫战略实施以来，我国脱贫攻坚战略取得了显著的成效。2021年2月25日，习近平总书记在全国脱贫攻坚总结表彰大会上庄严宣告：我国脱贫攻坚战取得了全面胜利。现行标准下9 899万农村贫困人口全部脱贫，832个贫困县全部摘帽，12.8万个贫困村全部出列，区域性整体贫困得到解决，我国完成了消除绝对贫困的艰巨任务。

（三）农村土地制度改革

党的十八大以来，以农村集体经营性资产、承包地和宅基地为重点的农村产权制度改革不断加快。农村产权制度改革的核心是探索社会主义市场经济条件下农村集体所有制经济的有效组织形式和经营方式，其关键是在保护农民集体经济组织成员权利的基础上，界定和明晰集体经营性资产、承包地和宅基地等的产权归属，通过完善权能赋予农民更多财产权利（图51）。

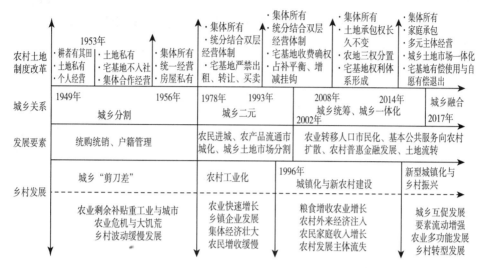

图 51 中国农村土地制度改革与乡村发展的演进

资料来源：陈坤秋，龙花楼，马历，等．农村土地制度改革与乡村振兴［J］．地理科学进展，2019（9）：1424 - 1434。

1. 农村土地"三权"分置改革

实行家庭承包经营后，农民集体拥有土地所有权，农户家庭拥有承包经营权，实现了所有权和承包经营权两权分离。随着工业化、城镇化深入推进，大量农业人口转移到城镇，农村土地流转规模不断扩大，新型农业经营主体蓬勃发展，土地承包权主体同经营权主体分离的现象越来越普遍。2013 年，中央农村工作会议提出把农民土地承包经营权分为承包权和经营权，实现承包权和经营权分置并行，这是我国农村改革的一次重大创新。党的十八届五中全会明确要求，完善土地所有权、承包权、经营权分置办法。2016 年，中共中央办公厅、国务院办公厅印发《关于完善农村土地所有权承包权经营权分置办法的意见》，对"三权"分置作出系统全面的制度安排。实行"三权"分置，坚持集体所有权，稳定农户承包权，放活土地经营权，实现了农民集体、承包农户、新型农业经营主体对土地权利的共享，为促进农村资源要素合理配置、引导土地经营权流转、发展多种形式适度规模经营奠定了制度基础，使我国农村基本经营制度焕发出新的生机和活力。

2. 农村土地确权登记

长期以来，一些地方存在承包地块面积不准、"四至"不清、空间位置不明、登记簿不健全等问题，导致农民土地权益依法保障程度低。为把农户承包地搞准、搞清、搞实，党的十八大以后，中央对确权登记颁证工作作出了一系列决策部署。2013 年习近平总书记指出，建立土地承包经营权登记制度，是实现土地承包关系稳定的保证，要把这项工作抓紧、抓实，真正让农民吃上"定心丸"。

2014 年，中央明确提出用 5 年左右时间基本完成土地承包经营权确权登记颁证工作。截至 2018 年年底，确权工作基本完成，实现了农村土地产权的明晰化，保障了农民的土地权益。

3. 城乡土地市场一体化改革

新中国成立后很长时间内，土地资源主要由政府行政命令进行配置，土地要素不能自由流动。在城乡二元体制下，政府征收是农村土地进入建设用地市场的唯一途径。在这一过程中，政府低价征收、高价出卖，赚取的土地差额一直是地方政府的主要财政收入来源。通过"土地财政"，国家从农村抽取了海量的资金，以支持城市和工业化建设，不可避免地侵害了农民的土地权益。乡村的土地资源以低成本方式转移到城市，造成了农村资源的外流。

党的十八届三中全会提出，建立城乡统一的建设用地市场，在符合规划和用途管制前提下，允许农村集体经营性建设用地出让、租赁、入股，实行与国有土地同等入市、同权同价；缩小征地范围，规范征地程序，完善对被征地农民合理、规范、多元保障机制；保障农户宅基地用益物权，改革完善农村宅基地制度。2014 年，中共中央办公厅、国务院办公厅印发了《关于农村土地征收、集体经营性建设用地入市、宅基地制度改革试点工作的意见》，经全国人大授权，2015 年，在全国 33 个县（市、区）开展试点。农村集体经营性建设用地入市改革已形成相对成熟的规则体系，农村宅基地制度改革在健全宅基地权益保障方式、完善宅基地审批制度、探索宅基地有偿使用和自愿有偿退出机制等方面进行了有益探索，农村土地征收制度改革在完善被征地农民多元保障机制等方面取得积极进展。2019 年，全国人大常委会表决通过《中华人民共和国土地管理法》修正案，新《中华人民共和国土地管理法》破除了农村集体经营性建设用地进入市场的法律障碍，进一步明确了土地征收公共利益范围，确定了征收补偿的基本原则，改革了土地征收程序，强化了农村宅基地权益保障，实现了农村土地制度改革的多项重大突破。

4. 土地制度改革成效

（1）促进了城乡关系的一体化。党的十八大以来，中国农村土地制度按照市场取向、明晰产权、稳定地权的基本思路推进改革，逐步实现城乡土地市场从分割、二元向协调、融合转变，将土地增值收益更多地留在乡村，赋予农民更多财产性权益。本时期农村土地制度改革本质上是城乡关系的进一步调整，农村土地收益在城市和乡村之间的分配的再调整，扭转了农村土地资源收益向城市转移的趋势，为农村各项事业的发展提供了重要的资源保障。

（2）为农业现代化扫除了制度障碍。农村土地制度改革明晰了农村产权，建立了农村"三块地"流转、流通的渠道路径，为农民承包地有偿退出、加快农村土地流转创造了条件，解开了土地对农民的束缚，助推了农民的自由流动与兼业化发展，带动了农村产业结构的变迁以及城镇化的发展，继而推动乡村的转型发展。

（四）全面推进乡村振兴

1. 乡村振兴的背景

21 世纪以来，国家对"三农"的政策倾斜和投入力度逐年增大，乡村生产、生活条件得到较大改善，但是与农业农村在全面建成小康社会中的重要地位相比，仍然存在着发展不充分、不平衡的问题。

（1）乡村振兴是扭转城乡发展不平衡的根本出路。中国的城乡二元结构仍然存在，城乡发展不平衡依然是未来发展中的重要问题。进入 21 世纪，党中央提出三农问题是全党工作的重中之重，在 21 世纪前 10 年史无前例在"三农"领域投入了约 4 万亿，这极大促进了农业农村的发展。但是，长期重城市轻乡村、重工业轻农业所带来的历史遗留问题并非短时间内能够解决，实现城乡平衡发展还需要一个过程，农村居民在收入和生活环境方面，与城市居民还有很大距离。城乡居民收入差距扩大的趋势并未改观，据统计，2019 年城镇居民人均可支配收入 42 359 元，农村居民人均可支配收入 16 021 元，两者相差 26 338 元；在 2015 年，城镇与农村居民的人均可支配收入绝对差距为 19 773 元，这意味着农村居民收入增加的速度还不够快。在基础设施和公共服务等方面，农村还明显落后于城市，在教育、医疗、文化、人居环境等诸多方面，农村地区特别是边远偏僻的地区仍然有较大的缺口。

（2）乡村振兴是实现对发达国家赶超的重要途径。第二次世界大战以后，西方国家农村现代化水平迅速提高，农村有着与城市同等水平的基础设施建设和公共服务，从农村居民的生活水平和生活环境角度看，城乡的差别已经不存在。而中国的农村现代化刚刚开始，农村发展水平比西方国家还落后很多，许多现代化的基础设施和公共服务刚进入农村，其服务水平还比较低，在中国发展过程中，加快农业农村发展是一项长期的任务。

（3）乡村振兴是不断解决"三农"新问题的重要手段。中国农村发展过程中不断出现新的问题，需要加以解决。在改革开放以前，农村的主要问题是贫困问题。贫困问题缓解以后，出现了许多新的问题，比如：随着农村城市化的发展，农村劳动力大量外流，出现了农村空心化、老龄化问题，由此产生了诸多医疗、养老问题；随着农业发展和农民生活改善，乡村的人居环境引起了越来越多的关注，受环境影响，农村的种植业、养殖业，以及农民的日常生活都要发生相应的变化。这些问题大多是新生问题，是在农村发展过程中产生的，需要在农业农村发展过程中不断加以解决。

为了有效缓解"三农"问题，国家陆续实施了新型城镇化、美丽乡村建设、农业供给侧结构性改革、精准扶贫等系列政策措施，旨在重构农村"三生"空间，推进城乡一体化发展，保护传统文化传承与乡村治理。然而，农村集体经济薄弱、产业组织化程度低、农产品加工初级粗放、缺乏长效保障机制等问题依旧突出，城乡均衡发展仍未达到预期目标。为此，党的十九大在总结城乡发展关系基础上，审时度势地提出了乡村振兴战略，并从政策层面积极推进城乡融合发展。乡村发展重点转向挖掘乡村潜力，培育新型经营主体，发展特色优势产业，优化重组乡村地域系统结构功能，重塑社会、经济、文化、生态价值，实现城乡融合发展。

2. 乡村振兴的内涵

乡村振兴战略核心是破解城乡发展不平衡、农村发展不充分等突出问题，产业兴旺、生态宜居、乡风文明、治理有效、生活富裕是实施乡村振兴战略的总体要求，也是推进乡村振兴的根本任务。

产业兴旺是乡村振兴的核心，主要目标是实现农业现代化，推动农业从过去单纯追求产量向追求质量转变、从粗放型经营向精细型经营转变、从不可持续发展向可持续发展转变、从低端供给向高端供给转变。同时，丰富农村发展业态，促进农村一、二、三产业融合发展，突出以推进供给侧结构性改革为主线，提升供给质量和效益，推动农业农村发展提质增效，更好地实现农业增产、农村增值、农民增收，打破农村与城市之间的壁垒。

生态宜居是乡村振兴的基础。生态宜居的内核是倡导绿色发展，是以低碳、可持续为核心，是对"生产场域、生活家园、生态环境"为一体的复合型"村镇化"道路的实践打造和路径示范。为建设美丽宜居乡村，2018年，中共中央、国务院印发了《农村人居环境整治三年行动方案》，开展农村生活垃圾、厕所粪污、生活污水的治理及村容村貌的提升。到2019年，全国农村卫生厕所普及率超过65%，生活垃圾收运处置体系已覆盖90%以上行政村，近30%的农户生活污水得到有效管控，95%以上村庄开展了清洁行动，农村环境面貌发生了翻天覆地的变化。

乡风文明是乡村振兴的关键。乡风文明是乡村文化建设和乡村精神文明建设的主要内容。2018年以来，国家大力实施农村优秀传统文化保护、农村思想道德建设、农村公共文化建设，开展农村移风易俗工程，农村精神文明和文化建设事业取得显著成就。

治理有效是乡村振兴的保障。2019年，中央农村工作领导小组办公室等印发了《关于开展乡村治理体系建设试点示范工作的通知》，提出建立以健全党组织领导的自治、法治、德治相结合的乡村治理体系。

3. 乡村振兴的思路逻辑

实施乡村振兴战略，城乡融合是关键，体制机制改革是根本动力。打破城乡二元结构，推动城乡融合发展，一要构建城乡统一的要素资源市场，实现城乡要素的自由流动、平等交换：一方面引导城市先进的科技、人才、资本等要素向农村流动，用现代技术装备和管理科学推动农业现代化，拓展农村产业功能；另一方面推动农村土地、劳动力资源与城市要素的等值交换，即建立城乡统一的土地市场、劳动力市场。二是要推动城市二、三产业下乡，引导城市产业与农村产业的对接融合，促进农村一、二、三产业融合发展。三是要实现城乡资源配置均等化，加大对农村基础设施建设和公共服务的投入力度，实现城乡公共服务均等化。

推进农村体制机制改革，破除对农村生产要素的束缚，解放和发展农村生产力。一是要加快城乡户籍制度改革，给予城乡居民平等的国民待遇，同时引导农村居民有序向城镇转移，加快城镇化进程。二是要推动农村"三块地"和集体产权制度改革，解除对农村土地等的不合理限制，建立城乡统一的土地市场，把土地增值收入更多留在农村、留给农民。三是完善生态补偿机制，将农村生态价值的"正外部性"资源化（图52）。

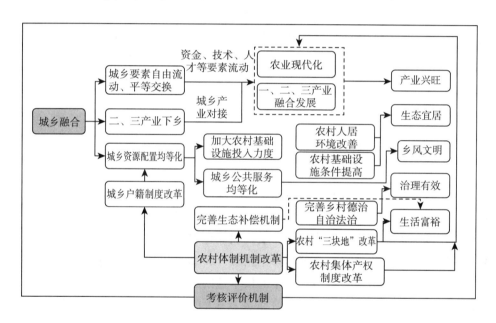

图52 实施乡村振兴战略的基本思路逻辑图

（五）本时期乡村建设的评述

党的十八大以来，党和国家对乡村建设的投入力度空前，乡村建设由点及面、由浅及深，建设重点从补短板转向了产业、文化、生态、治理等的全面建设，彻底改变了农村的社会经济结构。这一时期，乡村建设的重点是将乡村纳入国家现代化的轨道，实现农业农村现代化，实现城乡融合发展。乡村建设的主要举措一是通过公共财政加大对农村基础设施、公共服务设施的投入，补足农村基础设施、公共服务设施的短板；二是通过农村产权制度改革，进一步激活农村资源要素，促进农村内生发展；三是通过城乡体制改革，破除城乡壁垒，实现城乡要素的自由流动。通过一系列改革，农业农村发展取得了前所未有的成就，实现了贫困人口全部脱贫，农村清产核资工作全面完成，农业的规模化、科技化、产业化大幅提高，粮食产量实现"六连增"，农民人均收入"十连增"，城乡居民人均收入差距逐年缩小。

第二节　中国共产党百年乡村建设的经验与启示

一、中国共产党百年乡村建设的经验

在不到 100 年的时间里，中国农民彻底摆脱了几千年封建统治的掠夺和剥削，几千年来被束缚和禁锢的农业生产力彻底地解放出来，这得益于中国共产党的正确领导，得益于社会主义制度的优越性。深入总结中国共产党百年乡村建设经验，对推动新时代实施乡村振兴战略、推进农业农村现代化有着重要的参考作用。

（一）坚持中国共产党的全面领导

100 年来的乡村建设经验证明，中国共产党是领导各项事业前进的核心力量，中国农村发展改革始终是在党的领导下进行的。党的政治领导为农村发展改革明确了政治立场和价值取向，增强了农村发展改革的方向感和聚合力；党的组织保障为农村发展改革提供了严谨缜密的组织结构和制度框架，确保农村改革的统一性、高效性；党的优良传统和品质，确保在农村发展改革中，既勇于开拓创新、锐意进取，又敢于坚持真理、修正错误。20 世纪 80 年代以来，我们党深刻认识到"三农"问题是关系国计民生的根本性问题，每年召开一次中央农村工作会议，21 份中央一号文件基本构建了成熟稳定的强农惠农富农政策体系。

（二）坚持顶层设计与基层实践结合

中国共产党百年乡村建设的经验表明，农村事业的发展与进步离不开党中央的顶层设计与基层探索的有机结合。在中国共产党领导乡村建设的百年历程中，有自上而下的政策推动，也有自下而上的改革创新，但更多的是党中央的顶层设计与基层探索的有机结合。历史经验也表明：顶层设计与基层探索相结合，党和人民的事业就比较容易成功；相反，则容易出现波折。对中国农村产生深远影响的农民互助组织、家庭联产承包责任制、乡镇企业、农村税费改革等都是由基层探索创新而后上升为国家顶层设计并推行全国的。

（三）坚持以农民为中心的发展理念

农民始终是农村发展的主体。在百年的乡村建设历程中，土地改革、农村互助组、家庭联产承包责任制、乡镇企业等变革都是农民自下而上的创新实践。党的十一届三中全会提出，确定农村发展政策的首要出发点，是充分发挥我国亿万农民的积极性，必须在经济上充分关心农民的物质利益，在政治上切实保障他们的民主权利。农村改革之所以获得巨大成功，是因为坚持了这个正确的出发点。邓小平曾指出，农业本身的问题还得从生产关系上解决，就是要调动农民的积极性。江泽民强调在农村开展任何一项工作，实行任何一项政策，都必须首先考虑，是有利于调动还是会挫伤农民的积极性，是维护还是会损害农民的物质利益和民主权利，是解放和发展还是会阻碍农村生产力。这是我们制定农村政策必须坚持的基本准则。胡锦涛明确了"以人为本"的发展观，提出要积极培育造就有文化、懂技术、会经营的新型农民。党的十八届五中全会上，习近平总书记提出了"以人民为中心"的思想，并在党的十九大报告中，对这一重要命题的丰富内涵作了深入阐述。实施乡村振兴战略就是为了不断满足农民日益增长的美好生活需要，以提升亿万农民的获得感和幸福感。

（四）坚持以稳定发展为乡村建设的前提

民主革命时期，为调动农民革命积极性、壮大革命根据地力量，中国共产党通过土地革命、政权建设和促进农业生产等措施重塑了乡村秩序，这为新民主主义革命的胜利积蓄了力量，铸造了战略阵地。新中国成立以后，通过土地改革和农业社会主义改造，我们党把农业和农村纳入了国家计划经济的轨道，农业生产迅速恢复，农村劳动生产率也得到了提高。改革开放之后，面对农村生产力落后、农民生产积极性不高等问题，农村推行了家庭联产承包责任制，大大提高了农业生产力，增加了农民收入；同时通过村民自治等途径提高了农民参与乡村治理的积极性，形成了新的乡村治理秩序，实现了乡村的稳定发展。在城乡发展不均衡现象凸显、"三农"问题日益突出的背景下，党提出了实施乡村振兴战略，促进城乡融合发展，不断优化乡村治理体系，提高乡村治理水平，努力实现乡村善治。历史表明，"三农"问题是中国革命、建设和改革的关键问题，只有解决好"三农"问题，其他问题才能迎刃而解。在不同的历史时期，我们党始终聚焦乡村治理中存在的突出问题，致力于实现乡村的稳定发展，为革命、建设和改革取得一系列成就打下了坚实基础。

（五）坚持以改革创新为乡村建设的根本动力

中国共产党百年乡村建设实践大致经历了革命时期的土地改革、合作化与人民公社、赋权与放活的改革、统筹城乡发展和全面深化农村改革五个阶段。每一阶段的演进更替都是根据时代变化和社会经济矛盾发展不断调整完善的结果。新民主主义革命时期，我们党在根据地进行土地改革，广大农民融入革命洪流，为新中国成立提供了重要力量。1978 年以来，党中央出台了 50 余个有关农业农村工作的文件，围绕土地制度、经营体制、扶贫、乡村振兴问题指导年度工作；确定了家庭联产承包责任制是我国农村基本经营制度，规定了土地承包期，并从理论上说明家庭联产承包责任制是在党的领导下中国农民的伟大创造，是马克思主义农业合作化理论在我国实践中的新发展；作出了"我国现在总体上已到了以工促农、以城带乡的发展阶段"的重要论断，把解决"三农"问题作为全党工作的重中之重，制定了工业反哺农业、城市支持农村和多予少取放活的指导方针；连续出台中央一号文件，指导年度工作。党的十八大以来，提出打赢脱贫攻坚战，中国精准扶贫的实践，积累了可供各国借鉴的经验；实施乡村振兴战略，补齐"三农"短板，确定鲜明目标导向，推动农业农村农民与国家同步基本实现现代化。可见，每一次乡村建设重点的变革都是面对新的时代要求不断改革创新的结果，改革创新是中国乡村建设发展的根本动力。

二、百年乡村建设历程对乡村振兴的启示

国家作用、市场机制和民众互助，共同构成农村变迁的制度性推动力量，其中任何一项都有相对正面和负面的作用，只强调其中之一解决不了复杂的农村问题。探索乡村振兴的过程中，既体会了农民组织起来的力量，也承受了国家过度干预的失败。百年历程深刻表明必须把改革作为乡村建设的重要法宝，根据不同时期的国情，正确处理国家、市场和民众的关系。推进乡村振兴的过程中，继续用改革的办法破解"三农"前进道路上的一系列突出矛盾和困难，不断强化乡村振兴全方位制度性供给，促进农业全面升级、农村全面进步、农民全面发展，为经济社会持续健康发展提供有力支撑。

（一）处理好农民与土地的关系

"土地者，民之本也。"习近平总书记指出，我国农村改革是从调整农民与土地的关系开启的。新形势下深化农村改革，主线仍然是处理好农民和土地的关系。长期以来，农村土地属于农民集体所有，是农民生产生活的载体和重要资产。深化农村土地制度改革，必须坚持农村土地集体所有，严守耕地保护红线，优化土地资源配置效率，更好维护农民利益。一是稳定农村土地承包关系长久不变。党的十九大报告在强调保持土地承包关系稳定并长久不变的基础上，明确提出第二轮土地承包到期后再延长 30 年，真正让农民吃上了"定心丸"。截至2018 年年底，我国农村承包土地确权登记颁证工作已经基本完成，后续要在坚持农村土地集体所有的前提下，巩固和完善农村基本经营制度，积极推进农村土地规模化、机械化经营，更好盘活农村土地资产，帮助农民更多享受土地改革的制度红利。二是落实好农村集体土地"三权"分置制度。新时期实行农村土地"三权"分置改革，将农民土地承包经营权分为承包权和经营权，顺应了农民保留承包权、流转经营权的意愿，是农村基本经营制度的自我完善，是我国农村改

革的又一重大制度创新。在农村土地确权基础上，农村土地"三权"分置改革推动了土地要素市场化发展，既为农民在家务农或进城务工提供了可靠的收入来源，也为乡村产业振兴发展提供了良好的土地要素供给，有效激活了主体、要素和市场。因此，要因地制宜、循序渐进地推动"三权"分置改革，加强土地流转规范管理服务，抓好农业尤其是粮食安全，发展多种形式适度规模经营，同时尊重新型农业经营主体的积极性、主动性，保护好农民的土地权益，防止搞强制性的土地流转，防止改变承包土地的性质和用途，确保农村土地经营权合法、合理、有序、高效流转。

（二）处理好小农生产与现代农业的关系

"大国小农"是我国的基本国情、农情，因此我国要处理好培育新型经营主体和扶持小农生产的关系。小规模家庭经营是农业的本源性制度，小农生产在传承农耕文明、稳定农业生产、解决农民就业增收、促进农村社会和谐等方面都具有不可替代的作用。而发展多种形式适度规模经营、培育新型农业经营主体，是建设现代农业的前进方向和必由之路。一是要扶持小农户。当前和今后很长一个时期，小农户家庭经营将是我国农业的主要经营方式。我国各地农业资源禀赋差异很大，要因地制宜来扶持小农户，尤其是贫困小农户，发挥新型农业经营主体的带动作用，促进传统小农户向现代小农户转变，提升小农生产经营组织化程度，把小农生产引入现代农业发展轨道；同时，积极引导小农户加入农民专业合作社，完善"农户＋合作社""农户＋合作社＋公司"的利益联结机制，提高小农户的组织化程度，有效解决小农生产因规模不足而导致的交易成本过高和生产效率较低等问题，提升小农户市场竞争能力。二是要构建现代农业产业体系、生产体系、经营体系。当前我国农村正发生深刻变化，要深化农业供给侧结构性改革，加快构建农村一、二、三产业融合发展体系，推动农产品精深加工业、休闲农业、乡村旅游、康养基地、特色小镇等农村新产业、新业态、新模式蓬勃兴起，大力培育专业大户、家庭农场、专业合作社等新型农业经营主体，发展集约化、专业化、组织化、社会化相结合的新型农业经营体系，着力强化现代农业支撑，加快推进农业农村现代化，夯实实施乡村振兴战略的基础。

（三）处理好工农城乡和谐共融的发展关系

能否处理好工农关系、城乡关系，关系全面建成小康社会和社会主义现代化建设全局。深化农村改革，要紧扣城乡关系重塑，努力破除城乡二元结构的体制障碍，改变农村长期"失血""贫血"状态，加快健全城乡融合发展体制机制和政策体系，实现工农互促、城乡互补、全面融合、共同繁荣的新型社会主义的工农城乡关系。一是推动乡村振兴和新型城镇化协同共进。不但要坚持以人为核心的城镇化，坚持"四化"同步发展，不断为农民工在教育、医疗、住房、户籍、社会保障等方面创造有利条件，加快推进农业转移人口市民化；还要加大对农村的投入力度，鼓励和引导工商资本下乡，盘活农村闲置土地，大力支持农民工返乡创业，加快培育新型职业农民，引导城乡各类人才投身乡村振兴，促进劳动、土地、资本、科技等各种要素在城乡间自由流动与平等交换，为乡村振兴提供政策保障。二是推进城乡基础设施和基本公共服务均等化。加快补齐农业农村短板，实现城乡区域协调发展，要把公共基础设施建设的重点放在农村，持续抓好农村人居环境整治，做好村容村貌提升工作；持续改善农村道路、饮用水、供气、物流、电网、广播电视等基础设施，推动城乡基础设施互联互通。要把公共服务资源更多向农村倾斜，高度重视农村义务教育，支持农村学前教育和职业教育，落实好农村义务教育学生营养改善计划和乡村教师支持计划；加强农村社会保障体系建设，推动建立完善的城乡居民基本医疗和大病保险制度，统筹城乡社会救助体系，完善最低生活保障制度，构建多层次养老保障体系；健全农村公共文化服务体系，着力推进农村书屋、文化站等农村公共文化服务设施建设。

第三节　乡村产业振兴实施路径研究

乡村振兴，产业兴旺是基础，是解决农村一切问题的前提。推动乡村产业振兴，要紧紧围绕发展现代农业，围绕农村一、二、三产业融合发展，构建乡村产业体系。党的十八大以来，我国乡村产业发展取得了积极成效，现代农业加快推进。2019 年，全国农林牧渔总产值达 137 782.17 亿元，同比增长 11.14％；全国粮食总产量达 66 949.20 万吨，创历史最高水平；农村一、二、三产业融合发展态势良好，农产品加工业营业收入 23.2 万亿元，休闲农业、农业生产性服务业、农村电商等营业收入近 4 万亿元，二、三产业对乡村经济带动能力不断增强。但是，我国乡村产业还存在着农业现代化水平不高，二、三产业融合程度低，农产品供需失衡等问题，与产业振兴的要求存在着差距。乡村已经成为我国全面建成小康社会和建设社会主义现代化国家的主要短板，只有紧紧抓住产业振兴这个"牛鼻子"，才能引领和带动乡村全面振兴。

一、产业振兴的发展历程与路径选择

（一）乡村产业的发展历程

新中国成立以来，中国的乡村产业经历了传统产业阶段、乡镇企业发展阶段和多产融合发展阶段，农村产业政策经历了农业支持工业到"工业反哺农业、城市支持农村"的转变，乡村产业经历了政府计划主导向市场主导的转型。总结中国乡村产业演变的内在规律、提炼理论观点，为促进新时期乡村产业振兴和农业现代化发展提供参考。

1. 传统产业阶段（1949—1977 年）

从 1949 年新中国成立至改革开放前的 1977 年，中国各地乡村处于传统产业缓慢发展阶段。这一阶段的乡村产业以传统种养业为主、手工业为辅，现代工业基本空白。农业生产仍以人力、畜力、手工工具等传统劳动方式为主，化肥、农药、农业机械开始引入，但并未大范围推广。在生产方式上，实行三级所有、队为基础的农业集体经济体制，农业生产经营高度集中，农产品流通上实行统购统销制度。由于国家对农业农村投入不足，以及农业集体经济体制抑制了农民生产积极性，乡村产业产业结构单一、发展缓慢，1958—1977 年，是新中国建立以来农业发展最为缓慢的 20 年。

2. 乡村工业化快速推进时期（1978—2002 年）

1978 年党的十一届三中全会召开之后，全国各地实行改革开放，广大农民生产的积极性、主动性、创造性得到空前发挥。这一时期，乡村产业开始向现代化、多元化转型。一是实行家庭联产承包责任制，农业生产效率大幅提高，农产品产量出现显著增长，化肥、农药、良种、农业机械得到广泛应用，农产品流通基本实现市场化，农业的科技化、商品化、产业化程度显著提高。粮食产量由 1978 年的 30 477 万吨增加至 2002 年的 45 705.8 万吨。二是乡镇企业异军突起，乡村工业化快速推进，开启了具有中国特色的乡村工业化道路。1978 年全国乡镇企业总数只有 152.43 万个，2000 年达到 2 080.66 万个，增加 12.65 倍；乡镇企业从业人数从 1978 年的 2 826.56 万人，增加至 2000 年的 12 819.57 万人，增加 3.54 倍；乡镇企业营业收入由 1978 年的 431.46 亿元，增加至 2000 年的 107 834.33亿元，增加 248.93 倍。到 2002 年我国乡村非农产业产值在乡村国内生产总值中的占比增长至 52.0 ％。由于乡镇企业的快速发展，全国农村居民人均可支配收入也大幅度增加，由 1978 年的人均 133.60 元，提高至 2000 年的 2 253.42元，净增 15.87 倍 。

3. 乡村产业多元化发展阶段（2003—2011 年）

从 2003 年开始，我国进入全面建设小康社会的历史阶段，国家提出"工业反哺农业、城市支持农村"的战略。国家不断健全农村土地管理制度，深化粮棉流通体制改革，建立农业支持保护制度，改革农村税费制度，建立城乡发展一体化制度。这一阶段，乡村产业发展的重点一是农业现代化进程加快，二是农村二、三产业快速发展。农业逐渐向规模化、集约化、产业化方向发展，农村土地流转加快，农业科技化、机械化水平显著提高。截至 2011 年年底，全国家庭承包耕地流转总面积达到 2.28 亿亩，占家庭承包经营耕地面积的 17.8%；农业科技进步的贡献率达到 53.5%，较 2005 年增长 5.5 个百分点；全国农用机械总动力达 97 734.7 万千瓦时，较 2003 年增长 61.8%。同期，乡村设施农业、乡村旅游与休闲观光农业等新型产业快速发展，2011 年，我国休闲农业和乡村旅游接待游客 7.2 亿人次，年营业收入达 2 160 亿元。

4. 乡村一、二、三产融合发展阶段（2012 年以来）

党的十八大以来，围绕推动农业农村现代化的总目标，采取了一系列措施，尤其是十九大报告提出的乡村振兴战略，要求从宏观层面助推乡村经济建设，并且把发展乡村产业定位为乡村振兴的关键。通过推进农业集体产权制度和农村"三块地"改革，大力发展具有特色的乡村非农产业，农产品加工、乡村旅游、农产品电子商务、农村生产性服务业等新业态取得了长足发展。乡村一、二、三产业逐渐转向融合发展。2018 年，乡村接待游客 30 亿人次，营业收入超过 8 000 亿元。乡村服务业创新发展，2018 年农村生产性服务业营业收入超过 2 000 亿元，农村网络销售额突破 1.3 万亿元，其中农产品网络销售额达 3 000 亿元。

（二）产业振兴路径选择

通过对我国乡村产业发展历程进行分析，当前，实现乡村产业振兴要从纵向和横向两个层面发力：纵向即加快实现农业现代化，推动农业向规模化、标准化、品牌化和绿色化方向发展，延伸拓展产业链，不断提高质量效益和竞争力；横向是要围绕农村一、二、三产业融合发展，充分挖掘乡村多种功能和价值，聚集资源要素，强化创新引领，突出集群成链，延长产业链，提升价值链，培育发展新动能。

1. 实现农业现代化是乡村产业振兴的基础

农业是乡村的基础产业、核心产业。只有农业成为有奔头的产业，乡村才会有活力，农民才会成为有吸引力的职业。没有农业现代化就不可能实现产业兴旺，推进农业现代化是实现乡村产业振兴的必由之路。实现农业现代化，关键于在构建现代农业生产体系，强化现代农业科技和物质装备支撑，用现代设施、装备、技术手段武装传统农业，提高农业良种化、机械化、科技化、信息化、标准化水平。重点是构建城乡融合的体制机制，引导资金、科技、人才等先进生产要素向农村流动，为农业现代化提供动力。基础是实现小农与现代农业的有机衔接。

2. 农村一、二、三产业融合发展是乡村产业振兴的根本途径

农村一、二、三产业融合发展是以农业为基本依托，通过产业联动、产业集聚、技术渗透、体制创新等方式，将资本、技术、资源等要素进行跨界集约化配置，使农业生产、农产品加工、农业生产性服务业、生活性服务业等有机整合在一起，使得农村一、二、三产业紧密相连、协同发展，最终实现农业产业链延长、产业范围扩展和农民收入增加①。一、二、三产业融合发展是缓解农村资源环境的刚性约束、推动城乡一体化发展、促进农业现代化的有效手段，有利于吸引现代生产要素改造传统农业，有利于拓展农业功能以培育农村新的增长点，有利于强化农业农村基础设施互联互通以促进新农村建设，有利于促进产业链增值收益更多地留在农村。

二、以农业现代化促进乡村产业振兴

（一）农业现代化的内涵

现代农业是用现代的科学和技术、现代化工业所提供的生产资料以及用现代化的管理方法来进行经营的社会化、市场化农业，也是经济、社会、人口、资源、环境相协调的、可持续发展的农业。农业现代化是一个动态的概念，在20世纪五六十年代，农业现代化主要指机械化、水利化、电气化和化学化，90年代被定义为由传统的生产部门转变为现代的产业部门。2007年，中央一号文件全面阐释了新时期农业现代化的内涵，即用现代物质条件装备农业，用现代科学技术改造农业，用现代产业体系提升农业，用现代经营形式推进农业，用现代发展理念引领农业，用培养新型农民发展农业，提高农业水利化、机械化和信息化水平，提高土地产出率、资源利用率和农业劳动生产率，提高农业素质、效益和竞争力。2021年，中央一号文件在"加快推进农业现代化"部分再次提到"强化现代农业科技和物质装备支撑""构建现代乡村产业体系""推进农业绿色发展"等要求。这表明，我国所要发展的现代农业至少应该具备现代物质条件、现代科学技术、现代产业体系、现代经营形式等几个要素，并体现出较高的农业劳动生产率、资源利用率、土地产出率以及较高的农民素质、农业效益和市场竞争力等重要特征。

（二）农业现代化阶段分析

1. 以技术装备水平划分

美国农业经济学家约翰·梅尔按照农业技术的性质把传统农业向现代农业转变的过程划分为传统农业、低资本技术农业和高资本技术农业3个阶段（表9，图53，图54）。

① 马晓河. 推进农村一二三产业深度融合发展［J］. 中国合作经济，2015（2）：43-44.

表 9　约翰·梅尔农业现代化三阶段理论

发展阶段	技术特征	从业者	生产规模	产业特点
传统农业	经验和传统技术	传统农民	小规模	劳动生产率长期保持稳定；自给自足，商品化程度低
低资本技术农业	化肥、农药、良种等低成本技术	传统农民	小规模	劳动生产率显著提高；农产品商品化程度提高
高资本技术农业	现代机械、智能装备等高资本技术	职业农民	大中规模	劳动生产率、土地产出率及科技进步贡献率显著提高；深度参与农产品市场，订单农业、农产品期货等新形式

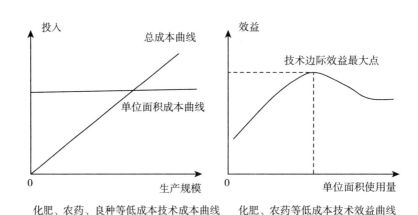

图 53　低资本技术成本效益曲线

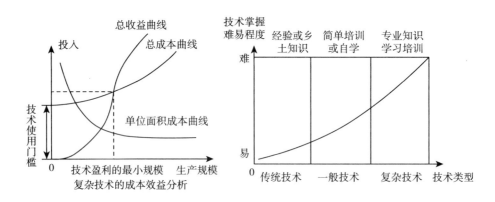

图 54　高资本技术成本效益曲线与农民素质理论分析图

　　以化肥、农药、良种、小型农机及灌溉技术应用为代表的农业绿色革命，推动中国实现由传统农业向低资本技术农业的转型，农业劳动生产率、土地产出率和农业科技进步贡献率大幅提升。随着低成本技术的广泛普及，在不进行农业经营模式变革的情况下，低成本技术达到边际收益上限，农业生产效率随之陷入增长停滞，进一步提高有赖于新技术的应用和经营模式的创新。农业自动化机械、智能环境控制技术、农业物联网技术、区块链技术等高资本技术的应用，实现农业劳动生产率、土地产出率、农业科技进步贡献率的增长，农业经济效益明显提升。同时，高资本农业技术需要较高的投资和专业技能，技术应用需要达到一定规模才能实现投入一产出平衡，小规模经营者既无力负担此类技术的投入，也很难从技术中实际获益。因此，要实现农业全面现代化，必须实现规模经营，培育有实力、懂技术的农业新型经营者。

2. 以商品化程度划分

按照农业生产与市场的关系，可以把传统农业向现代农业转变的过程划分为自给型农业、半自给型农业和商品化农业。

（1）自给型农业。一般由农户小规模经营，以满足家庭温饱需求为主，多采用小规模种养循环方式形成内部稳定的农业生产体系，农业投入品自给、农产品自我消费，与市场不发生或很少发生联系。

（2）半自给型农业。自给性生产与商品性生产并存的农业经济形式，主要由农户经营，以追求农产品产量为主要目的，广泛采用低资本技术，农产品大部分供应市场，但由于生产规模化、专业化程度较低等原因，农产品供需市场沟通不畅，农业生产具有经验性、盲目性。

（3）商品化农业。一般由新型经营主体经营，以追求经济效益为主要目的，通过批发市场、农产品电商、社区直供等新型营销方式与消费市场建立紧密联系，根据市场需求提供安全、个性化、品牌化农产品，农业经济效益明显提升（表10）。

表 10　按商品化程度农业现代化阶段划分

发展阶段	经营主体	生产导向	农产品特点	市场参与程度	产品营销方式
自给型农业	小农户	自给导向	普通农产品	低	集市、国有粮站、小商贩等
半自给型农业	农户、合作社	产量导向	大众农产品	一般	收购商、田头市场
商品化农业	新型经营主体	效益导向	安全、个性品牌农产品	高	产地批发市场、农产品电商、超市社区直供等

（三）农业现代化路径分析

实现农业现代化就是推动农业由低资本技术农业向高资本技术农业转型、由半自给型农业向商品化农业转变。在这一过程中，新技术的应用是关键，经营方式变革是基础，新型经营主体培育是保障。综合发达国家农业现代化经营，实现农业现代化的路径主要有 3 点。

1. 现代生产要素的导入

资金、技术、人才、信息、金融等现代生产要素的挹注是推动农业现代化的根本动力，其中农业科技是农业现代化的第一动力。当前，以现代生物育种、智慧农业及智能装备技术为代表的第三次农业科技革命，正从根本上改变农业生产方式。生物育种技术的发展大大加快了育种速度，缩短了育种年限，使农作物品种向优质化、专用化、功能化方向发展，更好地满足了消费群体个性、多元的市场需求。以物联网、云计算、大数据、移动互联网等现代信息技术为代表的智慧农业技术，从根本上重塑了农业全产业链，实现了生产智能化、管理可视化、销售网络化、产品可追溯，降低了生产管理成本，提高了农产品品质，延长了农业产业链条。

专栏7　数字农业——农业现代化新方向

数字农业是将数字化信息作为农业新的生产要素，用数字信息技术对农业对象、环境和全过程进行可视化表达、数字化设计、信息化管理的新兴农业发展形态。数字农业使信息技术与农业各个环节实现有效融合，实现了从"人"到"数据"的关键决策因素转换。传统农业主要包括养殖产业链和种植产业链等，其中的环节有育种、灌溉、施肥、饲养、疾病防治、运输和销售等，均是以"人"为核心，高度依赖过去积累的经验或手艺来进行判断决策和执行，这导致了整体生产环节效率低、波动性大、农作物或农产品质量无法控制等问题。在数字农业模式中，数字化监控设备，以实时"数据"为核心来帮助实施生产决策的管控和精准实施，并通过海量数据和人工智能对设备的预防性维护、智能物流、多样化风险管理手段进行数据和技术支持，进而大幅提升农业产业链运营效率，并优化资源配置效率等。

全产业链的数字农业体系由数字生产系统、数字仓储物流系统、数字营销系统和数字管理服务系统组成。数字生产系统以"数据—知识—决策"为主线，利用农业物联网、互联网、区块链等技术实现农业生产精准感知、数据采集、智能诊断和精准控制。数字仓储物流系统利用区块链、GPS（全球定位系统，Global Positioning System）、自动环控等技术实现农产品运输环境自动控制、轨迹实时追踪、仓储自动管理等。数字营销系统可实现农产品全程可追溯、全国农产品价格实时监测、农产品网上交易等功能。数字管理服务系统包括农业生产决策支持技术体系、农产品全产业链监测预警体系等，实现基于大数据的生产决策、要素调配和风险防控等（见下图）。

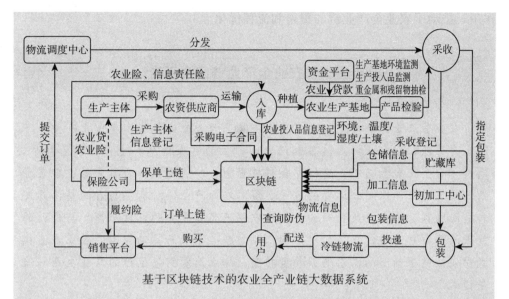

基于区块链技术的农业全产业链大数据系统

数字农业对农业产业效能的提升明显，已逐渐成为世界农业产业增加值中的主要推动力。我国高度重视数字农业发展，实施大数据战略和数字乡村战略以及大力推进"互联网＋"现代农业发展。2019年，中共中央办公厅、国务院办公厅印发《数字乡村发展战略纲要》，提出发展农村数字经济，支持农业农村大数据中心、智慧农业、智慧物流及乡村共享经济发展。农业农村部发布的《数字农业农村发展规划（2019—2025年）》提出用数字化引领驱动农业农村现代化。《"十四五"推进农业农村现代化规划》也把农业农村数字化作为国家"十四五"时期重点支持的发展方向。

2. 现代农业产业链重构

当前，我国农业产业最突出的问题是农产品供需失衡、产品品种结构性失衡，一方面是低端农产品过剩，另一方面是优质农产品严重短缺，"卖难"与"买难"并存。造成农产品供需失衡的一个主要原因是农业产业链断裂化，生产、加工、流通、销售等环节脱节，生产端与消费端信号传递不畅。因此，推进农业供给侧结构性改革、优化完善农业供给体系已迫在眉睫。与此同时，随着移动互联网、云计算、大数据引领的新一代信息技术产业变革明显加快，农业产业新技术已经开始以跨界、融合、平台的方式改变，甚至颠覆农业行业，如盒马生鲜的IOT（物联网，Internet of Things）智能蔬菜基地、阿里巴巴的数字农场、京东的京东农场等，彻底重塑了农业生产、加工、流通、销售等各个环节。在这场农业变革中，以产业链推进和共享资源为新游戏规则的平台战略是重塑农业产业链的首要选择。近年来，国家密集出台布局了国家现代农业产业化、农村产业融合发展示范园、田园综合体、产业示范强镇等一批产业发展平台，发挥了平台产业引导、科技示范、创业孵化、金融支持、品牌加持等作用，推动了农业全产业链的集聚和流程优化。

专栏 8　农业全产业链闭合平台

1. 平台概念

农业全产业链平台是以农产品供应链平台企业为龙头，整合上、中、下游生产资源，以农业产业链各部门之间建立的需求信息和生产标准为纽带，通过平台企业自上而下，有机整合科技资源、物流资源、金融资源、零售资源、政策资源，以闭合运营的方式实现对农业产业链所有参与者的整体开发和全面服务。平台企业作为安全优质农副产品和食品的总供应商，与广大的健康消费群众沟通，提供针对性的产品与服务，从而推动我国的农业产业模式由供应链推动型向需求链引导型转变，建立消费引导生产的农业生产与流通模式。

2. 平台构成

农业全产业链闭合平台包括全链条产业集聚区体系、信息控制与交易体系。全链条产业集聚区体系是通过农产品生产、加工贮藏、物流配送、市场营销等环节的标准建设，实现生产、加工、销售的无缝衔接和全链条流程的贯通。信息控制与交易体系是通过流通交易链的优化改造和农产品品牌建设，构建从原料生产到产品加工再到终端销售全流程的信息化、可视化、可追溯机制。

3. 平台运作模式

（1）政企合作的全产业链集聚发展。政府与企业合作成立平台企业，将整个农业产业链中的生产企业、生产配套企业、农产品加工企业等聚合到平台中。平台为企业提供在生产、融资、保险、产品认证检测、政府补贴申请等方面的支持和服务。

（2）政府、平台企业、基地三者联合的全产业链服务。政府与社会资本合作组建社会化服务平台企业，为产业链中的生产经营者提供种子和苗木的研发、农资供应、农业生产机械供给、市场信息，以及对平台中的农户进行市场定位和产品生产规划等。

（3）平台、企业、农产品三者联合的品牌营销。以产业平台培育或扶持龙头企业的形式培育具有高知名度的区域农产品公共品牌。平台负责区域公共品牌的营销和使用管理，参与平台的企业、农户等可以使用区域公共品牌，以及由区域公共品牌背书的自有品牌，从而提升区域农产品品牌知名度。

（4）平台主导型的全产业链融资。以政府和平台公司为依托，为参与平台的企业、农业经营主体等提供创新性农业经营服务。实际操作中一般由平台公司先融资，然后放贷给平台内部的企业和农户，或者以为企业和农户提供贷款担保的方式满足农业产业链资金需求。

3. 农业经营模式创新

即建立与现代化生产体系、产业体系相适应的生产经营体系，满足现代农业发展对生产规模、经营者素质及产业联合的要求。农业经营模式创新主要体现在3个方面：一是通过土地流转、土地入股等方式，推动农业适度规模化经营，培育有一定规模的新型经营主体；二是建立健全平台公司、龙头企业、合作社、农户的利益联结机制，打通产加销产业链条；三是围绕主导产业打造产业集群，培育产业联合体。

三、农村一、二、三产业融合发展

（一）一、二、三产业融合的内涵

促进乡村产业振兴，国家层面主要以"两个融合"为抓手：一是一、二、三产业融合发展，现代种养、加工流通、物流配送、电子商务、休闲旅游、健康养生等全产业链开发、全价值链建设；二是产村、产镇融合发展，产业发展与新型城镇化联动推进，与村庄建设、生态宜居统筹谋划、同步推进，形成园村一体、产村融合的格局。

推进农村一、二、三产业融合发展，是拓宽农民增收渠道、构建现代农业产业体系的重要举措，是实现乡村产业兴旺的关键举措。2016年，国务院办公厅印发了《关于推进农村一二三产业融合发展的指导意见》，提出了农村一、二、三产融合的基本内涵，即"以市场需求为导向，以完善利益联结机制为核心，以制度、技术和商业模式创新为动力，以新型城镇化为依托，推进农业供给侧结构性改革，着力构建农业与二三产业交叉融合的现代产业体系"。该定义明确了农村一、二、三产业融合的关键是延长产业链、提升价值链、完善利益链，核心是促进农民分享产业链增值收益，重点是加强农业与加工流通、休闲旅游、文化体育、科技教育、健康养生和电子商务等产业深度融合，增强"产加销消"的互联互通性，形成多业态打造、多主体参与、多机制联结、多要素发力、多模式推进的农村产业融合发展体系，切实增强农业农村经济发展新动能。

（二）一、二、三产业融合的演变历程

农村一、二、三产业融合发展起源于20世纪80年代，至今经历了4个发展阶段：第一阶段是20世纪80年代乡镇企业崛起，打破了农业、工业的阻隔；第

二阶段是 90 年代，贸工农、产供销一体化融合阶段；第三阶段是进入 21 世纪以来以农业产业化为基础的融合阶段，农业产业化经营被认为是推进农业现代化的重要途径，鼓励采取"公司加农户""订单农业"等多种形式，支持农产品加工企业、销售企业和科研单位带动农户进入市场，与农户形成利益共享、风险共担的经营机制；第四阶段是以开发农业多功能性为目标的融合阶段。2015 年，中央一号文件首次提出"推进农村一二三产业融合发展"，鼓励农业与旅游、工业、电子商务、养生、文化等全方位融合发展，发展农业新型业态。

（三）多产融合的模式——基于对贵州省调研的分析

农村第一产业即大农业，包括种植业、畜牧业、水产业、林业，农村二、三产业主要包括农业经营主体兴办的加工业、农业生产性服务业、运输业以及与农业相关的休闲旅游、电子商务等。根据各地实践，实现农村一、二、三产融合既有大农业内部的融合，也有二、三产业之间不同形式的融合。通过对贵州省农村一、二、三产业融合的调查研究，农村一、二、三产业融合模式主要有以下几种模式。

1. 产业链延伸融合模式

即以农业产业化发展为基础，积极优化农业产业结构，发展农产品加工、流通，培育农业新型经营主体，整合延伸农业产业链，实现小农户与大市场对接，提升产业附加值，带动区域经济的融合发展模式。如贵州省湄潭县构建了以茶叶加工为主的绿色工业体系，全县拥有各类茶叶加工主体 1 200 余家，年加工各类茶叶 6 万吨，茶产业加工链延伸到茶多酚、茶胶囊、茶酒、茶面膜、茶籽油、茶食品、茶叶枕头等 13 类产品。晴隆县依托草地资源优势，大力发展种养加结合生态畜牧业，全县 14 个乡（镇）、1.98 万户参与种草养羊，种植人工牧草 48 万亩，改良草地 38 万亩，羊存栏 52.8 万只，建成 88 个肉羊基地，2 个育种场。同时引进海权肉羊加工厂，建立起集屠宰、排酸、分割、真空包装、速冻、冷藏为一体的肉羊加工产业链，年屠宰 120 万只，是目前国内肉羊专业加工规模最大、设备最先进的加工厂之一。晴隆县以优势农业资源为依托，以龙头企业和涉农经营组织为主体，围绕农业相关联产业发展，将种植业、畜牧水产养殖业及相应加工业连接在一起，形成以种养加紧密协作、循环发展的产业融合模式（图 55）。

2. 产业集群融合模式

即依托农业产业化集群，现代农业园区或农产品加工、流通、服务企业集聚区，以农业产业化龙头企业或农业产业链核心企业为主导，以优势、特色农产品种养基地为支撑，形成农业与农村二、三产业高度分工、空间叠合、网络链接、有机融合的发展格局。贵州省以现代高效农业示范园区为产业集群发展的主要载体，从 2013 年开始，启动了现代高效农业示范园区建设，以农业园区为融合发展平台，探索出"园区＋N"融合发展模式，即将农业园区打造成为产业集群、

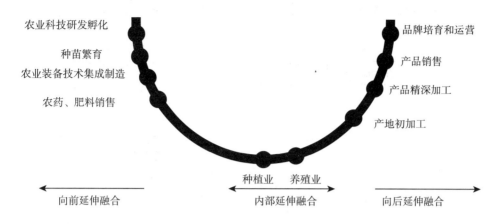

图 55　产业链延伸融合模式示意图

要素集聚、开放合作、示范带动的平台和载体，集中农业科技研发、农产品加工等功能，发展出"园区＋产业基地＋加工集群＋现代物流＋电子商务＋休闲农业＋乡村旅游"融合发展的农村产业融合发展模式。如贵州省水城县以猕猴桃产业示范园区为平台，在蟠龙镇、阿戛镇、米箩镇、勺米镇创建猕猴桃标准化生产基地、集约化加工园区、体系化物流配送市场营销网络"三化一体"，实现镇（城）区、园区、农区"三区互动"的融合发展。

3. 农业多功能拓展融合模式

即以农业为中心，利用农业的生态、文化、社会、休闲、旅游等多种功能，与其他产业跨界混搭，产生新的农业产品，形成新的业态。典型模式如贵州省思南县"茶旅深度融合"模式、湄潭县"农文旅一体融合发展"模式、盘州市的"农业＋旅游"模式等。湄潭县拥有茶园 56 万亩，全县以生态茶产业发展为基础，打造农业全产业链，拓展农业多种功能，发展新型业态。按照"以农促旅、以旅兴农、农旅一体"产业融合发展路子，大力发展农旅休闲游，形成万亩茶海、翠芽 27°、千顷稻田、十里果香、山水田园等一批农旅精品景区景点，拥有桃花江和核桃坝 2 个全国休闲农业与乡村旅游示范点，休闲农业年营业收入6 000 多万元。思南县以茶产业作为主导产业，建成生态茶园 18 余万亩，通过挖掘"思南晏茶"的历史文化和加工工艺，打造本地茶叶品牌，做大做强茶产业，与乡村旅游业深度融合，吸引游客到茶区休闲度假和观光旅游，促进茶叶产品销售，使休闲旅游业与生态茶一、二、三产业深度融合，相互促进，共同发展。盘州市按照农旅融合发展思路，推进农业与旅游业深度融合，如娘娘山高原湿地生态农业示范园区把娘娘山高原湿地资源的开发与周边农业的发展结合起来，以娘娘山国家湿地公园为核心，囊括周边 2 县 6 乡 275 平方千米土地，发展刺梨、蓝莓、猕猴桃三大主导产业 1.92 万亩，建成 3.2 万平方米科技示范园，形成独具特色的大健康养生、温泉度假、农业观光、民族文化体验、湿地生态旅游为主题的"农业＋旅游"模式，已累计带动 885 户 3 288 人脱贫（图 56）。

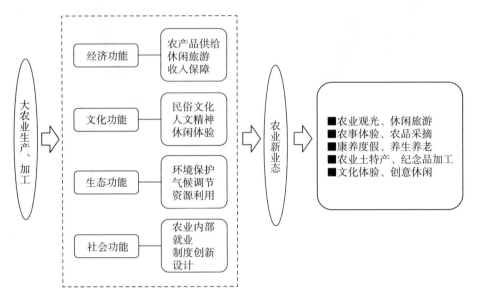

图 56　农业多功能拓展融合模式示意图

资料来源：姜峥．农村一二三产业融合发展水平评价、经济效应与对策研究［D］．哈尔滨：东北农业大学，2018。

4. 产业渗透模式

即发展农产品电子商务行业，借助互联网信息技术、现代物流管理技术向农业、农产品加工业渗透的契机，形成新型商业形态，打破信息壁垒，减少产业环节，降低交易费用，带动区域经济的融合发展模式（图 57）。如贵州省依托大数

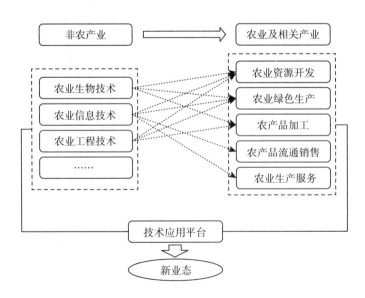

图 57　产业渗透融合模式示意图

据、"互联网＋"等新一代信息技术，推动大数据在农业一、二、三产业中的应用，重点发展农业物联网和农产品电子商务。贵阳市利用大数据技术开发了贵阳智慧农业云平台，实现了农业从生产的销售全程监测和管理。修文县利用大数据技术从品种研发、4S标准化种植、精深加工、五统一营销、金融帮扶、大数据物联网可追溯系统着手，构建了修文猕猴桃全产业链发展战略。整套系统由农业区块信息系统、农业投入品门店管理系统、交易市场数据管理系统、农产品溯源管理系统，政务监管系统、资源数据管理系统、农技专家远程服务系统、投入品管理系统和金融服务系统等8个部分组成，已覆盖全县10个乡（镇）313个果园5万亩，281.876万株猕猴桃，占修文猕猴桃种植面积的25％，到2020年将会覆盖全县猕猴桃种植区的80％，实现了农业标准化、精准农业、食品安全可追溯、全产业深度融合以及农产品品牌差异化。

5. 产村（镇）融合发展模式

即把农村产业发展与新农村建设结合起来，产业发展为新农村建设提供经济支撑，新农村为农村新型业态发展提供空间的融合模式（图58）。贵州省兴仁县泛亚薏品田园生态旅游园区是该模式的典型代表。兴仁县是中国最大的薏仁产地和东南亚最大的薏仁种植中心，先后获得"中国薏仁米之乡"、"兴仁薏仁米"国家地理保护标志、中国驰名商标、国家级出口薏仁米质量安全示范区的认证和称号，是全国及世界薏仁米加工、销售贸易集散地，集种植、加工、贸易于一体的薏仁米产业集群。兴仁县泛亚薏品田园生态旅游园区按照一、二、三产业联动，产城景相融合的模式建设，园区由泛亚薏仁生态产业园、易地扶贫搬迁安置小镇、乡村旅游体验园3个功能板块组成。生态产业园有80亩薏仁米深加工厂区

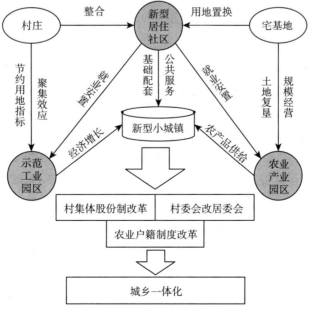

图 58 产村（镇）融合发展模式

及温泉度假村，配置统一的运营中心和生态企业孵化中心。易地扶贫搬迁小镇按照景区标准打造，安置移民 1 万人，发展薏仁米养生及田园风光休闲餐饮、民族工艺品加工等产业。乡村旅游体验园利用 3 800 亩农田，整合各类项目资金上亿元，打造城乡结合部的乡村旅游体验园，与产业园、扶贫搬迁小镇互动，实现就地城镇化 5 000 人。

（四）农村一、二、三产业融合发展面临的问题

近几年，在国家的大力推动下，我国农村一、二、三产业融合取得了较大成绩，农村产业融合发展进程加快、模式增多、内容拓展、质量提升，在促进农业增效、农民增收、农村繁荣方面的作用日益显现，为实现乡村产业兴旺奠定坚实基础。但总体上我国农村产业融合还处在发展阶段，存在以下 3 个问题。

1. 一、二、三产业融合程度总体不高

农村各产业间的融合程度不是很高，融合水平较低。农村三产融合的形式还不够丰富，融合的产业链条较短，对整个农业和农村经济的带动作用不够强。主要表现在：一是农业规模化、产业化程度低，农业生产与加工、流通、销售及技术服务等环节联系不够紧密。二是农产品大多以粗加工为主，精深加工基本为零，附加值低，没有形成品牌辐射效应，因此市场竞争力水平低。

2. 产业融合的金融支持力度不足

一是金融支持力度不足：农村新兴产业一般是资本、技术密集型产业。当前，我国农村新型经营主体一般规模较小，资金不足，仅仅依靠自身的积累提升农业发展质量、拓展二、三产业远远不够，需要加大金融机构对农村新兴产业的支持。目前，由于新型经营主体普遍缺乏可抵押的资产，加上农业风险高、回收周期长的特点，新型经营主体难以获得金融机构的支持。二是土地供应不足：在产业融合发展中，农村二、三产业发展需要配套的建设用地支持，而农村建设用地指标短缺、建设用地分布不合理等原因使部分产业融合项目实施困难，土地供给不足的问题越来越突出。

3. 利益联结机制不完善

农村一、二、三产业融合，归根到底是农村各类相关市场主体的融合，而融合的关键是要构建起各方共赢的利益联结机制。但是，当前我国农村产业融合利益联结机制还不完善，农民很难从农产品的加工和流通环节获取增值收益。一是利益连接方式较为脆弱：当前，最为普遍的利益联结方式为订单农业、反租倒包等方式，利益联结方式较松散，应对风险和外部冲击的能力弱。二是相对较为紧密型和稳定型的利益连接方式构建困难：很多地方倡导实行股份合作制，鼓励农民以土地、宅基地等生产资料入股，参与企业分红。但在实际操作中，一方面，由于农村产业的高风险性，农民由于担心拿不到分红，参股意愿低；另一方面由

于农户无法参与和监督企业、合作社的经营管理，农民的股份权益难以得到保障。

（本章由民生智库乡村振兴发展研究中心撰写）

第六章　营商环境

第一节　我国营商环境的发展历程

我国营商环境的发展历程分为探索起步阶段、全面实践阶段、优化提升阶段，见图 59。

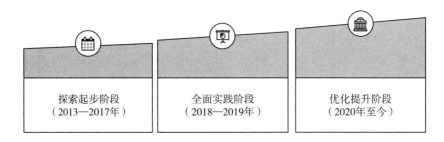

图 59　我国营商环境的发展历程主要阶段

一、探索起步阶段（2013—2017 年）

2013 年，党的十八届三中全会在《中共中央关于全面深化改革若干重大问题的决定》中首次提出"建立法治化营商环境"目标。

2015—2017 年，李克强总理连续 3 年在"放管服"改革电视电话会议中提到中国在全球营商环境排名中的变化，并以此来衡量国内"放管服"改革的进展，提出"营商环境就是生产力"的重要论断。

2017 年，习近平总书记在中央财经领导小组第十六次会议上强调要"营造稳定公平透明、可预期的营商环境"。优化营商环境更是成为以习近平同志为核心的党中央提出的经济发展新方略，也成为党的十九大之后"放管服"改革的新目标。

二、全面实践阶段（2018—2019 年）

2018 年以来，国务院成立了推进政府职能转变和"放管服"改革协调小组，并下设优化营商环境专题组。国务院办公厅出台了《关于部分地方优化营商环境典型做法的通报》《关于聚焦企业关切进一步推动优化营商环境政策落实的通知》等一系列政策措施，对优化营商环境作出了具体部署。地方政府也在积极行动，在放宽市场准入、扩大民间投资、鼓励科技创新、大幅减税降费等方面纷纷推出有针对性的举措。

2018 年以来，按照国务院工作部署，国家发展和改革委员会连续组织开展了多批次营商环境评价，通过评价促进改革、激发市场活力，同时也为验证评价指标体系、探索评价方法、积累评价经验打下了坚实的基础。全国已有超过 60 个城市成为我国营商环境评价的参评城市，实现了对 31 个省（自治区、直辖市）的全覆盖，以评促改、以评促优的积极成效正在持续显现。

世界银行发布的《2019 年营商环境报告》显示，中国营商环境总体评价在全球 190 个经济体中已经跃居第 46 位，比 2013 年累计上升 50 位。其中开办企业便利度大幅度跃升至第 28 位，5 年累计上升 130 位。世界银行发布的《2020 年营商环境报告》显示，中国的全球营商便利度排名继 2018 年大幅提升 32 位后，2019 年又跃升 15 位，升至全球第 31 位。世界银行称，由于"大力推进改革议程"，中国连续两年跻身全球优化营商环境改善幅度最大的十大经济体。

2019 年 9 月 19 日，国务院办公厅印发《关于做好优化营商环境改革举措复制推广借鉴工作的通知》，要求各地区、各部门坚决贯彻落实党中央、国务院决策部署，深刻认识复制推广借鉴京沪两地优化营商环境改革举措的重大意义，加快转变政府管理理念和方式，着力推动制度创新，以简审批优服务便利投资兴业、以公正监管促进公平竞争、以改革推动降低涉企收费，下硬功夫打造好发展软环境，持续提升政府服务水平和办事效率，加快建立健全统一开放、竞争有序的现代市场体系，打造市场化、法治化、国际化营商环境，持续释放改革红利，进一步激发市场主体活力和社会创造力。

2019 年 11 月 27 日，国务院常务会议提出，加快打造市场化法治化国际化营商环境，更大力度为各类市场主体投资兴业破堵点、解难题。会议部署落实优化营商环境的路线图、时间表，关注企业痛点问题，有助于提振市场信心。会议指出，优化营商环境就是解放生产力、提升竞争力，是增强市场活力、稳定社会预期、应对经济下行压力、促进发展和就业的有效举措。要按照《优化营商环境条例》要求，聚焦市场主体关切，坚持问题导向、重点突破，持续推进简政放权、放管结合、优化服务。

三、优化提升阶段（2020 年至今）

国务院总理李克强签署国务院令，公布《优化营商环境条例》，自 2020 年 1 月 1 日起施行。《优化营商环境条例》认真总结近年来我国优化营商环境的经验和做法，将实践证明行之有效、人民群众满意、市场主体支持的改革举措用法规制度固化下来，重点针对我国营商环境的突出短板和市场主体反映强烈的痛点、难点、堵点问题，对标国际先进水平，从完善体制机制的层面作出相应规定。

2020 年 5 月，中共中央、国务院印发《关于新时代加快完善社会主义市场经济体制的意见》，对新时代加快完善社会主义市场经济体制的目标、方向、任务和举措进行系统设计，为在更高起点、更高层次、更高目标上推进经济体制改革提供行动指南。《关于新时代加快完善社会主义市场经济体制的意见》提出国企改革、公平竞争、要素市场化配置、宏观经济治理、收入分配和社会保障制度、制度型开放、法治体系建设等 7 个关键领域的改革举措。

2020 年 7 月，国务院办公厅印发《关于进一步优化营商环境更好服务市场主体的实施意见》指出，近年来我国营商环境明显改善，但仍存在一些短板和薄弱环节，特别是受新冠肺炎疫情等影响，企业困难凸显，急需进一步聚焦市场主体关切，对标国际先进水平，更多采取改革的办法破解企业生产经营中的堵点、痛点，强化为市场主体服务，加快打造市场化法治化国际化营商环境。还提出了持续提升投资建设便利度、进一步简化企业生产经营审批和条件、优化外贸外资企业经营环境、进一步降低就业创业门槛、提升涉企服务质量和效率、完善优化营商环境长效机制等 6 个方面的要求。

2021 年 1 月 4 日，国务院总理李克强主持召开国务院常务会议，听取《优化营商环境条例》实施情况第三方评估汇报，要求进一步打通落实堵点，提升营商环境法治化水平。

第二节　我国营商环境的发展现状

一、改革取得的成效

党的十八大以来，以习近平同志为核心的党中央高度重视营商环境的改善和优化。党的十八届三中全会对全面深化改革作出部署，中央成立全面深化改革领导小组，系统整体设计，努力推进市场化改革。国务院积极推动"放管服"改革，每年召开全国性会议进行部署，全国人大和地方人大加强了推动营商环境改革立法工作，全国政协和地方政协围绕营商环境改善建言咨政，这些对优化营商环境都起到了非常重要的推动作用。在党政机构重组的同时，各级政府"放管服"举措相继推出，营商环境持续改善。据世界银行发布的《2020 年营商环境报告》显示，中国营商环境便利度已跃居第 31 位，比 2018 年提升 43 位，连续两年被世界银行评为"年度十大最佳改革者"，位列东亚及太平洋地区第 7 位（图 60）。

全国各地区各部门按照党中央、国务院部署，深入推进"放管服"等改革，出台了一系列改革创新举措，从各个层面改善营商环境，取得明显成效。

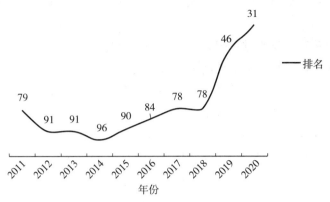

图 60　2011—2020 年中国在世界银行营商环境评价的排名

一是市场准入大幅放宽。大幅削减行政审批事项，终结非行政许可审批。全面改革商事制度，实行全国统一的市场准入负面清单制度。加快服务业重点领域开放，放宽金融业、制造业、农业准入条件。加大自贸试验区开放试点，启动了海南自由贸易港建设。

二是有效降低企业运营成本。把持续推进减税降费和"营改增"结合起来，2019 年全年累计减税降费 2.36 万亿元，2020 年预计超过 2.5 万亿元。对各种不必要的证明和烦琐手续进行清理，取消证明事项超过 1.3 万项。对中小企业实行普惠性优惠政策，清理涉企收费和降低融资、用能、上网、物流等成本。

三是注重公正监管执法。推进"双随机、一公开"监管和信用监管、重点监管的结合，全国信用信息共享平台联通 44 个部门。推行"互联网＋监管"。对疫苗、药品、特种设备、危险化学品等实行全覆盖严监管。加大产权特别是知识产权保护力度。

四是政务服务更加便捷。各地推出"一站式服务""一网通办""最多跑一次""一次不用跑""服务事项清单化、标准化"等改革举措。如北京市推出企业综合服务包，提供"管家式"服务。开办企业流程持续简化、时间缩短。仅2019 年，全国新设市场主体 2 179 万户，日均达 2 万户，市场活力不断增强。

五是法规和政策逐步完善。出台了《中华人民共和国民法典》《中华人民共和国外商投资法》《外商投资法实施条例》《优化营商环境条例》等。据不完全统计，2017 年以来，党中央、国务院、各部委出台优化营商环境相关政策文件超过 200 份。北京市、天津市等多地还出台了专门针对优化营商环境的地方性法规、相关政策文件以及实施方案和行动计划。

二、存在的短板弱项

我国营商环境已有明显改善，但与市场主体期盼相比，与国际先进水平相比，目前还存在不少差距和短板弱项。中国行政管理学会教学研究会执行副会长、民生智库专家沈荣华研究员，梳理总结了我国营商环境目前还存在的差距和短板弱项。

一是在改善营商环境进程中，改革不平衡问题突出，有些改革进展明显，有些改革相对滞后，存在着不平衡问题。从不同地区看，世行对营商环境的评估以北京、上海两个中心城市为样本，国内评估大多以大、中城市为样本，并不代表不同地区营商环境都处于同等水平，如东部地区，中心城市改革进展较快，中西部地区、农村地区相对慢些。从不同领域看，改革进展也有快有慢，以世行的报告衡量的 10 个领域全球排名为例，中国在执行合同（第 5 位）、获得电力（第 12 位）、开办企业（第 27 位）、保护中小投资者和登记财产（第 28 位）、办理施工许可（第 33 位）等领域排名靠前，在办理破产（第 51 位）、跨境贸易（第 56 位）、获得信贷（第 80 位）、纳税（第 105 位）等领域排名则相对靠后，存在"短板"。从不同层次看，存在进度不一、上下脱节等情况，如在简政放权问题上，既有上级部门明放暗不放、放责不放权以及中层"梗阻"问题，也有基层接不住、管不好、落实不力问题。

二是一些领域存在制度性痛点堵点。在市场准入环节，企业开办"准入不准营"和建筑施工许可手续多耗时长仍是亟待破解的两大"堵点"，一些不必要的审批许可、资质资格认可、变相审批问题仍然存在，特别是一些地方对民营企业、异地企业设置的差别待遇、歧视性限制，形成地方保护和市场壁垒，对公平准入形成制约。在生产经营环节，近年来减税降费减轻了企业负担，但税费水平仍高于世界平均水平；融资难、融资贵问题，仍是制约民企、中小企业发展的痛点、堵点。一些地方招商引资时办事便利，手续简单，但在企业或项目落地后，却提出不同监管要求或手续不全，使企业面临罚款停业。一些地方和部门服务意识不强，办事推诿扯皮，企业和公众意见较大。在企业退出环节，企业注销手续多时间长，企业破产办理更是耗时耗力，特别是一些传统企业出现资不抵债，债务无力偿还，难破产也破不起，无法退出，成为僵尸企业，如何解决仍是难题。

三是信用体系亟待健全，信用体系是营商环境的基础要件，涉及市场主体活动的各个领域和方面。近年来，我国信用体系建设加快，取得长足进步，但还存在不少薄弱环节和缺陷，不讲诚信、违约失信的问题较为突出。从政务方面看，一些地方政府不讲诚信问题突出，有的以政府换届、机构变动、上级政策变化等为由，对作出的政策承诺不兑现，订立的合同不履行，拖欠的款项不归还，给企业造成损失和困难，营商环境缺乏可预期性。从监管方面看，信用体系建设存有不足，例如不同地方和不同部门对企业信用的信息收集和公布标准不一，检查、修复和异议的做法各异，一些"黑名单"认定和联合惩戒措施缺乏法律依据，信用泛用与震慑不够的问题并存。再如民营企业、小微企业借贷融资，往往信用积累先天不足，融资担保工具创新不够，在银行授信、担保融资、融资增信等方面得不到支持，成为融资难、融资贵的原因。从社会方面看，不少企业和个人在经营活动中不讲诚信、不重承诺履行、不信守合同等情况时有发生，有的甚至靠坑蒙拐骗发不义之财，诚实守信氛围有待形成。

　　四是法治保障存有不足。从立法看，随着营商环境改革深入，迫切需要对相关法律法规进行"立改废"，使改革于法有据。例如，证照分离改革、告知承诺制、建立信用体系等，都涉及法律问题，由于有关立法相对滞后，对推进改革形成制约。再如，一些地方习惯于以政府决定、暂行办法、"红头文件"等形式推进改革，经常发生变动反复，缺乏规范性和稳定性。从执法看，执法不公、多头执法、选择性执法等问题依然存在，例如一些地方对不同类型企业、不同属地企业采取不同的执法标准，处罚尺度不一，自由裁量权过大，一些地方流行运动式执法，在专项整治、应对上级检查等活动中，采取行业性或区域性停产停业，给企业正常生产经营带来困扰、造成损失。从司法看，存在着企业合法权益保护不够、公信力不强等问题，例如有的地方利用行政权力干预司法审判，使相关企业受到不公正对待，有的司法部门对涉及地方政府失信违约问题，借故不予受理立案，使受损企业投诉无门，有的涉企司法诉讼程序繁杂时间漫长，缺乏效率，有的被侵权企业即使胜诉，但执行起来困难重重，造成企业维权成本过高。

第三节　中国营商环境评价指标

一、中国营商环境评价概况

　　建立具有中国特色的营商环境评价制度，是《优化营商环境条例》作出的一项重要制度安排，是深入推进"放管服"改革、优化营商环境的重要举措，彰显了党中央、国务院对加快打造市场化、法治化、国际化一流营商环境的坚定决心。

（一）建立中国特色营商环境评价制度的重要意义

　　中小企业是市场经济中最具活力的微观主体，是经济增长的重要支撑、创新创造的重要源泉、创业就业的积极要素。当前，新一轮科技革命和产业变革方兴未艾，全社会蕴藏着巨大的创新、创业、创造动能，潜在的微观市场主体活力有待释放。如何将潜在投资人和创业者转化为市场主体，将投资创业热情转化为经济社会发展动能，有赖于各级政府为企业和市场主体提供的便利简捷的办事方式、公平公正的监管措施、优质高效的政务服务。面对错综复杂的国际形势和艰巨繁重的国内改革发展稳定任务，加快建立基于中国国情、符合中国实际的中国营商环境评价制度，有助于衡量"放管服"改革优化营商环境成效，检验各地营商环境是否有所优化、群众办事是否更加便利、发展环境是否不断改善；有助于充分调动各地区、各部门优化营商环境的积极性、主动性、创造性，推动全国范围加快营造市场化、法治化、国际化、便利化一流营商环境。

1. 开展营商环境评价，是落实"放管服"改革举措的重要抓手

党的十八大以来，党中央、国务院对优化营商环境工作作出重要决策部署，聚焦市场主体关心、人民群众关切的重点领域不断加大改革力度，一大批法规、政策文件相继出台。随着各项政策措施的落地实施，简政减税减费成效明显，市场监管规范化、透明度大幅提升，政务服务不断优化，各地营商环境明显改善。但也要看到，有的地方在落实党中央、国务院决策部署方面存在"最后一千米"问题。一分部署，九分落实。各地区、各部门对改革政策文件的落实情况直接关系企业和群众的满意度和获得感，直接关系改革能否收到实效，营商环境能否最终改善。

建立中国特色营商环境评价制度，把党中央、国务院关于深化"放管服"改革、优化营商环境的决策部署作为开展营商环境评价的重要依据，全面检验"放管服"改革举措、便民惠企政策在各地方的落实情况，有利于督促推动党中央、国务院重要决策部署落地见效。

2. 开展营商环境评价，是反映企业和群众获得感的重要途径

人民对美好生活的向往就是我们的奋斗目标。各地营商环境是否有所优化，企业和群众办事创业是否更加便利，最终是由企业和群众说了算。近年来，"放管服"改革持续深入推进，一大批惠企、便民、利民举措落地实施。比如，"证照分离"改革在全国推广，"双随机、一公开"监管全面推行，审批服务"马上办、网上办、就近办、一次办"在多领域推进，全国一体化在线政务服务平台建设取得突破进展，企业开办、用水用电报装、不动产登记等事项的办理时间大幅度压缩，企业和群众获得感明显增强。但是，企业和群众反映强烈的一些痛点、堵点、难点问题还没有得到解决，部分事项办理时间长、申报材料多、办事成本高，以及政务服务等候时间长、跑办次数偏多的问题依然存在。

建立中国特色营商环境评价制度，以市场主体和社会公众满意度为导向，对营商环境进行评价，有助于客观反映各地方企业和群众办事创业的便利情况，为各地提供指向清晰、标准明确的路径指引和工作抓手，促进地方更加主动换位思考，深入推进重点领域和关键环节改革，推动优化营商环境持续走深走实。

3. 开展营商环境评价，是增强城市竞争力的重要载体

从国际来看，各国各经济体前所未有地重视营商环境建设，无论是发达国家还是金砖国家，都主动对标国际先进做法，深化相关领域改革，下功夫强化投资贸易便利化等软环境建设。从国内来看，各地方积极对标先进地区，把优化营商环境作为政府工作重点，持续提升政府服务水平和办事效率，从主要依靠基础设施条件和优惠政策等"硬实力"吸引投资，转向更多依靠营商环境"软实力"招商引资，各地方竞相优化营商环境的氛围日趋浓厚。

建立中国特色营商环境评价制度，开展中国营商环境评价，帮助各地方更加准确地了解自身的营商环境现状，有利于地方更加准确地查找影响办事创业的政策难点、执行堵点、监管盲点和服务痛点，对标国际国内先进水平，因地制宜、因城施策，出台更有针对性的改革举措，不断优化改善营商环境，增强城市竞争力、激发社会创造力。

4. 开展营商环境评价，是树典型立标杆的重要方法

营商环境是城市吸引投资能力和综合竞争力的重要体现，各级地方政府高度重视。近年来，各地区、各部门主动作为、开拓创新，推出了一大批实践证明行之有效、人民群众满意、市场主体支持的改革举措，有力地推动了全国范围内营商环境持续改善。营商环境评价体系不是考核体系，而是树典型、立标杆，引导各地区各部门主动作为，对标对表标杆和示范、对标对表领跑者和领先者努力跟进，带动全国各地营商环境持续改善提升。2018 年，国家发展和改革委员会牵头组织开展中国营商环境评价以来，各参评城市以试评价为契机，针对长期困扰企业和群众办事创业的突出问题，结合当地实际，提出破题思路，探索出不少惠企、便民、利民的经验和做法，推动出台了一系列针对性的改革举措。

建立中国特色营商环境评价制度，在评价中及时发现并梳理总结各地优化营商环境的好经验、好做法、好案例，提炼形成更多可供复制、推广、借鉴的改革举措，不断推出最佳实践，积极推广改革亮点，有利于更好发挥评价的标杆引领、示范带动作用，引导地方形成优化营商环境的良性竞争，形成竞相推进改革的生动局面。

（二）中国营商环境评价制度的建立与完善

营商环境是地方招商引资、筑巢引凤重要的基础条件，是企业生产经营的发展空间，是企业生存发展的土壤。国内国际实践经验充分表明，开展营商环境评价，是推动落实优化营商环境政策、鼓励积极探索创新的有效抓手。评价引导、助力改革，有助于推动各级政府部门持之以恒的优化营商环境，为建设现代化经济体系、推动高质量发展提供重要支撑。

2018 年，国家发展和改革委员会按照国务院部署，学习借鉴国际营商环境评价方法，本着国际可比、对标世行、中国特色原则，以市场主体和社会公众满意度为导向，以充分发挥市场在资源配置中的决定性作用、更好发挥政府作用为遵循，以深刻转变政府职能、创新行政方式、提高行政效能、激发各类市场主体活力为评价重点，构建了中国营商环境评价体系，并在东、中、西部和东北地区22 个城市组织开展了两批次营商环境试评价，不断调试修改评价指标体系，评价体系的科学性、合理性、可操作性逐步提高，营商环境评价工作机制逐步完善，为在全国范围逐步推开营商环境评价积累了实践经验。

2019 年，经国务院批准，国家发展和改革委员会牵头组织在直辖市、计划单列市、省会城市和部分地、县级市（共 41 个城市）开展了营商环境评价，并在东北地区 21 个城市开展了营商环境试评价，发挥营商环境评价对优化营商环境的引领和督促作用，以评促改、以评促优，推动各地方出台了更多优化营商环境的针对性改革举措，以更好的营商环境积极应对当前经济发展面临的风险挑战，推动高质量发展。

二、中国营商环境评价体系

中国营商环境评价坚持问题导向、目标导向，以评促改、以评促优，推动政府职能深刻转变，优化政府职责体系，为各类市场主体投资兴业营造稳定、公平、透明、可预期的良好环境。中国营商环境评价关注中小企业在市场准入、生产经营乃至退出市场过程中的办事便利度，重点考察企业创业发展涉及的政府审批和外部办事流程，包括办理环节、办理时间、成本费用，以及办事便利化水平等情况，评价企业和群众的满意度和获得感。与此同时，中国营商环境评价重点考察城市高质量发展的基本面，关注充满活力、宜业宜居、精细化高品质的现代城市建设对中小企业的吸引力。

（一）中国营商环境评价的总体要求

坚持以习近平新时代中国特色社会主义思想为指导，全面贯彻党的十九大和十九届二中、三中、四中全会精神，坚持稳中求进工作总基调，坚持新发展理念，坚持以供给侧结构性改革为主线，坚持以改革开放为动力推动高质量发展，加快建设现代化经济体系，以市场主体和社会公众满意度为导向，以深化"放管服"改革为抓手，聚焦企业和群众办事创业的痛点、难点、堵点，采用符合中国国情的营商环境评价体系和评价机制，查找短板不足，精准提出改进优化的对策措施，持续发挥营商环境评价对优化营商环境的引领和督促作用，推动出台相关系列改革举措，打造国际一流、公平竞争的营商环境，切实为企业和群众办事增便利，着力激发市场活力和社会创造力，推动经济持续健康发展。

1. 中国营商环境评价的基本原则

（1）问题导向，以评促改。重点围绕各领域存在的准入门槛高、办理事项多、流程复杂、耗时过长等企业和群众反映集中的突出问题，深度分析各地方营商环境状况和惠企便民举措落实情况，找出、找准企业和群众办事创业的痛点、淤点、堵点、难点，更加精准地出台更多硬招、实招，督促相关领域改革任务尽快落实，有效提高政府服务质量和效率，缓"痛点"、清"淤点"、通"堵点"、解"难点"，增强企业和群众的获得感和满意度。

（2）目标导向，以评促优。充分发挥营商环境评价对优化营商环境的引领和督促作用，把破除体制机制障碍、激发市场活力和社会创造力作为营商环境评价的关键，鼓励各地区、各部门在法治框架内积极开展原创性、差异化探索，创造更多的先进经验和创新举措，为推动全国层面改革积累经验。

（3）标杆引领，典型示范。在营商环境评价中及时梳理总结地方优化营商环境的改革政策和便民服务举措，不断挖掘在解决体制性障碍、机制性梗阻、政策性创新方面的首创经验和典型做法，总结提炼形成标杆示范，复制推广更多创新举措，鼓励带动全国范围对标先进持续优化营商环境。

（4）对标世行，国际可比。从企业视角出发，学习借鉴世界银行《营商环境报告》和世界经济论坛《全球竞争力报告》等国际营商环境评价指标，将评价问卷落实到可量化可比较的各类事项办理环节、办理时间和成本费用上，采用国际通用的前沿距离法计算营商便利度，评价对象、指标设置、分值计算与国际营商环境评价指标基本一致，增强评价标准、评价方法、评价结论的国际可比性。

2. 中国营商环境评价的主要目标

评价引导、深化改革，推动各地全面深化"放管服"改革，深刻转变政府职能，优化政府职责体系，全国范围营商环境持续优化。进一步压缩开办企业、办理施工许可、获得电力、获得用水用气、不动产登记、进出口整体通关等领域高频事项的办理环节、办理时间和成本。推进"互联网＋监管"，健全"双随机、一公开"监管机制，加大产权保护力度，建立诚信政府、法治政府，切实落实减税降费政策，降低企业税费负担、生产经营成本。全面推行政务服务事项"马上办、网上办、就近办、一次办"，实现政务服务事项一网通办、就近能办、异地可办。

通过中国营商环境评价工作，以评促改、以评促优，加快形成一批引领改革创新的开放高地和一批发挥示范效应的标杆城市，促进越来越多的城市持续不断以更高标准打造出更优更好的一流营商环境，吸引一批高质量发展的重大项目、培育一批具有竞争力的市场主体，更大力度激发市场活力，增强内生动力，释放内需潜力。

（二）中国营商环境评价指标体系

1. 在企业全生命周期链条视角设置 15 个指标，完整反映企业从开办到注销的全生命周期链条，衡量中小企业获得感和办事便利度

着眼中小企业办事便利情况，聚焦企业生产经营活动中的高频事项，从市场准入、投资建设、融资信贷，生产运营、退出市场 5 个阶段全过程，设置开办企业，劳动力市场监管，办理施工许可，政府采购，招标投标，获得电力，获得用水用气，登记财产，获得信贷，保护中小投资者，知识产权创造、保护和运用，跨境贸易，纳税，执行合同，办理破产 15 个指标，重点衡量"放管服"改革等举措落实情况，评估中小企业办理单个事项所需要经历的政府审批与外部流程情况。通过对相关指标领域的评价，综合评估市场主体的满意度和获得感，推动地方政府更好地为企业和群众办事增便利、优服务。

2. 在城市高质量发展视角设置 3 个指标，综合评价各地投资贸易便利度和长期投资吸引力，衡量中小企业赖以生存发展的城市高质量基本面

着眼企业和群众对美好生活的向往，聚焦与企业营商便利密切相关的政府监管、政务服务、城市品质，设置市场监管、政务服务、包容普惠创新 3 个指标，综合评估市场主体对各地实行公正监管、加强社会信用体系建设、推行"互联网＋政务服务"、鼓励要素自由流动、增强创新创业创造活力、扩大市场开放、创建宜业宜居宜新环境等方面的满意度和获得感。通过对相关指标领域的评价，推动地方政府更好地提升监管效能和政务服务水平，加快推动城市高质量发展，着力营造稳定公平透明、可预期的营商环境。

（三）中国营商环境评价机制

在开展多批次营商环境评价的基础上，中国营商环境评价机制不断发展完善，逐步建立起由国家发展和改革委员会牵头、第三方评价团队具体实施的工作推进机制，通过部门深度参评与企业满意度测评相结合及问卷填报与实地调研、数据抽查核实相结合的方式，建立健全数据收集采信机制，获取更全面的营商环境数据信息，多角度、多层次、全方位分析审视各指标领域的营商环境状况。

1. 国家发展和改革委员会牵头，建立健全营商环境评价长效机制

按照国务院关于开展中国营商环境评价的工作部署，国家发展和改革委员会牵头组织开展中国营商环境评价，调动部门、地方、第三方机构的积极性，建立并不断完善中国特色营商环境评价体系和评价机制。围绕营造稳定公平透明、可预期的营商环境，坚持对标对表党中央、国务院要求，坚持对照国际最高标准，坚持顺应企业和群众期盼，不断完善中国营商环境评价指标体系和评价问卷。按年度编写发布《中国营商环境报告》，及时梳理总结各地区、各领域优化营商环境的典型经验、成功做法和鲜活案例，提炼形成可在全国复制推广的改革举措，鼓励带动更多地方对标先进，推进重点领域改革，推动全国范围营商环境实现大幅度提升。

2. 引入第三方，由中国营商环境评价团队具体实施

组建由评价机构、律师事务所、会计师事务所等第三方联合参与的中国营商环境评价团队，负责评价工作的具体组织实施，包括问卷填报、企业调查、数据分析、结果核验、实地调研等评价具体工作的实施。

3. 部门深度参评与企业满意度测评相结合，确保调查数据全面完整、结果客观公正

通过问卷填报，获取各参评城市政府部门、市场主体等相关方的数据信息。由参评城市地方政府从事"放管服"改革、优化营商环境的工作人员填报部门问卷；第三方评价团队随机抽取参评城市部分企业开展问卷调查，获取企业视角的问卷数据。通过部门填报问卷与企业填报问卷相互印证、相互补充，客观反映环节、时间、成本等方面的实际情况。

4. 问卷填报与实地调研、数据抽查核实相结合，注重评价的真实性、科学性和客观性

中国营商环境评价以实际案例为支撑，获取数据采用问卷填报与实地调研相结合、交叉验证与第三方核验相印证的方法，由第三方评价团队采用区块链技术，通过自动数据比对与溯源复核、逻辑关系智慧诊断，对评价数据进行收集和核验比对。在此基础上，通过实地调研、抽查访谈，对企业填报的问卷、政府部门填报的问卷及提供的数据等营商环境相关信息进行交叉比对、复核校对，深度了解参评城市营商环境领域的改革进展情况及存在问题，确保数据客观真实可用，帮助找准深化改革的目标方向及改革措施。

（四）中国营商环境评价成果运用

1. 反馈评价结果

评价结果由国家发展和改革委员会反馈各参评城市地方政府，指导和帮助参评城市及时掌握本地营商环境总体水平、存在的短板弱项、下一步改进方向、可供学习借鉴的改革亮点，为各地持续优化营商环境提供决策参考。

2. 分享最佳实践

围绕优化营商环境，通过召开经验交流会、工作推进会、评价培训会，刊发典型经验做法工作简报等多种形式，分享交流改革经验和做法，为推动全国层面改革积累经验，更好发挥标杆引领、示范带动作用。

3. 推广典型经验

鼓励各地在法治框架内积极探索原创性、差异化的优化营商环境具体措施，会同各省（自治区、直辖市）、参评城市地方政府和有关部门，及时总结梳理优化营商环境的创新做法和鲜活经验，成熟一批、推出一批，供全国学习借鉴、复制推广。

三、持续优化营商环境四大建议

持续优化营商环境四大建议可为基础版、优化版、进阶版、高阶版，见图61。

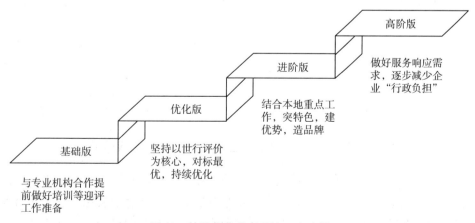

图61 持续优化营商环境四大建议

(一)基础版:与专业机构合作提前做好培训等迎评工作准备

一是全面摸底调研,找准问题,整改到位。系统梳理评价低分事项清单,分析主要影响因素,深挖原因,研判本地对标各级评价指标的不同水平,明确差距。挖掘难点、痛点和不足,在综合研究基础上形成整改对策建议,督促问题清单各项工作整改到位。

二是开展迎评工作培训,做好迎评准备工作。针对问题清单,找准失分点,与第三方专业机构合作开展营商环境迎评工作培训,对评价内容、评价方法、部门资料填报注意事项、验证材料提交等进行主题培训。形成"知问题""改问题""促提升""重准备"工作闭环,全面提升营商环境工作成效。

(二)优化版:坚持以世行评价为核心,对标最优,持续优化

一是以世行指标为核心,跟随政策升级路径,持续优化营商环境。世行评价指标是国家评价及北京评价的核心内容之一,围绕国家和各省份营商环境进阶版政策,对标世行评价结果最优水平,高标准、严要求,狠抓落实,加快提升世行评价指标内容的落实成效。

二是阶梯式对标对表演化推进,逐步实现营商环境国内领先。每个城市的营商环境工作基础各异,对照世行评价指标,结合自身当前现实水平,从近及远,从易及难,采取阶梯式对标、对表参考学习,如"本省营商环境先进城市—全国其他营商环境先进城市—北京和上海",逐步动态调整,进阶超越,实现营商环境国内领先。

(三)进阶版:结合本地重点工作,突特色,建优势,造品牌

一是系统梳理本地营商环境工作,找准特色定位。在践行国家营商环境相关政策的同时,结合本省工作要求与本地工作条件基础,找准营商环境工作特色及定位,确定营商环境工作基调和主线,找准发力点,探索试点,放大工作特色,坚固营商环境工作内核,保障营商环境工作有方向、有抓手、有成效。

二是逐步建立本地营商环境优势,打造工作品牌。研究总结本地营商环境的优势基础,补短板,促提升,打造营商环境工作品牌,如北京开发的"e窗通"平台,企业开办可全程在网上办理,上海打造的"一网通办"创新等,制定营商环境品牌提升行动计划,推动营商环境工作加速优化,扩大营商环境品牌吸引力和辐射圈。

(四)高阶版:做好服务响应需求,逐步减少企业"行政负担"

一是做好各项涉企服务,持续完善政策,提升企业满意度。企业需求是优化营商环境的出发点也是回归点,企业评价是落实效果的最直接反馈,从企业需求出发,抓好各项政策落实,建立并完善多元有效的政企互动机制,动态收集、响

应企业需求，不断优化完善营商环境政策举措，想企业所想，应企业所需，做好企业全生命周期服务工作。

二是综合考虑企业需求，切实减少企业"行政负担"。营商环境不仅是行政审批的环节、时间、成本优化，更包括"政策学习成本""遵守相关规章制度的合规成本"以及"整个过程的心理成本"的优化，我国目前企业的"行政负担"还有较大压缩空间，需进一步深化改革，从政策学习、合规成本等角度重点减少企业"行政负担"，持续优化营商环境。

四、探索事中事后监管的共建、共治、共享格局

随着"放管服"改革的持续推进，各地区、各部门围绕打造最优营商环境，不断探索实践，力求全面提升营商环境指标，推动市场活力不断增强。以市场监管为例，各地市场监管部门纷纷采取措施，协同推进改革，力求放管结合，以保证市场"活且有序"。不断探索规范事中事后监管的有效路径并取得显著成效，提升优化营商环境。在跟踪研究和工作经验基础上，民生智库梳理总结了事中事后监管颇有成效的探索实践，分析了当前工作中的突出困难问题，并提出下一步工作的对策建议，以期为优化营商环境工作提供参考。

民生智库认为，强化事中、事后监管，要从上而下，不断完善顶层设计，建立以信用体系为基础的大监管体系；更要自下而上，调动协会、联盟和消费者的参与积极性，充分发挥社会监督作用，形成共建、共治、共享格局（图 62）。

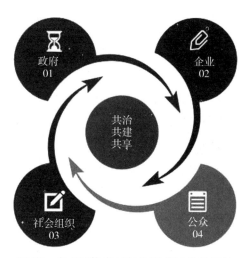

图 62 多元群体参与的共建共治共享格局

（一）加强顶层设计，推进信用体系建设

充分利用现代信息技术，完善事中事后监管顶层设计，推动社会信用体系建

设加快推进。第一，区块链技术为涉企信息收集提供安全解决方案。打造集企业自主添加经营信息，社会公众辅助参与，政府部门服务指导、在线监管等功能于一体的智慧监管平台，打破政府部门、政府与市场、政府与社会公众之间的藩篱，推动市场监管从传统监管向智慧监管转型。第二，突破数据壁垒，完善市场监管数据库。打破条块分割，建立以大市场、大监管、大质量、大服务为核心的市场监管数据库，整合市场主体营业执照、食品、药品、化妆品、医疗器械、特种设备等各种类型业务数据，所有市场主体 100％覆盖。第三，进一步推动完善信用修复机制。转变理念，从监管向服务转变，对非主观或轻微失信行为予以修复机会，惩戒并非一棍子打死，而是要强化落实企业主体责任，让企业重视企业信用信息，鼓励企业重塑，诚信自律。

（二）完善统筹协调机制，形成监管合力

市场主体经营活动越来越趋于多元化，受地域、空间、行业限制越来越小，打破区域、部门、层级边界，建立跨领域、跨区域、跨部门、跨科室的联动协作机制，形成监管合力，逐步完善事中事后监管机制。第一，完善信息共享机制。强化信息基础性作用，提升信用归集质量和效率，建立跨区域、跨部门、跨行政级别政府之间信息互通机制，厘清权责，促进共同监管。第二，加强交流合作。针对监管过程中的重点、难点及热点问题，建立沟通机制，强化统筹协调，重视交流与合作，提升监管效能。第三，建立协作保障机制。细化协作程序和步骤，明确责任和分工，完善协作配合的保障机制，确立争议解决办法，形成监管合力。

（三）加快更新监管理念，促进监管融合

构建和谐统一的市场监管文化，加快更新广大干部的监管理念，提高思想站位，能够有效促进监管融合，提升监管效能。第一，持续深化改革，促进"双随机、一公开"常态化。持续落实"放管服"政策，简政放权，不断完善"双随机、一公开"抽检方案，明确年度计划、内容、流程等，促进"双随机"常态化、规范化，"一公开"透明化、诚信化。第二，培养专业化人才队伍。重视基层队伍建设，不断增强基层队伍凝聚力和战斗力，提高基层市场监管部门的执法水平，建立干部培养机制，注重打造复合型人才，逐步提高市场监管工作专业化、规范化水平。第三，不断加强思想建设。加强市场监管人员的思想建设，推动理念更新，鼓励用科技手段创新监管方式，提高监管效能，持续完善"大市场、大监管、大质量、大服务"的市场监管体系（图 63）。

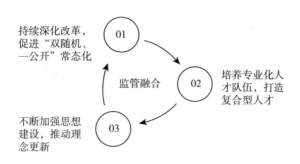

图 63　更新监管理念，促进监管融合

(四) 重视社会共建共治，探索长效机制

充分调动社会各方积极力量，建立市场自律、政府监管、社会监督互为支撑的协同监管格局。一是不断落实企业主体责任。加强企业自律，强化企业社会责任，建立行之有效的奖惩机制。二是积极引导行业协会和企业联盟等社会组织发挥作用。给予政策扶持，着力解决行业协会、企业联盟现存的问题，充分发挥合作、沟通、协调、协同作用；引入社会组织、团体、志愿者等力量。三是重视监督反馈。进一步优化"12345"市民热线反馈机制，畅通投诉举报渠道，制定科学剔除措施，以减少行政资源浪费，提高解决效率，提升服务质量。畅通多种渠道，如电视、微博、微信、广播等，广泛收集公众意见，积极沟通和协调，提升企业、群众满意评价，以扩大社会参与满足社会"公正性"需求。

(五) 加强各项保障措施，完善监管体系

第一，强化法治保障，探索审慎包容。法制是基础，是"事中事后监管"的执法依据，依法行政是市场监管的基准，要不断强化市场监管的法制性、规范性、统一性，打造公平竞争的市场环境。在法治的基础上，探索审慎包容，弹性实施，避免"一刀切"，促进新业态健康有序发展。第二，建立评价改进机制，完善监管体系建设。充分利用第三方评估，广泛收集意见，客观了解事中、事后监管中存在的问题，对监管体系进行多维度评价，探索科学解决方案，重视评价结果应用，以评促改，不断完善监管体系建设。

持续推进"放管服"改革，打造国际一流营商环境，关键是要把握改革规律，以问题为导向，着力解决市场主体关切的重点、难点问题，提升营商环境的市场化、便利化、法治化、国际化水平。

（本章由民生智库政策与战略研究中心撰写）

223

第七章　城市治理

第一节　中国的城镇化发展历程

城镇化是国家现代化的重要标志。改革开放以来，我国城镇化经历了高速扩张阶段。1978 年，我国城镇化率仅为 17.92％，1995 年发展到 29.04％，2018 年达到 59.28％。截至 2019 年年末，我国城镇常住人口 8.484 3 亿人，占总人口的 60.60％，这是我国常住人口城镇化率首次超过 60％，实现了人类历史上最大规模的从乡村到城镇的人口转移。1949—2019 年中国城镇化数据见图 64。

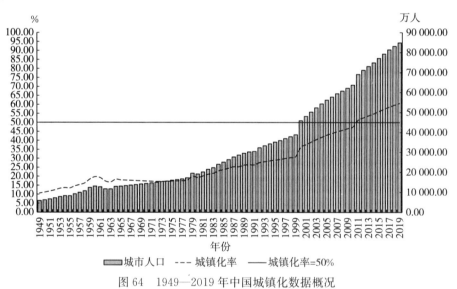

图 64　1949—2019 年中国城镇化数据概况

第二节　中国共产党城市管理思想的演进

在中国共产党的领导下，我国的城市管理从无到有，从城市接管建设到城市规建管再到城市治理，凝聚着中国共产党人的坚毅担当与奋斗智慧。中国共产党的城市管理工作从解放战争时接管城市正式开始，此后历经新中国成立初期国民经济恢复时期、社会主义革命和建设时期、改革开放后社会主义现代化建设新时期、中国特色社会主义新时代，形成了完整的城市管理思想体系。以下通过梳理党的城市管理思想及经验，简要回顾中国城市管理的发展路径。

一、中国共产党城市管理思想的探索阶段

1927 年大革命失败后，中国共产党的工作重心转向农村。1947 年以后，随着全国解放战争的胜利推进，中国共产党人深刻认识到城市力量对战争格局的影响，及时调整战略方向，党的工作重心逐渐由农村转移到了城市。中国共产党逐渐认识到城市管理与长期熟悉的农村管理之间的巨大区别。

中国共产党的城市管理工作从在解放战争中接管城市起即拉开序幕。中国共产党深刻认识到城市接管策略对解放战争进程和党的城市工作的深远影响。1948 年 6 月，中共中央批转了中共中央东北局《关于保护新收复城市的指示》，强调接管城市工作政策必须界限分明，把保护城市的责任明确交给军事管制委员会。根据解放战争的胜利发展、许多大、中、小城市相继解放的形势，1948 年 10 月，毛泽东同志提出加强城市和工业的管理工作，使党的工作重心逐步地由乡村转移到城市。1948 年 11 月，中共中央发出《关于军事管制问题》的指示，明确规定对城市实行军事管制的 9 项任务，确定了党领导的城市管理工作制度[1]。1949 年 2 月，毛泽东在复第二、第三野战军的指示中强调，今后城市工作将成为党的工作的首要内容，因此各级军队干部都应该懂得如何接收和管理城市[2]。此后，党的城市工作进入接管与管理并重的新时期，面对接管和建设城市的新考验，1949 年 3 月 5—13 日，中央七届二中全会在西柏坡召开，毛泽东在七届二中全会上指出："从现在起，开始了由城市到乡村并由城市领导乡村的时期。党的工作重心由乡村移到了城市。""关于恢复和发展生产的问题，必须确定：第一是国营工业的生产，第二是私营工业的生产，第三是手工业生产。从我们接管城市的第一天起，我们的眼睛就要向着这个城市的生产事业的恢复和发展。""只有将城市的生产恢复起来和发展起来了，将消费的城市变成生产的城市了，人民政权才能巩固起来。城市中其他的工作……都是围绕着生产建设这一个中心工作并为这个中心工作服务的。"[3] 1949 年 3 月 17 日，《人民日报》刊登社论《把消费城市变成生产城市》，对"生产型城市"做了重要论述，旧中国城市大部分为消费性商业城市，城市工业比重低。所谓"生产型"城市以发展工业为主，利用城市化来促进工业化。

---

① 陈松川 . 中国共产党城市管理思想探析［J］. 中国特色社会主义研究，2016（6）：62 - 69.

② 郭胜华 . 新中国成立前后周恩来城市接管和建设思想研究（1948—1952）［D］. 武汉：中南财经政法大学，2018.

③ 毛泽东 . 毛泽东选集：第 4 卷［M］. 北京：人民出版社，1960.

这一阶段党的工作重心彻底实现了由农村向城市的战略转移，对城市管理的基本思想和制度的初步探索，为后续的城市管理工作奠定了坚实的基础。

二、中国共产党城市管理思想的确立阶段

新中国城市建设和发展以"迅速恢复和发展城市生产，把消费的城市变成生产的城市"为基本方针，统领新中国成立初期各项城市工作。城市被视为工业发展的有效载体，无论是城市规划，还是城市建设都以工业化为核心。1951 年 2 月 18 日，《中共中央政治局扩大会议决议要点》在城市工作方面提出："加强党委对城市工作的领导，实行七届二中全会决议""力争在增加生产的基础上逐步改善工人生活""在城市建设计划中，应贯彻为生产、为工人服务的观点"[①]。我国大规模的工业化建设自 1953 年第一个五年计划实施开始，城市建设围绕国家的工业化需求，有步骤地进行新建改建、或扩建。1954 年 6 月，全国第一次城市建设会议在北京召开，明确了按照国家统一的经济计划、建设的地点与速度，采取与工业建设相适应的"重点建设，稳步前进"的城市建设方针。依此方针，不同的城市确定了不同的建设方针，一批新的城市和新的工业区涌现出来，旧城市的郊区范围也逐渐扩大。1962 年 9 月和 1963 年 10 月，中共中央、国务院先后召开第一次和第二次全国城市工作会议。两次城市工作会主要是明确对城市的基本认识，以及城市定位，并强调城市工业要做好对农村的支持。

从 1949 年到 1957 年，中国共产党开始强调城市地位和城市工作，城市工作重心主要是规划建设工业城市。自 1958 年开始的 3 年"大跃进"，以及在 1960 年第九次全国计划会议上确定的"三年不搞城市规划"，使城市建设工作连续遭受挫折。城市建设和城市管理的发展也进入了长达 20 年之久的停滞阶段。这一时期作为构成现代化建设历程整体中不可分割的有机环节，需要正确地去看待当时所遇到的困难和曲折，充分认识当时所面临的艰巨任务和复杂国情，以科学的态度看待探索中的挫折，其为改革开放后城市管理思想的发展提供了经验教训和思想积累。

三、中国共产党城市管理思想的发展阶段

1978 年 3 月，第三次全国城市工作会议在北京召开，中共中央发布了《关于加强城市建设工作的意见》（中发〔1978〕13 号），明确指出："全国的大、中、小城市，是发展现代工业的基地，是一个地区政治、经济和文化的中心""城市中的各项建设，都应按照城市总体规划进行安排，服从城市有关部门的统一管理。""加速住宅及市政公用设施的建设""要有强有力的城市管理机构，把

---

① 中共中央文献研究室.建国以来毛泽东文稿：第 2 卷［M］.北京：中央文献出版社，1988.

城市规划、房产、市政工程、公用事业、园林绿化等等都管起来。"[1] 围绕城市建设，制定了一系列的方针、政策，一是强调了城市在国民经济发展史中的重要地位和作用；二是强调了城市规划的刚性作用；三是解决城市维护和建设资金来源；四是指出要控制大城市规模。

这一阶段，法律和规划成为党在城市管理中的基本思维，这一时期通过的城市领域的立法，使城市管理逐步缓解具体工作无法可依的困局。20 世纪 90 年代，城市管理中开始采取"联合执法"的方式，开展"相对集中处罚权"试点。2000 年，《国务院办公厅关于继续做好相对集中行政处罚权试点工作的通知》（国办发〔2000〕63 号）发布，在城市管理领域实行相对集中行政处罚权制度形成，城市管理综合执法体制逐步建立。

第三节　城镇化探索发展

1949—1977 年，此阶段的城镇化进程存在波动，城市管理工作处于萌芽时期。这一时期党领导全国各族人民克服重重困难开展城市工作。重心是恢复和发展生产，促进城市工业生产稳步提升和城乡关系统筹协调，改善人民生活环境。

一、城市发展概况

（一）城市数量快速增长，小城市和小城镇发展迟缓

1948 年年末，我国共有城市 58 个，随着解放战争的胜利，大批县城改设为城市。1949 年年末，全国共有城市 132 个。在第一个五年计划时期，随着 156 项重点工程的启动和推进，出现了一批新的工矿城市，如纺织机械工业城市榆次，煤炭新城鸡西、双鸭山、焦作、平顶山、鹤壁等，钢铁新城马鞍山，石油新城玉门等。还完善了一批老城，扩建了武汉、成都、太原、西安、洛阳、兰州等工业占优势城市，发展了鞍山、本溪、齐齐哈尔等中等城市和哈尔滨、长春等大城市。到 1957 年年末，我国城市发展到 176 个。第二个五年计划时期，城市的发展同国民经济的巨大震动一样，也呈现由扩大到紧缩的变化。在 3 年"大跃进"后，1961 年，我国城市数量增加至 208 个，随后城市数量便开始减少，主要原因，一是将"一五"时期以来设置的市恢复到县的建制；二是将一部分地级市降为县级市，停建缓建大批建设项目。1962 年开始的国民经济调整时期，又被迫撤销了一大批城市，到 1965 年，全国拥有城市 168 个。改革开放前，我国城市发展过程整

---

[1] 中共中央印发《关于加强城市建设工作的意见》（节录）。

体比较曲折，小城市和小城镇发展迟缓。1978 年年末，全国城市共有 193 个（图 65），其中，地级以上城市 101 个，县级市 92 个；建制镇 2 176 个①。

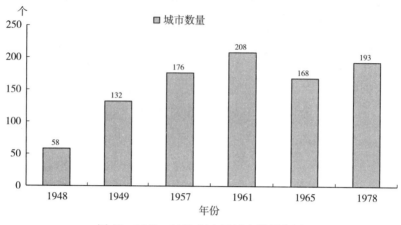

图 65　1949—1978 年中国城市数量发展

（二）城市人口发展处于无计划、自发的高增长时期

新中国成立之前，由于战乱频繁，社会动荡不安，经济得不到发展，人口发展缓慢，明显呈现出高出生、高死亡、低增长的特征。新中国成立后，社会安定，经济发展，人民的生活水平及医疗卫生条件不断得到改善。人口的发展也出现了新的特征，死亡率大幅下降，出生率维持在高水平，从而出现了人口自然增长率高的人口高增长状况。1949 年，全国人口出生率为 3.6%，死亡率为 2%，自然增长率为 1.6%，年底全国总人口为 5.42 亿人②。1949 年年末，我国常住人口城镇化率只有 10.64%。

改革开放以前，计划经济体制下社会主义建设时期，伴随着我国工业化起步，一大批新兴工业城市发展起来，城市数量和城市人口持续增加，1960 年的城镇化率增长至 19.75%，一定程度上出现了"过度城市化"现象。此后工业化经历了调整期和停滞期，随之出现了逆城镇化现象。截至 1977 年年末，常住人口城镇化率为 17.55%。

新中国成立初期，全国城镇失业人员达到 474.2 万人，失业率高达 23.6%。到 1952 年，城镇失业人员减少至 376.6 万人，失业率下降至 13.2%。随着第一个五年计划的顺利实施，就业状况进一步好转，到"一五"结束的 1957 年，城镇就业人员达 3 205 万人，比 1949 年增长一倍以上，年均增长 9.7%，城镇失业

---

①　国家统计局. 新中国 60 周年系列报告之十：城市社会经济发展日新月异［EB/OL］. ［2009 - 09 - 17］. http：//www. gov. cn/gzdt/2009 - 09/17/content_1419726. htm.

②　国家统计局. 新中国 60 周年：人口总量适度增长结构明显改善［EB/OL］. ［2009 - 09 - 15］. http：//www. gov. cn/test/2009 - 09/15/content_1417725. htm.

率进一步下降至 5.9%。

（三）城市道路建设和公共交通运力配置发展缓慢

新中国成立初期的城市基础设施残破不堪，为配合重点工程项目的建设，部分城市进行了大规模的基础设施建设，道路条件明显改善。1957 年年末，全国城市道路长度和面积分别比 1949 年增加了 64% 和 71%。同期汽车增长速度比较缓慢，道路容量大于交通量，城市交通较为顺畅。1966—1977 年，城市道路建设发展缓慢，城市道路面积年均增长率为 2%，而同期城市机动车保有量的年均增长率为 6%～10%，部分大城市开始出现交通拥堵现象①。公共交通方面，1949 年年末，全国城市道路面积 8 432 万平方米，拥有公共交通设施的城市仅 27 个，公共汽（电）车也只有 2 299 辆，黄包车、自行车是大城市比较普遍的交通工具②。步行和自行车是这一时期日常出行的主要方式，除北京出于战备需要开始建设地铁之外，公共汽车及电车是全国大城市公共客运的主要方式。于 1969 年 10 月通车的北京地铁 1 号线一期工程是我国城市轨道交通建设的第一条地铁，线路长度为 23.6 千米，自 20 世纪 50 年代开始筹划、1965 年开工建设。公共汽车多由国民政府时期的军用卡车改造而来，部分城市仍然保持人力车运营，50 年代，一些城市建设了我国最早一批交通红绿灯控制岗亭。

（四）城市居民住房面临严重短缺

1949—1978 年，城市住房投资占基本建设投资的比重高于 10% 的仅有 3 年，其中 1949—1957 年城市住房发展迅速，城市住房投资占基本建设投资的比例保持在 9% 左右，多数年份仅占 7% 左右。1977 年年底，对全国 190 个城市的统计，平均每人居住面积仅为 3.6 平方米，比新中国成立初期的 4.5 平方米下降 0.9 平方米③。1970 年，城市住房投资占基本建设投资的比例下滑到 2.6%。

（五）城市环境卫生面貌有所改善

新中国成立初期，除新中国成立前反动政府统治下的城市地区以外，城市环境卫生条件极差，公共设施简陋。以北京市为例，北京市的自来水、下水道设施多半局限于内城，北京的许多街道尤其是劳动人民聚居的地区缺少下水道。其中肮脏程度最严重的是龙须沟，离半里路就可闻到臭味。北京的街道全长 755 千米，

---

① 全永燊，潘昭宇. 对我国城市交通规划发展的认识——新中国成立 60 周年城市交通规划发展回顾及展望 [J]. 北京规划建设，2009 (6)：23 - 27.

② 规划师笔记. 新中国 70 年城镇化建设和城市发展成就展 [EB/OL]. [2019 - 08 - 16]. https://mp.weixin.qq.com/s/1SwuVoaz3nsnvDnIP - _UEQ.

③ 李高凯，王瑞芳. 艰难启动与初步成效：新中国城镇住房制度的改革 [J]. 兰州学刊，2020 (12)：89 - 100.

下水道总长却只有 314 千米,而淤塞的即有 298 千米。由于下水道年久失修、损坏坍塌,淤泥就有 16 万立方米多,因而雨水、污水无处下泄,夏季全市积水区有 1 100 余处,占全城面积的 1/15。河湖水道淤塞,淤泥总体积几乎占河湖总容积的 1/2[①]。由于河道经常干涸,湖泊芦苇丛生,水质发臭,蚊蝇滋生,成为疾病的传染源之一。龙须沟整治工程分两期进行:第一期是 1950 年 5—7 月,重点是将天坛大街至天坛北坛根的明沟改为暗沟;第二期是 1950 年 10—11 月,重点是将红桥至太阳宫的明沟改为暗沟。整治后,龙须沟铺设了下水管线,沟上铺了柏油路,马路两边树起了路灯,周边一带居民从此用上了电灯、自来水。龙须沟北侧的金鱼池被整治一新,成为风景区。1952 年,北京市卫生工程局等单位对龙须沟下游常年积水的洼地、苇塘进行了整治,依势修成了供市民休闲的龙潭湖公园。新中国成立后,经 3 年建设,北京市旧有下水道已全部掏挖整修,加上新建的下水道,北京市绝大部分地区都有了下水道干线,总计受水面积达全市总面积的 94.5%。

二、城市治理政策梳理

(一)城市人口问题治理

1. 城市户政管理

城市是国家的政治、经济、文化的中心,于 1950 年召开的第一次全国治安行政会议指出:"户口工作是国家管理城市不可缺少的一环,是治安工作的基础,在人民的国家机器中起着重要的作用"。新中国户政管理以城市户籍制度的建立为先导,作为新中国建设的一项基础性工作,结合新中国的经济发展战略和计划经济体制逐步推进建立城乡统一的户籍制度。

(1)城市户口登记制度的初步建立(1949—1952 年)。于 1949 年 9 月 21—30 日召开中国人民政治协商会议第一届全体会议,会议代行全国人民代表大会职权,通过了起临时宪法作用的《中国人民政治协商会议共同纲领》,其中规定"中华人民共和国人民有思想、言论、出版、集会、结社、通讯、人身、居住、迁徙、宗教信仰及示威游行的自由权",由此公民具有迁徙自由权。1950 年,结合镇压反革命运动和户口清理等需要,公安部首次召开的全国治安行政工作会议,提出要在保障居民迁徙自由权的同时开展全国范围的户籍登记工作。为维护社会治安,保障人民之安全及居住、迁徙自由,在城市建立新的户籍制度。1951 年 7 月 16 日,公安部颁布实施了新中国最早的全国性户籍法规《城市户口管理暂行条例》,统一规定了城市户口登记制度。

(2)经常性的户口登记制度逐步建立(1953—1955 年)。新中国成立之初,全国范围内户政管理以严格规范大、中城市的户口登记为中心,农村与城市间人口

---

① 北京市人民政府卫生工程局. 卫生工程局 1950 年工作总结报告 [R]. 1951.

流动实行迁徙证制度，对在城市有生存基础的居民都准予入户。然而，随着农村人口大量涌入城市，落后的城市基础设施难以适应人口骤增压力的表现日益突出，城市粮食供给问题也日益严峻。1953 年第一个五年计划（1953—1957 年）开始后，建立计划经济体制。国家对主要农产品实行统购统销政策，准确的城市人口数据是实行粮食配售的依据。1953 年 11 月开始各地对城镇户口进行清理、核实，结合粮食供应，严格控制人口迁入城市，以确保计划供应的准确性。从此，粮食的计划供应指标与城镇户口直接联系起来。1955 年 6 月 22 日，国务院颁布《国务院关于建立经常户口登记制度的指示》，建立全国城乡统一的户口登记制度。

（3）城乡人口迁徙的控制手段不断强化（1956—1977 年）。1956 年秋到 1957 年春，有大量农村人口盲目流入城市，虽经各地分别劝阻和遣送返乡，但未能根本制止。1957 年入秋以来，山东、江苏、安徽、河南、河北等省仍发生了农村人口盲目外流的现象。1957 年 12 月 18 日，中共中央、国务院发布的《关于制止农村人口盲目外流的指示》中明确指出："我国社会主义建设的方针，是在优先发展重工业的基础上，发展工业和发展农业同时并举。农业在我国社会主义的建设中有很重要的地位。农村人口大量外流，不仅使农村劳动力减少，妨碍农业生产的发展和农业生产合作社的巩固，而且会使城市增加一些无业可就的人口，也给城市的各方面工作带来了不少困难。"[①] 1958 年 1 月，全国人大常委会第九十一次会议讨论通过《中华人民共和国户口登记条例》，以法律形式规范了全国的户口登记制度，户口迁移的事先审批制度和凭证落户制度。其中明确规定："公民由农村迁往城市，必须持有城市劳动部门的录用证明，学校的录取证明，或者城市户口登记机关的准予迁入证明，向常住地户口登记机关申请办理迁出手续。"

1959—1977 年，为治理城市粮食等资源紧张问题和实施以城市为中心的工业化战略，国家先后出台了《关于减少城镇人口和压缩城镇粮食销量的九条办法》《公安部关于处理户口迁移的规定》等法规，严格限制农村人口向城市流动，城乡二元户籍制度管理格局定型发展[②]。

2. 就业政策调整

党和政府采取多项稳定就业的措施，对原国民政府公职人员和官僚资本主义企业雇员实行"包下来"的政策，对私营工商业实行"公私兼顾，劳资两利"的扶持政策，对原有失业人员采取"以工代赈""生产自救"等措施进行安置，并采取招收就业、介绍就业和自行就业相结合等多种方式扩大就业。[③]

---

① 中共中央，国务院．关于制止农村人口盲目外流的指示［J］．江西政报，1957（23）：1-3.

② 吴学凡．新中国户籍制度 70 年变迁及其经验［EB/OL］．［2019-06-06］．http：//www.yidianzixun.com/article/0MD8dLwb/amp.

③ 国家统计局：就业规模不断扩大 就业形势长期稳定——新中国成立 70 周年经济社会发展成就系列报告之十九［EB/OL］．［2019-08-20］．http：//www.stats.gov.cn/ztjc/zthd/sjtjr/d10j/70cj/201909/t20190906_1696328.html.

（1）解决历史遗留下来的城市失业问题（1949—1952年）。新中国成立初期面临严重的城市失业问题，到1950年9月底，城镇失业人员达474.2万人，失业率高达23.6%①。其中近1/3是失业工人和失业知识分子。党中央分析失业情况，有针对性地采取救济安置与扩大就业政策。1950年6月至1952年，中央人民政府先后发布了《关于救济失业工人的指示》《救济失业工人暂行办法》《关于失业救济问题的总结及指示》《关于处理失业知识分子的补充指示》《关于劳动就业问题的决定》一系列政策文件，力求有针对性地全面解决各种失业人员的就业问题。

（2）解决城市就业吸收能力有限问题（1953—1957年）。重工业优先发展给城市创造了不少新就业机会的同时，国家在城市建设上采取由消费城市转变为生产城市的政策，使城市产业的发展重心放在纯生产领域，导致商业、服务业严重滞后，城市的就业容纳能力一再降低。加之，城市经过社会主义改造后，单一公有制形式下劳动用工实行统分统包，无法依靠市场解决城市就业问题。1956年8月，全国省辖市以上城市失业人员约160万人。1956年8月，中共中央批转劳动部党组《关于解决城市失业问题的意见》，确定了"先城市后农村"的就业原则。各企业、事业单位招收人员，凡"城市中能够解决的，就不要到农村中去招收"。此外，还利用移民就业方式解决城市失业问题，仅京、津、沪、宁4个城市通过移民就业安置失业人员200多万人②。1957年10月25日，中共中央政治局关于《一九五六年到一九六七年全国农业发展纲要（修正草案）》的文件中，第一次提出知识青年"上山下乡"。此后很长一段时期，劳动就业的主要方向是参加农业劳动，相关政策更具有临时性和应急性的特点。

（二）城市住房问题治理

于1949年8月公布的《关于城市房产、房租的性质和政策》中，明确城市房屋有公有房屋和私有房屋的分别。中国共产党和人民政府对于城市私人所有的房屋、地产和房租的政策，包括承认一般私人所有的房产的所有权，并保护这种产权所有人的正当合法经营；允许私人房屋出租，租约由主客双方自由协议来订立；人民政府有权保护城市的房屋，并督促房主进行必要的修建。于1948年年底成立的城市公共房产管理委员会，下设公房管理处，统一管理和分配城市公有房产。1956年，中央成立城市服务部，下设城市房地产管理局，管理国家手里的公房。1955年8月31日，国务院发布《中央国家机关工作人员住用公家宿舍收租暂行办法》，各地住房租金也按照国家干部的房租标准进行调整，调整的主

① 国家统计局社会统计司中国劳动工资统计资料（1949—1985）[M]. 北京：中国统计出版社，1987.
② 沈益民，童乘珠. 中国人口迁移[M]. 北京：中国统计出版社，1992.

要趋势是租金下降。1956 年 1 月 18 日，中共中央批转中央书记处第二办公室《关于目前城市私有房产基本情况及进行社会主义改造的意见》，通过私人房产公有化完成了私人房产所附属的城市地产的公有化[①]。

（三）城市环境问题治理

1. 爱国卫生运动

新中国成立前未进行卫生基础设施建设和环境治理，城市环境"脏乱差"，卫生状况堪忧，直接导致蚊蝇成群，各种传染病流行，加之朝鲜战争期间美国对华开展细菌战，加剧了环境卫生问题。1952 年 3 月 13 日，中央人民政府政务院和人民革命军事委员会联合发出指示，要求全国人民大力进行防疫工作，开展广泛的卫生清洁运动，实行灭蝇、灭蚊、灭虱、灭蚤、清秽等工作，并以城市及交通要道为重点。1952 年 7 月 10 日，《人民日报》发表题为《进一步开展爱国卫生运动》的社论，指出爱国卫生是一项重大的政治任务。1952 年 12 月，中央防疫委员会更名为中央爱国卫生运动委员会。全国人民广泛动员，积极参加。这次爱国卫生运动规模之大，参加人数之多，收效之显著，都是空前的。主要内容包括清除垃圾，疏通渠道，填整污水坑塘，新建、改建厕所，改建水井，"除四害"和消灭蚊、蝇、跳蚤等，使城市环境卫生面貌得到一定改善。随着爱国卫生运动的开展，不少单位建立了清洁队，制定了卫生扫除日等相关制度。

2. "门前三包"初现

在 1972 年美国总统尼克松访华前夕，为搞好前门大街的社会秩序和市容卫生，也为解决管理人员少与工作难度大的矛盾，北京市前门街道本着"大家的事大家办、大家的事大家管"的精神，把当时前门大街上的 119 个单位每 7 户编为一组，每组设 1 名监督员，共同管理大街的市容卫生和交通秩序。该办法被称为"七户一岗"，可以看作是"门前三包"责任制的雏形[②]。

3. 首倡并实施垃圾分类

为了改进首都的环境卫生，使所产的垃圾逐渐达到无害化处理和利用的要求，节约原煤、节省运费，为国家积累资金，加速社会主义工业化[③]。1955 年，北京市上下水道工程局积极提倡垃圾分类，并进一步拟定了《垃圾分类收集办法》《推广煤砖和不掺黄土的机制煤球办法》。将垃圾分类分两步走进行试点，即一部分地区开展垃圾分类收集处理（废品、炉渣、有机物和灰尘等几类）工作，部分地段试行改良炉火、改善燃煤工作。其中，有机垃圾可制成颗粒肥料，无机垃圾可填充郊区坑洼与解决积水问题，而机关、工场的炉渣可作为建筑材料，废

① 沈玲. 新中国城市住房供给制度的变迁及思考［D］. 北京：中共中央党校，2012.
② 蒋伟涛. "门前三包"责任制的发展历程［J］. 北京党史，2010（6）：52 - 54.
③ 北京市档案馆. 北京档案史料—2011.4［M］. 北京：新华出版社，2011.

品可用作工业原料。北京市人民委员会第四十七次行政会议对此次垃圾分类试点工作进行报告与讨论，决定为"保证城市环境和城市建设，应该实行垃圾分类"。1957年7月12日，《北京日报》头版头条刊登了《垃圾要分类收集》一文，呼吁北京市民对垃圾进行分类回收，垃圾分类正式推广践行。1965年，因人员、经费不足等问题，各区垃圾分类收集工作日渐停止。

三、城市治理成效评述

（一）城市治理基础性工作稳步推进

新中国成立时基础差、底子薄和人口多，党的工作重点转移到城市后，无论是治安管理、供应制度、劳动就业、医疗保健还是住房教育，方方面面的城市治理都需要建立在准确及时地掌握城市人口数据的基础上，以适应国家各项建设的需要。通过先城市、后乡村的国家户政建设管理，逐步实现从重点人口管理，再到一般户口管理，即全国性的经常户口登记制度逐步建立和健全起来。

新中国成立初期百废待兴，所面临的困难除经济极度不发达外，还有以美国为首的西方资本主义国家的全面封锁，以及朝鲜战争带来的国防费用急剧增加。为了赶超西方发达资本主义国家，第二次世界大战后，以苏联为代表的社会主义国家在建国初期几乎无一例外选择了发展工业，特别是优先重工业的道路，社会主义阵营中的新中国也选择同样的发展路径。自"一五"时期起实施的重工业优先的国家工业化战略，由于与苏联相比中国人口基数大，工业化程度低，城市就业容量小，在实施工业化和集体化的过程中，为制止农村人口盲目流入城市，缓解农村劳动力大量流失，实行了更为严厉的城乡二元户籍制度。

新中国成立初期城市失业问题的原因是多方面的，有历史遗留下来的失业人员问题，有城市中伴随着经济改组而产生的失业、半失业问题，有消费城市向生产城市转变过程中引发的失业问题，还有农村劳动力大量进城带来的城市适龄劳动力增多现象。党和政府通过实施失业登记、生产自救、移民就业和还乡生产等方式，有效地解决了旧社会遗留的400万城市失业人员的安置问题，以及城镇新增适龄劳动人口就业问题，稳定了社会秩序。

（二）城市规划以生产建设为中心

1953—1957年，城市规划建设以工业为核心，其中发挥作用最大的是城市规划工作。"一五"时期，国家确定的重点工业建设项目及旧城改造、新城区建设等，均依照工业计划进行。城市规划与经济社会发展计划之间结合紧密，各种设施的规划和建设标准由国家统一制定，对城市建设标准进行控制。1954年，建设工程部召开了全国第一次城市建设会议，会议指出："城市经济技术定额是城市目前与将来经济生活发展水平的标志，是确定市区规模大小与住宅、公共建筑、绿化、工业、铁道、仓库等合理组织，以及经济合理分配土地的主要依据之一。"① 这一时期由于"三线建设"而制定的攀枝花钢铁基地总体规划，以及震后重建的新唐山总体规划，成为当时系统且成功的总体规划。

1. 城市公共交通缺乏整体规划

这一时期公共交通运力不足、车辆设计不合理、交通设施不健全等交通问题日趋紧张，但始终难以有效解决。由于缺乏完整的城市交通规划，也不掌握客观需求和整体交通运行规律，同时限于当时条件，城市交通规划还只限于道路基础设施的布局规划。② 城市道路状况和公共交通间断性缓解后又被新需求带来的问题所困。

2. 城市住房建设规划标准频繁调整

新中国成立前，城市住房所有制以私有制为主。新中国成立后，党和中央人民政府致力于改善城镇居民的住房条件，以缓解住房短缺问题，刚成立的人民政府手里没有足够的、可以完全管理调配的城市房产，主要采取保持住房私有属性不变的政策，鼓励房屋出租，同时通过针对界定为生产资料的私有出租房屋进行社会主义改造，统筹现存住房。20 世纪 50 年代中期，我国城市住房供给制度初步建立，城市住房由国家统一规划，为城镇居民新建了大量新房。在优先发展重工业、先生产后生活的方针下，为保证重工业优先发展，作为非生产性建设的城市住房建设投资规模被压缩。随着城市规划标准的降低，1955 年起，城市建设总局与城市建设部对住房标准设计也进行了调整，居住面积定额由人均 6～9 平方米降为 4～5 平方米。住宅投资严重不足，住宅建设速度发展受限，住宅建设标准降低，极大地影响了城镇住房建设和城镇居民住房改善。1967 年，国家房产管理局撤销，城市建设管理部门的职能出现萎缩，城市房屋普遍失修、危房增多。1973 年，国家基本建设委员会颁发《对修订职工住宅、宿舍建筑标准的几项意见》，从控制居住面积改为控制建筑面积。

（三）城市环境卫生面貌不同程度改善

无论爱国卫生运动、垃圾分类还是门前三包，都是把城市环境卫生工作与发动群众有机地结合起来，通过户户动员、人人参与，化被动救治为主动预防，充分展示出用制度优势弥补当时城市发展落后劣势所释放的巨大能量，对于提高城市环境面貌、维护社会稳定、改善民生具有不可或缺的作用。

---

① 孙敬之. 适应工业建设需要加强城市建设工作 [N]. 人民日报，1954-08-12.
② 全永燊，潘昭宇. 对我国城市交通规划发展的认识——新中国成立 60 周年城市交通规划发展回顾及展望 [J]. 北京规划建设，2009（6）：23-27.

第四节　城镇化高速发展

1978 年，党的十一届三中全会在北京召开，会议作出了实行改革开放的重大决策，改革开放之后我国城镇化进程开始加速，城镇人口迅速聚集，城市和小城镇数量迅速增加。随着生产力水平的提高和专业化、社会化的发展，第三产业发展迅速。20 世纪 90 年代后期，城市集聚效应更加明显。2001 年年末，常住人口城镇化率达 37.66%。1978—2001 年，此阶段城市规模不断扩大，城市治理在改革中起步。

一、城市数量

1978 年改革开放后，我国采取以大中城市为依托，以小城市为主导的城市发展战略。

从城市数量看，全国城市数量由 1978 年年末的 193 个，增加至 2001 年年末的 662 个，是 1978 年的 3.43 倍。这一时期设市速度明显加快，其中 1979 年、1983 年、1988 年和 1993 年这 4 年，城市数量环比增长率均超过 10%。截至 1992 年年末，全国城市数量突破 500 个，其中全国县级市数量占比达 62.48%。

从城市级别看，在"撤县改市"的设市体制下，截至 2001 年年末，全国县级市的数量增幅远远超过地级市。1978 年年末，全国县级市数量与地级市数量相差无几，1996 年年末，全国县级市数量占比一度高达 66.82%。1997年，国务院暂停了实施多年的"撤县改市"政策，此后全国城市数量呈现负增长，其中全国地级市数量仍逐年稳步增长，而全国县级市数量由 1997 年的442 个下降至 2001 年的 393 个，全国县级市数量是地级市数量的 1.48 倍。具体情况见图 66。

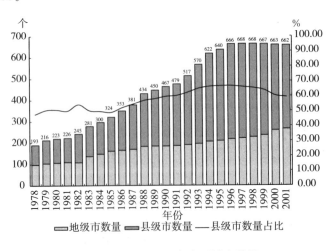

图 66　1978—2001 年全国城市数量

二、城市面积

从城市面积看，自全国城区面积[①]有记录以来，全国城区面积由 1981 年的 206 684 平方千米增至 2001 年的 607 644.3 平方千米，增长率达 294％。其中，1988—1990 年，以及 1993—1995 年，出现两次全国城区面积连续 3 年超过 1 000 000 平方千米，1995 年年末，全国城区面积一度达 1 171 698 平方千米，此后全国城区面积波动下降。

从城市建成区看，自 1986 年全国城市建成区面积占比降至 2％以下，尽管 1986—1995 年全国城区面积呈波动增长，10 年间环比增长率平均值达 11.77％，但全国城市建成区面积占比始终未能突破 2％，全国城市的实际城市化区域并未随着城区面积的扩大而有所增加，城郊比例失调明显。具体情况见图 67。

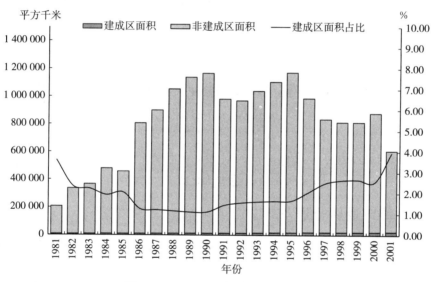

图 67　1978—2001 年全国城市面积

三、城市人口

1978 年改革开放后，全党的工作重心转移到经济建设上来，工业化和城镇化加速发展，从土地中解放出来的大批劳动力投入城镇建设和发展。

从城市人口看，全国城市人口由 1978 年年末的 17 249.61 万人，增长至 2001 年年末的 48 064.33 万人，是 1978 年的 2.77 倍。这一时期的城市人口增速明显，从 1981 年年末城市人口数量突破 20 000 万人，到 1990 年年末城市人口数量突破 30 000 万人，用时 9 年；再到 2000 年年末城市人口数量突破 40 000 万人，用时 10 年。具体情况见图 68。

---

① 2005 年及以前年份"城区面积"为"城市面积"。

237

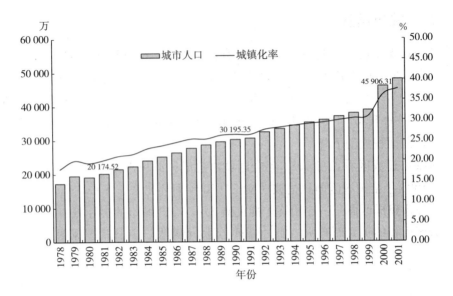

图 68　1978—2001 年全国城市人口

从城镇化率看，截至 2001 年，全国常住人口城镇化率达 37.66%，比 1978 年提高 19.74 个百分点，年均提高 0.82 个百分点。

从全国人口流动看，改革开放后全国人口流动进入活跃期，1982 年全国第三次人口普查数据显示，全国流动人口为 657 万人，仅占全国总人口的 0.7%，截至 2000 年年末，全国流动人口已超过 1 亿人。

四、城市道路交通

1978 年改革开放后，城市道路作为城市总体规划的主要组成部分，其建设发展取得长足进步。

从城市道路建设看，全国城市道路长度由 1978 年年末的 26 966 千米，增加至 2001 年年末的 176 016.31 千米，是 1978 年的 6.53 倍。其中 1986 年、1988 年、1995 年和 2001 年这 4 年，城市道路长度的环比增长率均超过 10%，1993 年年末城市道路长度突破 100 000 千米。

从城市道路面积看，1978 年年末，全国城市道路面积仅有 22 539 万平方米，截至 2001 年年末，全国城市道路面积达 249 431.49 万平方米，是 1978 年年末的 11.07 倍。特别是 1986—1989 年，以及 1992—1995 年，出现两次城市道路面积的环比增长率连续 4 年超过 10%，城市道路建设速度不断突破。自 1992 年起至 2001 年年末，城市道路面积年增长量均稳定在 100 000 万平方米以上。具体情况见图 69。

从城市道路人均占有量看，1978 年年末，全国人均城市道路面积为 2.93 平方米，1981—1985 年这 5 年，人均城市道路面积一度下降至 2 平方米以下；

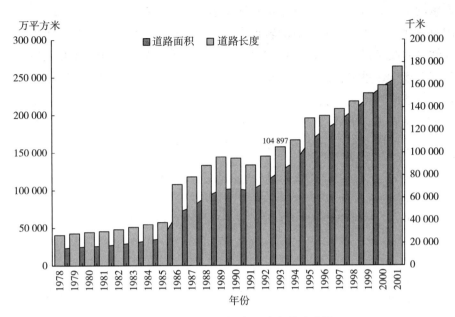

图 69 1978—2001 年全国城市道路建设

直到 1986 年，人均城市道路面积才突破至 3 平方米以上；此后，至 1995 年达 4 平方米以上，用了 10 年；到 1997 年人均城市道路面积达 5 平方米以上，仅用 2 年。截至 2001 年年末，全国人均城市道路面积达 6.98 平方米。具体情况见图 70。

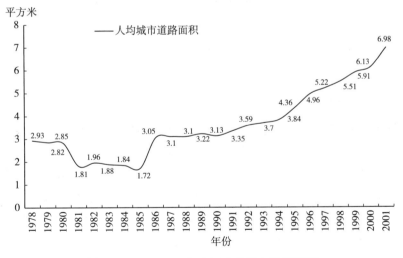

图 70 1978—2001 年全国人均城市道路面积

五、城市轨道交通

1978 年改革开放后，随着城镇化进程日趋加快，为解决特大城市中心区日益严重的交通拥堵问题，我国城市轨道交通发展进入起步提速期。1978年年末，全国仅有北京一座城市有建成的轨道交通，线路长度23千米。1990年1月，上海地铁1号线正式开工建设；1993年12月，广州地铁1号线正式开工建设。此后深圳、南京、重庆、武汉等多个城市相继开始城市轨道交通建设。1995年年末，全国建成轨道交通线路长度突破60千米，2000年年末，全国建成轨道交通线路长度突破110千米，仅用5年时间。截至2001年年末，全国建成轨道交通的城市个数增加至5个，全国建成轨道交通线路长度为172千米。具体情况见图71。

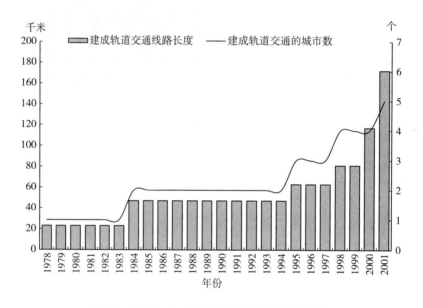

图71　1978—2001年全国人均城市轨道交通

六、城市住房建设

　　1978年改革开放后，为解决城市住房供应短缺矛盾，改善严峻的城市居住环境问题，我国住房制度改革的帷幕渐渐拉开。这一时期城市住房建设日益活跃，城市居民住房条件日益改善。1978年，全国城市人均住宅建筑面积仅有6.7平方米；到1998年，城市人均住宅建筑面积增至18.7平方米[1]，截至2000年年末，城市人均住房建筑面积达21.8平方米[2]；1978—2000年，城市人均住房建筑面积的年均增加量为0.66平方米。具体情况见图72。

---

① 国家统计局数据。
② 2000年我国第五次人口普查首次调查居民住房状况。

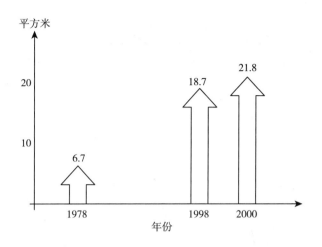

图 72　1978—2001 年全国城市人均住房建筑面积

七、城市绿化建设

1978 年改革开放后，我国城市园林绿化建设进入全面发展阶段，城市园林绿化的建设质量逐步提高。

从城市建成区绿化覆盖看，1990 年年末，全国城市建成区绿化覆盖面积仅为 246 829 公顷，1997 年建成区绿化覆盖面积突破 500 000 公顷；截至 2001 年年末，建成区绿化覆盖面积达 681 914 公顷，是 1990 年的 2.76 倍。这一时期建成区绿化覆盖面积扩增迅速，其中 1991—1995 年连续 5 年全国城市建成区绿化覆盖面积的环比增长率均超过 10%。1990—2001 年，全国城市建成区绿化覆盖率逐年增长，年均增长 0.77 个百分点，其中 1995 年增幅最大，达 1.80 个百分点。截至 2001 年年末，全国城市建成区绿化覆盖率已达 28.38%，较 1990 年增长了 9.18 个百分点。具体情况见图 73。

从城市公园绿地面积看，1981 年年末，城市公园绿地面积仅为 21 637 公顷；1997 年年末，城市公园绿地面积突破 100 000 公顷；截至 2001 年年末，城市公园绿地面积达 163 023 公顷，是 1981 年年末的 7.53 倍。1985—1987 年，以及 1993—1995 年，两次出现城市公园绿地面积的环比增长率连续 3 年超过 10%，其中 1986 年环比增长率达 28.96%，是这一时期增长最快的一年。

从城市公园绿地人均占有量看，1981 年年末，城市人均公园绿地面积仅为 1.50 平方米；1991 年，城市人均公园绿地面积突破 2 平方米；1998 年，城市人均公园绿地面积突破 3 平方米以上，用了 7 年；到 2001 年年末，城市人均公园绿地面积增至 4 平方米，仅用 3 年。截至 2001 年年末，城市人均公园绿地面积达 4.56 平方米，是 1981 年的 3.04 倍。具体情况见图 74。

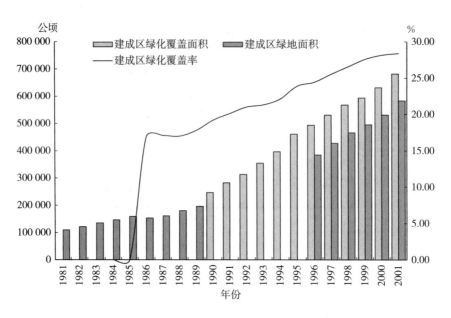

图 73　1978—2001 年中国城市绿化建设

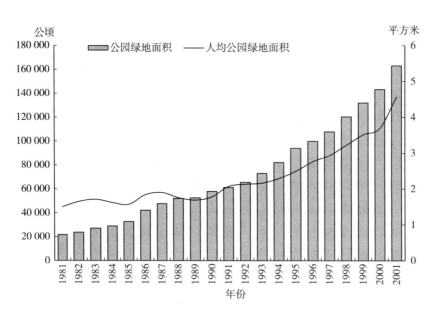

图 74　1978—2001 年全国人均城市公园绿地

八、城市燃气建设

1978 年改革开放以后，作为城市基础设施重要组成部分的城市燃气事业快速发展，城市气化建设水平进一步提高。

从城市燃气供应看，一是城市人工煤气供气总量从 1978 年的 172 541 万立方米增加至 2001 年的 1 369 143.8 万立方米，城市人工煤气供气增长 6.94 倍。其中，1987 年和 1990 年城市人工煤气供气总量的环比增长率均超过 100%，1990 年人工煤气供气总量突破 1 000 000 万立方米；1991—2001 年，城市人工煤气供气总量呈波动下降。二是城市天然气供气总量从 1978 年的 69 078 万立方米增加至 2001 年的 995 196.74 万立方米，城市天然气供气增长 13.41 倍。其中，1984 年和 1986 年城市天然气供气总量的环比增长率均超过 160%，1984 年城市天然气总量突破 100 000 万立方米。三是城市液化石油气供气总量从 1978 年的 194 533 吨增加至 2001 年的 9 818 312.9 吨，城市液化石油气供气增长达 49.47 倍。其中 1986 年和 1988 年城市液化石油气供气总量的环比增长率均超过 60%，1986 年城市液化石油气供气总量突破 1 000 000 吨。1999 年以前城市液化石油气供气总量均呈正增长，1999 年出现负增长，2000 年城市液化石油气供气总量一度突破 10 000 000 吨，此后再次下降。随着环境保护被确定为一项基本国策，虽然以煤制气为主的发展格局仍然存在，但天然气发展已有所加快。具体情况见图 75 及图 76。

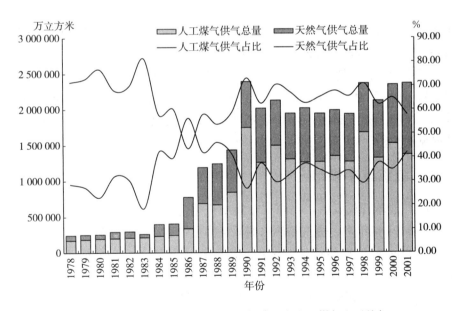

图 75 1978—2001 年全国城市燃气建设之人工煤气和天然气

从城市燃气用气人口看，1978 年年末，人工煤气、天然气和液化石油气的城市用气人口合计数仅为 1 108.4 万人；截至 1994 年年末，人工煤气、天然气和液化石油气的城市用气人口合计数突破 10 000 万人。截至 2001 年年末，城市用气人口合计数达 21 350.82 万人，城市用气人口合计数仅用 7 年便突破 20 000 万人，增长 18.26 倍。1984—1995 年，城市用气人口合计数的环比增长率均超

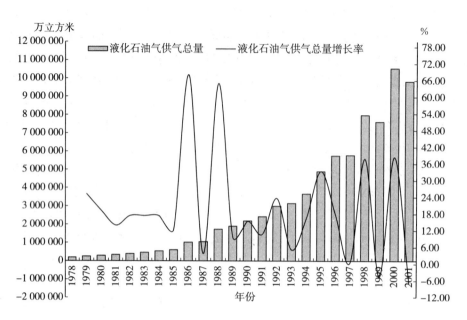

图76　1978—2001年全国城市燃气建设之液化石油气

过12%。人工煤气、天然气和液化石油气的城市用气人口合计数中人工煤气的城市用气人口占比波动下降。

从城市燃气普及情况看，1978—2001年，城市燃气普及率由14.40%增长至60.42%，增长了46.02个百分点。自1978年起，经过14年，城市燃气普及率突破20%，此后燃气普及率增速逐年加快，6年突破40%，4年突破60%。具体情况见图77。

九、城市集中供热

1978年改革开放以后，我国城市集中供热建设进度加快，从城市供热管道看，截至2001年年末，蒸汽和热水的城市供热管道长度合计达53 109千米，是1981年年末的147.94倍；其中蒸汽管道长度9 183千米，热水管道长度43 926千米。

从城市供热面积看，1981年，城市集中供热面积仅为1 167万立方米，1987年，城市集中供热面积突破10 000万立方米，此后，从1988—2000年，仅用时13年，城市集中供热面积突破了100 000万立方米。截至2011年，城市集中供热面积达146 328.91万立方米，是1981年的125.39倍。具体情况见图78。

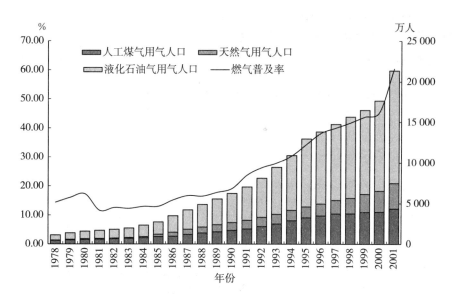

图 77　1978—2001 年中国城市燃气建设之燃气普及情况

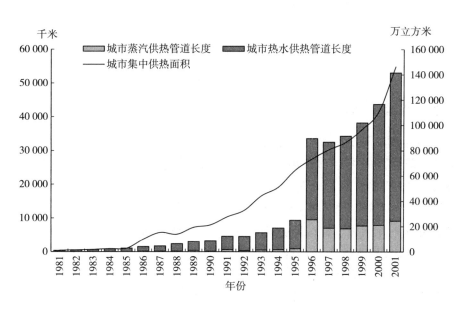

图 78　1978—2001 年中国城市集中供热情况

　　从城市供热总量看，1981 年蒸汽和热水的城市供热总量合计数仅为 824
万吉焦，其中，蒸汽供热总量为 641 万吉焦，热水供热总量为 183 万吉焦；
2000 年蒸汽和热水的城市供热总量合计数突破 100 000 万吉焦；截至 2001 年
年末，蒸汽和热水的城市供热总量合计数 137 847 万吉焦，是 1981 年的
167.29 倍，其中，蒸汽供热总量为 37 655 万吉焦，热水供热总量为 100 192

万吉焦。城市供热总量中蒸汽供热总量占比自 1990 年开始波动下降，截至 2001 年年末，城市蒸汽供热总量降到 27.32%，较 1981 年降低 50.47 个百分点。具体情况见图 79。

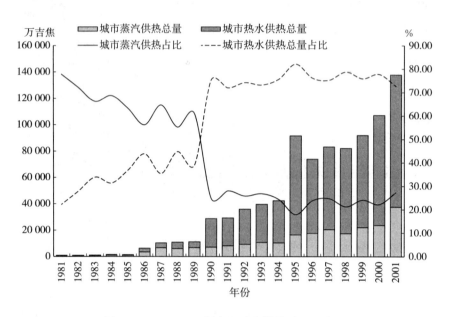

图 79　1978—2001 年中国城市供热总量及占比

十、城市供水

1978 年改革开放以后，我国城市供水管道建设进度加快，城市供水能力大幅提升，截至 2001 年，城市供水综合生产能力已达 22 900.0 万立方米/日，是 1978 年的 9.05 倍。

从城市供水管道看，1978 年年末，城市供水管道长度仅为 35 984 千米；1991 年年末，城市供水管道长度突破 100 000 千米；截至 2001 年年末，城市供水管道长度达 289 338 千米，是 1978 年年末的 8.04 倍。

从城市供水总量看，1978 年城市供水总量为 787 507 万立方米；1991 年城市供水总量突破 4 000 000 万立方米；截至 2001 年，城市供水总量达 4 661 194 万立方米，是 1978 年的 5.92 倍。具体情况见图 80。

从城市生活用水占比看，城市供水总量中生活用量占比在 1985 年一度达 40.58%，此后有所波动，到 1999 年才再次突破 40%；截至 2001 年，城市供水总量中生活用量占比为 43.69%，较 1978 年上升 8.66 个百分点。具体情况见图 81。

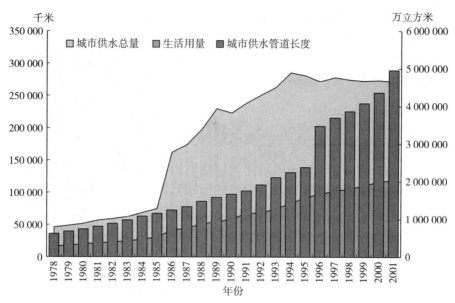

图 80 1978—2001 年中国城市供水情况

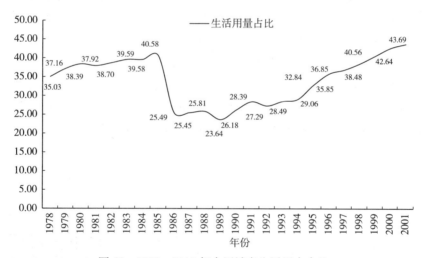

图 81 1978—2001 年中国城市生活用水占比

从城市用水人口看，1978 年年末，城市用水人口仅为 6 267.1 万人；1986
年城市用水人口突破 10 000 万人；此后仅 8 年，城市用水人口突破 20 000 万人；
截至 2001 年年末，城市用水人口达 25 832.76 万人，是 1978 年年末的 4.12 倍。

从城市供水普及情况看，1980—1989 年，城市供水普及率波动下降，1989
年城市供水普及率降至 47.4%，较 1978 年下降了 34.2 个百分点，此后波动增
长，直至 1994 年开始逐年稳定增长；截至 2001 年，城市供水普及率为
72.26%，较 1978 年下降了 9.34 个百分点，较 1989 年增长了 24.86 个百分点。
具体情况见图 82。

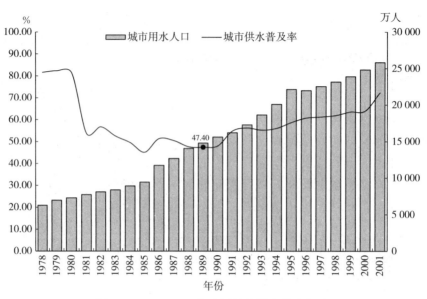

图 82　1978—2001 年中国城市供水普及情况

　　从城市人均生活用水看，1978 年改革开放以后，我国城市生活用水量呈波动上升趋势。1978 年城市生活用水量为 275 854 万立方米，1990 年城市生活用水量突破 1 000 000 万立方米；截至 2001 年，城市生活用水量达 2 036 492 万立方米，是 1978 年的 7.38 倍，城市生活用水量占城市供水总量的 43.69%。1978 年城市人均日生活用水量为 120.6 升，1996 年城市人均日生活用水量突破 200 升；截至 2001 年，城市人均日生活用水量达 216 升，是 1978 年的 1.79 倍，城市人均日生活用水量较 1978 年增长 95.4 升。具体情况见图 83。

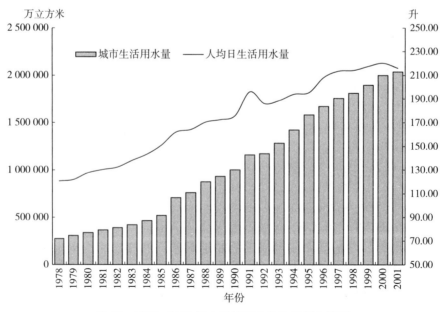

图 83　1978—2001 年中国城市人均生活用水情况

十一、市政公用设施建设固定资产投资情况

1978 年改革开放后，全国城市市政公用设施建设固定资产投资增长明显。

从城市市政公用设施建设固定资产投资完成额看，1978 年城市市政公用设施建设固定资产投资完成额仅为 11.99 亿元；1988 年城市市政公用设施建设固定资产投资完成额突破 100 亿元；此后仅 9 年，城市市政公用设施建设固定资产投资完成额突破 1 000 亿元；截至 2001 年，城市市政公用设施建设固定资产投资完成额达 2 351.91 亿元，是 1978 年的 196.16 倍。1984—1986 年，连续 3 年投资完成额增长率超过 25%；1991—1994 年，连续 4 年投资完成额增长率超过 25%。具体情况见图 84。

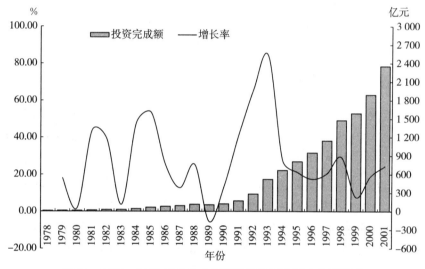

图 84　1978—2001 年市政公用设施建设固定资产投资情况

从占同期全社会固定资产投资比重看，1978 年城市市政公用设施建设固定资产投资占同期全社会固定资产投资比重仅为 1.79%；1991 年城市市政公用设施建设固定资产投资完成额占同期全社会固定资产投资比重突破 3%；截至 2001 年，城市市政公用设施建设固定资产投资占同期全社会固定资产投资比重达 6.32%，较 1978 年增长了 4.53 个百分点。

从占同期国内生产总值的比重看，1978 年城市市政公用设施建设固定资产投资占同期国内生产总值的比重仅为 0.33%；1992 年城市市政公用设施建设固定资产投资完成额占同期国内生产总值的比重突破 1%；截至 2001 年，城市市政公用设施建设固定资产投资占同期国内生产总值的比重达 2.12%，较 1978 年增长了 1.79 个百分点。具体情况见图 85。

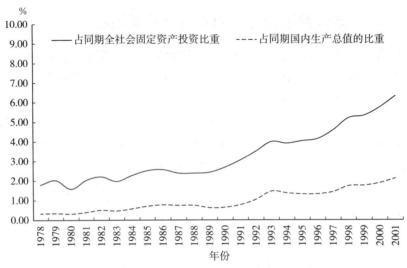

图 85　1978—2001 年市政公用设施建设固定资产投资占比情况

十二、城市市政公用设施水平

1978 年改革开放后，全国城市市政公用设施水平逐年提升，除城市每万人拥有公厕一项指标外，其余各项均呈正增长，且自 1994 年起增幅明显扩大。截至 2001 年年末，城市供水普及率达 72.26%，是 1981 年的 1.35 倍，增长了 18.56 个百分点；城市燃气普及率达 60.42%，是 1981 年的 5.21 倍，增长了 48.82 个百分点；城市每万人拥有公共交通车辆 6.10 标台，是 1986 年的 2.44 倍，增加了 3.60 标台；城市人均道路面积 6.98 平方米，是 1981 年的 3.88 倍，增加了 5.18 平方米；城市污水处理率达 36.43%，是 1991 年的 2.45 倍，增长了 21.57 个百分点；城市人均公园绿地面积达 4.56 平方米，是 1981 年的 3.04 倍，增加了 3.06 平方米；建成区绿化覆盖率达 28.38%，是 1986 年的 1.68 倍，增长了 11.48 个百分点；建成区绿地率达 24.26%，是 1996 年的 1.27 倍，增长了 5.21 个百分点；城市每万人拥有公厕 3.01 座，较 1981 年减少了 0.76 座。具体情况见表 11、图 86。

表 11　1981—2001 年中国城市市政公用设施水平

| 年份 | 供水普及率（%） | 燃气普及率（%） | 每万人拥有公共交通车辆（标台） | 人均道路面积（平方米） | 污水处理率（%） | 园林绿化 | | | 每万人拥有公厕（座） |
						人均公园绿地面积（平方米）	建成区绿化覆盖率（%）	建成区绿地率（%）	
1981	53.7	11.6		1.8		1.50			3.77
1982	56.7	12.6		2.0		1.65			3.99
1983	52.5	12.3		1.9		1.71			3.95
1984	49.5	13.0		1.8		1.62			3.57

（续）

年份	供水普及率（%）	燃气普及率（%）	每万人拥有公共交通车辆（标台）	人均道路面积（平方米）	污水处理率（%）	园林绿化			每万人拥有公厕（座）
						人均公园绿地面积（平方米）	建成区绿化覆盖率（%）	建成区绿地率（%）	
1985	45.1	13.0		1.7		1.57			3.28
1986	51.3	15.2	2.5	3.1		1.84	16.90		3.61
1987	50.4	16.7	2.4	3.1		1.90	17.10		3.54
1988	47.6	16.5	2.2	3.1		1.76	17.00		3.14
1989	47.4	17.8	2.1	3.2		1.69	17.80		3.09
1990	48.0	19.1	2.2	3.1		1.78	19.20		2.97
1991	54.8	23.7	2.7	3.4	14.86	2.07	20.10		3.38
1992	56.2	26.3	3.0	3.6	17.29	2.13	21.00		3.09
1993	55.2	27.9	3.0	3.7	20.02	2.16	21.30		2.89
1994	56.0	30.4	3.0	3.8	17.10	2.29	22.10		2.69
1995	58.7	34.3	3.6	4.4	19.69	2.49	23.90		3.00
1996	60.7	38.2	3.8	5.0	23.62	2.76	24.43	19.05	3.02
1997	61.2	40.0	4.5	5.2	25.84	2.93	25.53	20.57	2.95
1998	61.9	41.8	4.6	5.5	29.56	3.22	26.56	21.81	2.89
1999	63.5	43.8	5.0	5.9	31.93	3.51	27.58	23.03	2.85
2000	63.9	45.4	5.3	6.1	34.25	3.69	28.15	23.67	2.74
2001	72.26	60.42	6.10	6.98	36.43	4.56	28.38	24.26	3.01

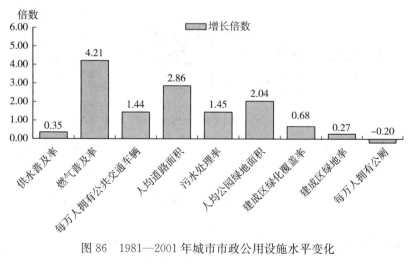

图86　1981—2001年城市市政公用设施水平变化

十三、城市排污处理

1978年改革开放后，我国城市排污管网建设快速发展，城市污水处理厂建设规模也呈现较快增长，污水处理厂运行水平不断提高。

从城市排水管道长度看，1978年年末，全国城市排水管道长度仅为19 556千米；1995年年末，全国城市排水管道长度突破100 000千米；截至2001年年末，全国城市排水管道长度达158 128.22千米，是1978年年末的8.09倍。

从城市污水处理厂建设情况看，1978年，全国城市污水处理厂仅37座；1984—1987年，城市污水处理厂数量的环比增长率连续4年超10%；从1992年城市污水处理厂数量突破100座到1999年城市污水处理厂数量突破400座，仅用7年；截至2001年年末，城市污水处理厂数量达452座，是1978年的12.22倍。城市污水处理厂处理能力由1978年的63.5万立方米/日，增长至2001年的3 106.25万立方米/日，增长47.92倍。1984年城市污水处理厂处理能力的环比增长率达62.22%，是1978—2001年城市污水处理厂处理能力增速最快的一年。具体情况见图87。

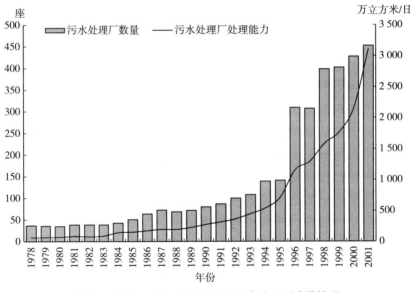

图87　1978—2001年中国城市污水处理厂建设情况

从城市污水处理量看，随着城市污水处理厂建设和改造工程快速推进，城市排污处理能力日益增强。截至2001年，城市污水处理量达1 196 959.81万立方米，是1991年的2.69倍。城市污水处理量平均年增长量为75 160万立方米。

从城市污水处理率看，截至2001年，城市污水处理率达36.43%，是1991年的2.45倍，增长了21.57个百分点。具体情况见图88。

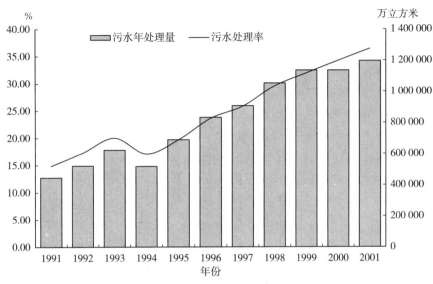

图 88　1991—2001 年中国城市污水处理率

十四、城市市容环境卫生

1978 年改革开放以后，我国城市市容环境卫生发生跨越式改善，具体包括以下几方面。

（一）城市生活垃圾处理方面

从城市生活垃圾清运量看，1979 年，全国城市生活垃圾清运量仅为 2 508 万吨；1995 年，全国城市生活垃圾清运量突破 10 000 万吨；截至 2001 年，全国城市生活垃圾清运量达 13 470 万吨，是 1979 年的 5.37 倍，全国城市生活垃圾清运量年均增长量为 498.27 万吨。

从城市生活垃圾无害化处理能力看，1979 年年末，全国城市生活垃圾无害化处理厂仅有 12 座；1991 年年末，全国城市生活垃圾无害化处理厂突破 100 座；1995 年年末，全城市生活垃圾无害化处理厂达 932 座；截至 2001 年年末，全国城市生活垃圾无害化处理厂为 741 座，是 1979 年的 61.75 倍。全国城市生活垃圾无害化处理能力从 1979 年的 1 937 吨/日增长至 2001 年的 224 736 吨/日，较 1979 年增长 115.02 倍。1991 年全国城市生活垃圾无害化处理能力的环比增长率达 324.12%，是 1979—2001 年生活垃圾无害化处理增速最快的一年。

从城市生活垃圾无害化处理量看，1980 年全国城市生活垃圾无害化处理量仅为 215 万吨；1991 年全国城市生活垃圾无害化处理量突破 1 000 万吨，此后仅用 8 年，全国城市生活垃圾无害化处理量就突破了 7 000 万吨；截至 2001 年，全国城市生活垃圾无害化处理量达 7 840 万吨，是 1980 年的 36.47 倍，全国城市生活垃圾无害化处理量的年均增长量为 363.1 万吨。具体情况见图 89。

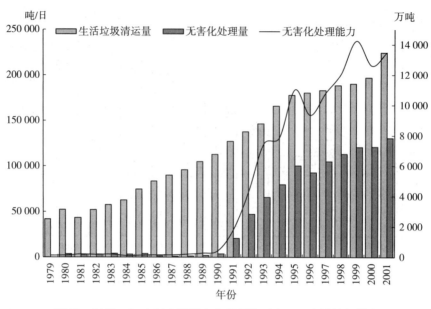

图 89　1979—2001 年中国城市市容环境卫生——生活垃圾处理

（二）城市粪便清运方面

截至 2001 年，全国城市粪便清运量达 13 470 万吨，是 1979 年 2 508 万吨的 5.37 倍，城市粪便清运量年均增量为 464.87 万吨。其中，自 1995 年首次突破 1 万吨以来，城市粪便清运量一直维持在 1 万吨以上。从城市粪便清运量的环比情况看，这一时期城市粪便清运量波动较大，其中环比下降次数多于环比增长次数。具体情况见图 90。

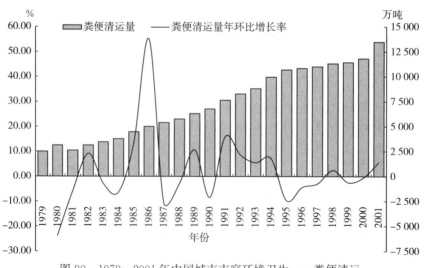

图 90　1979—2001 年中国城市市容环境卫生——粪便清运

（三）城市公厕方面

从城市公厕数量看，1979 年年末，全国城市公厕数量为 54 180 座；1995 年年末，全国城市公厕数量突破 100 000 座；截至 2001 年年末，全国城市公厕数量为 107 656 座，是 1979 年年末的 1.99 倍，全国城市公厕数量年均增加2 430座。

从城市公厕人均占有量看，随着城市数量的增加带来的城市人口增长，2001 年年末，城市每万人拥有公厕数量为 3.01 座，较 1981 年时城市每万人拥有公厕数量 3.77 座，降低 20%。具体情况见图 91。

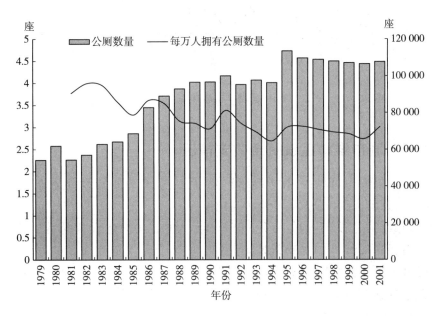

图 91　1979—2001 年中国城市市容环境卫生——城市公厕

（四）市容环卫方面

1979 年年末，城市市容环卫专用车辆设备总数仅有 5 316 台；1992 年年末，城市市容环卫专用车辆设备总数突破 30 000 台；截至 2001 年年末，城市市容环卫专用车辆设备总数达 50 467 台，是 1978 年年末的 9.49 倍，城市市容环卫专用车辆设备的年均增加量为 2 052 台。1986 年城市市容环卫专用车辆设备总数的环比增长率达 51.35%，是 1979—2001 年增速最快的一年。具体情况见图 92。

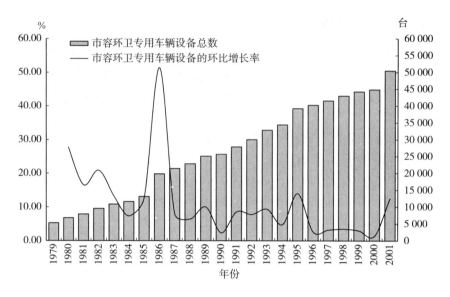

图 92　1978—2001 年中国城市市容环境卫生——市容环卫装备

十五、城市维护建设资金收支情况

1978 年改革开放以后，我国继续扩大和稳定城市维护建设资金的来源，加快推进城市公用事业和公共设施维护与建设。

从城市维护建设资金收入看，1980 年，城市维护建设资金收入合计为276 174万元；1985 年，城市维护建设资金收入合计突破 1 000 000 万元；此后仅 12 年，城市维护建设资金收入合计突破 10 000 000 万元；截至 2001 年，城市维护建设资金收入合计达 25 262 680 万元，是 1980 年的 91.47 倍。1980—2001 年，城市维护建设资金收入中体量较大的是其他收入，但其他收入占比呈波动下降；国内贷款体量相对较小，但收入占比呈波动增长。具体情况见图 93、图 94。

从城市维护建设资金支出看，1978 年，城市维护建设资金支出合计为163 589万元；1985 年，城市维护建设资金支出合计突破 1 000 000 万元；1997 年，城市维护建设资金支出合计突破 10 000 000 万元；截至 2001 年，城市维护建设资金支出合计达 25 372 970 万元，是 1978 年的 155.10 倍。这一时期城市维护建设资金支出中体量较大的是固定资产投资支出，且支出占比呈波动上升；维护支出体量次之，但支出占比呈波动下降。具体情况见图 95、图 96。

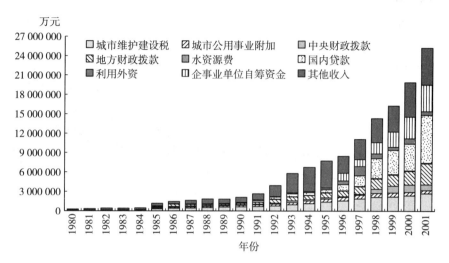

图 93　1978—2001 年中国城市维护建设资金收入情况——总量

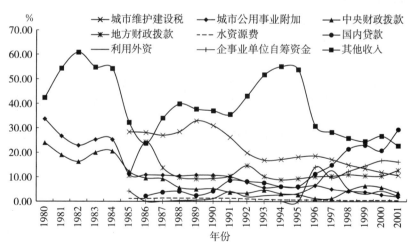

图 94　1978—2001 年中国城市维护建设资金收入情况——占比

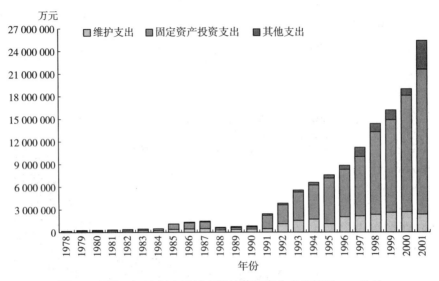

图 95　1978—2001 年中国城市维护建设资金支出情况——总量

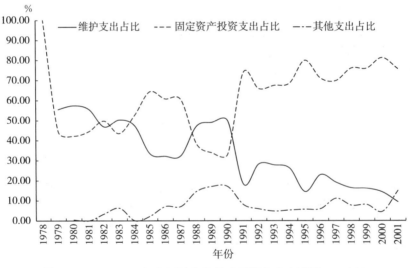

图 96　1978—2001 年中国城市维护建设资金支出情况——占比

第五节　城镇化科学发展

　　2002—2011 年是我国城市面貌焕然一新的发展阶段，城市治理在改革中发展。2002 年，党的十六大提出科学发展观，要求"坚持大中小城市和小城镇协调发展，走中国特色的城镇化道路"，城市发展的区域协调性进一步增强。2011年年末，常住人口城镇化率达到 51.27%。

一、城市数量

2002—2011 年，我国设市体制未进行重大调整，城市数量趋于稳定，由于出现大城市兼并周边县级小城市的情况，全国城市数量不增反减。

从城市数量看，2002 年年末，全国城市数量为 660 个；截至 2011 年年末，全国城市数量为 657 个，较 2002 年年末减少 3 个。地级城市数量由 2002 年年末的 275 个，增加至 2011 年年末的 284 个；县级城市数量由 2002 年年末的 381 个减少至 2011 年年末的 369 个。

从城市级别看，全国县级市数量仍高于地级市数量，截至 2011 年年末，全国县级市数量是地级市数量的 1.3 倍，但地级市占比波动增加，较 2002 年年末地级市占比增长 1.56 个百分点。具体情况见图 97。

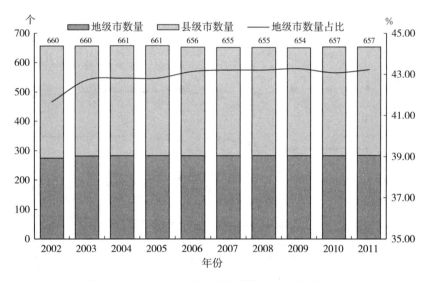

图 97　2002—2011 年全国城市数量——城市级别

从城市人口规模看，截至 2011 年年末，我国地级及以上城市数量为 288 个（含直辖市），其中，城市市辖区年末总人口为 20 万～50 万的地级及以上城市数量占比逐年减少。截至 2011 年年末，城市市辖区年末总人口为 20 万～50 万的地级及以上城市数量为 49 个，较 2002 年占比减少了 5.65 个百分点。城市市辖区年末总人口为 200 万～400 万以上的地级及以上城市数量占比逐年增加。截至 2011 年年末，城市市辖区年末总人口为 200 万～400 万的地级及以上城市数量为 31 个，较 2002 年占比增加了 3.21 个百分点。在各类人口规模的地级及以上城市中，城市市辖区年末总人口为 100 万～200 万的体量最大，约占全部地级以上城市数量的 1/3；城市市辖区年末总人口为 20 万以下的体量最小，约占全部地级及以上城市数量的 1%。具体情况见图 98、图 99。

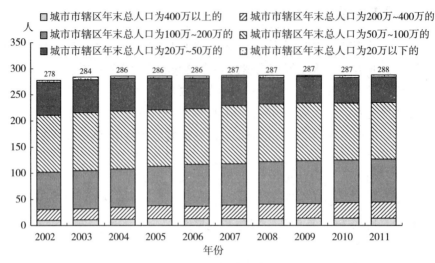

图 98　2002—2011 年全国城市数量——地级城市人口规模

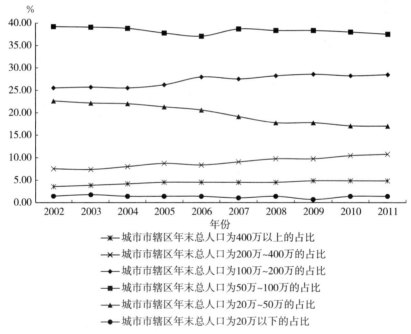

图 99　2002—2011 年全国城市数量——地级城市人口规模占比

二、城市面积

从城市面积看，全国城市面积由 2002 年年末的 467 369.3 平方千米下降至 2011 年年末的 183 618.0 平方千米，较 2002 年年末减少了 60.71%。

从城市建成区看，截至 2002 年年末，全国城市建成区面积仅为 25 972.6 平方千米；2004 年年末，全国城市建成区面积突破 30 000 平方千米；此后仅 6 年，全国城市建成区面积突破 40 000 平方千米；截至 2011 年年末，全国城市建成区面积达 43 603.2 平方千米，是 2002 年年末的 1.68 倍。2002 年，城市建成区面积占比仅为 5.56%；截至 2011 年，城市建成区面积占比达 23.75%，较 2002 年增加了 18.19 个百分点，城市建成区面积年均增长 1 959 平方千米。具体情况见图 100。

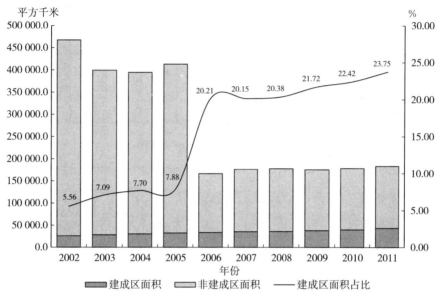

图 100　2002—2011 年全国城市面积

三、城市人口

从城市人口看，全国城市人口由 2002 年年末的 50 212.28 万人增长至 2011 年年末的 69 078.63 万人，是 2002 年年末的 1.38 倍，城市人口净增加18 866.35 万人。这一时期城市人口急剧增长，从 2002 年年末城市人口突破 50 000 万人到 2008 年年末城市人口突破 60 000 万人，用时仅 6 年。

从城镇化率看，截至 2003 年，全国常住人口城镇化率突破 40%，此后仅 8 年，全国常住人口城镇化率突破 50%；截至 2011 年，全国常住人口城镇化率已达 51.27%，比 2002 年提高了 12.18 个百分点。

从全国人口流动看，2002—2011 年全国流动人口继续快速增加，2000 年年末，全国流动人口约为 1.2 亿人，截至 2011 年年末，全国流动人口已达 2.3 亿人，是 2000 年年末的近 2 倍，增加量为 1.1 亿人。2002—2011 年的城市人口及城镇化率变化情况见图 101。

四、城市就业

从城镇就业人员数量看，2002 年年末，全国城镇就业人员为 25 159 万

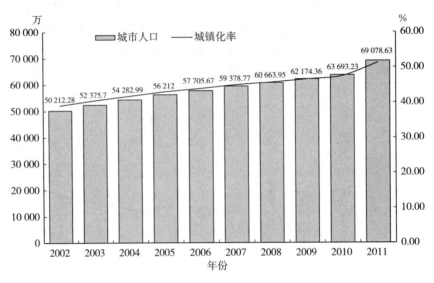

图 101 2002—2011 年全国城市人口

人；2007 年年末，全国城镇就业人员突破 30 000 万人；截至 2011 年年末，全国城镇就业人员达 35 914 万人，是 2002 年的 1.43 倍，城镇就业人员占比较 2002 年增长了 12.67 个百分点，增长数量达 10 755 万人。具体情况见图 102。

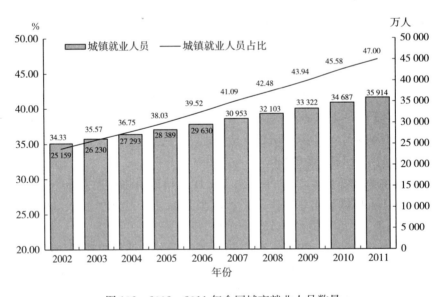

图 102 2002—2011 年全国城市就业人员数量

从城镇单位就业人员工资总额看，全国城镇单位就业人员工资总额由 2002 年的 13 638.1 亿元增长至 2011 年的 59 954.7 亿元，增长 3.4 倍，城镇单位就业人员工资总额年均增长 5 146.29 亿元。其中，2005 年城镇单位就业人员工资总额突破 20 000 亿元；至 2008 年达 30 000 亿元，仅用时 3 年；到 2009 年城镇单位就业人员工资总额达 40 000 亿元，仅用 1 年时间。2002—2011 年，全国城镇单位就业人员工资总额的年环比增长率均高于 10%，其中 2007 年全国城镇单位就业人员工资总额的年环比增长率达 21.47%，是这一时期城镇单位就业人员工资总额增速最快的一年。具体情况见图 103。

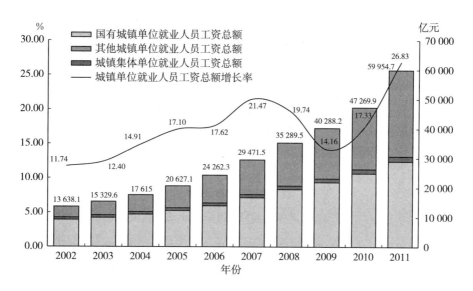

图 103　2002—2011 年全国城镇单位就业人员工资总额

五、城市道路交通

从城市道路建设看，全国城市道路长度由 2002 年年末的 191 399 千米增加至 2011 年年末的 308 897 千米，是 2002 年年末的 1.61 倍。其中，2002—2005 年全国城市道路长度的环比增长率连续 4 年超过 7%，2005 年年末全国城市道路长度的环比增长率达 10.79%，是 2002—2011 年城市道路长度增速最快的一年。

从城市道路面积看，2002—2005 年，全国城市道路面积的环比增长率连续 4 年超过 11%。2006 年年末，全国城市道路面积突破 400 000 万平方米，此后仅用 4 年，全国城市道路面积突破 500 000 万平方米。截至 2011 年年末，全国城市道路面积达 562 523 万平方米，较 2002 年年末增长 1.03 倍，城市道路面积年均增长量达 31 705 万平方米。具体情况见图 104。

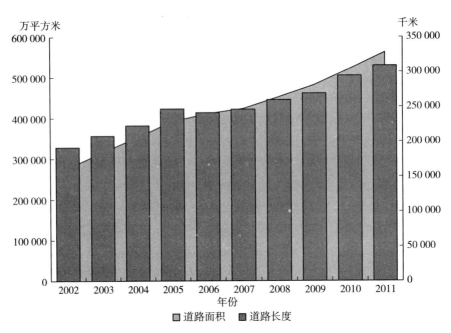

图 104　2002—2011 年中国城市道路建设

从城市道路人均占有量看，2002 年年末，全国人均城市道路面积为 7.87 平方米；2004 年人均城市道路面积突破 10 平方米，此后每 2 年人均城市道路面积增长约 1 平方米；截至 2011 年年末，全国人均城市道路面积达 13.75 平方米，是 2002 年的 1.75 倍。其中 2003 年全国人均城市道路面积的环比增长率达 18.68%，是人均城市道路面积增速最快的一年。具体情况见图 105。

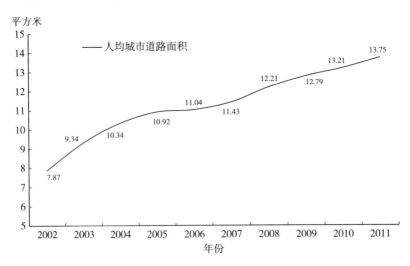

图 105　2002—2011 年全国人均城市道路面积

六、城市轨道交通

2002—2011 年，我国具备条件的城市积极将城市轨道交通作为优先发展的领域，我国进入城市轨道交通跨越式发展的阶段。

从城市轨道交通建成情况看，这一时期全国建成轨道交通的城市个数从 2002 年年末的 5 个增加至 2011 年年末的 12 个，增长 1.4 倍。全国共有北京、上海、广州、天津、重庆、深圳、南京、武汉、长春、大连、沈阳、成都 12 座城市建成城市轨道交通线 48 条。2002 年年末，全国建成轨道交通线路长度仅有 200 千米；2010 年年末，全国建成轨道交通线路长度突破 1 400 千米；截至 2011 年年末，全国建成轨道交通线路长度达 1 672.42 千米，是 2002 年年末的 8.36 倍。

从城市轨道交通在建情况看，截至 2011 年年底，全国正在建设轨道交通的城市个数达 28 个，全国正在建设轨道交通线路长度达 1 891.29 千米。具体情况见图 106。

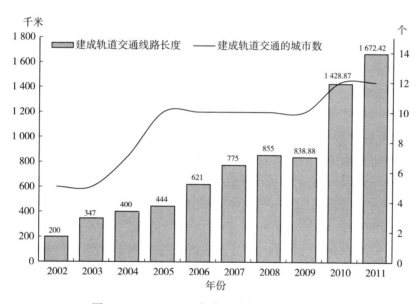

图 106　2002—2011 年全国城市轨道交通建设

七、城市住房

2002 年年末，全国城镇人均住房建筑面积为 24.5 平方米；2007 年年末，全国城镇人均住房建筑面积突破 30 平方米；截至 2011 年年末，全国城镇人均住房建筑面积达 32.7 平方米，是 2002 年的 1.33 倍，实现全国城镇人均住房建筑面积逐年增长。2002—2011 年，城镇人均住房建筑面积的年均增加量为 0.91 平方米。具体情况见图 107。

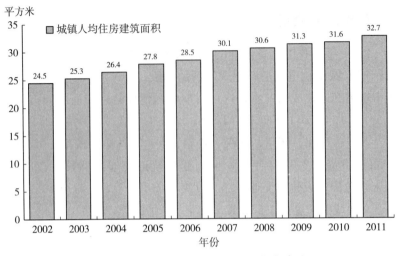

图 107　2002—2011 年全国城市住房建设

八、城市绿化

从城市建成区绿化覆盖看，2002 年年末，全国城市建成区绿化覆盖面积为 772 749 公顷，2005 年年末，全国城市建成区绿化覆盖面积突破 1 000 000 公顷；截至 2011 年年末，全国城市建成区绿化覆盖面积达 1 718 924 公顷，是 2002 年的 2.22 倍。2002—2011 年，建成区绿化覆盖面积扩增迅速，2003 年、2006 年和 2009 年，城市建成区绿化覆盖面积的环比增长率均超过 10%。2002—2011 年，全国城市建成区绿化覆盖率逐年增长，年均增长 1.05 个百分点，其中 2008 年增幅最大，达 2.08 个百分点。截至 2011 年年末，全国城市建成区绿化覆盖率达 39.22 %，较 2002 年增长了 9.47 个百分点。具体情况见图 108。

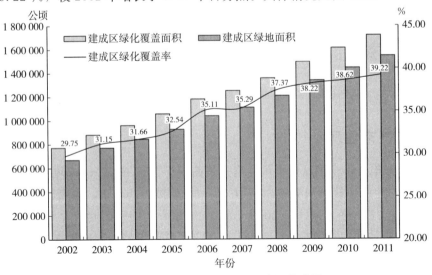

图 108　2002—2011 年全国城市绿化建设

从城市公园绿地面积看，2002年年末，城市公园绿地面积为188 826公顷；2003年年末，城市公园绿地面积突破200 000公顷，此后每3年时间城市公园绿地面积增长100 000公顷；截至2011年年末，城市公园绿地面积达482 620公顷，是2002年年末的2.56倍。2003—2005年，城市公园绿地面积的环比增长率连续3年超过12%，其中2003年环比增长率达16.25%，是2002—2011年城市公园绿地面积增速最快的一年。

从城市公园绿地人均占有量看，2002年年末，城市人均公园绿地面积为5.36平方米；2009年，城市人均公园绿地面积突破10平方米；截至2011年，城市人均公园绿地面积达11.80平方米，是2002年的2.2倍，城市公共绿地面积年均增长量为0.72平方米。具体情况见图109。

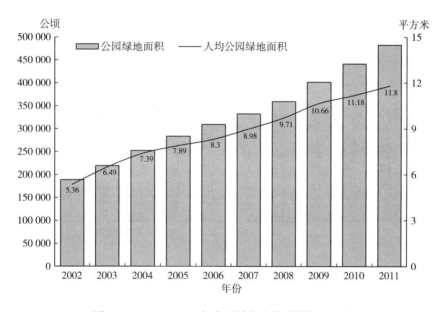

图109　2002—2011年全国城市人均公园绿地面积

九、城市燃气

从城市燃气供应看，一是城市人工煤气供气总量从2002年的1 989 196万立方米减少至2011年的847 256万立方米，城市人工煤气供气量降至2002—42.59%。2002—2009年，城市人工煤气供气总量逐年增加，到2009年，城市人工煤气供气总量一度达3 615 507万立方米，此后城市人工煤气供气总量逐年下降。二是城市天然气供气总量从2002年的1 259 334万立方米增加至2011年的6 787 997万立方米，城市天然气供气增长达4.39倍。其中，2005年、2007年、2010年和2011年城市天然气供气总量的环比增长率均超过20%，2005年城市天然气总量突破200 000万立方米，此后4年，城市天然气总量以每2年增加 100 000 万立方米的速度增长；2011 年，城市天然气总量突破 600 000 万立方米。从图 110 可以看出，城市人工煤气供气总量占比自 2007 年开始低于城市天然气供气总量，且呈负增长趋势。以煤制气为主的发展格局逐渐打破，天然气迅速发展为城市燃气的主力军。三是城市液化石油气供气总量在 2007 年以前缓慢波动增长，2007 年城市液化石油气供气总量的环比增长率达 16.07%，城市液化石油气供气总量一度达 14 667 692 吨；2007 年以后，城市液化石油气供气总量呈负增长；2011 年，城市液化石油气供气总量为 11 658 326 吨，较 2002 年的 11 363 884 吨仅增长 2.59%。具体情况见图 111。

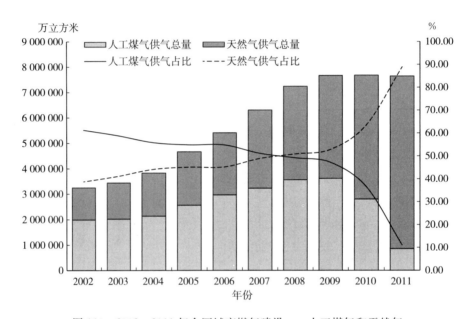

图 110　2002—2011 年全国城市燃气建设——人工煤气和天然气

从城市燃气用气人口看，2002 年年末，人工煤气、天然气和液化石油气的城市用气人口合计数为 23 658.00 万人；截至 2007 年年末，人工煤气、天然气和液化石油气的城市用气人口合计数突破 30 000 万人；截至 2011 年年末，城市用气人口合计数达 37 798.00 万人，是 2002 年年末的 1.60 倍。2003 年及 2007 年，城市用气人口合计数的环比增长率均超过 9%。人工煤气、天然气和液化石油气的城市用气人口合计数中，人工煤气的城市用气人口占比逐年下降。

从城市燃气普及情况看，2002—2011 年，城市燃气普及率由 67.17% 增长至 92.41%，增长了 25.24 个百分点，年均增长量为 2.8 个百分点。具体情况见图 112。

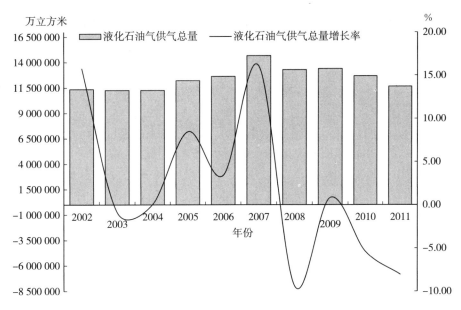

图 111　2002—2011 年全国城市燃气建设——液化石油气

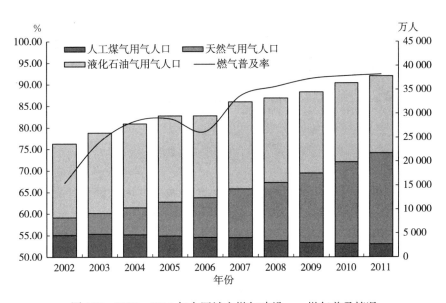

图 112　2002—2011 年全国城市燃气建设——燃气普及情况

十、城市集中供热

2002—2011 年，我国城市集中供热发展进一步加快，特别是热水供热能力有大幅提升。

从城市供热管道看，截至 2011 年年末，蒸汽和热水的城市供热管道长度合计达 58 740 千米，是 2002 年年末的 2.5 倍；其中蒸汽管道长度 13 381 千米，热水管道长度 133 957 千米。

从城市供热面积看，2002 年，城市集中供热面积仅为 155 567 万平方米，2004 年，城市集中供热面积突破 180 000 万平方米，此后，2005—2010 年用时 6 年，城市集中供热面积突破了 400 000 万平方米。截至 2011 年，城市集中供热面积达 473 784 万平方米，是 2002 年的 3.05 倍，城市集中供热面积年均增长量为 9 844.22 万平方米。具体情况见图 113。

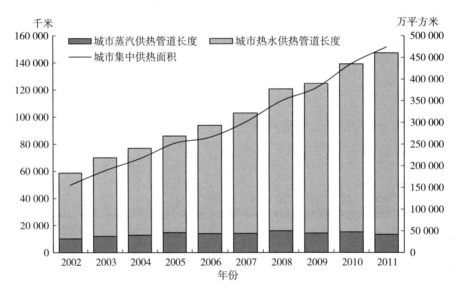

图 113 2002—2011 年全国城市集中供热情况

从城市供热总量看，2002 年蒸汽和热水的城市供热总量合计数为 180 166 万吉焦，其中，蒸汽供热总量为 57 438 万吉焦，热水供热总量为 122 728 万吉焦；2005 年蒸汽和热水的城市供热总量合计数突破 200 000 万吉焦；截至 2011 年年末，蒸汽和热水的城市供热总量合计数 281 022 万吉焦，是 2002 年的 1.56 倍，其中，蒸汽供热总量为 51 777 万吉焦，热水供热总量为 229 245 万吉焦。城市蒸汽供热总量占比自 2004 年开始逐年下降，截至 2011 年年末，城市蒸汽供热总量降到 18.42%，较 2002 年降低 13.46 个百分点。具体情况见图 114。

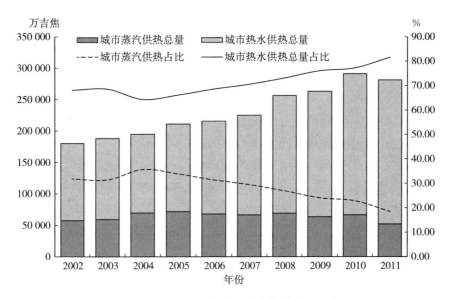

图 114　2002—2011 年全国城市供热总量及占比

十一、城市供水

截至 2011 年，全国城市供水综合生产能力已达 26 668.7 万立方米/日，是 2002 年的 1.13 倍。

从城市供水管道看，截至 2002 年年末，全国城市供水管道长度为 312 605 千米；2006 年年末，全国城市供水管道长度突破 400 000 千米；此后仅用 3 年，全国城市供水管道长度突破 500 000 千米，截至 2011 年年末，全国城市供水管道长度达 573 774 千米，是 2002 年年末的 1.84 倍。

从城市供水总量看，2002 年，全国城市供水总量为 4 664 574 万立方米；2006 年，全国城市供水总量一度突破 5 400 000 万立方米，此后 4 年城市供水总量波动下降，到 2009 年，城市供水总量不足 5 000 000 万立方米；截至 2011 年，城市供水总量达 5 134 222 万立方米，是 2002 年年末的 1.1 倍。具体情况见图 115。

从城市生活用水占比看，2005 年一度达 48.55%，此后有所波动，到 2011 年才再次突破 48%；截至 2011 年，城市供水总量中生活用量占比为 48.24%，较 2002 年上升 2.54 个百分点。具体情况见图 116。

从城市用水人口看，2002 年年末，城市用水人口 27 419.9 万人；2004 年年末，城市用水人口突破 30 000 万人；截至 2011 年年末，城市用水人口达 39 691.3 万人，是 2002 年的 1.45 倍。

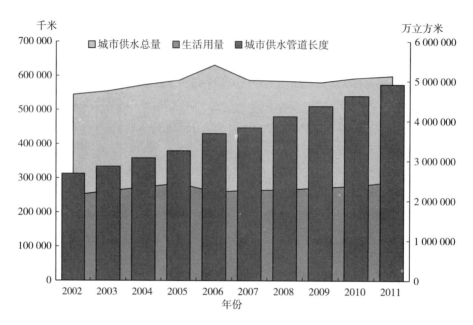

图 115　2002—2011 年全国城市供水情况

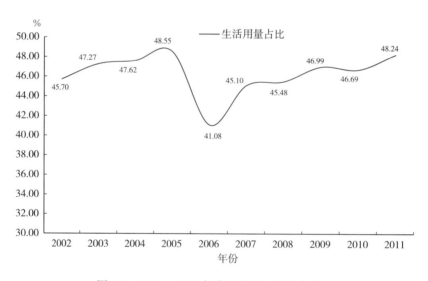

图 116　2002—2011 年全国城市生活用水占比

从城市供水普及情况看，这一时期城市供水普及率波动增长，城市供水普及率从 2002 年的 77.85％增长至 2011 年的 97.04％，增幅达 19.19 个百分点，年均增长 2.13 个百分点。具体情况见图 117。

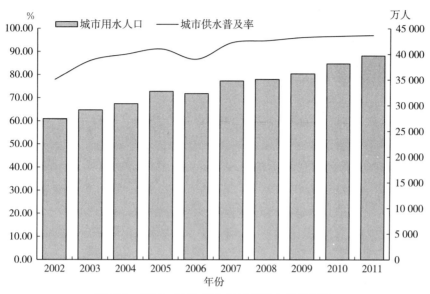

图 117　2002—2011 年全国城市供水普及情况

　　从城市人均生活用水看，2002 年，城市生活用水量为 2 131 919 万立方米；截至 2011 年，城市生活用水量达 2 476 520 万立方米，是 2002 年的 1.16 倍，城市生活用水量占城市供水总量的 48.24%。2002 年，城市人均日生活用水量为 213 升，2002—2011 年城市人均日生活用水量逐年下降；截至 2011 年，城市人均日生活用水量为 170.9 升，较 2002 年下降了 42.10 升，年均下降 4.68 升。具体情况见图 118。

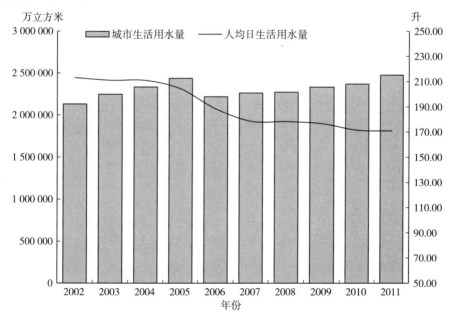

图 118　2002—2011 年全国城市人均生活用水情况

十二、市政公用设施建设固定资产投资情况

2002—2011年，全国城市市政公用设施建设固定资产投资增长迅速。2002年，城市市政公用设施建设固定资产投资完成额仅为3 123.2亿元；2009年，城市市政公用设施建设固定资产投资完成额突破10 000亿元；截至2011年，投资完成额为13 934.2亿元，是2002年投资完成额的4.46倍，投资完成额年均增长量达1 201亿元。2007—2010年，城市市政公用设施建设固定资产投资完成额的环比增长率连续4年超过10%，其中2009年投资完成额的环比增长率达44.42%，是2002—2011年城市市政公用设施建设固定资产投资完成额增速最快的一年。具体情况见图119。

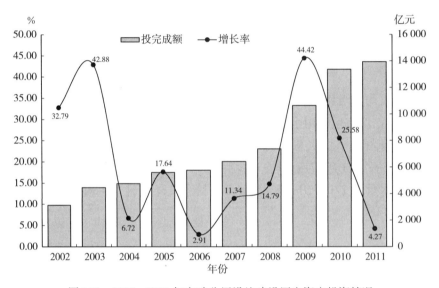

图119　2002—2011年市政公用设施建设固定资产投资情况

从占同期全社会固定资产投资比重看，2002年城市市政公用设施建设固定资产投资占同期全社会固定资产投资比重为7.18%；自2003年起，全国城市市政公用设施建设固定资产投资完成额占同期全社会固定资产投资比重波动下降；截至2011年，城市市政公用设施建设固定资产投资占同期全社会固定资产投资比重为4.47%，较2002年下降了2.71个百分点。

从占同期国内生产总值的比重看，2002—2011年，全国城市市政公用设施建设固定资产投资完成额占同期国内生产总值的比重有所波动，但始终在3%左右。具体情况见图120。

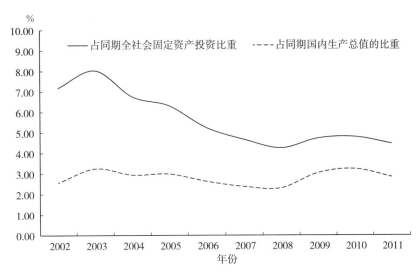

图 120　2002—2011 年市政公用设施建设固定资产投资占比

十三、城市市政公用设施水平

2002—2011 年，全国城市市政公用设施水平持续提升，除城市每万人拥有公厕一项指标外，其余各项均呈正增长。截至 2011 年，城市供水普及率达 97.04%，是 2002 年的 1.25 倍，增长了 19.19 个百分点；城市燃气普及率达 92.41%，是 2002 年的 1.38 倍，增长了 25.24 个百分点；城市人均道路面积 13.75 平方米，是 2002 年的 1.75 倍，增长了 5.88 平方米；城市污水处理率达 83.63%，是 2002 年的 2.09 倍，增长了 43.66 个百分点；城市人均公园绿地面积达 11.80 平方米，是 2002 年的 2.20 倍，增长了 6.44 平方米；城市建成区绿化覆盖率达 39.22%，是 2002 年的 1.32 倍，增长了 9.47 个百分点；城市建成区绿地率达 35.27%，是 2002 年的 1.37 倍，增长了 9.47 个百分点；城市每万人拥有公厕 2.95 座，减少量为 0.2 座。具体情况见表 12、图 121、图 122。

表 12　2002—2011 年中国城市市政公用设施水平

年份	供水普及率（%）	燃气普及率（%）	人均道路面积（平方米）	污水处理率（%）	园林绿化			每万人拥有公厕（座）
					人均公园绿地面积（平方米）	建成区绿化覆盖率（%）	建成区绿地率（%）	
2002	77.85	67.17	7.87	39.97	5.36	29.75	25.80	3.15
2003	86.15	76.74	9.34	42.39	6.49	31.15	27.26	3.18

（续）

年份	供水普及率（%）	燃气普及率（%）	人均道路面积（平方米）	污水处理率（%）	园林绿化			每万人拥有公厕（座）
					人均公园绿地面积（平方米）	建成区绿化覆盖率（%）	建成区绿地率（%）	
2004	88.85	81.53	10.34	45.67	7.39	31.66	27.72	3.21
2005	91.09	82.08	10.92	51.95	7.89	32.54	28.51	3.20
2006	86.07	79.11	11.04	55.67	8.30	35.11	30.92	2.88
2007	93.83	87.40	11.43	62.87	8.98	35.29	31.30	3.04
2008	94.73	89.55	12.21	70.16	9.71	37.37	33.29	3.12
2009	96.12	91.41	12.79	75.25	10.66	38.22	34.17	3.15
2010	96.68	92.04	13.21	82.31	11.18	38.62	34.47	3.02
2011	97.04	92.41	13.75	83.63	11.80	39.22	35.27	2.95

注：自2006年起，人均和普及率指标按城区人口和城区暂住人口合计为分母计算，以公安部门的户籍统计和暂住人口统计为准。

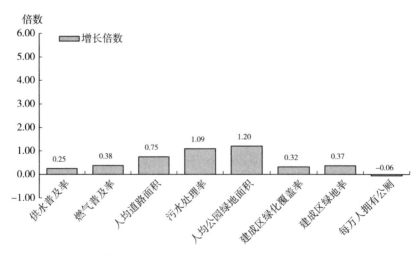

图121 2002—2011年城市市政公用设施水平变化横比

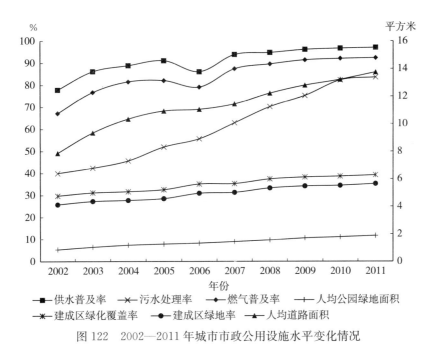

图 122　2002—2011 年城市市政公用设施水平变化情况

十四、城市排污处理

从城市排水管道长度看，2002 年年末，全国城市排水管道长度为 173 042 千米；2004 年年末，全国城市排水管道长度突破 200 000 千米；此后 4 年，全国城市排水管道长度突破 300 000 千米；截至 2011 年年末，全国城市排水管道长度达 414 074 千米，是 2002 年年末的 2.39 倍。

从城市污水处理厂建设情况看，2002 年年末，全国城市污水处理厂有 537座；2008 年年末，城市污水处理厂突破 1 000 座；2009 年年末，城市污水处理厂数量的环比增长率达 19.25％，是 2002—2011 年城市污水处理厂数量增长最快的一年；截至 2011 年年末，城市污水处理厂数量达 1 588 座，是 2002 年的 2.96 倍，年均增加 117 座。城市污水处理厂处理能力由 2002 年的 3 578 万立方米/日，增长至 2011 年的 11 303 万立方米/日，增长 2.16 倍，城市污水处理厂处理能力年均增长 13.67％。具体情况见图 123。

从城市污水处理量看，随着城市污水处理厂建设和改造工程快速推进，城市排污处理能力日益增强。截至 2011 年，城市污水处理量达到 3 376 104 万立方米，是 2002 年的 2.50 倍。城市污水处理量平均年增长量为 225 192 万立方米。

从城市污水处理率看，这一时期城市污水处理率逐年增长，2002 年，城市污水处理率仅为 39.97％；2008 年，城市污水处理率突破 70％；截至 2011 年，城市污水处理率达到 83.63％，是 2002 年的 2.09 倍，增长了 43.66 个百分点。具体情况见图 124。

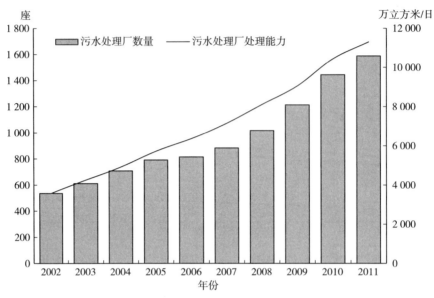

图 123　2002—2011 年城市污水处理厂建设情况

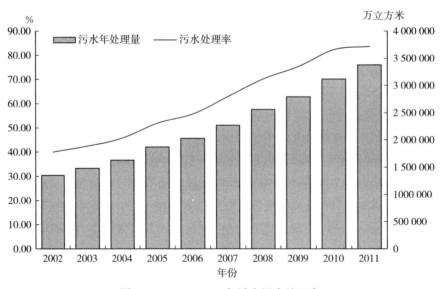

图 124　2002—2011 年城市污水处理率

十五、城市市容环境卫生

2002—2011 年，我国城市市容环境卫生发展突飞猛进，具体包括以下几方面。

（一）城市生活垃圾处理方面

从城市生活垃圾清运量看，2002 年，全国城市生活垃圾清运量为 13 650 万吨；截至 2011 年，全国城市生活垃圾清运量达 16 395 万吨，是 2002 年的 1.2 倍，全国城市生活垃圾清运量年均增长量为 305 万吨。

从城市生活垃圾无害化处理能力看，2002 年年末，全国城市生活垃圾无害化处理厂有 651 座；自 2006 年起，采用新的认定标准统计生活垃圾填埋场，2006 年全国城市生活垃圾无害化处理厂数量下降至 419 座；截至 2011 年年末，全国城市生活垃圾无害化处理厂数量为 677 座，较 2002 年增加 26 座。全国城市生活垃圾无害化处理能力从 2002 年的 215 511 吨/日增长至 2011 年的 409 119 吨/日，较 2002 年增长 0.9 倍。其中 2008 年和 2009 年全国城市生活垃圾无害化处理能力的环比增长率连续两年超过 12%，是 2002—2011 年生活垃圾无害化处理增速较快的两年。

从城市生活垃圾无害化处理量看，2002 年全国城市生活垃圾无害化处理量为 7 404 万吨；2008 年全国城市生活垃圾无害化处理量突破 10 000 万吨；截至 2011 年，全城市生活垃圾无害化处理量达 13 090 万吨，是 2002 年的 1.77 倍，全国城市生活垃圾无害化处理量的年均增长量为 631.78 万吨。具体情况见图 125。

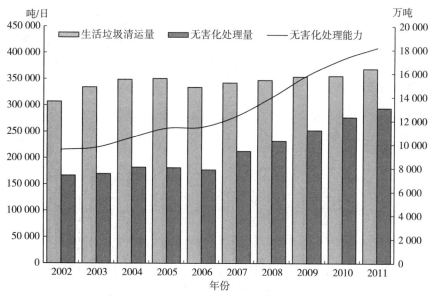

图 125　2002—2011 年城市市容环境卫生——生活垃圾处理

（二）城市粪便清运方面

2002 年，全国城市粪便清运量为 3 160 万吨；2005 年以前，全国城市粪便清运量逐年增长，2005 年全国城市粪便清运量一度达 3 805 万吨；此后全国城市粪便清运量波动减少，截至 2011 年，全国城市粪便清运量降至 1 963 万吨，较

2002 年减少 37.88％。具体情况见图 126。

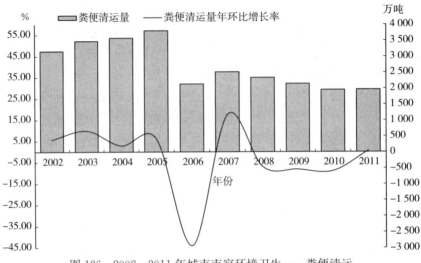

图 126　2002—2011 年城市市容环境卫生——粪便清运

（三）城市公厕方面

从城市公厕数量看，2002 年年末，全国城市公厕数量为 110 836 座；截至 2011 年年末，全国城市公厕数量为 120 459 座，较 2002 年年末增加 9 623 座。

从城市公厕人均占有量看，截至 2011 年年末，城市每万人拥有公厕数量为 2.95 座，较 2002 年年末的城市每万人拥有公厕数量 3.15 座，降低 6.35％。具体情况见图 127。

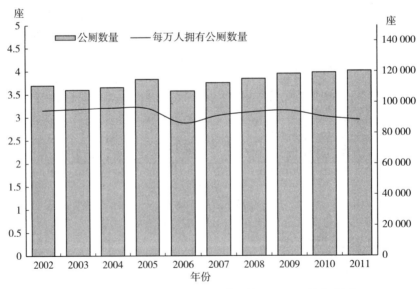

图 127　2002—2011 年城市市容环境卫生——城市公厕

(四) 市容环卫方面

2002 年年末,城市市容环卫专用车辆设备总数仅有 52 752 台;2007 年年末,城市市容环卫专用车辆设备总数突破 70 000 台;截至 2011 年年末,城市市容环卫专用车辆设备总数达 100 340 台,是 2002 年年末的 1.9 倍,城市市容环卫专用车辆设备的年均增加量为 5 288 台。其中 2011 年城市市容环卫专用车辆设备总数的环比增长率达 10.98%,是 2002—2011 年增速最快的一年。具体情况见图 128。

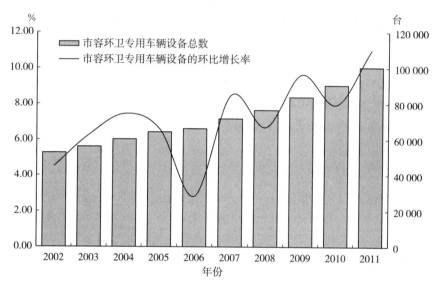

图 128　2002—2011 年城市市容环境卫生——市容环卫装备

十六、城市维护建设资金支出情况

从城市维护建设资金收入看,2002 年,城市维护建设资金收入合计为 31 561 758 万元;自 2006 年起,城市维护建设资金收入仅包含财政性资金,不含社会融资。地方财政拨款中包括省、市财政专项拨款和市级以下财政资金;其他收入中包括市政公用设施配套费、市政公用设施有偿使用费、土地出让转让金、资产置换收入及其他财政性资金。故 2006 年,城市维护建设资金收入合计仅为 35 406 259 万元;截至 2011 年,城市维护建设资金收入合计突破 100 000 000 万元,达 117 817 189 万元,是 2002 年的 3.73 倍。2002—2011 年城市维护建设资金收入中体量较大的仍是其他收入,且占比逐年增加,2011 年城市维护建设资金收入中其他收入占比较 2002 年增加 44.16 个百分点,达 68.66%。具体情况见图 129、图 130。

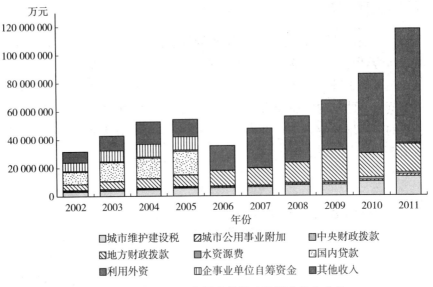

图 129 2002—2011 年城市维护建设资金收入总量

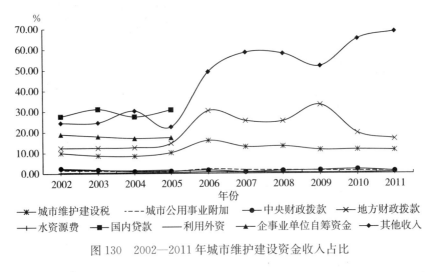

图 130 2002—2011 年城市维护建设资金收入占比

从城市维护建设资金支出看,2002 年,城市维护建设资金支出合计为
31 780 253万元;2005 年,城市维护建设资金支出合计突破 50 000 000 万元;自
2006 年起,城市维护建设资金支出仅包含财政性资金,不含社会融资;截至
2011 年,城市维护建设资金支出合计达 87 390 666 万元,是 2002 年的 2.75 倍。
2002—2011 年城市维护建设资金支出中体量较大的是固定资产投资支出,其占
比波动下降,但截至 2011 年,固定资产投资支出仍达 60.81%;其他支出和维
护支出体量相差无几。具体情况见图 131、图 132。

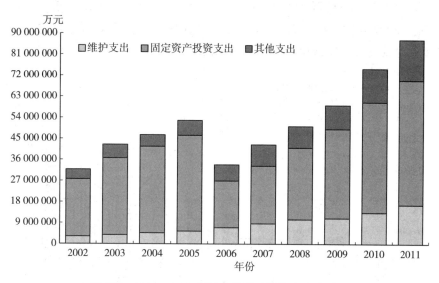

图 131　2002—2011 年城市维护建设资金支出总量

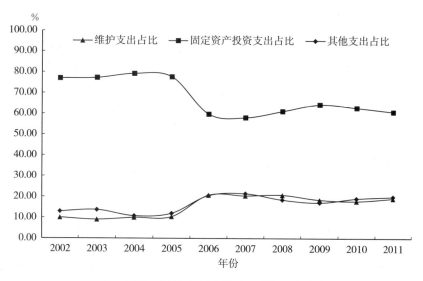

图 132　2002—2011 年城市维护建设资金支出占比

十七、城市居民消费支出与收入

从城镇居民家庭人均消费支出情况看，2002 年城镇居民家庭人均消费现金支出为 6 030 元；2008 年城镇居民家庭人均消费现金支出突破 10 000 元；截至 2011 年，城镇居民家庭人均消费现金支出达 15 161 元，是 2002 年的 2.51 倍，年均增长 1 015 元。其中 2007 年城镇居民家庭人均消费现金支出的环比增长率达 14.95%，是 2002—2011 年城镇居民家庭人均消费现金支出增速最快的一年。

从城镇居民人均总收入情况看，2002—2011 年，城镇居民人均总收入由

2002 年的 8 177 元增长至 2011 年的 23 979 元，是 2002 年的 2.93 倍，年均增长
1 756 元。2007 年城镇居民人均总收入的环比增长率达 17.22%，是这一时期城
镇居民人均总收入增速最快的一年。具体情况见图 133。

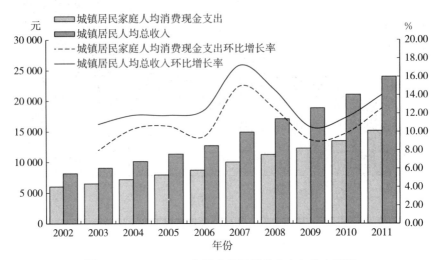

图 133 2002—2011 年城市居民消费支出与收入情况

从图 133 可以看出，城镇居民家庭人均消费现金支出与城镇居民人均总收入
之间的距离逐年扩大，城镇居民收入增长虽存在波动，但保持着提高势头。此
外，消费现金可能已不再是城镇居民家庭消费的唯一主要方式。

第六节　新型城镇化发展

2012 年至今，城市发展日新月异，城市治理在改革中升级。2012 年，党的
十八大提出"走中国特色新型城镇化道路"，我国城镇化开始进入以人为本、规
模和质量并重的新阶段。2013 年，党中央、国务院召开了第一次中央城镇化工
作会议。2014 年，印发了《国家新型城镇化规划（2014—2020 年）》。2015 年，
中央城市工作会议在北京召开。农业转移人口市民化速度明显加快，大城市管理
更加精细，中小城市和特色小城镇加速发展，城市功能全面提升，城市群建设持
续推进，城市区域分布更加均衡。

一、城市数量

2012—2019 年，我国城市数量继续增长。

从城市数量看，城市数量由 2012 年年末的 657 个增加至 2020 年年末的 687
个。地级城市数量由 2012 年年末的 285 个，增加至 2020 年年末的 301 个；县级

城市数量也由 2012 年年末的 368 个增长为 2020 年年末的 386 个。仅 2014 年出现过城市数量负增长。

从城市级别看，全国县级市数量远高于地级市数量，截至 2020 年年末，全国县级市数量是地级市数量的 1.28 倍，地级市数量占比始终维持在 44％左右。具体情况见图 134。

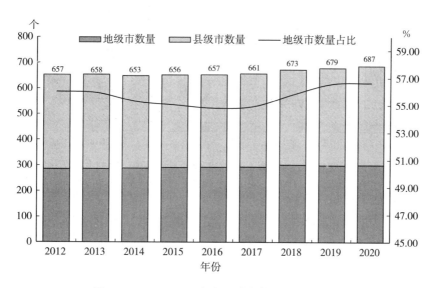

图 134　2012—2020 年全国城市数量之城市级别

从城市人口规模看，截至 2019 年年末，我国地级及以上城市数量为 297 个（含直辖市），其中，城市市辖区年末总人口为 20 万～50 万的地级及以上城市数量占比逐年减少，截至 2019 年年末，城市市辖区年末总人口为 50 万～100 万的地级及以上城市数量为 88 个，较 2012 年占比减少了 7.74 个百分点；城市市辖区年末总人口为 100 万～200 万以上的地级及以上城市数量占比波动增加，截至 2019 年年末，城市市辖区年末总人口为 100 万～200 万的地级及以上城市数量为 98 个，较 2012 年占比增加了 4.62 个百分点。在各类人口规模的地级及以上城市中，城市市辖区年末总人口为 50 万～100 万的和总人口为 100 万～200 万的体量，均较大，两者之合占全部地级以上城市数量的近 2/3；城市市辖区年末总人口为 20 万以下的体量最小，约占全部地级及以上城市数量的 2％。2019 年年末，城市市辖区年末总人口为 400 万以上的地级及以上城市数达 20 个，是 2012 年年末的 1.43 倍。具体情况见图 135、图 136。

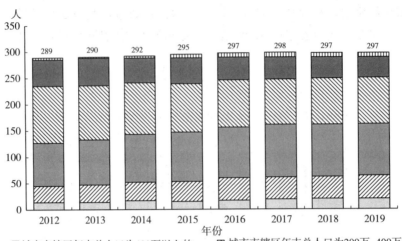

图 135　2012—2019 年全国城市数量——地级城市人口规模

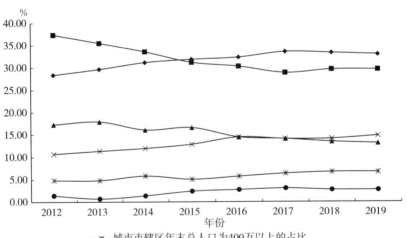

图 136　2012—2019 年全国城市数量——地级城市人口规模占比

二、城市面积

从城市面积看，全国城市面积由 2012 年年末的 183 039.4 平方千米增长至 2019 年年末的 200 569.51 平方千米，是 2012 年年末的 1.1 倍。

从城市建成区看，截至 2012 年年末，全国城市建成区面积仅为 45 565.8 平方千米；2015 年年末，全国城市建成区面积突破 50 000 平方千米；此后仅用 4 年，全国城市建成区面积突破 60 000 平方千米；截至 2019 年年末，全国城市建成区面积达 60 312.45 平方千米，是 2012 年年末的 1.32 倍。2012 年，城市建成区面积占比为 24.89%，截至 2019 年，城市建成区面积占比达 30.07%，较 2012 年增加了 5.18 个百分点，城市建成区面积年均增长 2 106.7 平方千米。具体情况见图 137。

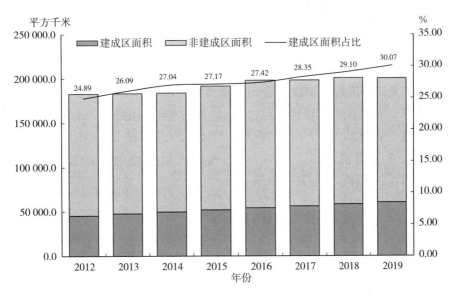

图 137　2012—2019 年全国城市面积

三、城市人口

从城市人口看，全国城市人口从 2012 年年末的 71 181.88 万人增长至 2019 年年末的 84 843.00 万人，城市人口净增加 13 661.12 万人。2012—2019 年城市人口持续急速增长，从 2012 年年末城市人口突破 70 000 万人到 2018 年年末城市人口突破 80 000 万人，用时仅 6 年。

从城镇化率看，城市化率从 2012 年的 52.57% 增长至 2019 年的 60.60%，提高了 8.03 个百分点。

从全国人口流动看，2012—2019 年 全国流动人口继续快速增加，2012 年年末，全国流动人口达 2.36 亿人①，截至 2019 年年末，全国流动人口为 2.80 亿人②，增加量为 0.44 亿人。这一时期的城市人口及城镇化率变化情况见图 138。

图 138　2012—2019 年全国城市人口

从城市人口密度看，2012 年我国城市人口密度为 2 307 人/平方千米，截至 2019 年年末，城市人口密度达 2 613.34 人/平方千米，增长 1.13 倍，城市人口密度年均增长量为 43.76 人/平方千米。2012—2019 年仅 2015 年城市人口密度的环比增长率为负值；2017—2019 年，城市人口密度每年增长幅度保持在 2.6%～2.9%。具体情况见图 139。

图 139　2012—2019 年全国城市人口密度

---

① 数据来自原国家卫生和计划生育委员会。
② 数据来自国家统计局。

四、城市就业

从城镇就业人员数量看，2012 年年末，全国城镇就业人员为 37 102 万人；截至 2019 年年末，城镇就业人员达 44 247 万人，是 2012 年的 1.19 倍，占全国就业人员总数的 57.11%，较 2012 年增长了 8.74 个百分点，城镇就业人员增长量为 7 145 万人。具体情况见图 140。

图 140　2012—2019 年全国城市就业人员数量

从城镇单位就业人员工资总额看，全国城镇单位就业人员工资总额由 2012 年的 70 914.2 亿元增长至 2019 年的 154 296.1 亿元，增长 1.18 倍；城镇单位就业人员工资总额年均增长 11 911.7 亿元。2013 年城镇单位就业人员工资总额的环比增长率达 31.24%，是 2012—2019 年城镇单位就业人员工资总额增速最快的一年。2014 年，城镇单位就业人员工资总额突破 100 000 亿元；此后仅用 5 年，城镇单位就业人员工资总额突破 150 000 亿元。具体情况见图 141。

五、城市道路交通

从城市道路建设看，城市道路长度由 2012 年年末的 327 081 千米增加至 2019 年年末的 459 304.44 千米，是 2012 年的 1.4 倍。2018 年和 2019 年，全国城市道路长度的环比增长率均超过 6%，其中 2018 年全国城市道路长度的环比增长率达 8.65%，是 2012—2019 年城市道路长度增速最快的一年。

从城市道路面积看，除 2018 年外，2012—2019 年各年份全国城市道路面积的环比增长率均超过 5%。2015 年，城市道路面积突破 700 000 万平方米，此后城市道路面积突破 800 000 万平方米用时 3 年，突破 900 000 万平方米仅用时 1 年。截至 2019 年年末，城市道路面积达 909 791.13 万平方米，是 2012 年的 1.5

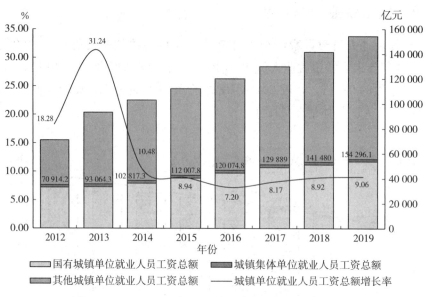

图 141　2012—2019 年全国城镇单位就业人员工资总额

倍，城市道路面积年均增长量达 43 192 万平方米。具体情况见图 142。

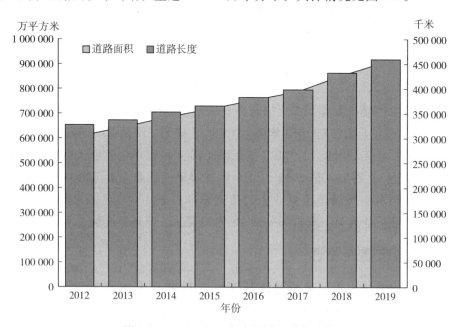

图 142　2012—2019 年全国城市道路建设

从城市道路人均占有量看，2012 年年末，全国人均城市道路面积为 14.39 平方米；截至 2019 年年末，全国人均城市道路面积为 17.36 平方米，是 2012 年的 1.21 倍，人均城市道路面积较 2012 年增加 2.97 平方米。2015—2017 年，人均城市道路面积的环比增长率不到 2%，是 2012—2019 年人均城市道路面积增长最缓慢的阶段。具体情况见图143。

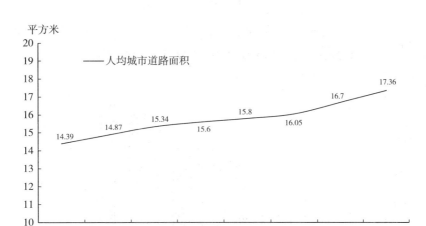

图 143　2012—2019 年全国人均城市道路面积

六、城市轨道交通

从城市轨道交通建成情况看，全国建成轨道交通的城市个数从 2012 年年末的 16 个增加至 2019 年年末的 41 个，增长 1.56 倍。2012 年年末，建成轨道交通线路长度为 2 005.53 千米；2015 年年末，建成轨道交通线路长度突破3 000 千米；2017 年建成轨道交通线路长度的环比增长率达 28.10%，是2012—2019 年建成轨道交通线路长度增速最快的一年；截至 2019 年年末，建成轨道交通线路长度达 6 058.9 千米，是 2012 年的 3.02 倍，年均增长 579.05千米。

从城市轨道交通在建情况看，截至 2019 年年底，正在建设轨道交通的城市数量为 49 个，正在建设的轨道交通线路长度达 5 594.08 千米，年均增长 504.81千米。具体情况见图 144。

七、城市住房

2012 年年末，城镇人均住房建筑面积为 32.9 平方米。从 2013 年开始，国家统计局实施了城乡一体化住户调查，2013—2015 年的城镇人均住房建筑面积数据缺失。此后城镇人均住房建筑面积从 2016 年年末的 36.6 平方米增长至 2019 年年末的 39.8 平方米，年均增长量为 0.99 平方米。具体情况见图 145。

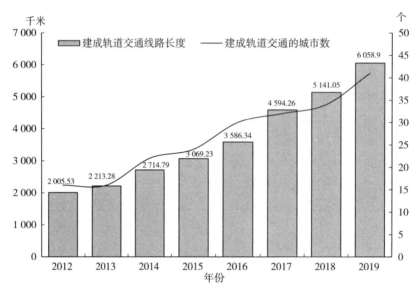

图 144　2012—2019 年全国城市轨道交通建设

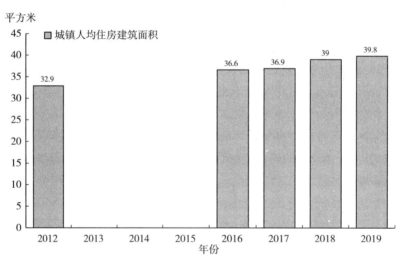

图 145　2012—2019 年全国城市住房建设

八、城市绿化

从城市建成区绿化覆盖看，2002 年年末，全国城市建成区绿化覆盖面积为 18 124 88 公顷；2014 年年末，全国城市建成区绿化覆盖面积突破 2 000 000 公顷；截至 2019 年年末，城市建成区绿化覆盖面积达 2 522 931.39 公顷，是 2002

年的 1.39 倍。2012 年城市建成区绿化覆盖率为 39.59％，2012—2019 年建成区绿化覆盖面积增速平稳，城市建成区绿化覆盖面积的环比增长率保持在 5％左右，年均增长 0.27 个百分点；仅 2015 年城市建成区绿化覆盖率下降过 0.1 个百分点。截至 2019 年年末，城市建成区绿化覆盖率达 41.51％，较 2012 年增加 1.92 个百分点。具体情况见图 146。

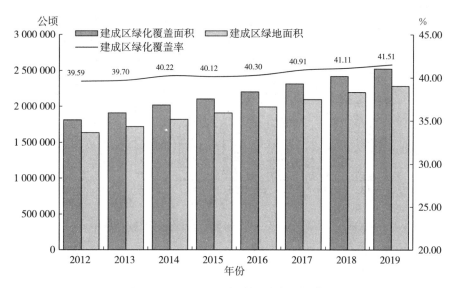

图 146　2012—2019 年全国城市绿化建设

从城市公园绿地面积看，2012 年年末，城市公园绿地面积为 517 815 公顷；2015 年年末，城市公园绿地面积突破 600 000 公顷，此后 3 年，城市公园绿地面积突破 700 000 公顷；截至 2019 年年末，城市公园绿地面积为 756 440.54 公顷，是 2012 年的 1.46 倍，年均增长 34 089.36 公顷。2012—2019 年，城市公园绿地面积增速平缓，保持在 5％左右。

从城市公园绿地人均占有量看，2012 年年末，城市人均公园绿地面积为 12.26 平方米；截至 2019 年年末，城市人均公园绿地面积达 14.36 平方米，是 2012 年的 1.17 倍。具体情况见图 147。

从建成区绿地率看，截至 2019 年年末，建成区绿地面积达 2 285 206.69 公顷，是 2012 年年末的 1.40 倍。2012—2019 年，建成区绿地率[1]由 35.72％增长至 37.63％，增长了 1.91 个百分点。具体情况见图 148。

---

① 建成区绿地率指在城市建成区的各类绿地面积占建成区面积的比率。

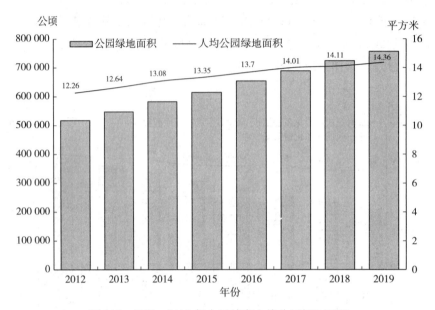

图 147　2012—2019 年全国城市人均公园绿地面积

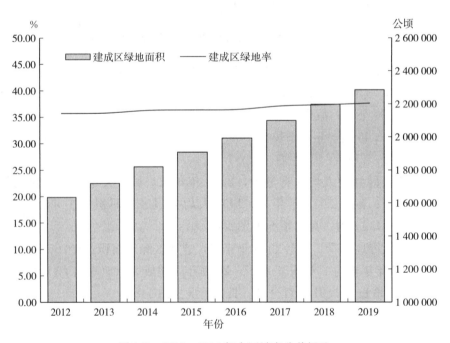

图 148　2012—2019 年全国城市公共绿地

九、城市燃气

从城市燃气供应看，一是城市人工煤气供气总量从 2012 年的 769 686 万立方米减少至 2019 年的 276 841.47 万立方米，城市人工煤气供气量降至 2012 年的 35.97%。2012—2019 年，城市人工煤气供气总量波动下降，年均减少 70 406.36 万立方米。二是城市天然气供气总量从 2012 年的 7 950 377 万立方米增加至 2019 年的 16 085 569.83 万立方米，城市天然气供气增长 1.02 倍。这一时期城市天然气供气总量增速平稳，除 2014 年、2015 年和 2017 年以外，其余各年份城市天然气供气总量的环比增长率均超过 10%，2015 年城市天然气总量突破 10 000 000 万立方米。三是城市液化石油气供气总量波动下降；2002 年，城市液化石油气供气总量为 11 148 032 吨；2017 年，城市液化石油气供气总量一度降到 9 988 088.22 吨；截至 2019 年，城市液化石油气供气总量为 10 408 110.29 吨。较 2012 年下降了 6.64%。具体情况见图 149。

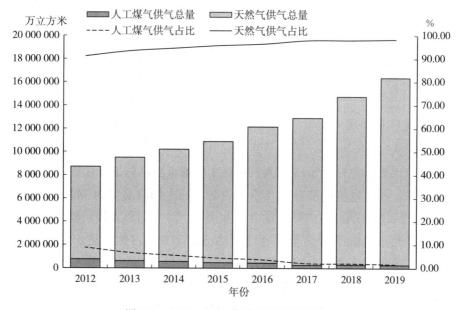

图 149　2012—2019 年全国城市燃气建设

从图 149 可以看出，城市人工煤气供气总量占比逐年下降，以天然气为主城市燃气的发展格局已经形成。

十、城市集中供热

2012—2019 年，我国城市集中供热能力继续逐年增长。

从城市供热管道看，截至 2019 年年末，蒸汽和热水的城市供热管道长度合计达 392 917 千米，是 2012 年年末的 2.45 倍。

从城市供热面积看，2012 年年末，城市集中供热面积为 518 368 万立方米；2016 年，城市集中供热面积突破 700 000 万立方米，此后仅用时 3 年，城市集中供热面积就突破了 900 000 万立方米；截至 2019 年年末，城市集中供热面积达 925 136.84 万立方米，是 2012 年年末的 1.78 倍，城市集中供热面积年均增长量为 58 110 万立方米。2013 年和 2018 年城市集中供热面积的环比增长率均超过 10%，是这一时期城市集中供热面积增速较快的两年。具体情况见图 150。

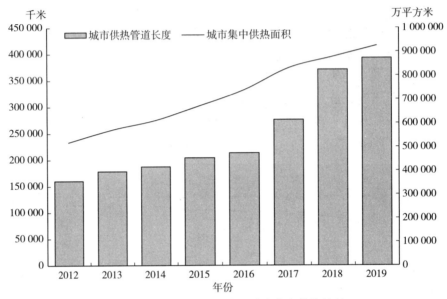

图 150　2012—2019 年全国城市集中供热情况

从城市供热总量看，2012 年蒸汽和热水的城市供热总量合计数为 295 427 万吉焦，其中，蒸汽供热总量为 51 609 万吉焦，热水供热总量为 243 818 万吉焦；2013 年蒸汽和热水的城市供热总量合计数突破 300 000 万吉焦；截至 2019 年年末，蒸汽和热水的城市供热总量合计数达 392 542 万吉焦，是 1981 年的 1.33 倍，其中，蒸汽供热总量为 65 067 万吉焦，热水供热总量为 327 475 万吉焦。城市供热总量中的蒸汽供热总量占比波动下降后又呈现波动上升，城市蒸汽供热总量占比在 2016 年一度下降至 11.54%。具体情况见图 151。

十一、城市供水

截至 2019 年，城市供水综合生产能力达 30 897.8 万立方米/日，是 2012 年的 1.14 倍。

从城市供水管道看，2012 年，城市供水管道长度为 591 872 千米；2015 年年末，城市供水管道长度突破 700 000 千米，此后仅用时 4 年，城市供水管道长度就突破了 900 000 千米；截至 2019 年年末，城市供水管道长度达 920 082 千米，是 2012 年年末的 1.55 倍，年均增长量为 46 887 千米。

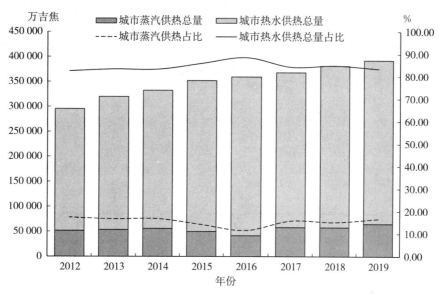

图 151 2012—2019 年全国城市供热总量及占比

从城市供水总量看，城市供水总量从 2012 年年末的 5 230 326 万立方米增长至 2019 年年末的 6 283 010 万立方米，是 2012 年年末的 1.20 倍，年均增长量为 150 383 万立方米。具体情况见图 152。

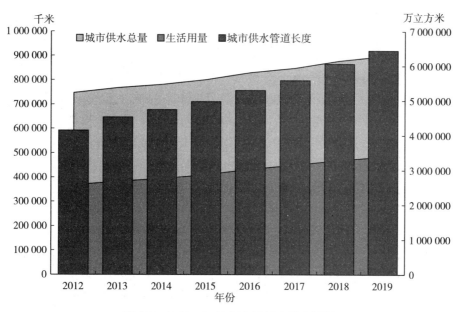

图 152 2012—2019 年全国城市供水情况

从城市生活用水占比看，2012 年城市供水总量中生活用量占比为 49.18%，此后逐年增长；截至 2019 年，城市供水总量中的生活用量占比为 53.95%，较 2002 年上升 4.77 个百分点。具体情况见图 153。

图 153　2012—2019 年全国城市生活用水占比

从城市用水人口看，2012 年年末，城市用水人口 41 026.5 万人；2018 年年末，城市用水人口突破 50 000 万人；截至 2019 年年末，城市用水人口达 51 778.03万人，是 2002 年的 1.26 倍。

从城市供水普及情况看，2002—2019 年，城市供水普及率持续增长并接近全面普及，城市供水普及率从 2012 年的 97.16％增长至 2019 年的 98.78％，增长了 1.62 个百分点。具体情况见图 154。

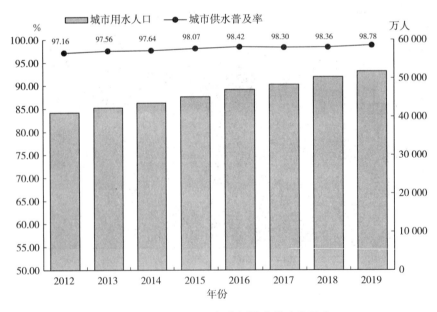

图 154　2012—2019 年全国城市供水普及率

从城市人均生活用水看，2012—2019 年，城市生活用水量逐年上升，截至 2019 年年末，城市生活用水量达 3 389 936 万立方米，占城市供水总量的

53.95％。这一时期城市人均日生活用水量逐年上升，2012 年城市人均日生活用水量为 179.97 升，截至 2019 年，城市人均日生活用水量为 179.97 升，较 2012 年增长了 8.17 升。具体情况见图 155。

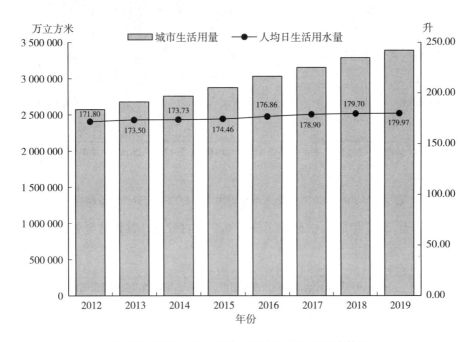

图 155 2012—2019 年全国城市人均生活用水情况

十二、市政公用设施建设固定资产投资情况

2012—2019 年，全国城市市政公用设施建设固定资产投资增长迅速。

从城市市政公用设施建设固定资产投资完成额看，2012 年城市市政公用设施建设固定资产投资完成额为 15 296.4 亿元；2018 年城市市政公用设施建设固定资产投资完成额突破 20 000 元；截至 2019 年，城市市政公用设施建设固定资产投资完成额达 20 126.3 亿元，是 2012 年投资完成额的 1.32 倍。2014—2015 年，连续 2 年投资完成额呈现负增长，此后 2017 年投资完成额增长率一度回升至 10.70％，之后增长率再度下降。具体情况见图 156。

从占同期全社会固定资产投资比重看，2012 年城市市政公用设施建设固定资产投资占同期全社会固定资产投资比重为 4.08％；2013—2016 年，全国城市市政公用设施建设固定资产投资完成额占同期全社会固定资产投资比重逐年下降；2017 年后逐年回升，截至 2019 年年末，城市市政公用设施建设固定资产投资完成额占同期全社会固定资产投资比重为 3.59％，较 2012 年下降 0.49 个百分点。

从占同期国内生产总值的比重看，2012—2019 年，全国城市市政公用设施建设固定资产投资完成额占同期国内生产总值的比重逐年下降，由 2012 年的

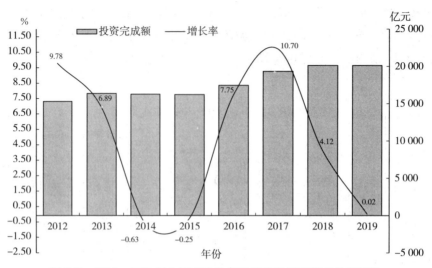

图156　2012—2019年全国市政公用设施建设固定资产投资情况

2.83%下降至2019年的2.03%，下降了0.8个百分点。具体情况见图157。

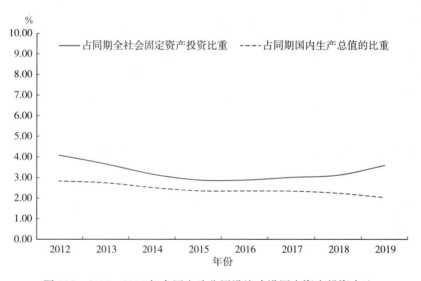

图157　2012—2019年全国市政公用设施建设固定资产投资占比

十三、城市市政公用设施水平

2012—2019年，全国城市市政公用设施水平持续提升，特别是城市每万人拥有公厕一项开始呈现正增长。截至2019年，城市供水普及率达98.78%，是2012年的1.02倍，增长了1.62个百分点；城市燃气普及率达97.29%，是2012年的1.04倍，增长了4.14个百分点；城市人均道路面积17.36平方米，是2012年的1.21倍，增长了2.97平方米；城市污水处理率达96.81%，是2012年的1.11倍，增长了9.51个百分点；城市人均公园绿地面积达14.36平方米，是 2012 年的 1.17 倍，增长了 2.10 平方米；城市建成区绿化覆盖率达 41.51％，是 2012 年的 1.05 倍，增长了 1.92 个百分点；城市建成区绿地率达 37.63％，是 2012 年的 1.05 倍，增长了 1.91 个百分点；城市每万人拥有公厕 2.93 座，是 2012 年的 1.01 倍，增加量为 0.04 座。具体情况见表 13、图 158、图 159。

表 13　2012—2019 年中国城市市政公用设施水平

| 年份 | 供水普及率（％） | 燃气普及率（％） | 人均道路面积（平方米） | 污水处理率（％） | 园林绿化 | | | 每万人拥有公厕（座） |
					人均公园绿地面积（平方米）	建成区绿化覆盖率（％）	建成区绿地率（％）	
2012	97.16	93.15	14.39	87.30	12.26	39.59	35.72	2.89
2013	97.56	94.25	14.87	89.34	12.64	39.70	35.78	2.83
2014	97.64	94.57	15.34	90.18	13.08	40.22	36.29	2.79
2015	98.07	95.30	15.60	91.90	13.35	40.12	36.36	2.75
2016	98.42	95.75	15.80	93.44	13.70	40.30	36.43	2.72
2017	98.30	96.26	16.05	94.54	14.01	40.91	37.11	2.77
2018	98.36	96.70	16.70	95.49	14.11	41.11	37.34	2.88
2019	98.78	97.29	17.36	96.81	14.36	41.51	37.63	2.93

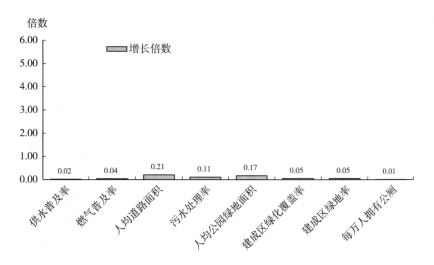

图 158　2012—2019 年全国城市市政公用设施水平变化

301

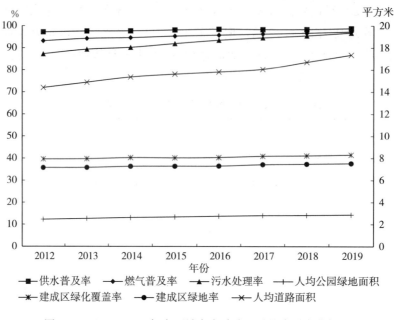

图 159　2012—2019 年全国城市市政公用设施水平变化情况

十四、城市排水和污水处理

从城市排水管道长度看，2012—2019 年全国城市排水管道长度逐年增加。2012 年年末，全国城市排水管道长度为 439 080 千米；2014 年年末，全国城市排水管道长度突破 500 000 千米；此后仅用 3 年，全国城市排水管道长度突破 600 000 千米；截至 2019 年年末，全国城市排水管道长度达 743 981.9 千米，是 2012 年年末的 1.69 倍。

从城市污水处理厂建设情况看，2012 年年末，全国城市污水处理厂有 1 670 座；2016 年年末，城市污水处理厂突破 2 000 座；2015 年年末，城市污水处理厂数量的环比增长率达 7.58％，是 2012—2019 年城市污水处理厂数量增长最快的一年；截至 2019 年年末，城市污水处理厂数量达 2 471 座，是 2012 年的 1.48 倍，年均增加 801 座。城市污水处理厂处理能力由 2012 年的 11 733 万立方米/日，增长至 2019 年的 17 863.17 万立方米/日，增长达 1.52 倍，城市污水处理厂处理能力年均增长 6.19％。具体情况见图 160。

从城市污水处理量看，随着城市污水处理厂建设和改造工程快速推进，全国城市排污处理能力日益增强。截至 2019 年，城市污水处理量已达 5 258 499.39 万立方米，是 2012 年的 1.53 倍。城市污水处理量平均年增长量为 260 090 万立方米。

从城市污水处理率看，2012—2019 年城市污水年处理率逐年增加，逐步趋

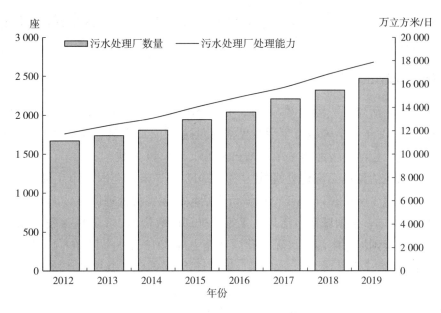

图 160　2012—2019 年全国城市污水处理厂建设情况

近 100%。2012 年城市污水年处理率为 87.3%；2014 年城市污水年处理率突破 90%；截至 2019 年，城市污水年处理率已达 96.81%，是 2012 年的 1.11 倍，年均增长 1.36 个百分点。具体变化情况见图 161。

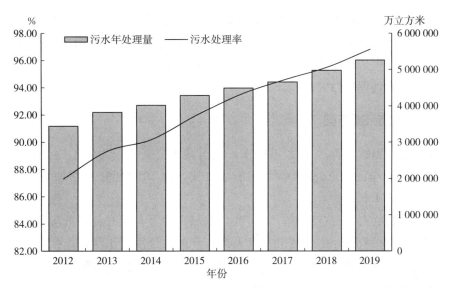

图 161　2012—2019 年全国城市污水处理率

十五、城市市容环境卫生

2012—2019 年，我国城市市容环境卫生精细管理水平持续提升，具体包括以下几方面。

（一）城市生活垃圾处理方面

从城市生活垃圾清运量看，2012 年，全国城市生活垃圾清运量为 17081 万吨；截至 2019 年，全国城市生活垃圾清运量达 24 206 万吨，是 2012 年的 1.42 倍，全国城市生活垃圾清运量年均增长量为 1 017.86 万吨。

从城市生活垃圾无害化处理能力看，2012 年年末，全国城市生活垃圾无害化处理厂有 701 座；2017 年年全国城市生活垃圾无害化处理厂突破 1 000 座；截至 2019 年年末，全国城市生活垃圾无害化处理厂数量为 1 183 座，较 2012 年增加 482 座。全国城市生活垃圾无害化处理能力从 2012 年的 446 268 吨/日增长至 2019 年的 869 875.25 吨/日，较 2012 年增长达 1.95 倍。其中 2013 年、2018 年和 2019 年全国城市生活垃圾无害化处理能力的环比增长率均超过 10%，是 2012—2019年生活垃圾无害化处理增速较快的 3 年。

从城市生活垃圾无害化处理量看，2012 年全国城市生活垃圾无害化处理量为 14 490 万吨；2017 年全国城市生活垃圾无害化处理量突破 20 000 万吨；截至 2019 年，全城市生活垃圾无害化处理量达 24 013 万吨，是 2012 年的 1.66 倍，全国城市生活垃圾无害化处理量的年均增长量为 1 360.43 万吨。具体情况见图 162。

从图 162 可以看出，城市生活垃圾清运量与城市生活垃圾无害化处理量的差距在逐渐缩小，特别是 2016 年以后，两者之间相差量小于 700 万吨，截至 2019 年年末，城市生活垃圾清运量与城市生活垃圾无害化处理量已基本持平。我国生活垃圾无害化处理能力大幅提升。

（二）城市公厕方面

从城市公厕数量看，2012 年年末，全国城市公厕数量为 121 941 座；截至 2019 年年末，全国城市公厕数量为 153 426 座，较 2012 年年末增加 31 485 座，年均增加量为 4 498 座。

从城市公厕人均占有量看，2016 年以前城市每万人拥有公厕数量逐年下降，2016 年降至 2.72 座，此后城市每万人拥有公厕数量恢复正增长；截至 2019 年年末，城市每万人拥有公厕数量为 2.93 座，较 2012 年年末的城市每万人拥有公厕数量 2.89 座，增加 1.28%。具体情况见图 163。

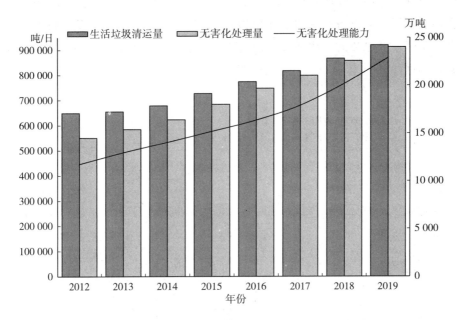

图 162 2012—2019 年全国城市市容环境卫生——生活垃圾处理

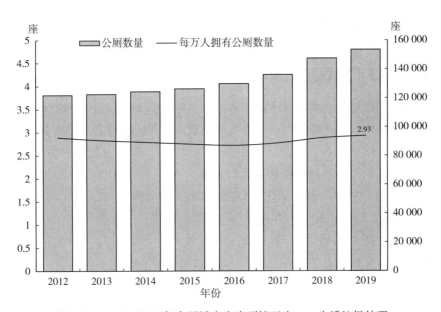

图 163 2012—2019 年全国城市市容环境卫生——生活垃圾处理

（三）市容环卫方面

2012 年年末，全国城市市容环卫专用车辆设备总数仅有 112 157 台；2017 年年末，城市市容环卫专用车辆设备总数突破 200 000 台；截至 2019 年年末，城市市容环卫专用车辆设备总数达 281 558 台，是 2012 年年末的 2.51 倍，城市市容环卫专用车辆设备的年均增加量为 24 200 台。2015—2017 年，城市市容环卫专用车辆设备总数的环比增长率达连续 3 年超过 17％，是这一时增速较快的 3 年。具体情况见图 164。

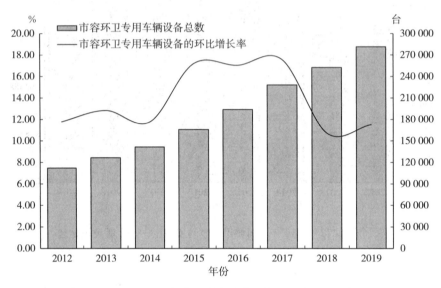

图 164　2012—2019 年全国城市市容环境卫生之生活垃圾处理

十六、城市居民消费支出与收入

从城镇居民人均消费支出情况看，2013 年全国城镇居民人均消费支出为 18 488 元；2015 年城镇居民人均消费支出突破 20 000 元；截至 2020 年，城镇居民人均消费支出达 27 007 元，是 2012 年的 1.46 倍，年均增长为 1 217 元。其中 2014 年城镇居民人均消费支出的环比增长率为 8.01％，是 2013—2020 年城镇居民人均消费支出增速最快的一年。受新冠肺炎疫情影响，2020 年城镇居民人均消费支出呈现负增长，较上一年度减少 3.76％。

从城镇居民人均可支配收入情况看，2013—2020 年，城镇居民人均可支配收入由 2013 年的 26 467 元增长至 2020 年的 43 834 元，是 2013 年的 1.66 倍，年均增长 2 481 元。2014 年城镇居民人均可支配收入的环比增长率达 8.98％，是 2013—2020 年城镇居民人均可支配收入增速最快的一年。受新冠肺炎疫情影响，2020 年城镇居民人均可支配收入的环比增长率仅为 3.48％，是这一时期城镇居民人均可支配收入增速最慢的一年。具体情况见图 165。

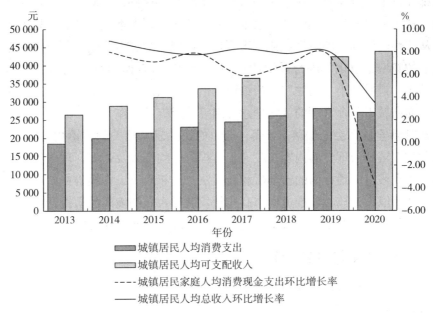

图 165 2013—2020 年我国城市居民消费支出与收入情况

第七节 城市治理创新与展望

继"十三五"规划纲要之后，我国城市管理体制改革和城市管理工作再次写入《中华人民共和国国民经济和社会发展第十四个五年规划和 2035 年远景目标纲要》。纲要的第二十九章第三节题为"提高城市治理水平"，提出"坚持党建引领、重心下移、科技赋能，不断提升城市治理科学化精细化智能化水平，推进市域社会治理现代化。改革完善城市管理体制。推广'街乡吹哨、部门报到、接诉即办'等基层管理机制经验，推动资源、管理、服务向街道社区下沉，加快建设现代社区。运用数字技术推动城市管理手段、管理模式、管理理念创新，精准高效满足群众需求。加强物业服务监管，提高物业服务覆盖率、服务质量和标准化水平。"

"十四五"时期城市治理可从 5 个方面着力：一是进一步加大科技创新、科技应用的力度；二是打造城市管理、城市治理共同体；三是要培育一支专业化的城市管理行业队伍；四是加强城市管理信用建设，形成一个有为政府、有效市场、有信社会的格局；五是加强城市管理的文化建设、队伍建设，成立各级城市管理学院，开展城管运动会等多种文化活动。

当前，国际和国内形势面临百年未有之变局，城市治理面临的形势和定位、范式都在发生深刻变化。从造城到营城、从增量到存量、从高速度扩张到高质量稳健、从土地要素生产率到全要素生产率、从物本到人本、从经验规划到智慧规划、从线性建设到闭环治理、从创富到均富，城市治理需要紧紧围绕"推进以人为核心的新型城镇化"进行系统调整和创新，应重点面向城市病的城市体检治理、面向"最后一千米问题"的精细便民治理、面向规建管服一体化的空间循证治理、面向城市综合管理的认知理念升维等开展提升工作。

2021 年全国两会已经落下帷幕，与百姓民生息息相关的城镇化、城市更新、垃圾分类等城市治理方面内容在政府工作报告中均有涉及，如何理解和看待政府工作报告在城市治理方面的新部署和新提法？今年政府工作报告在城市治理方面总体强调了以人为核心，推进城市高质量发展和人居环境高品质提升，构建城乡融合发展新格局。城市治理着眼长远、力促创新的导向更加鲜明。

一、城镇化与城市治理

深入推进以人为核心的新型城镇化战略，加快农业转移人口市民化，常住人口城镇化率提高到 65%。

——2021 年政府工作报告

"十三五"时期，我国 1 亿农业转移人口和其他常住人口在城镇落户目标顺利实现。"十四五"时期，我国进入高质量发展阶段，推动新型城镇化高质量发展是构建国内大循环为主体、国内国际双循环这一新发展格局的重要举措。新发展格局为城镇化发展提出了新要求，城镇化深入发展时期应着眼以下几点：一是不断提高城市群和都市圈的资源环境承载能力；二是不断优化城乡区域发展格局；三是不断提升小城镇公共服务能力；四是以人民为中心，让城市更宜业宜居。

城镇化是国家现代化的重要标志，改革开放以来，我国城镇化经历了高速扩张阶段。1978 年，我国城镇化率仅为 17.92%，1995 年达到 29.04%，2018 年为 59.28%。截至 2019 年年末，我国城镇常住人口 84 843 万人，占总人口比重为 60.60%，这是我国常住人口城镇化率首次超过 60%，实现了人类历史上最大规模的从乡村到城镇的人口转移。从城镇化率看，《国家新型城镇化规划（2014—2020 年）》提出的目标已完成。预计到 2030 年，我国城镇化水平将达到 70%。尽管如此，我国城镇化率仍远低于发达国家 80% 的平均水平。

在 30 多年的高速城镇化发展建设中，留下了大量的城市短板问题，城市能源、交通、医疗、环境、安全、教育和卫生等方面问题集中显现，且问题越来越具有综合性，这些问题制约着城市健康发展，也困扰着政府与百姓。当前，我国城镇化工作已进入规模和质量并重的新阶段，在高质量城市化的下半场，认识并不断解决各类"城市病"和城市短板的核心是满足人的实际需求，城市发展本质上应当服务于人，城市才能具备旺盛的生命力。未来，城市发展的前瞻性和可持续性，是能够预判城市未来可能存在的问题，提出预测并以有效方式规避这些问题。无论是有效化解"城市病"，还是进一步推进城市发展，做好城市治理势在必行。

二、城市更新与城市治理

发展壮大城市群和都市圈，推进以县城为重要载体的城镇化建设，实施城市更新行动，完善住房市场体系和住房保障体系，提升城镇化发展质量。

——2021 年政府工作报告

实施城市更新行动是 2021 年政府工作报告中备受关注的新提法之一，也是《中华人民共和国国民经济和社会发展第十四个五年规划和 2035 年远景目标纲要》第二十九章中的重要内容，为"十四五"乃至今后一个时期做好城市工作指明了方向。实施城市更新行动作为推进城市高质量发展的战略部署，强调问题导向、需求引领，要围绕民生需求布局，充分解决城市发展过程中的不平衡不充分问题，促进城市全生命周期的可持续发展。

实施城市更新行动的总体目标是建设宜居城市、绿色城市、韧性城市、智慧城市、人文城市，不断提升城市人居环境质量、人民生活质量、城市竞争力。

现阶段城市更新行动涉及 8 个重点方面。一是构建以中心城市、都市圈、城市群为主体，大中小城市和小城镇协调发展的城镇格局；二是实施城市生态修复和功能完善工程，提升人居环境质量；三是强化历史文化保护，塑造城市风貌；四是加快建设安全健康、设施完善、管理有序的完整居住社区；五是加快推进基于数字化、网络化、智能化的新型城市基础设施建设；六是全面推进城镇老旧小区改造；七是统筹城市防洪排涝，系统化全域推进海绵城市建设；八是推进以县城为重要载体的城镇化建设。

从国外实践来看，城市更新贯穿于城市发展的各个阶段，特别是世界先进城市关于城市更新的政策演变对我国实施城市更新行动具有重要启示意义。

从国内经验看，2004 年 10 月，深圳市颁布了《深圳市城市更新办法》，提出了城市更新这一概念，在传统旧城改造的基础上强化了完善城市功能、优化产业结构、促进社会可持续发展等内涵。中央层面部署城市更新经历了从分散性到系统性的转变过程，2015 年召开的中央城市工作会议提出了相关分散部署，主要涉及 4 个方面，一是要加强城市设计，提倡城市修补；二是要加强对城市的空间立体性、平面协调性、风貌整体性、文脉延续性等方面的规划和管控，留住城市特有的地域环境、文化特色、建筑风格等"基因"；三是要增强城市内部布局的合理性，提升城市的通透性和微循环能力；四是加快城镇棚户区和危房改造，加快老旧小区改造。

2016 年，中共中央、国务院《关于进一步加强城市规划建设管理工作的若干意见》中提出，有序实施城市修补和有机更新。此时有机更新仍聚焦于塑造城市特色风貌。

2019 年中央经济工作会议中首次强调了城市更新概念。城市更新在实现产城融合，打造宜居宜业环境，激发城市内在活力，开启城市发展新增长点方面的作用得到广泛关注。

2020 年，党的十九届五中全会通过的《中共中央关于制定国民经济和社会发展第十四个五年规划和二〇三五年远景目标的建议》中，明确写入实施城市更新行动，标志着城市更新已进入全面实施的新阶段。

城市更新是推进城市治理体系和治理能力现代化的重要抓手。做好城市更新，重点应从以下 3 方面入手。

一是运用系统思维，做好顶层设计。2020 年以来，各地方政府已将城市更新作为编制"十四五"规划的重要内容。下一步各地在建立健全法规政策以及管理体系建设方面，要把城市作为"有机生命体"，充分结合自身特色，从政策评估、规划控制、实施路径、价值导向和监督管理等方面层层开展。建立科学的分类指引，系统解决优先序问题，避免碎片化的城市更新只解决单一问题，忽视城市有机体的整体性、生长性。城市更新是长期性的系统工程不局限于住建领域，应推动自然资源、环保、交通等相关领域的统筹协调与密切配合，建立高效协调机制，持续推动城市有机更新。

二是建立多方参与模式，推动基层治理。城市更新过程也是一个利益统筹平衡的过程，一方面通过搭建基层平台强化多元参与，平衡各方利益诉求，发挥协调共治优势，实现基层治理精细化；另一方面政府应积极鼓励社会化力量参与，并有效整合各类资源。

三是加快智能化建设和改造。城市更新离不开智能化手段，城市更新与智能化有机结合是必然趋势。在统筹城市规划、建设、管理的同时，不能忽视城市运营。运用物联网、人工智能等新一代信息技术，形成智能化城市运营服务体系，促进智慧城市和城市更新融合发展，推动城市发展提质增效。

三、垃圾分类与城市治理

有序推进城镇生活垃圾分类。推动快递包装绿色转型。加强危险废物医疗废物收集处理。

——2021 年政府工作报告

推进生活垃圾分类已连续两年写入政府工作报告，生活垃圾分类关系人民群众日常生活，对于推动生态文明建设、提升社会文明程度、创新基层社会治理都具有重要意义。我国生活垃圾分类工作总体尚处于起步阶段，在城市主体责任落实、群众习惯养成、分类设施建设、配套支持政策建立等方面还存在不少困难和问题。要加快构建以法治为基础、政府推动、全民参与、城乡统筹、因地制宜的垃圾分类长效机制。

近年来，我国快递行业发展迅猛，快递包装大量使用的塑料袋、塑料胶带、快递内部塑料缓冲物，并称为邮件快件业的"三大污染"。针对快递包装带来的资源消耗、环境污染等问题，中央的要求明确且及时，2021 年政府工作报告提出了推动快递包装绿色转型。

2021 年 3 月 12 日，《邮件快件包装管理办法》正式施行，对寄递企业使用的封装用品、胶带、填充材料以及用于盛放多个邮件快件的邮政业用品用具均提出明确要求。鼓励寄递企业建立可循环包装物信息系统，设置包装物回收设施设备，对包装物进行回收再利用。寄递企业违反相关规定，逾期未改正的，可以处3000 元以上 1 万元以下的罚款。以此加强邮件快件绿色包装管理，规范邮件快件包装行为，推动寄递企业落实垃圾分类源头减量的主体责任。

垃圾分类是衡量一个国家现代化水平的指标之一，需长期坚持、不断投入、持续推进。2021 年 3 月 13 日公布的《中华人民共和国国民经济和社会发展第十四个五年规划和 2035 年远景目标纲要》对城乡生活垃圾分类体系的擘画体现在不同篇章之中，聚焦于农村地区垃圾治理、垃圾分类基础设施、生活垃圾处理费、垃圾分类习惯养成 4 个方面，为全面建立和推行生活垃圾分类制度指明了方向（表 13）。

表 13　第十四个五年规划和 2035 年远景目标中的生活垃圾分类体系建设

聚焦点	《国民经济和社会发展第十四个五年规划和 2035 年远景目标纲要》		智库关注
	章节	具体内容	
农村地区垃圾治理	第二十四章　实施乡村建设行动 第三节　改善农村人居环境	推进农村生活垃圾就地分类和资源化利用	坚持因地制宜，系统推进农村生活垃圾就地分类，资源化利用方式创新
垃圾分类基础设施	第三十八章　持续改善环境质量 第二节　全面提升环境基础设施水平	建设分类投放、分类收集、分类运输、分类处理的生活垃圾处理系统	生活垃圾处理系统建设与经济社会发展的适应性，处理能力提升
生活垃圾处理费	第三十九章　加快发展方式绿色转型 第四节　构建绿色发展政策体系	健全自然资源有偿使用制度，创新完善自然资源、污水垃圾处理、用水用能等领域价格形成机制	按照产生者付费原则，各地建立健全与社会生活、经济成本变化相适应的生活垃圾处理收费制度，创新征收方式
群众习惯养成	第四十四章　全面推进健康中国建设 第六节　深入开展爱国卫生运动	推广分餐公筷、垃圾分类投放等生活习惯	垃圾分类源头治理，引导全民多举措、多渠道参与垃圾分类，养成绿色、文明和健康的生活方式

截至 2020 年年末，全国 46 个重点城市的生活垃圾分类投放、分类收集基本实现全覆盖，分类运输体系基本建成，分类处理能力明显增强。下一步要聚焦关键环节和突出问题，从落实垃圾分类主体责任，推动群众理念形成和习惯养成、推进垃圾分类设施补短板强弱项，建立健全技术标准和评价体系，探索价格杠杆引导垃圾分类，强化执法监督等方面入手，全面推进生活垃圾分类制度。绵绵用力、久久为功，让垃圾治理之路越走越畅。

城市治理是新时代"中国之治"的缩影，我们要有面向四海的胸襟，更要有直达"末梢"的敏锐，应充分发挥我国拥有的制度优势，进一步提升治理效能。城市发展离不开人民，城市治理体现城市精神。亚里士多德有句名言："人们来到城市是为了生活，人们居住在城市是为了生活得更好。"时代召唤我们踏上城市治理现代化新路，虽任重而道远，亦将不忘初心，砥砺奋进。

（本章由民生智库城市治理研究中心撰写）

参　考　文　献

北京师范大学政府管理学院，2019.2018 中国民生发展报告［M］. 北京：北京师范大学出版社.

杜鹏，王永梅，2018. 改革开放 40 年我国老龄化的社会治理——成就、问题与现代化路径［J］. 北京行政学院学报（6）：13－22.

国家统计局，2020. 中华人民共和国 2019 年国民经济和社会发展统计公报［EB/OL］. ［2020－02－28］. http：//www. stats. gov. cn/tjsj/zxfb/202002/t20200228_1728913. html.

国务院发展研究中心课题组，2019. 中国民生调查 2019［M］. 北京：中国发展出版社.

韩秉志. 发展银发经济潜力很大［N］. 经济日报，2019－11－14（5）.

林宝，2015. 对中国长期护理保险制度模式的初步思考［J］. 老龄科学研究（5）：13－21.

林宝，2016. 中国长期护理保险筹资水平的初步估计［J］. 财经问题研究（10）：66－70.

林宝，2017. 养老服务供给侧改革：重点任务与改革思路［J］. 北京工业大学学报（社会科学版），17（6）：11－16.

林宝，2019. 加快社区养老服务体系建设［J］. 中国国情国力（2）：11－13.

王荣，王金元，2018. 我国农村养老服务发展历史沿革及其特征评析［J］. 农村经济与科技，29（24）：177－179.

武力，2008. 中国共产党与当代中国经济发展研究（1949—2006）［M］. 北京：中共党史出版社.

武鹏飞，2019.《2019 中国民生发展报告》发布暨新中国民生发展 70 年研讨会［EB/OL］. ［2019－12－10］. https：//share. gmw. cn/theory/2019－12/10/content_33389687. htm.

杨宜勇，2019. 新中国民生发展 70 年［M］. 北京：人民出版社.

杨渊洁，2015. 国家职能视角下民生建设的发展与创新研究［D］. 长春：吉林大学.

曾丽雅，2012. 新中国在解决民生问题上的重要决策与实践［J］. 当代中国史研究（1）：33－40，125－126.

郑秉文，2019. 从“长期照护服务体系”视角分析长期护理保险试点三周年成效［J］. 中国人力资源社会保障（9）：38－41.

中国新闻网，2019. 卫健委：中国人均预期寿命 77 岁 健康预期寿命仅 68.7 岁［EB/OL］. ［2019－07－29］. http：//www. chinanews. com/gn/2019/07－29/8910350. shtml.

中华人民共和国国务院办公室，2016. 新闻办发表《中国老龄事业的发展》白皮书（全文）［EB/OL］.［2016－12－12］. http：//www. gov. cn/jrzg/2006－12/12/content_467201. htm.

中华人民共和国国务院新闻办公室，2019. 平等、参与、共享：新中国残疾人权益保障 70 年［M］. 北京：人民出版社.

附图　新中国成立以来我国民生领域各项发展统计

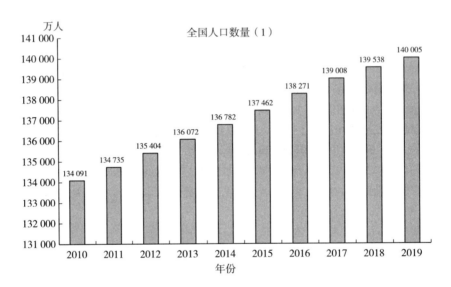

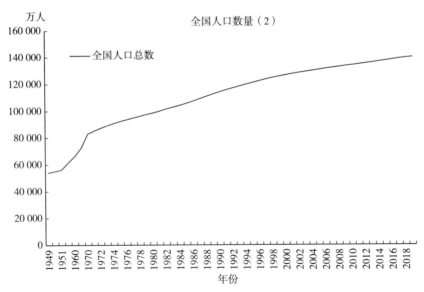

图 1　全国人口数量

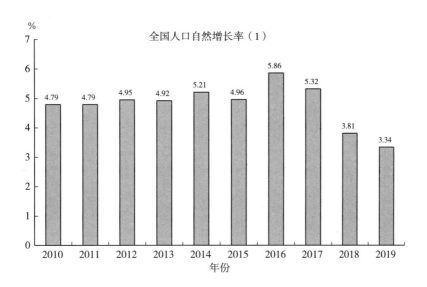

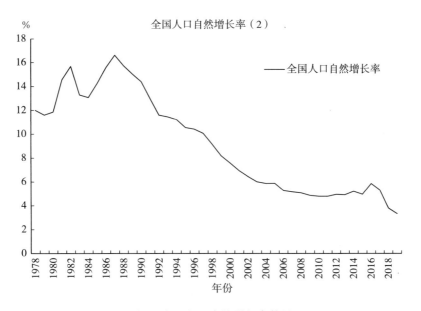

图 2　全国人口自然增长率数量

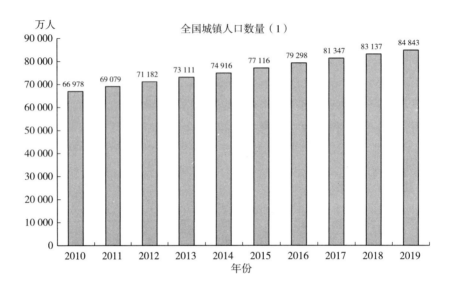

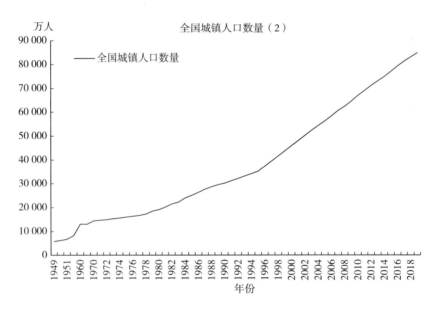

图3　全国城镇人口数量

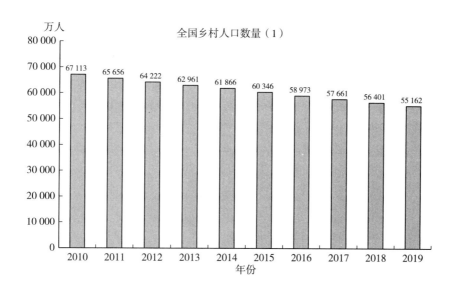

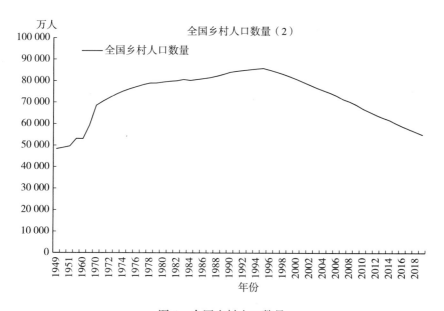

图 4　全国乡村人口数量

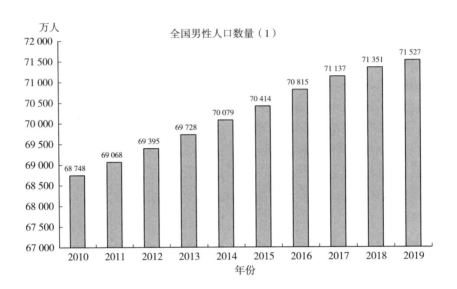

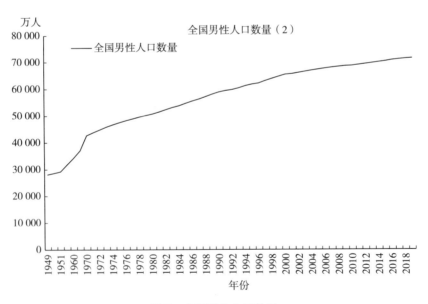

图 5　全国男性人口数量

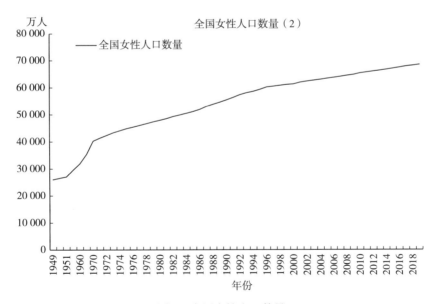

图 6　全国女性人口数量

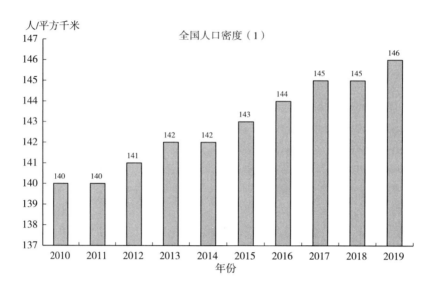

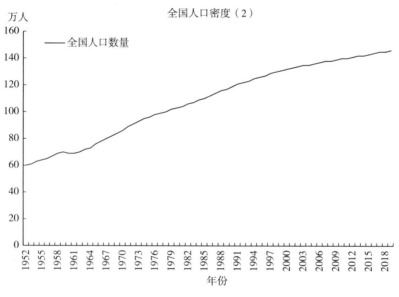

图 7　全国人口密度

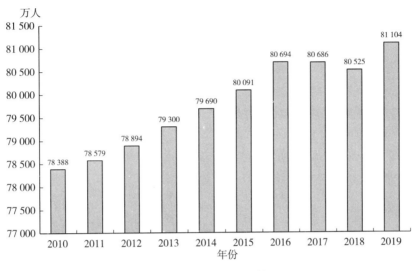

图 8　全国劳动力人数

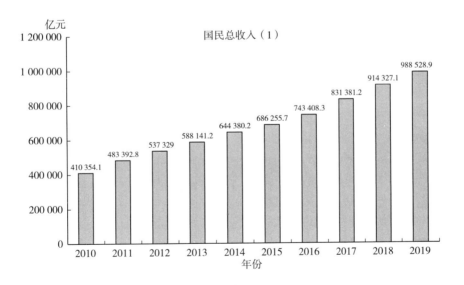

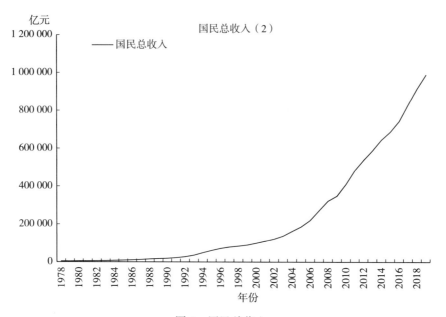

图 9　国民总收入

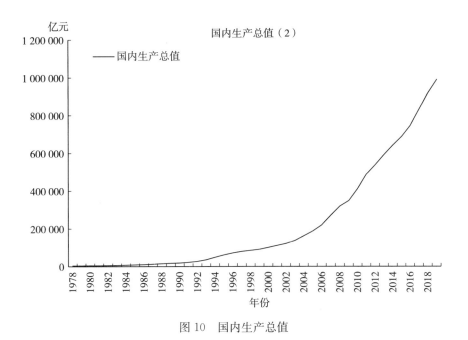

图 10　国内生产总值

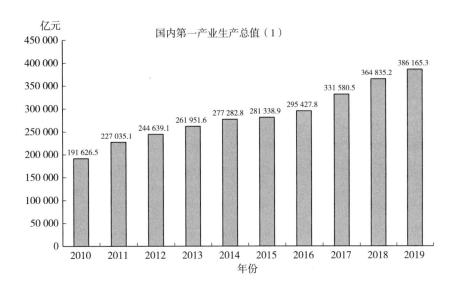

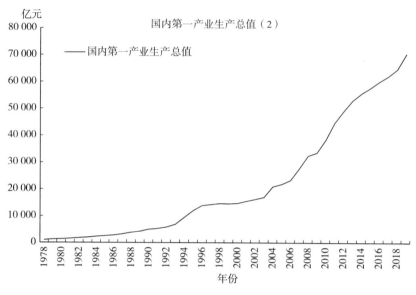

图 11　国内第一产业总值

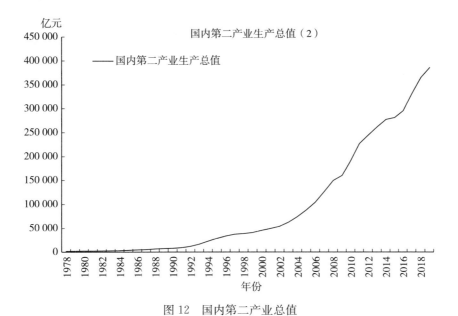

图 12　国内第二产业总值

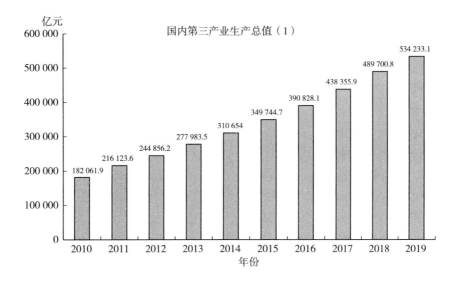

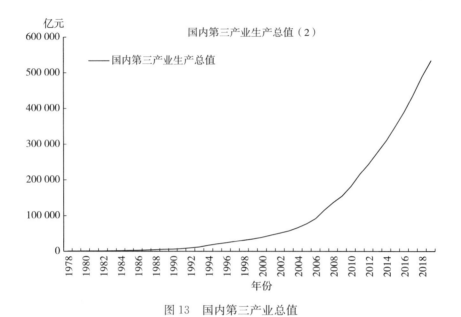

图 13　国内第三产业总值

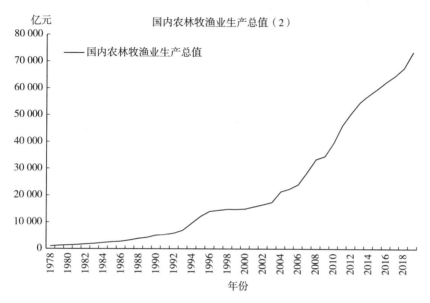

图 14　国内农林牧渔业生产总值

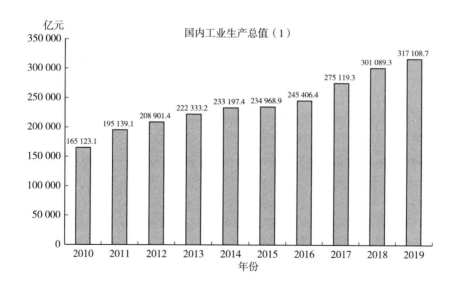

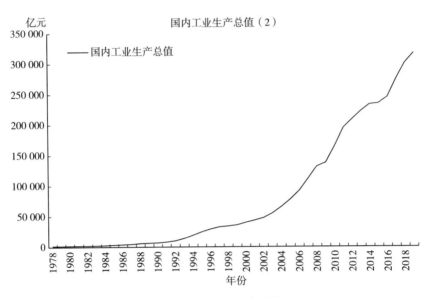

图 15　国内工业生产总值

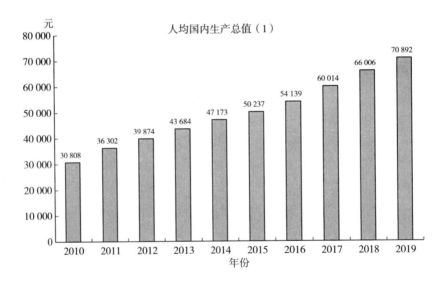

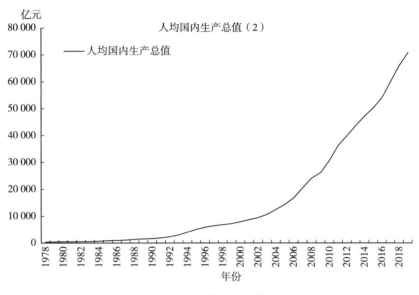

图 16　人均国内生产总值

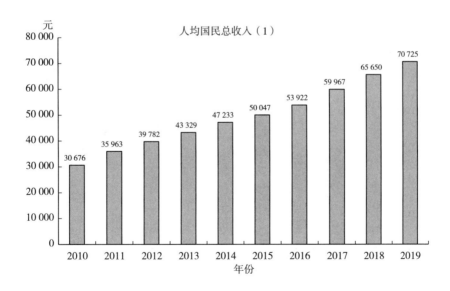

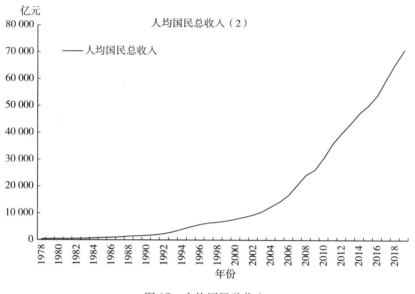

图 17 人均国民总收入

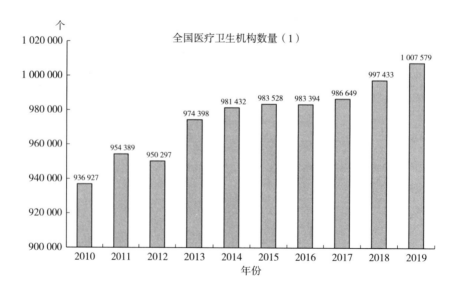

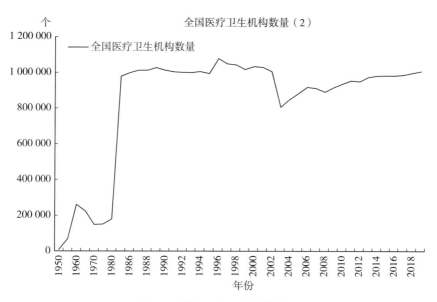

图18　全国医疗卫生机构数量

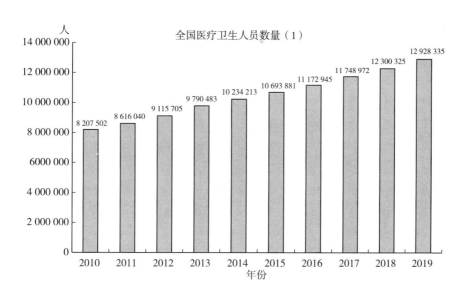

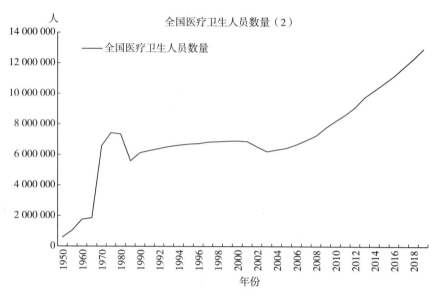

图 19　全国医疗卫生人员数量

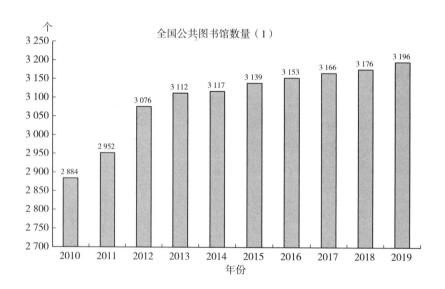

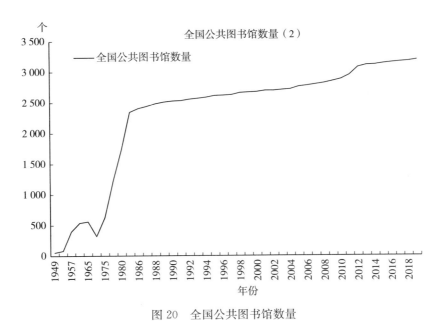

图 20　全国公共图书馆数量

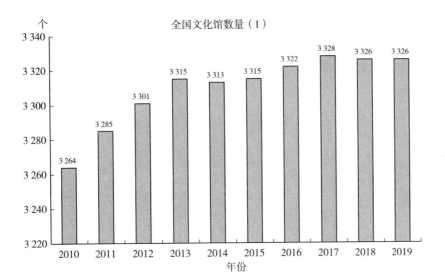

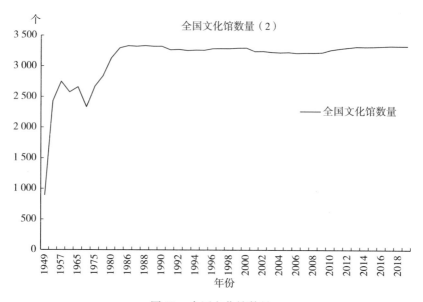

图 21　全国文化馆数量

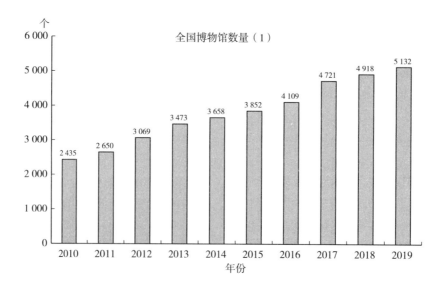

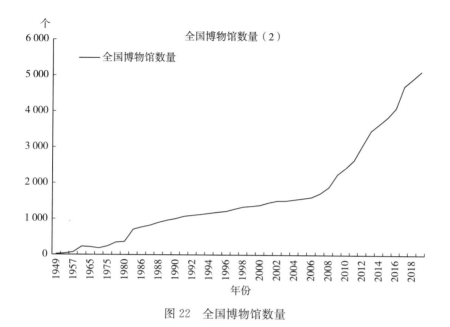

图 22　全国博物馆数量

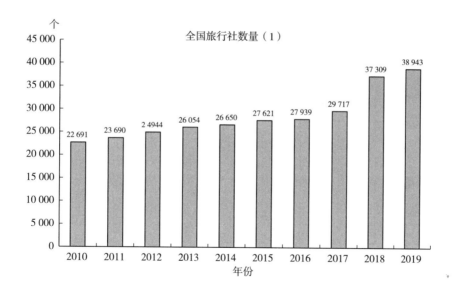

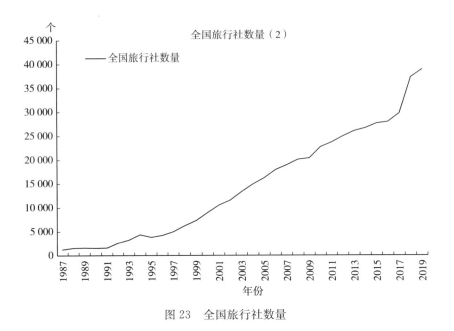

图 23　全国旅行社数量

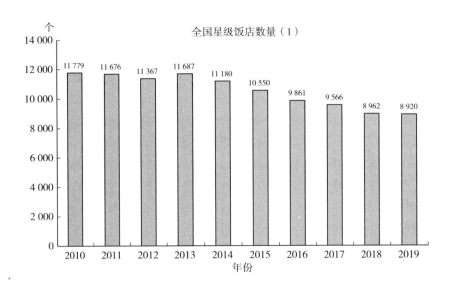

图 24　全国星级饭店数量

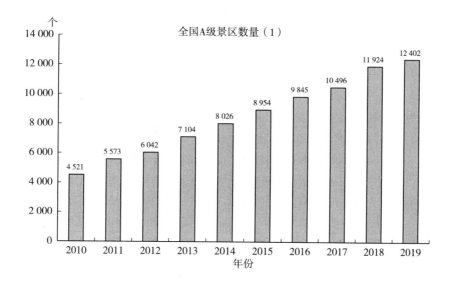

图 25　全国 A 级景区数量

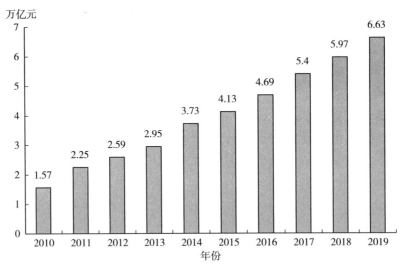

图 26　全国旅游总收入

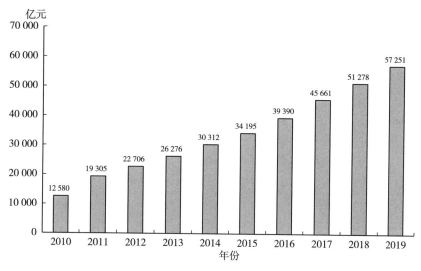

图 27 全国国内旅游收入

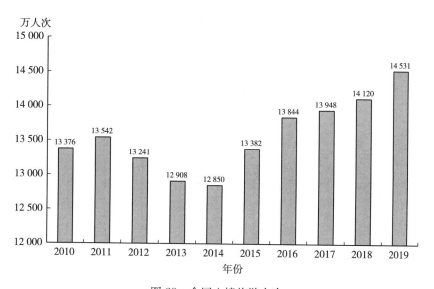

图 28 全国入境旅游人次

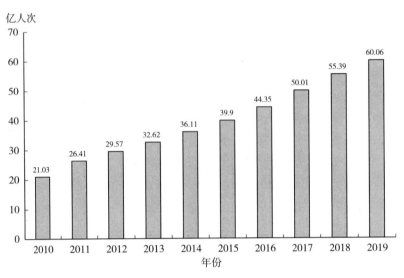

图 29　全国国内旅游人次

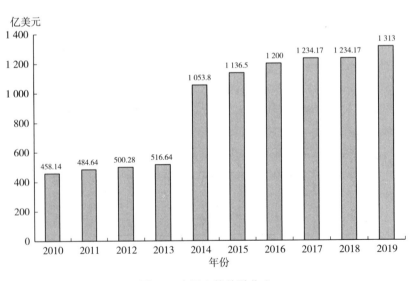

图 30　全国入境旅游收入

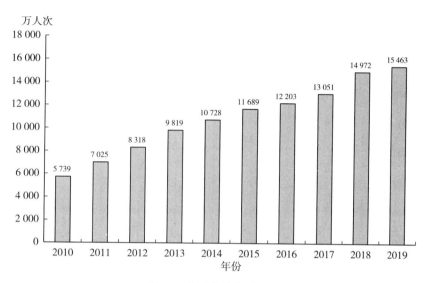

图 31　全国出境旅游人次

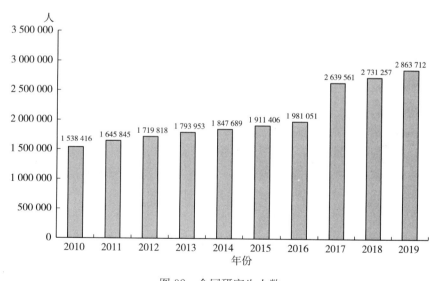

图 32　全国研究生人数

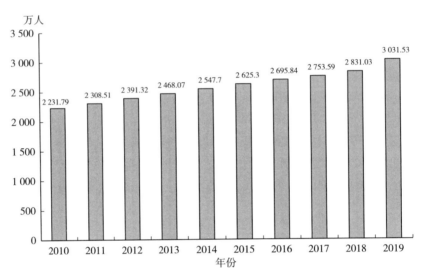

图 33　全国普通本、专科人数

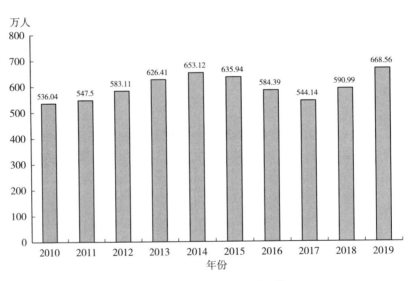

图 34　全国成人本、专科人数

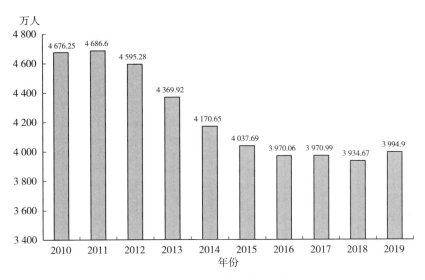

图 35　全国高中阶段教育人数

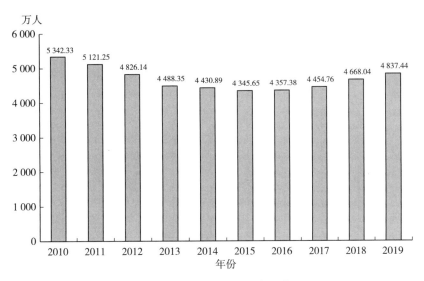

图 36　全国初中阶段教育人数

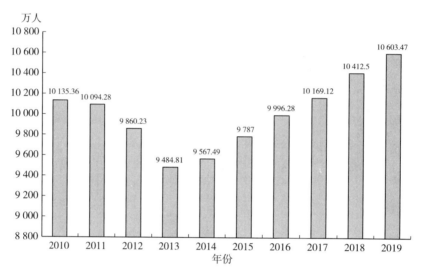

图 37　全国小学教育人数

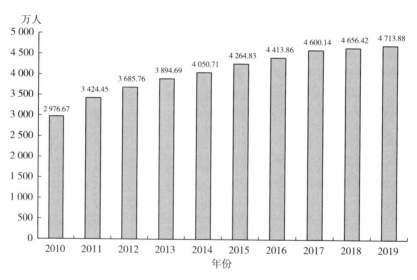

图 38　全国学前教育人数

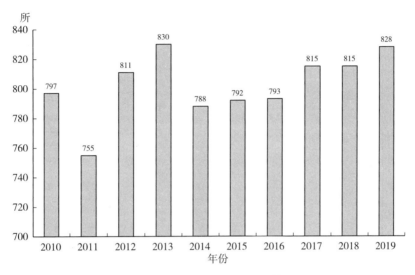

图 39　全国研究生培养机构数量

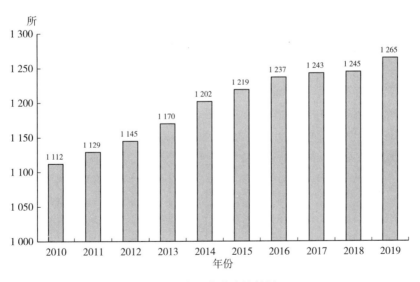

图 40　全国本科院校数量

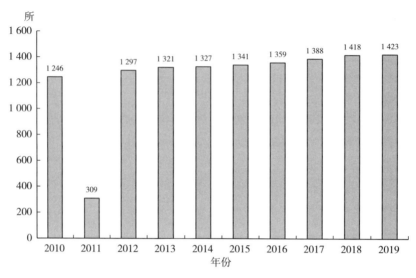

图 41　全国高职（专科）院校数量

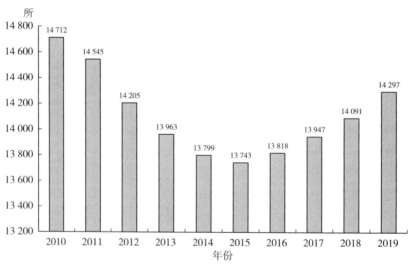

图 42　全国高中数量

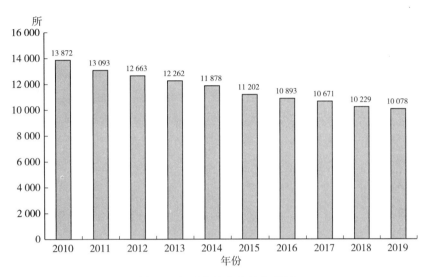

图 43　全国中等职业教育数量

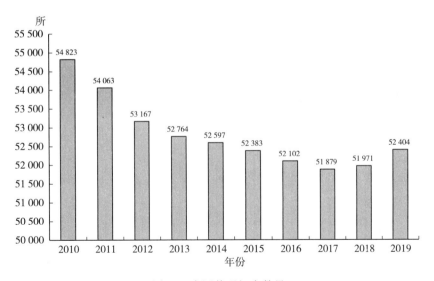

图 44　全国普通初中数量

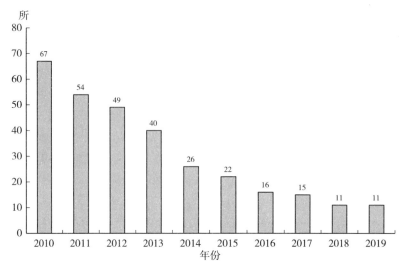

图 45　全国职业初中数量

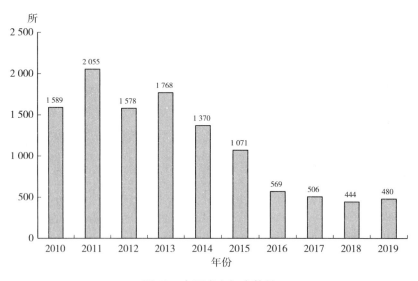

图 46　全国成人初中数量

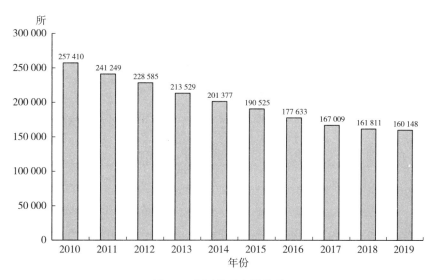

图 47　全国普通小学数量

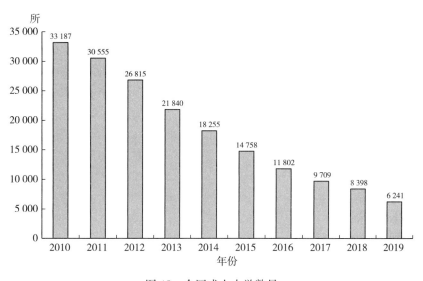

图 48　全国成人小学数量

（附图中的数据来源于 2000—2020 年《中国统计年鉴》及部分 20 世纪 80 年代以来的资料，由民生智库民政事业发展中心整理）

图书在版编目（CIP）数据

中国民生研究报告 / 民生智库《中国民生研究报告
》课题组编著 . —北京：中国农业出版社，2022.3
　　ISBN 978-7-109-29186-7

　　Ⅰ.①中…　Ⅱ.①民…　Ⅲ.①人民生活—研究报告—
中国—1921-2021　Ⅳ.①D669.3

中国版本图书馆 CIP 数据核字（2022）第 041257 号

中国农业出版社出版

地址：北京市朝阳区麦子店街 18 号楼
邮编：100125
责任编辑：李昕昱　　文字编辑：孙蕴琪
版式设计：王　怡　　责任校对：刘丽香
印刷：中农印务有限公司
版次：2022 年 3 月第 1 版
印次：2022 年 3 月北京第 1 次印刷
发行：新华书店北京发行所
开本：787mm×1092mm　1/16
印张：22.5
字数：400 千字
定价：98.00 元